Uvo Hölscher

Die Odyssee

Uvo Hölscher

DIE ODYSSEE

Epos zwischen Märchen und Roman

Verlag C. H. Beck München

CIP-Titelaufnahme der Deutschen Bibliothek

Hölscher, Uvo:
Die Odyssee : Epos zwischen Märchen u. Roman /
Uvo Hölscher. – München : Beck, 1988

ISBN 3-406-33390-7

ISBN 3 406 33390 7

Gesamtherstellung: Hieronymus Mühlberger GmbH, Augsburg
Printed in Germany

VORWORT

In einer Zeit, der das Lesen Homers sich nicht mehr, wie vor hundertfünfzig Jahren, durch Tradition und Bildungskanon von selbst versteht, erscheint es nötig, den Leser für eine einstmals unmittelbar zu ihm redende, aber nun entfremdete Dichtung überhaupt erst zu gewinnen. Die Vermittlung fällt heute notwendig der Wissenschaft zu. Die neuen Einblicke, die in den letzten Jahrzehnten die Forschungen der verschiedenen Altertumswissenschaften in die griechische Frühzeit gewährt haben, scheinen solchem Interesse nicht ungünstig. Sie haben auch die folgende, in der griechischen Literaturwissenschaft gründende Darstellung beständig begleitet.

Da das Buch auch den literarisch allgemeiner interessierten Leser im Auge hat, sind alle Zitate in deutsch gebracht. Auch wurde die forschungsinterne Auseinandersetzung nach Möglichkeit vom Text ferngehalten und nur dort aufgenommen, wo aus wissenschaftlichem Gespräch die eigenen Auffassungen des Verfassers unmittelbar hervorgegangen sind, sonst aber in die Anmerkungen verwiesen. Auch diese wurden jedoch, bei der immensen Literatur zum Gegenstand, auf die nötigsten Hinweise beschränkt; sie geben bei weitem nicht von der Fülle der Erkenntnisse und Anregungen Rechenschaft, die der Verfasser der Forschung verdankt.

Im besonderen bin ich vielfältig in den Gebieten beraten worden, wo diese Arbeit die Grenzen meiner Disziplin überschreitet: von Jan und Aleida Assmann zu ägyptologischen und literaturtheoretischen Fragen, von Hinrich Biesterfeldt zur Literatur des Vorderen Orients, von Hans Fromm zur mittelalterlichen Epik, von Alfred Heubeck in Problemen der kleinasiatischen Sprachforschung, von Max Lüthi zur Märchenforschung, von Arnold Rothe zur Milieutheorie, von Klaus Strunk zur Indogermanistik und Sprachgeschichte, von Ingeborg Scheibler zur Klassischen Archäologie. Für das Zustandekommen des Ganzen verdanke ich sehr vieles den Nächsten und den Freunden und ihrem kritischen Anhören der einzelnen Kapitel; das meiste aber Ernst Schmidt, seinem sachkundigen Urteil und seiner Hilfe beim Abschluß des Manuskripts. Bei den Korrekturen hat mir Uwe Dubielzig sehr nützlich beigestanden, Lucian Hölscher bei der Einrichtung des Registers.

Mein besonderer Dank gebührt dem geduldigen Interesse des Verlags, zumal Ernst-Peter Wieckenbergs, an meiner Arbeit und der hilfreichen Kooperation des Lektorats.

INHALT

FÜR DO

Jemand sagte: Was bemüht ihr euch um den Homer? Ihr versteht ihn doch nicht. Darauf antwortet' ich: Versteh ich doch auch Sonne, Mond und Sterne nicht; aber sie gehen über meinem Haupt hin und ich erkenne mich in ihnen, indem ich sie sehe und ihren regelmäßigen wunderbaren Gang betrachte, und denke dabei, ob auch wohl etwas aus mir werden könnte.

ZUR EINFÜHRUNG

Epische Dichtung ist eine vergangene Kunst. Sie ist gebunden an eine vergangene geschichtliche und menschheitliche Stufe, wir sind von ihr getrennt nicht nur durch den Abstand der Zeiten, weit mehr durch einen Hiat der Denkweisen. Die unsere ist geprägt von unsrer christlichen Herkunft. Zwar gibt es auch das christliche Epos; doch sind die Bedingungen seiner Entstehung, die Amalgamierung des Ritterlichen mit der Heilsbotschaft bereits so komplex, daß es kaum mit dem frühzeitlichen Epos zu vergleichen ist. Die Epik der Frühzeit ist mythologisch und uns so fremd, als der Mythos fremd ist. Das neuzeitliche Interesse am Mythos ist ein literarisches. Als die heidnischen Fabeln, zumal die der Griechen, in der Renaissance zum erstenmal wieder mit Liebe gelesen wurden, da konnten sie vor dem Glauben keinen Bestand haben. Sie behielten nun, neben der Theologie, über die ganze Zeit des Barock und der Aufklärung ein Reservat als die Welt des Poetischen, eine Sphäre der Erfindung und Phantasie, auch der belehrenden und erbaulichen Metapher: wer dichterisch sprach, redete mit Vorliebe mythologisch-antikisch. Das hat gedauert bis in unsre Klassik. Die Scheidung der Bereiche, mit der sich Goethe Raum schuf, kommt letztlich aus christlichen Voraussetzungen: «Wir sind naturforschend Pantheisten, dichtend Polytheisten, sittlich Monotheisten.»

Doch nicht erst das Christentum hat diese Trennung bewirkt. Der Prozeß, in welchem die Mythologie den unverbindlichen Sinn der Fiktion angenommen hat, reicht weit zurück ins Altertum, bis ins sechste und fünfte Jahrhundert v. Chr., und ist auch damals die Folge der Aufklärung und des theologischen Rationalismus gewesen. Aber es war gerade der Verlust der Mythen an Glaubwürdigkeit, was schließlich aus ihnen die Qualität des Poetischen entbunden hat. Wir bemerken es in Ansätzen in euripideischen Chorliedern, es ist voll entfaltet in den Metamorphosen Ovids, wo die alten Mythen fast identisch werden mit dem Wesen des Dichterischen. Wie es denn Ovids Gedicht war, das vor allem anderen die antike Mythologie an das christliche Mittelalter und die Neuzeit vermittelt hat.

Und fragen wir nach dem Platz des griechischen Mythos in der Gegenwart, so behauptet er ihn zwar noch immer zum Erstaunen, aber nur unter der Vielfalt der Bilder, die in das historistische Bewußtsein der Moderne eingeströmt sind und nun in dem gänzlich offenen Horizont der literarischen Bildung verblassen.

Sehr anders für das Publikum Homers. Die Geschichten, die der Sänger vortrug, waren Erinnerung, das Erinnerte aber war Geschichte, das heißt vergangene Wirklichkeit. Geschichte und Mythos waren einerlei. Was man von dem Sänger erwartete, war Wahrheit. Das bedeutet nicht, daß die Mythen pragmatisch fixiert waren. Es gab in Griechenland nie das, was wir eine ‹heilige Geschichte› nennen dürften. Der Mythos wurde, anders als in Ägypten und Mesopotamien, von keiner Priesterkaste verwaltet. Wenn wir von Verwaltern des Mythos reden wollten, so sind es die Dichter. Von frühester Zeit an waren die Mythen Erzählungen, und das Medium der Erzählung war die Dichtung. Das gibt dem griechischen Mythos eine eigentümliche Instabilität und Variabilität, und an den Varianten und Widersprüchen ihrer Mythologie haben sich die Griechen, außer den Gelehrten, nie gestoßen. So blieb den Dichtern ein großer Spielraum der Darstellung. Die Wahrheit der Geschichten lag weniger im Faktischen – wie bei den heiligen Geschichten in der Bezeugung des Geschehenen und Gesagten – als in ihrer jeweiligen Aussage, ihrer Bedeutung im Bewußtsein der Zeit. Denn aus dem Dichter der Frühzeit sprach nicht das Individuum, sondern ein kollektives Bewußtsein.

Die Vergangenheit, von der man erzählte, lag einige Jahrhunderte zurück – immerhin nicht länger als für uns die Türken vor Wien – : die Zeit, als die großen Burgen von Theben, Mykene und Tiryns noch standen. Man wußte noch von ihrer Macht. Ihre mächtigen Ruinen sah man in homerischer Zeit, im achten Jahrhundert. Was dazwischen lag, war die Auswanderung großer Teile der griechischen Stämme aus dem Mutterland und ihre Ansiedlung an der kleinasiatischen Küste. Es sind die ‹dunklen Jahrhunderte›; doch das Dunkel, das über sie gebreitet ist, ist in erster Linie das unseres Wissens. Freilich rührt die Dürftigkeit unsrer Kenntnisse jener Epoche von der Dürftigkeit des Zustands her, den der Zusammenbruch der mykenischen Herrschaften in Griechenland zurückgelassen hatte, von der Unruhe der großen Wanderungsbewegungen und den bescheidenen Neuanfängen im Kolonialland: einer tiefen Stagnation der Kultur. Der starke Einschnitt läßt sich ablesen an dem veränderten Stil der Gefäßbemalungen: statt der phantasievollen, weicheren und organischen mykenischen Formen eine karge Ornamentik, die sich von der Jahrtausendwende an erst langsam zu dem reichen geometrischen Stil und erst spät zu streng schematischen figürlichen Darstellungen entwickelt: neuartig und tektonisch genug, um als erste Bekundung griechischen Geistes zu erscheinen.

Und doch muß in dieser Zeit, unter den ausgewanderten Joniern und Äolern, das Sängerwesen aufgekommen sein. Wenn irgend etwas der Vergleich des frühgriechischen Epos mit der Volksepik der Serben lehrt, so ist es dies, daß nach großen Untergängen in starken Völkern die Erinnerung der Vorzeit als etwas Großes festgehalten und in der Dichtung gepflegt wird. Die epische Kunstsprache selber, in ihrer Mischung des jonischen mit dem äolischen Dialekt, weist auf diese Entstehung: auf die geschichtliche Situation der anatolischen Griechen, als auf dem neuen Boden die beiden Stämme in nah benachbarten Siedlungen beieinander wohnten.

Das Bild der Vergangenheit, das die Ilias bietet, ist das einer größeren Vorzeit, der Zeit der Heroen. Sie erzählt von dem Kampf um Troja als einem gemeinsamen Flottenunternehmen aller griechischen Stämme unter der Führung des Königs von Mykene, Agamemnon. Auch die Burg von Troja, die ‹heilige Ilios› genannt, lag zu homerischer Zeit, nahe dem Hellespont, in mächtigen Trümmern vor Augen. Noch war dieser nördliche Landstrich, die Troas, bis ins achte Jahrhundert hinein von Griechen nicht besiedelt; aber sie müssen mit ihr wohlbekannt gewesen sein: die Schilderungen der Ilias beweisen es. Bekannt sind nicht nur die Städte um Troja mit ihren alten fremden Namen, die Flußläufe in der Ebene, der Hafenstrand am Meer und die vorgelagerten Inseln, der Dichter weiß auch von dem alten Grabmal am Wege: des Königs Ilos, von dem die Stadt ihren Namen hat, dem Großvater des Priamos. Ja, mit einem halbhellenisierten Fürsten jener Region, der sein Geschlecht, die Aeneaden, noch von den troischen Königen herleitete, muß der Iliasdichter nahen Umgang gehabt haben, denn er hat ihm und seinem Anspruch seine Reverenz erwiesen, indem er von dem Bruder des Ilos, Assarakos, eine Seitenlinie des Königshauses laut göttlicher Prophezeiung den allgemeinen Untergang in der Person des Aeneas überleben läßt. Auch in diesem Stammbaum häufen sich die ungriechischen Namen, die von der Berührung der anatolischen Griechen mit den Völkern des Nordens und Ostens Zeugnis geben. Wir werden das für die Odyssee im Gedächtnis behalten.

In gleicher Weise führten aber auch griechische Städte und Geschlechter des Koloniallandes sich auf die Heroen der mutterländischen Heimat zurück. Das Bewußtsein der geschichtlichen Kontinuität, über die dunklen Jahrhunderte hinweg, war also, trotz dem deutlichen Gefühl der Distanz, lebendig. Es nährt sich daraus die ganze quasi-historische, an Details reiche Schilderung der ‹Achäer› – wie die Hellenen der Heroenzeit, mit altüberliefertem Namen, bei Homer noch heißen. Aber wieviel historische Wirklichkeit dies Bild enthält, ist damit nicht gesagt. Die Geschichte vom Trojanischen Krieg ist mit so viel Erzählstoff verwoben – dem Parisurteil und dem Raub der Helena, dem Zorn Achills und dem Hölzernen Pferd –, daß man leicht das Ganze für Erfindung, für ‹Mythologie› halten möchte. Und so entspräche es dem neuzeitlichen Verhältnis zum Mythos. Die homerischen Gedichte, noch immer die früheste unversehrt auf uns gekommene Dichtung der Weltliteratur – bis ins neunzehnte Jahrhundert blieben sie für die griechische Kultur der abolute Anfang, dem nichts vorausging, und nichts nötigte den modernen Historiker, sie für etwas anderes zu nehmen als für Dichtung. Selber noch in einer Zeit entstanden, auf die noch nicht das geringste Licht der Historie gefallen war, stehn sie wie aus dem Nichts entsprungen im ersten Aufgang des hellenischen Geistes, als ein Produkt der erzählenden Phantasie, und zugleich in einer Vollkommenheit, die wie ein Wunder erscheinen muß.

Für das Wunder der Originalschöpfung hatten die englischen Homeriker des achtzehnten Jahrhunderts das Organ. Aber schon damals fing man an, die homerischen Epen geschichtlich, als aus einer volkstümlichen Naturdichtung hervorgegangen zu sehn, so daß Homer ganz ans Ende einer langen Kunstübung rückte.[1] Die neueren Untersuchungen zur ‹Oral Composition› stehn in dieser englischen Tradition: Die seit langem bemerkte Formelhaftigkeit homerischen Erzählens wurde als das Charakteristikum mündlicher Epik erkannt, als das technische Mittel, mit dessen Hilfe ein berufsmäßiger Sängerstand seine Improvisationen tradierter Geschichten aus traditionellen Versen bestritt. Homer selber erschien als ein solcher Stegreifsänger. Immerhin war damit eine wenigstens theoretische Perspektive ins Vorhomerische eröffnet, die einen Weg zeigte, wie Erinnerung aus nachmykenischer Zeit ins achte Jahrhundert gelangen konnte.

Aber die erzählte Geschichte selber, der Trojanische Krieg, trat zum erstenmal – und man muß es sagen, durch den Enthusiasmus eines Laien – in den Schein geschichtlicher Wirklichkeit, als Heinrich Schliemann in den achtziger Jahren des neunzehnten Jahrhunderts auf dem flachen Hügel von Hissarlik in der Troas die Reste des einstigen Troja wiederentdeckte. Und mit ihnen zugleich, in tieferen Schichten, die Überreste mehrfacher älterer Besiedelungen, die bis ins dritte Jahrtausend zurückreichen. Schon die älteste Burg muß der Sitz einer bedeutenden Herrschaft gewesen sein, mächtig genug, um die Durchfahrt der Dardanellen zu den Ländern des Schwarzen Meeres zu kontrollieren. Die Erforschung des Bodens wurde von dem Amerikaner Carl Blegen vor dem letzten Krieg fortgesetzt, so daß heute das Troja des zweiten Jahrtausends (‹Troja VI›) erkennbar ist: eine stark befestigte Burgstadt, die sechshundert Jahre lang blühte und mit dem mykenischen Griechenland Handelsbeziehungen pflegte, und die um 1300 herum durch ein schweres Erdbeben unterging. Es scheint dieselbe Bevölkerung gewesen zu sein, die bald danach die Befestigungen erneuerte, doch fiel die Stadt nach kurzer Zeit, ob durch Krieg oder Zufall, einer Brandkatastrophe zum Opfer (‹Troja VIIa›). Das ist um das Jahr 1200 v. Chr. geschehen, um eben die Zeit, die man im Altertum für den Trojanischen Krieg ansetzte. So wäre es dies letzte, vielleicht kaum hundert Jahre dauernde Troja, das wir für das homerische halten dürfen.

Die zweite große Entdeckung geschah während des Krieges durch den Engländer Michael Ventris mit der Entzifferung der altkretischen Silbenschrift (‹Linear B›). Wohinter man bislang die Sprache einer vorgriechischen Bevölkerung vermutet hatte, das stellte sich als ein hocharchaisches Griechisch heraus, die Sprache der Herren von Mykene, Tiryns und Pylos. Mit einemmal öffnete sich hinter den homerischen Epen eine Vergangenheit, deren wirtschaftliche und soziale Verhältnisse und politische Organisation einigermaßen durchsichtig werden. Von den homerischen sind sie nicht unerheblich verschieden; man gewinnt das Bild hochzentralisierter Verwaltungs-Monarchien, vergleichbar den altorientalischen Königsherrschaften. Die Ursache ihrer gewaltsamen Untergänge im Verlauf des zwölften Jahrhunderts wird das Eindringen neuer griechischer Stämme vom Norden her in den Peloponnes gewesen sein: das, was man die dorische Wanderung nennt. Der radikale Bruch der Kultur, den der Hiat der dunklen Jahrhunderte anzeigt, wird dadurch nur um so deutlicher.

Historische Skepsis gebot also, mit der Gleichsetzung Homers mit ‹Mykene› sehr vorsichtig zu sein: Das meiste der epischen Schilderung, soziale Verhältnisse, Lebensweise, Waffen und Geräte, stellt sich heute als das Bild der eigenen homerischen Zeit dar. Und doch bleibt ein großer Rest. Da sind außerordentliche Kunstgegenstände, besondere Rüstungsstücke, die offenkundig einer älteren Zeit angehören.[2] Dahin gehört, bei Homer, das Fehlen des Reitpferdes und der damals längst obsolete Gebrauch des Kampfwagens; daß die Heroen dennoch zum Zweikampf meist vom Wagen steigen, bis vor kurzem für einen Anachronismus des Epos angesehen, hat sich als die tatsächliche Kampfweise des zweiten Jahrtausends herausgestellt: es ist die Apobatentechnik, die im athenischen Kultus des Panathenäenfestes lebendig blieb.[3] Auch die Vorstellung von den alten Palästen, wie sie zumal aus der Odyssee uns entgegentritt, möchte den Griechen des achten Jahrhunderts eher von den damals noch sichtbaren Spuren mykenischer Anlagen als von zeitgenössischen Bauten sich aufgedrängt haben. Das Erstaunlichste aber bleibt der Schiffskatalog der Ilias, der die griechischen Stämme und Städte in derjenigen geographischen Siedlung aufzählt, die vor der dorischen Einwanderung und der Übersiedlung nach Kleinasien im Mutterland bestand. Man hat gemeint, hier ein Stück Katalogdichtung zu haben, das als Kleinepos sich aus spätmykenischer Zeit in der mündlichen Tradition erhalten habe. Viel wahrscheinlicher ist es, daß die ausgewanderten Stämme die Orte ihrer Heimat von Generation zu Generation überlieferten.

Seit dem letzten Krieg ist viel getan worden, um Licht in die dunklen Jahrhunderte zu bringen. Der Prozeß der Neuansiedlung – seit der Jahrtausendwende –, die Ausbreitung des Handels – vom Tyrrhenischen Meer bis in den Orient und ins innere Anatolien –, die Bekanntschaft mit den Phöniziern von der mykenischen Zeit an bis zu der sogenannten orientalisierenden Epoche (ca. 750-650) wird immer deutlicher. Die Übernahme der phönizischen Buchstabenschrift im achten Jahrhundert ist durch neuere Funde gesichert, und umstritten nur noch, wie weit man damit hinaufgehn muß. Selbst das Schreibmaterial, das Papier, ist den Griechen, wie ich glaube, nicht erst seit der ersten Ansiedlung in Ägypten, um 650, bekannt geworden: Das Wort, womit sie den Papyrus benannten, ‹biblos›, zeigt an, daß er aus der phönizischen Hafenstadt Byblos kam. Es muß aber aus einer Zeit herrühren, als die phönizische Namensform, die stets ‹Gebal› oder ‹Gubla› lautete, im Submykenischen den indogermanischen Lautwandel zum archaischen Griechischen mitmachte.[4]

Auch in anderem haben wir zulernen müssen. Auf Euboia, der langen, Griechenland im Osten vorgelagerten Insel, die wie Attika von dem dorischen Einbruch verschont geblieben war, haben jüngste Ausgrabungen an der dem Festland zugekehrten Küste, bei Lefkandi, am Rande der später so lang und heftig umkämpften Lelantosebene, die Besiedlung eines Hügels zutage gebracht, die von der Zeit um 2000 an kontinuierlich, mit vielleicht einer kurzen Unterbrechung im elften Jahrhundert, bis ins achte reicht, als die Stadt vermutlich dem Lelantinischen Krieg zwischen den rivalisierenden Städten Chalkis und Eretria zum Opfer fiel. Aus dem zehnten und neunten Jahrhundert stammen beachtliche Komplexe von Wohnhäusern, eine Bronzewerkstatt und Import aus dem östlichen Mittelmeer. Das wahrhaft Überraschende aber war, unter einem benachbarten Hügel, die Entdeckung des Fundaments eines Baues von 45 m Länge und 10 m Breite, weitaus größer als der bis dahin älteste bekannte Tempelbau auf Samos, und schon rings mit einem Umgang von Holzpfeilern umstellt: ein ‹Peripteros›. Dieser Bau aber war errichtet über einer Brandstätte mit zwei tiefen Grabschächten, in deren einem drei oder vier Pferde versenkt worden waren, in dem andren der Leichnam einer mit reichstem Goldschmuck angetanen jungen Frau. Anzeichen deuten darauf, daß sie am Scheiterhaufen ihres gestorbenen Gemahls geopfert worden ist – wie am Ende der Ilias die zwölf, zusammen mit vier Pferden geschlachteten Troerjünglinge am Scheiterhaufen des Patroklos. Das enorme Bauwerk war offenbar das Heroon eines göttergleich verehrten Fürsten. Noch das Epos nennt die Heroen ‹göttergleich›.

Was für Folgerungen aus diesem bisher nur aus Vorberichten der englischen Ausgräber bekannten Fund[5] noch zu ziehen sein werden, archäologische, wirtschafts- und kulturhistorische, religionsgeschichtliche: er muß nicht nur unser Bild von jener Epoche, wahrscheinlich auch unsere Einschätzung des homerischen Menschen verändern. Der Einblick in einen geschichtlichen Moment eines Fürstensitzes, der vielleicht das alte Herrschaftszentrum von Euböa war, konfrontiert uns mit einer Realität und anthropologischen Stufe, von der die Ilias durch nicht viel mehr als zwei Jahrhunderte getrennt ist. Er fügt sich aber völlig zu der Bedeutung, die Euböa alsbald für die Erz- und Töpferproduktion und den Handel mit dem Nahen Osten gewonnen hat. Es mag nur eine Frage der Zeit sein, wann sich die dunklen Jahrhunderte uns zugleich als eine Epoche der Bewahrung und Tradition präsentieren, in der wohl auch manches kostbare Stück aus älterer Zeit in den herrschenden Familien überliefert worden ist.

Bei den Ausgewanderten im Osten mag es anders ausgesehen haben, es war ja ein Neubeginn. Aber auch sie hatten einen Boden betreten, mit dem schon ihre Vorfahren bekannt gewesen waren, und siedelten vielfach an einst mykenischen Orten, so namentlich Milet. Es waren ja *diese* Achäer, die ‹Akhijawa›, die im vierzehnten Jahrhundert mit den Hethitern von Hattusa (Boghazköi) in Verbindung gestanden hatten. – Eine weitere bedeutende Entdeckung ist erst in den letzten Jahren in der Troas gemacht worden:[6] Bei Grabungen westlich von Troja kam an der Küste ein Gräberfeld des dreizehnten Jahrhunderts ans Licht, das sichtlich nicht der Bestattungsort der Stadt, sondern des Hafens gewesen ist. Die Funde deuten auf die Benutzung des Hafens durch Handelsleute, die hier, am Hellespont, vermutlich den Südwestwind abwarteten, um die Gegenströmung der Dardanellen zur Durchfahrt ins Schwarze Meer zu meistern. Es ist genau die Zeit der letzten Phase Trojas. So dürfte der Landeplatz der Ort sein, den man für das achäische Schiffslager hielt. Man muß sich ja immer vor Augen halten, daß nach 400 Jahren von den Resten noch weitaus mehr zu sehen war als nach drei Jahrtausenden.

So hat sich hinter den homerischen Epen ein weiter Hintergrund geschichtlicher Wirklichkeit geöffnet. Der Trojanische Krieg, als ein Unternehmen mykenischer Griechen gegen die schon geschwächte Herrschaft am Hellespont, kann nicht für unmöglich gelten. Doch wissen wir von den Völkerverschiebungen in Anatolien, die eben damals auch dem Hethiterreich ein Ende machten, und zumal von den Bewegungen der Phryger viel zuwenig, um die Katastrophe Trojas von diesen Vorgängen in Kleinasien selber zu isolieren. Wahr bleibt, daß um dieselbe Zeit auch die mykenischen Herrschaften im Mutterland schon wankten; Pylos an der peloponnesischen Westküste, der wahrscheinliche Sitz des homerischen Nestor, brannte um 1200 nieder, und ein halbes Jahrhundert später fiel Mykene.

Das alles genügt, um das Epos als erinnerte Geschichte zu begreifen. Sie wäre aber nicht Geschichte in der Weise frühzeitlichen Bewußtseins, wenn nicht aus ihr eine ‹Geschichte› gemacht würde: der Rachezug für den Raub der Helena. Die Fabel ist bereits verstandene Geschichte. Aber von ihr zur epischen Erzählung der Ilias ist noch ein großer Schritt. Nicht nur, daß jetzt die Fabel – beginnend mit dem Parisurteil, das dem trojanischen Prinzen die schönste Frau einbringt und zur Ursache wird für den Untergang eines glücklichen Königreichs – im Hintergrund bleibt; nicht nur, daß die epische Handlung, statt um den Beraubten, sich um das tragische Schicksal eines ganz andren Helden dreht: um das Achills; in dieses hinein wird das Schicksal seines Gegners, des Stadtverteidigers Hektor, verflochten zu einer Doppeltragödie, in der es um heroische Leidenschaften, um Ehre und Verblendung, um Freundesliebe und Gattenliebe, um grausame Rache und Erbarmen geht. Und dies alles gespiegelt und verursacht im Olymp der parteiischen Götter, über allen der zwischen beiden zerrissene Göttervater und Gemahl der von Paris beleidigten Hera, Zeus. Das Epos, schon in seiner zwiefachen Teilnahme an Hektor und Achill, an Troern und Achäern von großem menschlichen Kontur: erst durch die Götterhandlung wird die Ilias zum Weltgedicht.

Um so große Dinge geht es in der Odyssee nicht mehr. Wer vom Lesen der Ilias kommt, sieht sich hier in einer anderen Welt. Sie ist weiter und bunter; sie ist zugleich intimer. Hier gibt es adlige Herrensitze und bäuerliche Gehöfte, Wege und Straßen, die sie verbinden, Häfen und Seefahrt, die ganze mediterrane Welt mit ihren Völkern und Inseln, mit Handel und Seeraub; von der Welt der Irrfahrten und Abenteuer zu schweigen. Ferner den vielfältigen Anteil des Weiblichen, der Frauen und Mädchen. Dazu die Schicht der Unfreien, und auf der anderen Seite eine adlige Jeunesse, mit der das politische Wesen an den Rand der Krise gerät. Also viel Zeitgenössisches, worin das Jahrhundert der zweiten Kolonisation, der gewaltigen Ausbreitung des Griechentums im Mittelmeerraum, mit seiner neuen Unruhe und Gefährlichkeit sich in der Dichtung spiegelt. Und alles kreisend um einen Mittelpunkt, ein Haus, eine Familie, eine Ehe, um Leiden der Trennung und Glück des Wiederfindens. Hier ist Weltfülle für die epische Gattung konstitutiv fast schon in der Weise des Romans. Nicht, daß das einzelne in der Ilias fehlt; aber es bildet keine Welt, steht nicht für sich selber da, es ist alles eingeschmolzen in das eine heroische Schicksal, das sich zwischen Heerlager und Trojas Mauern erfüllt. Wenn in der Ilias eine archaische und aristokratische Gesellschaft ihren eigenen agonalen Wertbegriff in eine große heroische Vorzeit projizierte: «immer der Beste zu sein und überlegen den Andern» (Ilias 11.784), so gelten in der Odyssee andere Tugenden. Ob das

Altertum sie recht verstanden hat, möchte man zweifeln, es erblickte ja in dem Listigen den eigenen Prototyp – den ‹Griechen als solchen›, wird Burckhardt sagen. Und auch die Seite, die er uns heute zuzukehren scheint: als der schnell Reagierende, jeder Lage Gewachsene, spiegelt eher unser eigenes Bild, das Wunschbild der Erfolgsgesellschaft. Solche Wandlungen gehören zu jeder geschichtlichen Rezeption, besonders wenn sie in die Breite, ins Populäre geht. Aber schon die zitierte iliadische Maxime verkürzt die dichterische Gestalt des Iliashelden auf das Maß eines Kollektivs – für das Übermaß des homerischen Achilleus hatte Hölderlin den Sinn, als er ihn «den genialischen, allgewaltigen, melancholischzärtlichen Göttersohn» nannte, «dieses enfant gâté der Natur». Daß *dieser* Achill kaum noch wahrgenommen wird, sondern nur sein blutrünstiges Zerrbild, daran ist unsere Einäugigkeit schuld, unsere Kriegsverletzung. Etwas Ähnliches könnte vor Odysseus im Wege stehn, ein zu voreiliges Wiedererkennen.

Wir würden uns schwerlich einen Begriff von dem möglichen Bildungszustand Griechenlands im achten Jahrhundert machen, wenn wir ihn von den Zeugnissen der spätgeometrischen Kunst abzulesen hätten. Wir wissen aus ihnen einiges von den Sitten, Tätigkeiten, Vorstellungen der Zeit; von den materiellen Konditionen des Lebens haben die neueren Ausgrabungen uns eine konkretere Vorstellung gegeben, bei den herrschenden Schichten einen Einblick in erheblichen Wohlstand und einen weiteren Welthorizont, obschon verbunden mit Zuständen und Sitten, die anthropologisch aus bronzezeitlichen Gesellschaftsformen hinüberreichen. Ökonomischer Wohlstand kann auch eine höhere Gesittung begünstigen; aber ihre spezifischen Qualitäten, ihren Geist würden wir nicht ahnen ohne die Odyssee. Was wir selbst lesend schwer realisieren, ist der Grad von geselliger Kultur, den sie voraussetzt: sie kann nicht nur das Eigentum dieses Dichters, sie muß der Geist einer Gesellschaft sein, die in den epischen Gestalten das eigene Maß ihrer Wertvorstellungen erkannte. Der sublime Takt des Alkinoos, die noble Freundschaftshaltung des Menelaos, die schöne Einfalt Nausikaas, ihre Zartheit in der Freiheit, in Eumaios' Rauheit die Bildung des Herzens, in Penelope die Leidensfähigkeit – das alles sind Dinge, die zwar das Gepräge einer Dichterindividualität tragen, aber eine Zuhörerschaft voraussetzen, die dafür das Ohr hat. Dies Humane war es, was seinerzeit zu dem englischen und deutschen Klassizismus unmittelbar gesprochen hat, ohne der Vermittlung der Historie zu bedürfen. Wenn es für uns das Element des Geschichtlichen hinzugewonnen hat, entfernt es sich uns in demselben Maße, als es wirklicher wird. Aber möglicherweise ist es dieser veränderte Aggregatzustand, in dem es die Farben gewinnt, daß auch wir uns darin wiedererkennen.

Die angedeuteten Unterschiede der beiden Gedichte schließen es mit ziemlicher Sicherheit aus, sie beide demselben Dichter, Homer, zuzuschreiben. Auch die Erklärung des Altertums, Homer habe die Ilias in seiner Jugend, die Odyssee im Alter geschrieben, taugt nicht bei näherem Hinsehen. Die Ilias verrät Stufen ihres Werdens, sie scheint allmählich, man möchte meinen in einem lebenslangen Prozeß, in den Reichtum erst gewachsen zu sein, in dem sie überliefert ist; und gerade die reichsten und reifsten Teile verraten einen Stil und Denkweise, die man eher als Altersstil verstehen möchte. Von solcher Sublimierung, solcher ironisch gebrochenen Weisheit in der Darstellung der Götter führt zwar ein geistesgeschichtlicher, aber kein biographischer Weg zu der ethischeren und rationaleren Religiosität der Odyssee. Man könnte darum geneigt sein, einen gehörigen zeitlichen Abstand zwischen beiden anzunehmen. Doch die geschichtlichen und sozialen Bedingungen weisen keine entscheidenden Unterschiede auf, sie treten nur mehr oder weniger hervor. Vieles davon ist im Stoff der Erzählung begründet. Und was den verschiedenen Geist der beiden Epen betrifft, weist er eher auf zwei dichterische Temperamente, zweierlei Geistesart und Interesse.

Wir sind gewohnt, dem älteren Dichter den Namen Homeros zu lassen, während der Odysseedichter seinen Namen an sein großes Vorbild verloren hätte. Das ist nicht ganz unwahrscheinlich, obschon die anonyme Überlieferung das ältere ist und authentische Autorennamen erst von Hesiod an, um 700, auftauchen. Auch rührt das Homerbild der schon alten Legende von dem blinden Dichter offenbar von der Odyssee her, indem der blinde Sänger Demodokos, übrigens mit einigem Recht, als Spiegel des Dichters verstanden wurde. Trotzdem hat die Benennung nach einem Schule machenden Meister ihre Analogie in den Handwerks- und Ärzteschulen, z. B. in der des Hippokrates, dessen Schüler anonym geblieben sind. Sie traten häufig durch Adoption in ein Sohnes- und Erbschaftsverhältnis. So hat es im siebenten Jahrhundert auf Chios ‹Homeriden› gegeben, eine Schule, in der die rhapsodische Kunst vererbt wurde. In diesem Sinn nennen wir Ilias und Odyssee homerisch.

Man denkt sich heute zumeist die beiden Werke in der zweiten Hälfte des achten Jahrhunderts entstanden, die Ilias gegen die Mitte, die Odyssee gegen Ende des Jahrhunderts; manche würden sie eher in den Anfang des siebenten rücken.[7] In der Archäologie nennt man diese Epoche die orientalisierende, nach gewissen östlichen Einflüssen in der bildenden Kunst, einer allmählichen Auflösung der strengen Formen des geometrischen Stils in weichere und flächigere Konturen: eine Entwicklung, die man in dem Schritt von der Ilias zur Odyssee wiedererkennen mag. Eine zeitliche Fixierung nach dieser Analogie wäre trotzdem riskant, die Entwicklung der Künste verläuft nicht notwendig parallel, sondern zuweilen in weit verschobenen Phasen. Hier ist die Sprache als Ausdruck menschlicher und seelischer Bewegtheit der bildenden Kunst um Jahrhunderte voraus. Etwas, das der Beseelung der Person im homerischen Epos entspräche, und gar Individualität und Charakter fände man in der bildenden Kunst erst in perikleischer Zeit und noch später, wo das Bildwerk als beseeltes Zeugnis den Zeugnissen der Dichtung ebenbürtig wird. So kann sich auch das ‹Orientalisierende›, das ‹Malerische› und Szenarische in der Dichtung früher ausgedrückt haben als in den Reflexen der Vasenmalerei.

Fragen wir nach den konkreten Anhalten der Datierung, so haben wir die Homerzitate in der Lyrik des siebenten Jahrhunderts, das früheste von Archilochos, der um das zweite Viertel des Jahrhunderts lebte. Noch vorher entstanden die epischen Gedichte Hesiods. Seine Lebenszeit ist mit seiner Teilnahme an den Leichenspielen für den euböischen Fürsten Amphidamas von Chalkis bestimmt, bei denen er, nach dem eigenen Zeugnis der ‹Erga›, ein früheres Gedicht, offensichtlich seine ‹Theogonie›, vorgetragen hat. Denn nach einer antiken Überlieferung war Amphidamas im Lelantinischen Krieg gefallen, der mit Wahrscheinlichkeit zwischen 730 und 700 sich abspielte. Das also wäre die Zeit, in der die ‹Theogonie› gedichtet wurde. In dieser aber sind die Beziehungen auf die Odyssee unverkennbar.[8]

Das zweite Zeugnis ist der sogenannte Nestorbecher, der in der chalkidischen Handelsniederlassung Pithekussai auf Ischia gefunden wurde und etwa aus der Zeit von 730 bis 720 stammt. Er trägt eine der frühesten griechischen Inschriften, diese aber bereits in poetisch-hexametrischer Form, mit einer Anspielung auf den Prachtpokal des Nestor in der Ilias (11.632 ff.).[9] Ein solches Zitieren setzt eine allgemeine Bekanntschaft des homerischen Gedichts voraus. Wenn man die Fristen zwischen Entstehung und Wirkung bis an die Grenze des Möglichen zusammendrängt, würde das für die Ilias auf die dreißiger Jahre des Jahrhunderts führen, für die Odyssee ins vorletzte Jahrzehnt. Aber auch die schnellste Verbreitung über die griechische Welt hin angenommen, kommt man doch, wenn man beim Wahrscheinlichen bleibt, mit der Odyssee ins dritte Viertel des Jahrhunderts, und mit der Ilias vor die Jahrhundertmitte. Aus dieser Zeit stammen auch die frühesten erhaltenen Vasenscherben mit Inschriften. Es ist eine Frage des Ermessens, wieviel Zeit seit der ersten Übernahme der phönizischen Alphabetschrift – die möglicherweise auf Zypern erfolgt ist – anzusetzen sei.[10] Man wird aber ihren Gebrauch im Töpferhandwerk nicht für den ersten halten, und die Verwendung für hexametrische Verse legt die Vermutung nahe, daß auch das Epos schon niedergeschrieben war. Es darf hier getrost auch an das alte wissenschaftliche

Streitobjekt erinnert werden, das, entgegen alten Bestreitungen, die Kenntnis der Schrift in der Ilias bezeugt: jenen Brief in Form einer Klapptafel, eingeritzt mit «vielen verderblichen, todbringenden Zeichen», mit dem Proitos den Bellerophontes zu seinem Schwager in Lykien schickt (Il. 6.168 ff.); womit natürlich nicht der Gebrauch der phönizischen Buchstaben den Heroen untergeschoben wird. Als Schreibmaterial des Epos kommen nicht nur Tontafeln oder Lederrollen in Frage, sondern, wie gesagt, durchaus auch der Papyrus. Dies ist darum von Bedeutung, weil allerdings, aus der planvollen Anlage und Kunstform beider Epen, ihre schriftliche Fixierung postuliert werden muß.

Die Öffnung eines Hintergrunds hinter dem homerischen Epos ist auch weitgehend das Verfahren der folgenden Kapitel. Was Archäologie und Religionshistorie zur Erhellung der Frühzeit beigetragen haben, wird dabei im einzelnen nach Kräften benutzt. Doch geht es hier um ein literarisches Verständnis der Odyssee; der Hintergrund, der aufgesucht wird, sind keine epischen Vorstufen, seien es schriftliche oder mündliche Fassungen, sondern die vorliterarische Form, die dem Epos zugrunde liegt. Als Transformation dieser Form in den großepischen Stil soll das Gedicht in seinen eigentümlichen künstlerischen Phänomenen und erzählerischen Qualitäten hervortreten. Daß dabei an einen einzigen Dichter als Autor des Ganzen zu denken sei, wird weniger nachgewiesen, als vorausgesetzt; doch geht es wiederum aus dem Ganzen hervor.

Der Begriff der literarischen Umwandlung als des geschichtlichen Moments des großen Epos – seines ‹glücklichen Augenblicks› – schließt die Perspektive auf seine weitere Entwicklung ein. Dabei richtet sich der Blick nicht auf das hellenistische und spätantike Epos, vielmehr auf die in der Odyssee angelegten Möglichkeiten, die bei der Entwicklung einer neuen Gattung Pate gestanden haben, des Romans. Aber auch diese nur insofern, als sie rückwärts auf die neuen narrativen Qualitäten der Odyssee ein Licht werfen.

Die Kapitel, in ihrer Anordnung der Reihe der Gesänge folgend, sind je besonderen Phänomenen der odysseischen Epik gewidmet, und zwar so, daß das je Besondere als ein auch allgemeiner gültiges hervortritt. Das Verfahren, wenn es poetische Phänomene aufzeigen soll, konnte nicht bloß darstellend, es mußte, je nach dem Gegenstand, interpretierend, reflektierend und hinführend sein. So führt auch im ganzen die Reflexion von der Analyse dem Epos eigener Erzählformen über die epischen Transformationen überlieferter Geschichten zur Beobachtung spezifisch odysseischer Themen und zum Geist und Sinn der Dichtung.

I. Kapitel

EINFACHE GESCHICHTEN

Die Bemühungen um die homerischen Gedichte sind, seit dem Neubeginn der klassischen Studien in Deutschland gegen Ende des achtzehnten Jahrhunderts, nach zweierlei Richtungen orientiert: als die Frage nach der Entstehung und die Frage nach der Form. Wie die eine, die die folgenreichere war, zuerst in Friedrich August Wolfs Prolegomena von 1795 mit einem bis dahin ungehörten Ernst an den Homertext gestellt worden ist, so die andere, fast gleichzeitig, in Goethes und Schillers Abhandlung über epische und dramatische Dichtung. Sie wurde erst 1827 von Goethe veröffentlicht, als längst Wolfs Lehre von der späten schriftlichen Redaktion der Epen aus mündlich umlaufenden Einzelliedern die romantische Wissenschaft beherrschte. Es ist der Entwicklung der homerischen Frage in dem folgenden Jahrhundert nicht günstig gewesen, daß, von einer als exakt sich verstehenden Philologie, die Betrachtung der epischen Form, als einem strengen Begriff von Wissenschaft widersprechend, an den Rand gedrängt und mehr dem ästhetischen Umgang mit den Texten überlassen blieb. Sie ist erst spät, und eher von außen kommend,[1] in der Fachwissenschaft aufgenommen worden.

Die zweierlei Bemühungen scheinen allerdings einander auszuschließen, indem die Betrachtung der Form das Werk als ein Ganzes, Fertiges und Notwendiges nimmt, während die Frage nach seiner Entstehung, als die eigentlich historische, den Text als ein Werdendes zu fassen sucht, dessen überlieferte Form, gegenüber den Vorstufen, ein Zufälliges oder Willkürliches darstellt.

Aber beide Fragen sind auch aufeinander angewiesen. Die Theorie der sukzessiven Entstehung muß sich, für die angenommenen Vorstufen, Rechenschaft geben über die *Möglichkeit* der jeweiligen literarischen Form,[2] umgekehrt kommt die Auffassung von einer einmaligen Schöpfung um die Frage nicht herum, wie sich die dichterische Erfindung zur Tradition verhält.

Denn, daß den beiden homerischen Gedichten nicht nur eine lange Praxis aödischer Erzählkunst zugrunde liegt, sondern mit dieser auch bestimmte Geschichten, die in ihnen enthalten sind, auch ohne daß man ihrer als Texte im Text habhaft werden kann, liegt auf der Hand.

Für die Ilias läßt sich, als eine in ihr enthaltene oder zugrunde liegende Geschichte, die Erzählung vom Parisurteil fassen, zu welchem, als seine Fortsetzung und unheilvolle Konsequenz, der Raub der Helena, der Rachezug des Gatten und letzten Endes Trojas Untergang gehören. Die Konfiguration der ungleichen Brüder, Hektor und Paris, scheint zu dieser Geschichte zu gehören; damit auch Hektor als einziger Schutz der Stadt, mit dessen Tod sie ihrem Schicksal verfällt. Die lehrhafte Beziehung dieses Endes auf jenen Anfang ist leicht zu fassen. Und aus dem ganzen sind die drei Göttinnen, die Paris zum Schiedsrichter ihres Streits wählten, nicht wegzudenken. Alle diese Momente sind in Szenen und Situationen der Ilias enthalten, obschon Parisurteil und Helenaraub lange vor der Iliashandlung liegen, Trojas Untergang am Ende der epischen Erzählung erst noch drohend bevorsteht.[3]

Man hat diese Geschichte eine Novelle genannt; jedenfalls sticht sie mit ihrem sinnreichen Charakter ab von einer anderen, die gleichfalls in der Ilias enthalten ist, der ‹Achilleis›. Man denke sich diese beginnend mit der Hochzeit des Peleus und der Thetis und der Geburt des Achilleus, und endend mit seinem frühen Tod: ein Heroenmythos, mit halbgöttlichem Ursprung und tragischem Ausgang. Auch dies eine Geschichte, die die Grenzen der Ilias nach rückwärts und vorwärts weit überschreitet, aber in iliadische Situationen gleichsam eingeblendet erkennbar ist.

Von der Achilleis muß man offenbar eine dritte Geschichte unterscheiden, obschon sie denselben Helden zum Gegenstand hat: die ‹Patroklie›.[4] Auch sie eine heroische Geschichte, aber ohne notwendige Beteiligung der Götter: beginnend mit dem Streit um das Beutemädchen Briseis, und endend mit dem Tod des Gefolgsmanns und Freundes Patroklos und der Rache an seinem Mörder Hektor. Eine Geschichte von wenigen Tagen. Es ist diese Geschichte, nicht die beiden anderen, die den Handlungsrahmen der Ilias abgibt: das, was in der Philologie die ‹Menis›, der Zorn des Achilleus genannt wird. Sie ist im Epos auf andere Weise enthalten als jene anderen, indem das Ganze, das sie ist, als Gerüst und Gerippe auch das Ganze der Ilias trägt. Und das Verhältnis des Epos zu dieser Geschichte ist das einer Transformation im Ganzen.

Wenn ich so von ‹Geschichten› rede, meine ich also das Erzählbare, die einfache Sequenz eines erzählerischen Geschehens, oder das pragmatische Gerüst einer Handlung, die Fabula: eigentlich das, was Aristoteles den ‹mythos›, gelegentlich auch den ‹logos› einer Dichtung nennt.[5] Diese einfache Geschichte ist daran erkennbar, daß sie ihre eigene erzählerische Logik hat, Motive mit bestimmten erzählerischen Konsequenzen. Sie hat, wie schon Aristoteles bemerkte, Anfang, Mitte und Ende und bildet so ein erzählerisches Ganzes.

Die Logik der Geschichte ist nicht identisch mit der gewöhnlichen Logik.[6] Die Vernunft verlangt Kausalität; was keiner Kausalität entspringt, ist Zufall. In der Dichtung aber gibt es den Zufall nicht: auch das scheinbar Zufällige folgt einem erzählerischen Postulat. So wird, nach der narrativen Logik der Geschichte, z. B. ein Verbot erlassen, damit es übertreten wird; zweimal wird etwas vergeblich getan, um beim dritten Mal erfolgreich zu sein. Konsequenzen dieser Art sind nicht zwingend, haben aber als vorliegende ihre eigene erzählerische Evidenz; sinnfälligstes Beispiel: Odysseus' Rückkehr im Moment der neuen Hochzeit.

Die einfache Geschichte ist eigentlich keine literarische Vorstufe, sondern eine subliterarische Form, die in den literarischen Gestaltungen auf verschiedene Weise enthalten sein kann. Sie verhält sich zu diesen wie die Idee zu ihren Varianten und ist insofern ein Abstraktum. Sie ist weder verbal noch in allen Teilen real zu fixieren, da auch in ihren letzterschließbaren Formulierungen ihre funktionalen Motive nur als Metamorphosen faßbar sind: eine Form von «einem anderen Aggregatzustand als alles Gedichtete» (Max Kommerell).[7]

Aber natürlich haben solche einfachen Geschichten, auch ehe sie episch gestaltet wurden, von je in einem Medium menschlicher Rede, prosaisch oder poetisch, existiert. Nur in ihren Gestaltungen haben wir die Gestalt. Doch gibt es einfachere und abgeleitetere Gestaltungen einer Geschichte, und obwohl die komplexeren nicht notwendig die späteren sein müssen, verweisen die einfacheren doch eher auf die abstrakte Form, der die Geschichte ihren Ursprung verdankt. Eine morphologische Untersuchung würde auf bestimmte vorliterarische Formen verweisen, in denen das ursprüngliche Erzählen von Geschichten vor sich geht: Sage, Märchen, Fabel oder Legende, und die sich als Einfache Formen – in dem Sinne, wie André Jolles den Begriff geprägt hat[8] – neben andere ursprüngliche Weisen des Redens, wie Sinnspruch, Rätsel, Zauberspruch oder Gebet, stellen würden. Die Theorie hätte hier verschiedene Grade der Abstraktion zu unterscheiden: als allgemeinstes das Geschichtenmuster, nach dem die Erzählungen einer Gattung gebildet sind: ihre *Struktur*; zum anderen die Sequenz der gleichen Motive in einer Gruppe oder Spezies gleichartiger Geschichten, die man ihren *Typus* nennen mag; schließlich die zu erschließende Urgeschichte einer konkreten Erzählung von bestimmten Personen: ihre *Urform*. Ich nehme auch diese Urgeschichte als ein Abstraktum, weil sie nur in Varianten lebt, von denen keine einzelne den Anspruch machen kann, ihre Urform zu sein. – Es wird hiernach keine Verwirrung stiften, wenn im folgenden der Begriff der einfachen Geschichte sowohl auf die primitive und einfachste Konkretisierung einer Geschichte, wie auf ihre theoretische Urform, wie auch auf das Muster gleichartiger Geschichten, ihren Typus, oder schließlich ihre allgemeine Struktur angewendet wird: indem nämlich der Begriff je die Richtung auf die Form bezeichnen soll.

Diese Überlegungen sollen zugleich klar machen, daß die Unterscheidung der einfachen Geschichte von ihrer konkreten Gestalt nicht die zwischen Stoff und Form ist – wie man gern von einem ‹Sagenstoff› redet. Gerade die Sage an sich ist bereits Form.

Richtet man also, in einem epischen Text, den Blick durch die Oberfläche des Gedichteten auf die pragmatischen Strukturen seiner Geschichte, so stößt man nicht auf historisch faßbare Vorstufen, die zu rekonstruieren wären, sondern blickt in ein Bewegtes hinein, das in Gestaltung und Umgestaltung zwischen einem Ideellen und dem Kunstwerk zugleich formal und geschichtlich vermittelt.

Es lassen sich demnach Stufen der Aktualisierung unterscheiden, die in der Regel auch geschichtliche Stufen sind. Aber nicht häufig sind wir, in der griechischen Mythologie, in der Lage, wie an der Historie von Doktor Faust eine Geschichte in ihren verschiedenen Stufen zu fassen. Ein Beispiel ist die Meleagererzählung im neunten Buch der Ilias. Dort findet sich die Geschichte von der Kalydonischen Eberjagd – ihre älteste Darstellung – erzählt im Stil und nach dem Muster heroisch-epischer Völkerkämpfe. Wir würden nicht leicht die einfache Geschichte erkennen, die dahinter steht, hätten wir nicht die märchenhafte Erzählung vom Tod des Meleager, die tausend Jahre später Hygin aufgezeichnet hat.[9] Wir wären auf Beobachtungen anderer Art angewiesen, nämlich die der Strukturvergleichung verschiedener Geschichten, um aus einer komplexen Erzählung ihre einfache Struktur zu gewinnen. Es ist dies Verfahren, womit es im folgenden zunächst versucht wird. Es zielt darauf, hinter dem epischen Text ein Grundmuster auszumachen, das als ‹erzählbare Geschichte› ein Ganzes ist und insoweit, auf der pragmatischen Ebene, die Einheit des Epos verbürgt.[10] Was nicht mehr nachzuerzählen, was nur im Kunstwerk selber da ist, ist das entschieden Individuelle, ist Stil und Geist. Es fordert einen anderen Blick, einen, der die Strukturen des Geschaffenen ins Auge faßt. Auch hier wird man zwar im Individuellen des besonderen Kunstwerks die tradierten Formen einer epischen Praxis erkennen, es geht aber zuletzt um die Erfassung der großepischen Form. Die folgenden Untersuchungen gehen von der Überzeugung aus, daß die eine Betrachtungsweise für die andere Gewinn bringt.

Versucht man mit diesen Begriffen sich der Odyssee zu nähern, so ist das erste, was sich aufdrängt, um wieviel offener dort gewisse im Epos enthaltene einfache Geschichten in ihrer eigenständigen Form zutage liegen als in der Ilias, nämlich in den Irrfahrten- und Abenteuererzählungen des Odysseus, den sogenannten Apologen. Diese Geschichten sind weder heroischer noch novellistischer Art, sondern machen – wenn man einmal von der Ichform ihrer Erzählung absieht – den

Eindruck echter Märchen. Der Begriff bedarf allerdings einer Erklärung, da unter den Abenteuern des Odysseus mehrerlei Gattungen, wie Märchen, Mythos, Sage und Legende, unterschieden worden sind.[11] Da verbindliche Definitionen in der Literaturwissenschaft fehlen, verzichte ich hier für die einzelnen Abenteuergeschichten auf solche näheren Bestimmungen – nicht, weil ich die radikale Skepsis teilte, die in der Scheidung der Begriffe überhaupt ein modernes Scheinproblem sieht,[12] sondern um einer anderen Unterscheidung willen. Um so mehr ist ihre Bezeichnung als Märchen wenigstens andeutend zu begründen.

Für den gegenwärtigen Gebrauch verstehe ich unter ‹Sage› die frühe Form der geschichtlichen Erinnerung, wie sie ursprünglich auf der Geschlechter- und Stammesebene gepflegt wird. Sie ist also an eine ethnologische Stufe, die Entstehung eines ‹geschichtlichen Sinnes›, gebunden; weshalb sie auch den Primitiven zu fehlen scheint. – Im Begriff des ‹Märchens› möchte ich das Moment des Wunderbaren, das gewöhnlich als gattungbestimmend angesehen wird, nicht betonen; redende Tiere und Dinge, Geister, Zauber und Verwandlungen gehören zu einer ethnologischen Schicht, in die das Märchen zurückreicht: der das Wunderbare kein Wunder, magische Wirkungen Teil des Daseinsverständnisses waren.[13] Das Wunderbare als solches ist darum den Märchen nicht spezifisch. Das scheint eher kennzeichnend für jene Gattung, die Max Lüthi «Sagen im engeren Sinn» nennt: Geschichten von Vorkommnissen in der alltäglichen Welt mit plötzlichen Einbrüchen des Numinosen.[14] Da wird also schon mit zwei Ebenen von Wirklichkeit gerechnet. Zwar gibt es auch im Märchen die charakteristische Form des Eintritts und Übergangs in eine entrückte Welt wunderbarer Abenteuer und die Rückkehr ins Alltägliche; aber das spielt mehr in der Spannung von Nähe und Ferne, und Magie umgibt den Märchenhelden auf seinem ganzen Weg. Überhaupt ist das Märchen ganz und gar auf die typische Figur seines Helden gestellt, dessen Auszeichnendes seine Kommunikation mit den magischen Kräften ist. Und noch in den Spätformen des entzauberten Märchens erscheint dieser Charakterzug in der From des persönlichen Glücks. Auch ist die Form des Weges, die Wanderung ins Unbekannte und die Rückkehr zum Ausgang speziell den Märchen eigen, darum ist es hier wie bei keiner anderen Gattung geboten, die Struktur ins Auge zu fassen. Für sie gilt vor allem, was von der erzählerischen ‹Logik› der einfachen Geschichte gesagt wurde. Die Frage aber nach der Wirklichkeit des Erzählten – nämlich für den genuinen Märchenerzähler und seine Zuhörer – führt hier auf etwas anderes als bei der Sage: das Märchen wird nicht in demselben Sinn für wahr gehalten wie die Sage. Als Erfindung der ursprünglichen erzählenden Phantasie folgt es seiner inneren Form: «wie es eigentlich zugehen müßte» (Kommerell). Daher der glückliche Ausgang. Es wird geglaubt gerade in seiner Differenz zur Erfahrung. Die Grundstimmung seines Helden ist: Vertrauen in die Welt. So ist auch das Verhältnis zur Vergangenheit ein anderes als bei der Sage: nicht deren zeitlich geschichtliches zu den Geschichten der Vorfahren; ihr unbestimmtes ‹es war einmal› ist zeitlos wie das Exempel oder der Ursprung. Allerdings können Märchen auch zu Sagengeschichten werden, sie nehmen dann die Qualität der Erinnerung und des einmal Geschehenen an, sie werden ‹geschichtlich›. –

Endlich der ‹Mythos›. Sicherlich darf man den von der Romantik neu geprägten Begriff (die ‹Mythe›) noch immer für jene Götter- und Urzeitgeschichten in Anspruch nehmen, mit denen der Mensch uranfänglich die Frage nach der Welt aus innerem Wissen beantwortete. «Im Mythos konstituiert sich Welt als gedeutete Welt» (Jolles). Und doch liegt der Begriff des Mythos, wenn wir dabei an das Ganze der griechischen Mythologie denken, anthropologisch und historisch auf einer anderen Ebene. Nicht das ‹Volk› und sein sinnreicher Erzähler, nicht das Gedächtnis der Sippe und des Stammes: als Träger des Mythos erscheint die Nation.[15] Es ist diese Stufe, auf der jene einfachen Geschichten erst eigentlich die Qualität einer universellen Weltdeutung gewinnen. Von diesem Vorgang wird noch zu reden sein. Sowohl Märchen wie Sagen können zum Mythos werden; so ist, beispielsweise, das Gorgonenmärchen des Perseus, aber auch die Sage von Ödipus, zum Dasein-deutenden Mythos gehoben worden. – Im ganzen bleiben die Grenzen oft fließend.

Eine Auffassung ließe sich vertreten, wonach die Heldensage schon von jeher als Dichtung, in der Form des Liedes, gelebt hätte. Schwer kann man sich von den Odysseusmärchen der Apologe vorstellen, daß ihr sprachliches Medium ursprünglich der heroisch-hexametrische Gesang gewesen sei. Eher denkt man an Prosaerzählung. Und doch gab es Odysseus schon in der epischen Tradition, als Helden der trojanischen Sage. Wie sich dieser heroische Odysseus zu dem Märchenhelden verhält, ist ein eigenes Problem. Für die gegenwärtige Frage ist aber wichtig, daß schon die Ilias den Odysseus der Abenteuer kennt: das bezeugen die Beiwörter des Odysseus, die er in der Ilias trägt und die ihn als den Dulder, den Schlauen, den Listen- und Erfindungsreichen charakterisieren.

Der traditionelle Charakter dieser Beiwörter ist durch die Erforschung des Formelbestandes der epischen Sprache deutlich geworden. *Was* aber diese Tradition, über die fixierte Formel hinaus, an Inhalten tradiert, wird in diesen Untersuchungen meist nur beiläufig berührt.[16] Mit Recht unterscheidet man von allgemeinen, den verschiedensten Helden beigelegten Epitheta solche, die nur einem zugehören. Diese individuellen Beiwörter scheinen lediglich eine bestimmte Vorstellung der Person zu vermitteln: «der große Telamonier», «der blonde Menelaos». Aber einige deuten auf mehr. Der «Krummsinnige» heißt Kronos aus dem Entmannungsmythos: Da steckt also eine ganze Geschichte dahinter, die als der sogenannte Sukzessionsmythos bis in den alten Orient zurückreicht. Und keinen zweiten neben Achilleus nennt der Dichter den «Schnellfüßigen».[17] Es ist unwahrscheinlich, daß diese Eigenschaft ihn nur charakterisiert, ohne auch in Geschichten in Funktion zu treten. Denn die Funktionen und Geschichten sind, mythengeschichtlich, primär vor den Charakteren. Eine Geschichte wird es daher auch sein, die die auszeichnenden Beiwörter Achills anzeigen. In der Ilias hat der «Renner Achill» seine Geschichte in der Verfolgungsszene des 22. Buches, in der «der schnelle Achilleus» den fliehenden Hektor einholt. Noch schneller ist der «Renner zu Fuß» bei der Verfolgung des berittenen jungen Troïlos, wie sie in den Kyprien erzählt war.[18] Eine derartige Geschichte von Achill muß – wenn man an der Traditionalität der Beiwörter festhält – bereits für den Iliasdichter traditionell gewesen sein.[19]

Nicht anders im Fall des Odysseus. Die Beiwörter, die ihn als den Vielertragenden und Erfindungsreichen bezeichnen, haben keinen Grund in seiner Rolle in der Ilias, sie verweisen auf seine Geschichte, und diese Geschichte ist die der Abenteuer. Den «Kenner von allerlei Listen» nennt ihn Helena (Il. 3.202), und sein Gegner im elften Buch (V.430) ruft ihn an: «O Odyseu polyaine, du in Listen Unersättlicher und in Mühsal!» «Listen und Mühsal» kennzeichnen den Irrfahrer. Der Held der Abenteuer wenigstens und der Irrfahrten – wenn nicht auch der Heimkehr – war Odysseus also bereits, als er ins heroische Epos eintrat.

Man mag einwenden, daß es auch troische Abenteuer und Listen des Odysseus gab: die Geschichte vom Hölzernen Pferd und von der Bettlerspionage in Troja; daß wir also damit nicht hinter die heroische Sage von Trojas Untergang in eine märchenhafte Überlieferung vordringen. Nun wäre erst noch zu fragen, wie ‹heroisch› diese beiden troischen Odysseusgeschichten in Wahrheit sind. Um aber hier nur bei den Beiwörtern zu bleiben: was bedeutete jenes Wort seines troischen Gegners, der ihn auf seine Listen apostrophiert: «Odysseus, du polyainos»? Und wenn die Sirenen in der Odyssee ihn wiederum so anreden: «Komm hierher, polyain' Odyseu» (12.184), was meinen sie? Was hatte, mit derselben Anrede, Agamemnon in der Ilias gemeint? (Il. 9.673). Auch dies Beiwort, ‹polyainos›, ist durchaus dem Odysseus vorbehalten, meint also Individuelleres[20] als nur ‹ruhmreich›, wie die

Lexika wollen. ‹Ainos› ist die auffordernde, verdeckt hindeutende, die ‹hintersinnige› Rede, wie zum Beispiel Antilochos' Kompliment für Achill, womit er sich dessen Belohnung verschafft (Il. 23.795); und ganz offenbar hatte Agamemnon eine solche Rede gerade dem Odysseus zugetraut, als dieser den grollenden Achill wieder zum Mitkämpfen bewegen sollte (Il. 9.673). Richtig also erklärt Hesych: polyainos: polymythos, der Mann der «vielen Reden». Auf eine Lügenrede ist unter den Abenteuern die Überlistung des Zyklopen gestellt. Aber ein eigentlicher ‹ainos› wird jene auffordernde, verdeckt hindeutende Geschichte des Odysseus genannt, mit der der frierende Bettler sich den Pelz des Eumaios ergattert (14.508). Das gehört bereits zur Heimkehr des Langvermißten. Als die Ursituation des ‹Dulders›, wo zum Duldertum die List der ‹vielhintersinnigen Reden› kommt, erscheint doch die Bettlerrolle in der Heimkehrgeschichte.

Aber damit drängt sich die Frage auf: Wie weit reicht das Märchenhafte in der Odyssee? Ist es auf die Abenteuergeschichten, also die erste Hälfte des Epos, beschränkt? Oder gibt es eine Geschichte, die nicht nur den Apologen zugrunde liegt, sondern auch den übrigen Teilen: der Heimkehr nach Ithaka, dem Freiermord und dem Wiederfinden mit Penelope? Von der Telemachie vorerst zu schweigen.

Die Antworten der analytischen Forschung sind bekannt: Da ihr Bemühen ganz auf die Unterscheidung von Texten gerichtet ist, so sind es auch immer epische Texte – Texte im Text –, die sie als Vorstufen des Überlieferten zu gewinnen trachtet. Das gilt gleichermaßen unter der Voraussetzung schriftlicher wie mündlicher Komposition. Wohl hat man auch dort immer mit einer volkstümlichen Überlieferung gerechnet; aber man betrachtet sie nur als ‹Stoff›. So stellen sich die epischen Lieder, aus denen das große Epos komponiert wäre, dar als Ausschnitte und Gestaltungen einer Stoffmasse. Selten wird nach der Form gefragt, die der Geschichte selber eigen ist; nach den Konsequenzen ihrer Motive. Eher schon nach Arten und Graden der Wirklichkeit: Auf die Weise läßt sich Mythologisches und Geschichtliches, Zeitgenössisches und Märchenhaftes unterscheiden. Es gehört zu den ältesten Urteilen der separierenden Homerphilologie, daß die beiden Hälften des Epos, Irrfahrten und Heimkehr, verschiedenen Stoffkreisen angehören, einer in den anderen überleitend im 13. Buch.[21] Wie die Stoffe sich scheiden, so vermeintlich auch die Gattungen: Führen die Abenteuererzählungen in die Wunderwelt des ‹Märchens›, so bewegen wir uns auf Ithaka in der Wirklichkeit des zeitgenössischen Lebens und seiner alltäglichen Erfahrungen von langvermißten Seefahrern, wie sie sich in der ‹Novelle› vom heimkehrenden Gatten spiegeln. Aber die Scheidung von Novelle und Märchen führt hier irre (wie auch der in der Märchenforschung gebrauchte Begriff der Märchennovelle anzeigt). Das Fehlen des Wunderbaren reicht nicht aus, man hätte auf die Strukturen zu achten, Kriterium der Unterscheidung hätte nicht die Wirklichkeitssphäre zu sein, sondern die ‹Fabel›: welche im Märchen dem ‹Logisch›-Gesetzmäßigen eines Schemas folgt, in der Novelle der ‹besonderen Begebenheit›, dem bemerkenswerten Einzelfall und seinen Folgen, der Raffung der Kausalitäten und Zuspitzung auf das Ende. Nichts davon in der Heimkehrgeschichte. Die eigentliche Novelle ist nicht ‹einfache Form›, sie liegt auf einer anderen Ebene. Wo sie dennoch ein Märchen zum Sujet hat, handelt es sich eher um Unterschiede der Stillage, des gesellschaftlichen Hintergrundes und kulturellen Kontextes, in welchem die gleiche Geschichte einmal als Märchen, dann als Novelle oder auch als Legende, ja, als Epos oder Roman erscheinen kann. In Griechenland scheint es, wenigstens nach unserer literarisch geprägten Überlieferung, das genuine Märchen, mit seiner Zeit- und Ortlosigkeit und der für das europäische Volksmärchen so charakteristischen Anonymität, kaum gegeben zu haben, es war immer schon ‹historisiert›, als Geschichte bestimmter Personen der Vergangenheit. So wurde auch das Märchenhafte um Odysseus längst als *Geschehenes* genommen, als die Odyssee gedichtet wurde: Das Märchen war bereits von der heroischen Sage absorbiert.

In der Odyssee ist die Differenz der Sphären – der Abenteuer verglichen mit der Heimkehrerzählung – allerdings bemerkenswert. Aber das läßt sich nicht durch vertikale Schnitte verifizieren: die Scheidelinien verlaufen horizontal. Karl Reinhardt hat gezeigt, wie sich im Zeitgenössischen das Märchenhafte, im Märchenhaften das Heroische spiegelt.[22]

Von Textvorstufen soll im folgenden nicht die Rede sein. Obschon man nicht bestreiten wird, daß die Odysseusgeschichte – Abenteuer mitsamt der Heimkehr – auch schon Gegenstand älterer *Epik* gewesen sein kann: als Texte in der Odyssee ist diese nicht zu fassen. Es mag riskant sein, statt dessen gleich ins völlig Unbekannte zurückzuspringen, auf die hypothetische Odysseusgeschichte. Aber diese unbekannte Geschichte ist doch nicht ganz unerkennbar.

Um den märchenhaften Hintergrund der Odyssee aufzuklären, ist vieles getan worden. Den entscheidenden Anfang hat Radermacher mit seiner Abhandlung von 1915, ‹Die Erzählungen der Odyssee›, gemacht, indem er zunächst für die einzelnen Abenteuer Parallelen aus der Weltliteratur beibrachte, die bewiesen, in wie hohem Maß die Dichtung auf erzählerischer Überlieferung beruht. Die Parallelen sind mit der wachsenden Märchenforschung bedeutend erweitert worden, zuletzt von Denys Page in den Vorlesungen über ‹Folktales in Homer's›

Odyssey›, 1972. Radermacher war aber schon einen Schritt weitergegangen. Er hatte nicht nur die einzelnen Abenteuer ins Auge gefaßt, sondern auch bestimmte Zusammenhänge, wodurch Motive der Irrfahrten mit ihrer Fortsetzung in der Heimkehrgeschichte verbunden sind: auch diese mit weitverstreuten Parallelen belegt und für ein ‹Weltmärchen› in Anspruch zu nehmen. Als solche Motive nennt er: das lange Verweilen bei der zauberischen Fee, die Unterweltfahrt mit der Befragung des Unterweltdämons, die wunderbar rasche Heimfahrt des in Schlaf versunkenen Helden, seine Rückkehr in niedriger Gewandung, den Bogenkampf und die Wiedererkennung.[23] Man darf hinzufügen, daß die Reihung vieler Abenteuer selber ein Motiv ist, das zu diesem Märchentyp gehört, wenn auch in diesem Punkte dem Erzähler die größte Freiheit der Kombination blieb. «Daß alle die Heimkehrdichtungen einfach nur Abkömmlinge der Odyssee seien», ist, so urteilte Radermacher, nicht glaublich. «Es wird schon richtig sein, wenn man hinter dem gesamten Stoff ein uraltes Weltmärchen gesucht hat, und dann wird auch die analytische Kritik der Philologen bestimmte Zusammenhänge in der Odyssee mehr, als bisher vielfach geschehen ist, respektieren müssen.»

Damit war die Aufgabe gestellt: das Ganze der Geschichte mußte ins Auge gefaßt werden. Das hat Iwan Tolstoi getan, in einem Aufsatz von 1934, wo er, vor allem aus russischen Märchen, zehn Motive als Momente einer Mustergeschichte nachweist, die alle auch in der Odyssee vorkommen.[24] So sieht sich auch die Märchenforschung im ganzen, über die Sammlung von Motivparallelen hinaus, auf die Erfassung von Strukturen gewiesen. Vladimir Propp hat, seit 1928, eine strenge Morphologie des Märchens entwickelt, welche Gültigkeit für sämtliche Märchenerzählungen beansprucht.[25] Die Universalität mag dadurch eingeschränkt sein, daß sein Vergleichsmaterial sich im wesentlichen auf russische Märchen beschränkt. Mindestens für diese ist aber eine Gestalt und regelmäßige Abfolge von Motivfunktionen erschlossen, die es erlaubt, von einem Ganzen zu reden. Hier ist Morphologie verstanden in dem genauen goethischen Sinn einer Lehre von der Urform und ihren Metamorphosen. Von den inhaltlichen Schlüssen, die die Funktionsreihe seines Schemas vielleicht noch erlauben wird, abgesehen, entnehmen wir daraus für unsere Zwecke, daß es sich weniger um die Rekonstruktion einer bestimmten Geschichte handeln kann als um die Erkenntnis einer Form. Auch die Odysseusgeschichte ist gewissermaßen ein Abstraktum, das konkret nur in seinen Varianten lebt.

II. Kapitel

EPOS IM ÜBERGANG

Die hier versuchte Methode nimmt die Odyssee als das Produkt eines Übergangs. Und zwar nicht nur in dem Sinn, in dem jedes geschichtliche Werk im geschichtlichen Fluß steht, sondern so, daß es auf die Grenze zweier Epochen, zweier Formen fällt.

Die beiden Epochen, von denen zu reden wäre, stellen sich uns zunächst dar als die der Mündlichkeit und der Schriftlichkeit der Dichtung. Um Mündlichkeit oder Schriftlichkeit der homerischen Epen geht der Streit noch in der heutigen Forschung, und auch die Auffassung des Übergangs vom einen zum andern wird darin mit guten Gründen vertreten.[1] Doch soll diese Frage im folgenden am Rande bleiben; gefragt sei vielmehr nach der Kunstform des homerischen Epos und seiner Transformation aus einer anderen, einfacheren Form. Die weitere Umwandlung der Gattung in ihre eigentlich literarische Epoche soll wenigstens als Grenzbestimmung ins Auge gefaßt werden.

Man mag sich fragen, ob der Begriff der Grenze und des Übergangs für Höhepunkte der Kunstausübung, als welche wir die homerischen Epen ansehen, eine geeignete Bestimmung ist. Immerhin gibt es Analogien, wenigstens im griechischen Bereich. Die attische Tragödie hat ihren Höhepunkt unstreitig im fünften Jahrhundert gehabt. Im vierten fing sie an, im eigentlichen Sinn Literatur zu werden: die Lesetexte werden bereits ohne die Zwischenakt-Lieder für Chormusik, die für eine Aufführung ad libitum einzufügen waren, verfaßt und vervielfältigt, sie bekommen eine literarische Existenz, unabhängig von ihren möglichen Aufführungen auf dem Theater. Davon unterscheidet sich die Tragödie des fünften Jahrhunderts durch die Einmaligkeit ihrer Aufführung. Sie existiert tatsächlich nur in dieser Aufführung an diesem einen Tag des Dionysosfestes und überlebt im übrigen nur in der Erinnerung an dies Ereignis. Gegen Ende des Jahrhunderts fängt man an, berühmte ältere Aufführungen zu wiederholen – frühestes Zeugnis dafür ist der Prolog der aristophanischen ‹Acharner›, von 425, wo Dikaiopolis von seiner enttäuschten Erwartung eines Aischylos-Stückes redet. Ja man kann – wie wir gleichfalls aus Aristophanes wissen – Tragödien in Abschriften nachlesen, womit in den ‹Fröschen› der Gott Dionysos auf einer Seefahrt sich unterhalten haben will. Schon in ihrer Hoch-Zeit also ist die Tragödie auf dem Wege, Literatur zu werden.

Andrerseits gab es Vorstufen. Die Tragödie ist nach Aristoteles aus dem dionysischen Dithyrambus entstanden; das war ein kultischer Gesang, an dem ein Chor und ein Vorsänger beteiligt sind.[2] Hier hat es traditionelle Refrainformen und dramatische Improvisationen gegeben, das Stück war also noch keine individuelle Kunstform. Auch die Tragödie, die sich daraus entwickelte, war rituelle Praxis, Teil des alljährlichen Dionysosfestes,[3] und diesen Charakter behält sie, als sie im fünften Jahrhundert geprägte Form wird. Als solche steht sie also auf einer Grenze, wo sie *noch* Funktion des öffentlichen Lebens und *noch nicht* bloße Literatur ist.

Man sieht aber an dem Beispiel der Tragödie auch, daß der Schritt, Leseliteratur zu werden, seinen Grund in der künstlerischen Qualität hat. Man wiederholt das Gelungene, man vervielfältigt, weil man wiederlesen will. Doch ist die Schriftlichkeit selber nicht die Folge dieses Vorganges: Die Schrift war für die Tragödie bereits die Voraussetzung der geprägten Form, die sie durch Aischylos erhielt, und man konnte Abschriften nur herstellen, weil es schon eine Urschrift gab, mit der der Dichter beim städtischen Amt die Einstudierung zum Dionysosfeste zu beantragen hatte. Das heißt, der Übergang im Kunstcharakter ist nicht notwendig identisch mit dem Übergang von Mündlichkeit zur Schriftlichkeit. Es zeigt sich vielmehr, daß Kunstwerke dieser Art sehr wohl in der Mündlichkeit leben und ihre Existenz haben können, obwohl es für ihr Zustandekommen der Schrift bedurfte. Das wirkliche Dasein der Tragödie war im fünften Jahrhundert ein mündliches. Das bedeutet, daß das Phänomen des Übergangs auch in Epochen auftreten kann, in denen die Schrift seit Jahrhunderten im Gebrauch war; so scheint es erneut im Mittelalter gewesen zu sein.[4]

Wird das an der Tragödie Bemerkte durch die Entwicklung andrer Gattungen bestätigt? Über die frühe Lyrik Griechenlands – zwei Jahrhunderte vor der Tragödie – sind wir nicht ebenso unterrichtet. Vor allem wissen wir wenig über die Art und Gelegenheit ihres Vortrags. Wo sie uns zuerst erscheint, in den Gedichten des Archilochos, Alkmans, Sapphos und Alkaios', tritt sie sogleich in vollkommener Kunstform auf: ohne die Schrift, schon in der Hand des Autors, kaum denkbar.

Aber die Formen selber deuten auf Vorausgegangenes: auf Hochzeitsgesänge und Totenklagen, Reigentänze und Siegeslieder, Gebete und Spottgedichte, Liebeslieder und Arbeitslieder. Es müssen volkstümliche Formen gewesen sein, gebunden an bestimmte Verrichtungen und Gelegenheiten des gemeinschaftlichen Lebens: Gelegenheitsgedichte in dem genauen Sinn, daß sie unmittelbarer Ausdruck des als Kunst sich gestaltenden Lebens waren.[5] Auch die Lyrik des siebenten Jahrhunderts behält diesen Charakter des Unliterarischen und Gelegenheitsgebundenen; sie bleibt ganz auf den bestimmten Kreis des Kultvereins, der Sippe, der Hetärie,[6] der Heeresgemeinde und die geprägten Gelegenheiten ihrer Zusammenkünfte bezogen: all jener Gesellungen, in denen die archaische Bürgerschaft sich formte. Es ist eine Dichtung, die ihr Leben, ihr faktisches Dasein nur als Vollzug des Lebens hat, welches ein von Grund aus ‹gesellschaftliches› Leben war; Mündlichkeit war ihr Medium. Zugleich jedoch übersteigt sie die Gelegenheit, sie übersteigt das bloß Funktionale der rituellen und der Volksdichtung in Richtung auf Kunst als ein Selbständiges und in sich selbst Gründendes. Sie übersteigt auch sofort ihre örtliche Beschränkung: die rasche Verbreitung, die zuverlässige Überlieferung der alten Dialekttexte und ihrer empfindlichen Metrik setzt den Gebrauch der Schrift voraus.

Dabei bleibt sie noch weit davon entfernt, etwas Abgelöstes, auf ein anonymes Publikum bezogene Leselyrik zu werden. Auch hier also entsteht hohe Dichtung auf dem schmalen Grat zwischen dem Volkstümlichen und dem Literarischen.

Spätes Beispiel für die Vollendung einer Gattung im Übergang – allerdings einem Jahrhunderte währenden Übergang – von Mündlichkeit zur Schriftlichkeit, von Praxis zu Literatur, ist die antike Rhetorik.

Diese Bemerkungen mögen vorbereiten, um ein analoges Phänomen in der epischen Gattung zu erkennen. Denn blicken wir abermals um hundert Jahre rückwärts, in das achte Jahrhundert, in dem vermutlich die Ilias und die Odyssee entstanden sind, so ist es ja deutlich, daß diese Werke am Ende einer langen Entwicklung – man wird richtiger sagen: einer jahrhundertelangen ziemlich gleich bleibenden mündlichen Praxis stehen. Diese Praxis des epischen Gesangs, wo er noch reine Funktion des Lebens ist, kennen wir aus der homerischen Darstellung selber, vor allem des Sängers Demodokos am Phäakenhof der Odyssee. Die Gelegenheit ist die heroische oder aristokratische Männerversammlung zur Abendmahlzeit im großen Saal, zu deren Unterhaltung der Aöde, zur einfachen Musik der von ihm selbst geschlagenen Phorminx, wie die serbischen Guslaren, Heldengeschichten der Vorzeit singt – es ist die Institution der Symposien, zu denen der Mächtige das ‹Ehrenrecht› (‹geras›) hat, seine ‹Pairs› einzuladen.[7]

Die Gesänge sind Improvisationen nach der Regel einer überlieferten und gelernten Kunstübung. So sehr sich aber Homer auch in diesen Sängern spiegelt, so unterscheidet sich doch sein Gedicht von jenen Liedern allein schon durch die Länge. Die Länge der Ilias und der Odyssee schließt es aus, daß diese Gedichte noch bei den alten Gelegenheiten vorgetragen wurden. Oder wurden sie es, so wurde die Gelegenheit damit selber verwandelt: nun kam man zusammen um des Kunstwerks willen; um an einer Reihe von Abenden das Gedicht zu hören. Hundert Jahre später waren es die großen Götterfeste der lokalen und überlokalen Heiligtümer, bei denen man die homerischen Gedichte in tagelangen Fortsetzungen durch Rhapsoden vortragen ließ.[8] Es ist jedoch unwahrscheinlich, daß es die veränderten Verhältnisse einer städtisch gewordenen Gesellschaft waren, die zum Zwecke der Dauerunterhaltung einer Festbesucherschaft die Form des Großepos geschaffen haben. Es war, umgekehrt, die Verwandlung einer traditionellen Form durch die individuelle Schöpfung eines Künstlers, die die alten Gelegenheiten sprengte und sich neue schuf.[9] Die Ilias ist noch für den Vortrag an Fürstenhöfen, ein unmögliches Gedicht für unmögliche Gelegenheiten, gedichtet worden. Vielleicht war es mit der Odyssee schon anders.

Die weitere Entwicklung war die einer fortschreitenden Literarisierung. Diese wird aus der Perspektive der Anfänge vornehmlich als Verlust erscheinen, zumal wenn sie, wie in der epischen und tragischen Gattung, im Schatten des Frühgelungenen steht. Doch bleiben dabei die spezifischen Qualitäten und Möglichkeiten der Literatur unbemerkt, zu denen, unter anderen, die Gewinnung des Poetischen als reiner Kunst, die Verwandlung des Mythos in einen eigenen Bereich der Poesie und Phantasie gehört. Bei Ovid entfaltet diese Qualität des Literarischen ihren vollen Reiz. Als Leseliteratur vollendet die Kunst den Prozeß der Ablösung von der Praxis.

Indem wir die drei Phänomene, das homerische Epos, die frühe Lyrik und die attische Tragödie, in eins betrachten, gelangen wir zur Anschauung eines Gesetzlichen: jenes kurzen Momentes des Übergangs, der der Entstehung höchster Kunstwerke besonders günstig erscheint: wo Dichtung noch an die bestimmten Formen und Gelegenheiten des geselligen Lebens gebunden ist, aber schon die Gelegenheit transzendiert und im Begriffe ist, reine Kunst zu werden.

Der Blick auf Tragödie, Lyrik und Epos zeigt, daß dieser Moment in den verschiedenen Gattungen nicht gleichzeitig, sondern mit langen Verschiebungen eintritt. Er ist also nicht nur ein geschichtliches und soziologisches Phänomen, sondern vornehmlich ein künstlerisches, und soll als solches, nämlich von der Seite der poetischen Form, hier betrachtet werden. Zur Frage steht die Entstehung des Großepos. Es mag dazu Vorstufen, Ansätze zur Erweiterung, der Verbreiterung des Stoffes und der Darstellung gegeben haben, ehe die Form des Großepos entstand. Und doch ist es ein Wesenssprung vom einen zum andern.[10]

Die ältere Stufe erkennen wir im griechischen Bereich nur aus der späteren, aus dem homerischen Epos. Wir gewinnen sie durch die

Analyse der Handlung, indem wir nach ihrer ‹einfachen Geschichte› fragen. Aber erst vor dem Hintergrund der einfachen Geschichte werden die Transformationen, die ihre Handlungsmomente in der großepischen Form erfahren haben, und damit auch das Eigentümliche der Erzählweise des großen Epos sichtbar. Auf dies episch-homerische Eigentum sei hier wenigstens mit dem hingewiesen, was es im Märchen nicht gibt: Situationen, Retardationen, Vorbereitungen und Vorausdeutungen, Götterhandlung, Charaktere und Ethos, Thema und Sinn.

Die Transformation der einfachen Geschichte zum Epos ist allerdings nur der eine Schritt jenes Übergangs, als den ich den geschichtlichen Moment des homerischen Epos verstehen möchte. Der andere, vom Epos zur ‹Literatur›, verdiente eine eigene Betrachtung; er sei hier nur, soweit er sich schon im Epos selber anzeigt, mit wenigem angedeutet.

Literatur in der engeren Bedeutung ist das Epos viel später geworden, im Hellenismus. Aber schon in klassischer Zeit sind Ilias und Odyssee Literatur, in dem Sinne, daß sie von ihrer rhapsodischen Praxis abgelöste Kunstwerke geworden sind. Was sind die Kriterien solcher Literarisierung? Wenigstens eines ist dies, daß eine Gesellschaft sich in einer Dichtung wiedererkennt. Von Ilias und Odyssee, von Gestalt und Schicksal Achills und Odysseus' müssen früh starke Eindrücke auf die Nation gewirkt haben, gleichsam Angebote, sich mit ihnen zu identifizieren. Das gilt zunächst vom Mythos des Trojanischen Krieges überhaupt: Die offiziellen Denkmäler des sechsten und fünften Jahrhunderts, auf Friesen und Giebeln der Tempel, bieten reiche Beispiele, wie in dem Kampf der Griechen und ‹Barbaren› die Städte, die Nation Anlaß fand, sich selber zu erkennen. Odysseus vollends wird zu «dem Griechen als solchem»,[11] ja im Hellenismus noch einmal zur Identifikationsfigur der Fürsten und Kaiser.[12] Und solche Angebote sind nicht nur vom Mythos, sondern von der Dichtung ausgegangen. Untrügliches Zeichen dafür ist das *Zitat*: Schon im siebenten Jahrhundert, also kaum hundert Jahre nach der Ilias, wird Homer von Dichtern zitiert, das heißt, es wird ihm Gültigkeit und Repräsentativität zuerkannt. Wir erkennen daran den Prozeß einer Literarisierung von außen her.

Aber der Prozeß beginnt schon im homerischen Epos selber, mindestens in der Odyssee. – Es gehört ja zu den allgemeinen Formen der epischen Praxis, daß sie über eine Formelsprache verfügt. Zahlreiche formelhafte Verswiederholungen zeugen im homerischen Epos von seiner mündlichen Vorgeschichte in sprachlicher und formaler Hinsicht. Die Theorie der mündlichen Komposition der homerischen Gedichte, wie sie seit einem halben Jahrhundert in England und Amerika entwickelt worden ist, betrachtet diesen Formelbestand als das überlieferte Gedächtnismaterial, aus dem der homerische Sänger seine Improvisation bestreitet. Aber das Formelhafte gilt nicht in allen Fällen von Wiederholungen im Homer. Dafür ein Beispiel: In der Ilias, im sechsten Buch, lesen wir den Abschied Hektors von seiner Gattin: Andromache, in Sorge um ihren Mann, fleht ihn an, jetzt nicht wieder sich in die Todesgefahr der Schlacht zu begeben, sondern das Heer in die Stadt zu ziehen und die Mauern zu verteidigen. Sie versteigt sich, in ihrer Sorge, so weit, ihrem Mann militärisch-taktische Ratschläge zu geben. Darauf Hektor, im ahnungsvollen Schicksalsbewußtsein vom kommenden Untergang Trojas («Kommen wird der Tag, da die heilige Ilios untergeht»), entschlossen, seinem Schicksal sich zu stellen, entgegnet ihr:

> Doch du geh ins Haus und besorge deine eigenen Sachen,
> Webstuhl und Spindel, und weise die Mägde an,
> Ihre Arbeit zu tun. Der *Krieg* sei Sache der Männer
> Allsamt, und zumeist die meine ... (Il. 6.490 ff.)

In der Odyssee, im ersten Buch – Telemach ist soeben von der Göttin Athene zum männlichen Handeln aufgerufen worden –, hört Penelope im Obergemach den Sänger unten im Saal für die Freier singen: Lieder von Troja. Sie kommt herunter, klagend: solcher Gesang rege ihre Trauer um Odysseus auf; und bittet, aufzuhören. Darauf Telemach:

> Doch du geh ins Haus und besorge deine eigenen Sachen,
> Webstuhl und Spindel, und weise die Mägde an,
> Ihre Arbeit zu tun. Das *Wort* sei Sache der Männer
> Allsamt, und zumeist die meine ... (1.356 ff.)

Die Theorie der mündlichen Komposition muß annehmen, daß hier sowohl der Odysseedichter wie der Iliasdichter auf das große Formel-Arsenal des rhapsodischen Gedächtnisses zurückgreift. Aber ist es denkbar, daß es eine Formel dieser Art gegeben hat, für alle Fälle, wo ein Heldenweib sich in Männerangelegenheiten einmischt? Lohnte sich die Formel? Mir scheint unverkennbar, daß hier zitiert wird: Telemach redet kein Formelwort, sondern ein – pointiert variiertes – Hektor-Wort; der eben zum Manne erweckte Jüngling spricht in Hektor-Art.[13]

Dieses Verhältnis der Odyssee zur Ilias ist aber auch im ganzen bemerkbar. Es artikuliert sich ausdrücklich am Ende der Odyssee, in der zweiten Unterweltszene, in der das durchgängige Thema der Lebensläufe zu seinem Ende geführt wird. Davon soll noch zu reden sein. Wie aber dort das Schicksal des Odysseus, aus der nachiliadischen Perspektive der vollendeten Lebensläufe, auf den Hintergrund des Schicksals des Iliashelden gezeichnet wird, erhebt es die Ilias zur ‹Literatur›. Und dies veränderte Bewußtsein ergreift auch das Verhältnis des Odysseedichters zum eigenen Werk: wenn er, gleich darauf, «der klugen Penelope» unvergänglichen Ruhm durch «anmutigen Gesang» verheißt. Die Reflexion des Dichters auf die eigene Dichtung ist vielleicht das merkwürdigste Indiz der Literarisierung im Epos selber: dafür, wie hier Dichtung auf dem Wege ist, etwas Abgelöstes, in sich selber Gründendes, das heißt, reine Kunst zu werden.

Der vollendete Prozeß aber entzieht dem heroischen Epos seinen geschichtlichen und gesellschaftlichen Grund, es wird, im eingeschränkten Sinn, Literatur für eine gelehrte und literarisch gebildete Leserschaft. Doch eben da erwächst dem Epos neben seinem hellenistischen Nachfahren, aus Wurzeln, die gerade in der Odyssee angelegt sind, ein junger literarischer Zweig, der von vornherein ein breites und lesendes Publikum hat: der antike Roman. Im Hinblick auf diese, weit in die neuere Romanliteratur reichende Wirkung, treten umgekehrt die besonderen erzählerischen, romanhaften Qualitäten der Odyssee deutlicher ins Licht.

III. Kapitel

DER ANFANG

Die Geschichte von der Heimkehr des Odysseus, wie sie in der Odyssee erzählt wird, reicht mit ihrem Anfang weit zurück. Sie läßt sich, aus zahlreichen verstreuten Passagen des Epos, fast lückenlos nacherzählen von dort an, wo die achäische Flotte, nach dem Fall von Troja, sich zur Heimfahrt anschickt, über die lange Irrfahrt bis hin zu dem endlichen Wiederfinden der Gatten.

Es ist eine Geschichte von zehn Jahren. Aber es ist nicht die Handlung der Odyssee; es ist vielmehr zum größten Teil ihre Vorgeschichte, wie sie, meist in Reden und Erinnerungen, stückweise im Epos nachgeholt wird. Das Epos hingegen setzt in dieser Geschichte ein kurz vor ihrem Ende:

> Da waren alle andern längst zu Hause...
> Den einen nur hielt die Nymphe fest, Kalypso.

Odysseus auf Ogygia: man hat sich doch wohl zu wenig über diesen Anfang gewundert.[1] Allzu gewohnt ans Überlieferte oder geblendet von der geprägten Form der dichterischen Erfindung, nimmt man ihn so fraglos hin, daß selbst eine vermutete Vorstufe oder gar Urodyssee gern als mit dem Aufbruch von Ogygia beginnend vorgestellt wird. (Die Hypothese impliziert, daß das Proömium mit der Götterversammlung sogleich in der Entsendung des Hermes zu Kalypso im fünften Buche seine Fortsetzung hatte.) Kann man so anfangen?

Es ist wahr, der Dichter hat den Anfang ausdrücklich in das Belieben der Muse gestellt:

> Davon, beginnend wo immer es sei, erzähle auch uns!

«Davon»: das sind, nach den Worten des Proömiums, die Irrfahrten, Abenteuer, Fürsorge und Leiden des Helden. Ein einzelnes, das Vergehen an den Sonnenrindern, wird als verhängnisvoll hervorgehoben; das fordert weder, noch schließt es aus, daß auch das erzählt werde. *Wo* die Erzählung einsetzen soll, das wird wie mit Absicht ins Unbestimmte gerückt.

Poetologisch ist das «von wo an auch immer» der Ausdruck der auktorialen Willkür des Erzählers, wie man sie als Stilmittel des Romans kennt – der Odysseedichter komponiert ja viel bewußter als der Dichter der Ilias. Aber der Anfang mit Kalypso, nämlich am Ende der Irrfahrt, ist doch eine Überraschung und alles andere als selbstverständlich. – Im nachhinein erkennen wir, daß an die Abenteuer erinnert wurde, um sie zu überspringen.

Nun gehört das Anfangen ‹von irgendeinem Punkt an› vielleicht zu den traditionellen Formen der mündlichen Improvisation. Man entnimmt das aus der Weise, wie der Sänger Demodokos am Phäakenhof das Lied vom Hölzernen Pferd vorträgt: «von dort einsetzend, wie die Argeier die Schiffe zur Abfahrt bestiegen hatten» (8.500 f.).Auch da wird, wie im Eingang der Odyssee, statt mit dem Anfang (Erfindung und Bau des Pferdes, Bemannung des Hinterhaltes, seiner Aufstellung vor dem Skäischen Tor und der List der vorgetäuschten Heimfahrt), an einem späteren und beliebigen Punkt der Geschichte begonnen. Der Sänger setzt dabei die Kenntnis des Mythos bei seinem Publikum voraus, so daß er ohne Einführung ins Ganze den Teil der Geschichte ausschneiden kann, der zur Unterhaltung in der Abendstunde dienen soll. Das Verfahren des Ausschnittes weist auf eine Differenz zwischen Vortrag und Stoff hin: der einzelne Gesang deckt sich nicht mit der Einheit einer Geschichte. Diese Divergenz dürfte kaum etwas Ursprüngliches sein, sie gehört zu der fortgeschrittenen Praxis der Aöden unter den beschränkenden Bedingungen der höfischen Gelegenheit.

Aber das große Epos ist von vornherein einer solchen Beschränkung nicht unterworfen: es kann und will ein Ganzes erzählen, ohne Rücksicht auf die erforderliche Zeit. Wenn daher im Proömium der epische Dichter an eine orale Form anknüpft, so bleibt sie nicht dasselbe; er *bedient* sich ihrer: nicht um eine Episode – oder den Teil einer Episode –, sondern um das Ganze, das Ganze aber gespiegelt im Ausschnitt zu erzählen.

Man weiß, was mit dieser Anordnung gewonnen worden ist. Eine Erzählung von zehn Jahren, das hieße von dreitausend Tagen und mehr, würde nicht jenen homerischen Erzählstil erlauben, in dem sich die Tage zwischen Sonnenauf- und Untergang zu Szenen und Episoden runden. So kann man mit Sicherheit sagen, daß die zyklischen Epen, wie die Kyprien oder die Kleine Ilias, die sich über Jahre erstreckten, in einem ganz anderen Stil erzählt gewesen sein müssen;[2] oder, wenn sie sich partiell desselben Stils bedienten, ihn von Homer übernommen haben, ohne ihn im Ganzen des Gedichts durchzuhalten. Mit dem odysseischen Einsetzen kurz vor dem Ende wird die Geschichte auf die Zeitspanne der eigentlichen Heimkehr verkürzt. Die Zeit aber bedingt den Stil. Ohne die Zeitverkürzung wäre die verweilende Erzählkunst homerischer Szenen, die Dichte und Breite, die eigentümliche Präsenz und Sinnlichkeit des Epischen nicht möglich.

Vorbild ist die Ilias. Auch da wird eine ganze, zehn- oder zwanzigjährige Geschichte von Trojas Untergang – die Geschichte vom Raub der Helena – in wenigen Tagen dargestellt. Aber das Verfahren des Iliasdichters war doch ein anderes. Der Rahmen seines Epos, soviel auch von der andern Geschichte er hereinnahm, blieb die Patroklie: eine Geschichte von wirklich wenigen Tagen. Der Odysseedichter, um dasselbe zu erreichen, hat seine Geschichte zerschnitten, indem er am Ende einsetzt und alles andere zur Vorgeschichte macht. Zugegeben, der Punkt, wo er einsetzt, Odysseus bei Kalypso, war nicht ungeschickt gewählt. Aber wie bot sich dieser Moment vom Gang der Odysseusgeschichte her an? Es war ja in Wahrheit ein seit Jahren stagnierender Zustand. Wodurch kommt er jetzt in Fluß? Der Epiker kann sagen: Da beschlossen die Götter, daß er heimkehren solle; doch vergebens fragen wir uns: warum nicht eher? In der Tat ein willkürlich gewählter Zeitpunkt. Der Göttervater selber scheint alles andere eher im Sinne zu haben als das Schicksal des Odysseus, wenn er sich öffentlich um den «tadellosen Aigisthos» Gedanken macht. (Wobei das ‹Untadelige› des Edelmanns bereits auf den Widerspruch vorbereitet, daß er sich selber das Verderben zuzog.) Und mag auch der Fall Ägisths von weither das Freierschicksal der Odyssee einleiten, es bedarf doch erst der vorwurfsvollen Erinnerung Athenas an den so viel würdigeren Odysseus, damit Zeus sich ihrer Sorge annimmt. Poseidon, meint er schließlich, «wird nicht als einziger gegen alle ...». Aber warum erst jetzt?

Solche Fragen freilich stellt nicht der Zuhörer. Der folgt willig der reifen Kunst eines seiner Mittel bewußten Dichters. Zu diesen Mitteln gehört die Pointe, daß Zeus die olympische Versammlung – deren Thema, nach diesem Proömium, doch zu erwarten war – mit Ägisth eröffnet: als ob es auf eine Orestie hinausliefe. Dies thematische Irreführen, das Anfangen mit etwas anderem, um erst auf dem Umweg, wie zufällig, auf das intendierte Thema zu kommen, ist ein erzählerischer Kunstgriff, dessen sich die epische Gattung hier zum erstenmal bedient; es wird eine häufig gewählte Form der Romananfänge bleiben. – Doch seine entscheidende Überraschung ist eine dritte; denn was er nun, anstatt der Botschaft an Kalypso und der erwarteten Odysseusgeschichte, zu erzählen beginnt: Athenes Besuch bei Telemach in Ithaka, kommt gänzlich unvorbereitet und war obendrein seinem Publikum völlig neu. Und wer hätte gedacht, daß er damit über vier Bücher hingehalten wird, ehe er Odysseus bei Kalypso zu Gesicht bekommt? Die Erkundungsreise des Telemachos zum Festland, seine Besuche bei Nestor und Menelaos, können keine überlieferte Geschichte gewesen sein. Eine Geschichte hat ihre Konsequenzen, ihren Anfang und Ende. Aus Telemachs Reise aber folgt nichts: Nicht einmal die Gewißheit, daß der Vater noch lebt – wenigstens damals noch lebte, als Menelaos in Ägypten von ihm erfuhr –, hat eine Folge für die Handlung; sie ist pragmatisch überflüssig. Hier schöpft der Dichter offenbar aus Eigenem. Das Fehlen des mythischen Hintergrundes macht sich in der schwächeren Konturierung des motivischen Geschehens bemerkbar.

Hierüber ist die Forschung einig. Und die analytische Position zieht daraus den Schluß, daß die Telemachie erst von einem späteren Dichter oder Kompilator eingefügt worden ist: der eigentliche und richtige Zusammenhang sei der gewesen, daß Zeus seinen Sohn Hermes schon hier und nicht erst im fünften Buch nach Ogygia entsendet, damit Kalypso Odysseus frei gebe. – Aber was *bedeutet* es, wenn das Epos, statt auf Ogygia und mit der Entlassung des Odysseus durch Kalypso, auf Ithaka beginnt?

Es bedeutet: Die Odyssee beginnt mit einer Krise.[3] Jeder Auftritt des ersten Buches: die platzgreifenden Freier, das Gespräch mit dem unbekannten Gast, die leidende Penelope, besagt vernehmlich das eine: daß es so nicht weitergeht; daß der Augenblick einer Entscheidung gekommen ist. Woher nimmt der Dichter diesen Moment? Wie ist er in der einfachen Geschichte angelegt?

Ich finde ihn *nicht* angelegt in der Konsequenz der Odysseushandlung. Sicher, die Götter beschließen, daß Odysseus jetzt endlich heimkehren soll. Das gehört so zur großepischen Form der göttlichen Verursachung, die alle entscheidenden Wendungen des Geschehens vom Götterolymp ausgehen läßt. Aber warum gerade jetzt? In der achtjährigen Gefangenschaft bei der zauberischen Nymphe liegt kein erzählerisches Motiv, daß nach acht Jahren eine Wende eintritt. Was bewirkt denn von der Odysseus-Handlung her die Wendung zur Heimkehr? In der Reihe der Abenteuer gibt es immerhin einen Moment, wo sie dringend gefordert scheint: als Teiresias in der Unterwelt dem Odysseus eröffnet, er werde, falls er sich an den Rindern des Helios vergreife, spät heimkehren und seine Frau zu Hause von Freiern umworben finden. Mußte er nicht erschrecken? Mit vermehrter Ungeduld auf die Heimkehr drängen? Sie folgt in der Tat in vergleichbaren Geschichten.[4] Die Odyssee aber läßt das verrauschen, als ob er es nicht gehört hätte:

> Teiresias, das haben nun wohl die Götter selber so zugesponnen.
> Aber sage mir dies, und erkläre es genau: ich sehe dort die Seele
> meiner gestorbenen Mutter...? (11.139)

Und damit leitet der Dichter über zu der langen Reihe der Totenbegegnungen. Tatsächlich wird es im Epos noch acht Jahre dauern, bis Odysseus heimkehrt und die Prophezeiung des Teiresias sich erfüllt.

Ich übergehe einstweilen die Gründe dieser erzählerischen Unstimmigkeit und die Mittel, mit denen sie verdeckt wird. Was aber gerade hier deutlich wird: Es sind die Vorgänge auf Ithaka, die, nach der Logik der Geschichte, auf eine Wendung drängen. Hier ist der Punkt, wo der Zustand in der Heimat, durch den Seher im Totenreich, in die Irrfahrtengeschichte herüberwirkt. Die Geschichte hat eben schon nach ihrem einfachen pragmatischen Sinn zwei Handlungsbereiche: Heimat und Fremde; sie kann, dieser inneren Struktur nach, zwei Handlungsstränge aus sich entwickeln: neben dem, der der Wanderschaft des Helden folgt, einen anderen, der von der Not der zurückgebliebenen Frau erzählt: welcher in die Krise führt, die durch die rettende Rückkehr des Gatten im letzten Augenblick sich löst. Finden sich wohl in der Odyssee Spuren eines solchen zweiten Stranges? Nicht erst als ausgeführte epische Handlung, wie sie in der Telemachie vorliegt, sondern schon als überlieferte Penelope-Geschichte?

Allerdings: Es gibt, neben den Irrfahrten des Odysseus, eine andere Geschichte, auch sie nicht direkt erzählt, sondern in Reden epischer Personen referiert,[5] auch sie Vorgeschichte des Epos, deren ganzer Sinn und Konsequenz es ist, zu einer Krise zu führen. Es ist die bekannte Webstuhlgeschichte von Penelope. Sie scheint so fest zu ihrer mythischen Gestalt zu gehören, daß ihr Name selber – wenn er die «Spinnerin» bedeutet[6] – aus der Geschichte herrührt: wie sie unter dem Vorwand, vor ihrer neuen Verheiratung dem alten Schwiegervater das Leichentuch weben zu müssen, die Freier drei Jahre lang hinhält, weil sie das tags Gewebte alle Nächte wieder aufzieht; bis sie endlich ertappt wird und keinen Ausweg mehr hat: die neue Hochzeit steht unmittelbar bevor. Die Geschichte, die, wie die Irrfahrten, schon durch ihre Ausdehnung über Jahre aus dem Erzählstil des Epos herausfällt – darum nur als Wiedererzählung auftretend –,[7] trägt einen unverkennbar märchenhaften Charakter. Sie ist ganz auf dies Motiv gestellt, daß nun der Tag kommt, an dem Penelope sich zu der neuen Heirat entschließen muß. So oft sie erzählt wird, geschieht es, um diese Zwangslage zu begründen. Und es liegt nur in der Konsequenz des Motivs, daß im letzten Moment Odysseus erscheint.

Es ist nicht schwer zu erkennen, daß an diesem Punkt die eine Geschichte in die andere mündet. Tatsächlich sind es nicht zwei Geschichten, sondern eine. Die einfache Geschichte, die wir hinter dem Epos erkennen, das Odysseus-Märchen, weist bereits in ihrer abstrakten Struktur die zwei Stränge auf, die im Epos als kunstvolle Doppelhandlung gleichzeitiger Geschehnisse entfaltet ist.[8] Auf ihre Vereinigung läuft die Logik der Geschichte hinaus.

In der Märchentheorie liest man häufig, daß das Charakteristikum der Märchenerzählung die Einsträngigkeit sei. Das soll nicht schlechthin bestritten werden. Es hängt jedoch wesentlich von der Struktur der Geschichte ab. Das russische Märchen «Geh nach ich weiß nicht wo, bring mir ich weiß nicht was»[9] weicht an signifikanter Stelle von der Einsträngigkeit der Erzählung ab, und dies ist um so bedeutender, als es auch im ganzen dem Typus der Odysseusgeschichte folgt. Fedot, der Meisterschütze des Zaren, lebt in glücklicher Ehe mit der schönen «Waldtaube». Der Zar begehrt sie und schickt den Gatten mit einer unlösbar scheinenden Aufgabe (der Titel des Märchens) auf Suche, die achtzehn Jahre dauern soll. Er verabschiedet sich von seiner Frau und wandert in die Welt. Der Zar läßt einen Monat verstreichen, dann läßt er die Frau holen und bedrängt sie, am Ende mit Drohung von Gewalt, die seine zu werden. Sie aber lacht ihn aus und entfliegt als Taube. Indessen wanderte Fedot weiter seines Weges... Von anderen motivischen Übereinstimmungen hier zu schweigen: es endet mit der Heimkehr, dem Wiederfinden der Gatten und Gewinnung des Königreiches. Natürlich folgt der Erzähler vor allem der ‹Suchwanderung›, aber daneben gibt es die Erzählung von der Bedrängnis der Frau. Auch im Märchen also sind die zwei Schauplätze, Heimat und Fremde, in der Struktur der Geschichte bereits angelegt.

Blicken wir von hier aus zurück auf die analytische Position, die die Zweisträngigkeit des Epos dadurch aufzulösen sucht, daß sie die ‹Telemachie› eliminiert. Ist, wie sie es will, aus dem Anfang bei Kalypso der Anfang in der Krise geworden? Oder umgekehrt, aus dem Anfang in der Krise der Anfang bei Kalypso? Anders gefragt: Fand der Nachdichter in einer vorliegenden Urodyssee, aus welchen Gründen immer, den epischen Einsatz in der Irrfahrtenerzählung (kurz vor dem Ende) bereits vor – und fand diesen Zeitpunkt aufs glücklichste, aber zufällig, identisch mit dem ‹letzten Augenblick› in der Not der Penelope: mit dem Moment der Krise in seiner Telemachie? Oder war der Moment der Krise das Primäre der epischen Konzeption und zog das Einsetzen am Ende der Irrfahrtenerzählung nach sich? Ich denke, es gibt keinen Zweifel: das Motiv des ‹letzten Augenblicks› liegt allein in der Situation auf Ithaka, sie allein *erforderte* jenen Anfang.

So gibt es auch allein in der Penelopegeschichte als notwendiges Motiv den Termin, auf den das dreijahrlange Gewebe hinausläuft:

> Doch als das vierte Jahr kam und die Zeiten eintraten, da...
> (2.107=19.153=24.143)

Die Entdeckung ist der Moment, wo die Not in die Krise tritt und im höchsten und letzten Augenblick, durch die Rückkehr des Gatten, ins Rettende umschlägt. Was der Termin meint, ist die wunderbare Koinzidenz zweier Verläufe, so, wie sie die Logik der Geschichte will: «Als sie das Tuch vorzeigte – da führte ein böser Dämon Odysseus her...» (24.147/9). Die Odysseushandlung, wie gesagt, entbehrt eines solchen inneren Moments des Umschlags. Und doch fängt mit einem gleichen Termin, und zwar für das Ende der Irrfahrten, auch die Odyssee im ganzen an:

> Aber als nun das Jahr mit den kreisenden Zeiten herankam,
> Da ihm die Götter den Faden spannen, nach Hause zu kehren...

Die Schicksalswendung durch die Götter gehört zur Form des großen Epos. Pragmatisch und im Sinn der einfachen Geschichte ist sie aus der Kette der Abenteuer nicht motiviert, sie gründet allein in der Penelopegeschichte. Das heißt aber, daß der Zeitpunkt des Götterbeschlusses und der epische Anfang, nach der Logik der Geschichte befragt, aus dem Moment der Krise herrührt: nicht aus der Situation auf Ogygia, sondern der Lage in Ithaka, der Schilderung der Not, mit der das Epos tatsächlich anfängt: der Telemachie. Bleibt diese Not in der ersten Götterversammlung noch verdeckt, so wird sie in der wiederholten, am Anfang des fünften Buches, offenbar: Athenes Rede vor den Göttern besagt nichts anderes, als daß die Lage auf Ithaka zur höchsten Gefahr, ja, Todesgefahr gewachsen ist, aus der nur Odysseus' Rückkehr retten kann. *Das* ist es, was den Beschluß der Götter verlangt.

Aber im Hinblick auf Odysseus bleibt unsere Frage: warum nicht eher? Die Göttin Athene fragt es vergebens: «Und dir rührt sich nicht das Herz, Olympier?» Auch wir müssen uns mit seiner Antwort zufrieden geben, die ihr nichts entgegnet als die Versicherung der göttlichen Fürsorge: «Mein Kind, wie sollte ich denn des Odysseus, des göttlichen, vergessen!» Was in der Logik der einfachen Geschichte wunderbare Koinzidenz ist, ist auf der Ebene des Epos und transponiert in die episch-mythische Denk- und Erzählform göttliche Fügung.

IV. Kapitel

DER TERMIN

Der Abschiedsauftrag

Die einfache Geschichte, die wir hinter dem Epos erkennen, ist also nicht so einfach, wie es zuerst schien. Auch Penelope hat ihre ‹Abenteuer›, ihre Listen. Irrfahrten und Heimkehr auf der einen Seite, Not und Rettung auf der andern, sie bilden zusammen ein Ganzes, das seiner Struktur nach zwei Räume in sich schließt, die Fremde und die Heimat. Je nach dem wie erzählt wird, mögen die zwei Räume zwei Handlungen, zwei Handlungsstränge aus sich entwickeln. Auf ihre Vereinigung läuft am Ende die Logik der Geschichte hinaus. Aber wie kam es zu ihrer Trennung? Die Frage ist nicht abzuweisen: wie die Geschichte angefangen hat.

Geschichten haben ihre Anfänge. Die Abfahrt von Troja ist kein Anfang: kein Anfang einer Geschichte, die mit dem Wiederfinden von Odysseus und Penelope endet. Anfang kann nur ihre Trennung sein. Um hier Sicherheit zu gewinnen, muß man sich der Struktur der Geschichte durch Vergleiche versichern. Es handelt sich um jenen Typus von Geschichten, der, als Sage, Legende, Novelle oder Märchen, durch eine Reihe von Erzählungen repräsentiert wird, die man Heimkehrgeschichten nennen mag. Sie alle beginnen – manche nach einer kurzen begründenden Vorgeschichte – mit dem Aufbruch des Helden zu einer langen Reise in ferne Länder, wobei er zum Abschied an seine Gattin ein Wort richtet, mit dem er sich ihrer Treue versichert: Darin wird entweder ein Erkennungszeichen für die Rückkehr oder eine Frist des Wartens, oder beides, verabredet. Die Geschichten enden alle mit der späten, nicht mehr erwarteten Rückkunft des Incognito in dem Augenblick, da die Frau einen anderen zu heiraten im Begriff ist, und mit der Wiedervereinigung der Gatten.

Es sind vor allem mittelalterliche Sagen, von Karl dem Großen, von Heinrich dem Löwen, von Herzog Richard von der Normandie,[1] von dem edlen Moringer. Manche von ihnen gehören mehr in die Gattung von Heiligen- und Wunderlegenden, so die Geschichten von dem Ritter Gerhard von Holenbach, vom Herrn von Bacqueville,[2] von Hugh de Hatton.[3] Ganz novellistisch ist Boccaccios ‹Messer Torello›; und als reines Märchen erscheint die Geschichte in dem schwäbischen ‹Nebelmännle›. Was auch den anderen den Stempel des Märchenhaften gibt, ist jedesmal die wunderbare und blitzschnelle Heimkehr des Helden.

Liegt die Übereinstimmung des Ausgangs mit dem der Odyssee auf der Hand, so sind wir für den Anfang der Odysseusgeschichte nicht auf Vermutungen angewiesen. Auch dieser ist – wiederum als Erinnerung lang zurückliegender Vorgeschichte – in der Odyssee enthalten. Man hat ihn nur nicht ernst genommen, weil er in einer Rede der Penelope steht, die, so meint man, von Penelope selber nicht ernst gemeint sei. Diese Rede hält sie allerdings in einer sehr sonderbaren Szene; es ist ihr Auftritt vor den Freiern im 18. Buch, an dem sich die kritische Analyse seit jeher gestoßen und dessen Sonderbarkeiten auf verschiedene Weise zu beseitigen versucht hat. Davon soll ein späteres Kapitel handeln; jetzt nur die Rede selber. Der Wortführer der Freier hat ihr für ihre Schönheit ein großes Kompliment gemacht; darauf Penelope:

> Eurymachos, meinen Wert und Schönheit und Gestalt haben die Unsterblichen vernichtet, als die Argeier sich nach Ilios einschifften, und mit ihnen mein Gemahl Odysseus. Ja wenn der käme und mein Leben umhegte, größer wäre mein Ruhm und schöner dann. Jetzt aber härme ich mich; denn so viele Übel hat der Dämon wider mich gescheucht. Wahrlich, als er ging und die väterliche Erde verließ, da faßte er meine rechte Hand an der Wurzel und sagte: Weib, ich glaube nicht, daß die gutgeschienten Achäer alle unversehrt von Troja heimkehren werden. Denn auch die Troer, sagt man, sind kriegerische Männer ... Drum weiß ich nicht, ob mich der Gott wird heimkehren lassen oder ob ich fallen werde dort im Troerland. Dir sei denn hier alles anvertraut: sorge für Vater und Mutter im Hause wie jetzt, oder noch mehr, solang ich fort bin. Wenn du aber siehst, daß unser Sohn den Bart bekommen hat, dann verheirate dich mit wem du willst, und verlasse dein Haus. – So sprach er, und das geht nun alles jetzt in Erfüllung: die Nacht wird kommen, wann die verhaßte Ehe mich Verdammte treffen wird, von der Zeus den Segen genommen hat. (18.251 ff.)

Vom Schluß der Rede später. Unterstellen wir vorgreifend, daß dies eine ernste Rede sei, nehmen wir Penelope beim Wort: so haben wir in dem Auftrag des Odysseus beim Abschied von Penelope genau den gesuchten Anfang der Geschichte, die eben anfing wie Märchen anfangen: Es war einmal ein König, der zog in ein fernes Land ...

Als Märchen – oder wenn man will, Märchennovelle – erweist diese Geschichte sich allein schon durch den Auszug in die Fremde und den Abschiedsauftrag, der, auf seine Funktion hin besehen, bereits die ganze Sequenz der folgenden Geschichte in sich trägt: nicht nur die Rückkehr nach verstrichener Frist und den glücklichen Ausgang – in seiner Konsequenz liegt ebenso die Ungewißheit der Rückkehr, also die nicht vorauszusehenden Verzögerungen und Lebensgefahren, also die Abenteuer.

Märchenhaft ist aber vor allem ein einzelnes Motiv: die Terminbestimmung für die Wiederverheiratung Penelopes: «wenn unser Sohn den Bart hat». In den vergleichbaren Geschichten steht hier die bestimmte Zahl der Jahre: zehn Jahre sind die Frist, die Karl für seine «Rückkehr aus Ungerland»[4] setzt, sieben Jahre, die der Morunger[5] mit seiner Frau verabredet, sieben auch die Frist in der Heinrichsage.[6] Im schwäbischen ‹Nebelmännle›[7] heißt der Auftrag des Herrn von Bodmann: «Wenn ich von heut an in sieben Jahren nicht wieder hier bin, so darfst du auf mich nimmer warten und kannst einen andern heiraten.» Caesarius von Heisterbach[8] läßt Ritter Gerhard sprechen: «Rogo etiam, ut quinque annis reditum meum exspectes, quibus expletis nubas cui volueris.» Schließlich auch Messer Torello bei Boccaccio:[9] «Ich empfehle dir daher die Sorge für unsere Angelegenheiten und unsre Ehre. Doch weil ich der Abreise zwar gewiß bin, über die Heimkehr aber wegen der tausenderlei Zufälle, die mir begegnen können, keinerlei Gewißheit habe, so solltest du... vom heutigen Tag meiner Abreise an gerechnet ein Jahr, einen Monat und einen Tag lang auf mich warten, ohne dich wieder zu verheiraten...»

Die Anklänge reichen zum Teil bis in den Wortlaut: «Drum weiß ich nicht, ob mich der Gott wird heimkehren lassen»: wie im Heinrich-Gedicht «Ist daz mir got das leben gyt»; «Dir sei hier alles anvertraut»: wie bei Boccaccio, oder im edlen Morunger «... befahl ihr Leute und Gut»; «Dann heirate wen du willst»: wie bei Caesarius.

Man hat diese Übereinstimmungen des Einzelnen wie des Ganzen, wenn man sie nicht für zufällig halten kann, auch wohl aus einer latenten, für uns unerkennbaren Verbreitung und Überlieferung der Odysseusgeschichte im Abendland erklärt. Bedenkt man aber, wie abgelegen, in eine episodische Szene versteckt und in eine Erinnerung der Penelope verwandelt, dieser Abschiedsauftrag des Odysseus sich im Epos findet, so bedürfte es bei jenen Nachahmern schon einer Prozedur wie der hier angestellten, um aus der Verschlungenheit des Epos die einfache Geschichte und pragmatische Sequenz zurückzugewinnen, in der sie dort überall erscheint.

Wenn nun gar dasselbe Geschichtenmuster in einer Reihe asiatischer Erzählungen, vom Kaukasus bis in den fernen Osten, verbreitet ist, so wird man diese alle nicht aus der einen Quelle der Odyssee herleiten können. Ausscheiden muß auch die Erklärung, daß das Leben selber die Erfahrung solcher Fälle von später und nicht mehr erwarteter Rückkehr eines Verschollenen überall und zu allen Zeiten bot; daß es sich also gar nicht um die geprägte Form einer Geschichte handle. Die Erfahrung bietet nicht den typischen Ausgang der Rückkehr am neuen Hochzeitstag; von anderen damit verbundenen Motiven märchenhafter Art vorerst abgesehen.

Man muß also auch die Terminbestimmung in der Odyssee als Bestandteil der einfachen Geschichte erkennen. Ihr Besonderes, die Beziehung auf das Alter des Sohnes – um soviel konkreter als sie unbestimmter scheint – wahrt am meisten die Faktur des Märchens. Ohne sie wäre die ganze Odysseusgeschichte nicht zu erzählen: der so formulierte Auftrag allein begründet Penelopes langes Warten und die Zeit seiner Endigung. Der Termin meint das Mündigwerden des Knaben, er meint, daß von nun an für Penelope kein Grund mehr gilt, an des Gatten Statt das Haus zu verwalten.

Krise

Man erkennt nun daraus erstens, daß der Sohn Telemachos weit davon entfernt ist, eine bloße Dichtererfindung zu sein – wie es in der analytischen Forschung, im Hinblick auf die ‹Telemachie› der Odyssee, meist angenommen wird.[10] Die Figur des Sohnes war mindestens durch diese Anweisung des scheidenden Odysseus fest bereits in der einfachen Geschichte verwurzelt. Damit treten jene Iliasstellen, wo Odysseus sich so auffallend den «Vater des Telemachos» nennt (Il. 2.260, 4.354), erst ins richtige Licht: man hat nicht nach irgendwelchen verschollenen Heldensagen zu suchen, in denen Telemachos sich einen Ruhm erwarb, mit dem selbst der berühmte Vater sich brüsten konnte,[11] auch sind es keine Anspielungen eines späteren Iliasdichters auf die schon vorliegende Odyssee; der «Vater des Telemach» verweist auf die Funktion des Sohnes im alten Odysseusmärchen.

Das zweite ist, daß für Penelope das Mündigwerden des Sohnes der entscheidende Grund ist, ihr Warten auf Odysseus aufzugeben. Daran läßt sie, in dem abendlichen Gespräch mit dem unbekannten Bettlergast, keinen Zweifel:

> Aber jetzt, wo er nun groß ist und das Maß der Manneskraft erreicht...» (19.532)
> Denn schon ist er ein Mann, vollauf im Stande für das Haus zu sorgen... (19.160)

Die Mündigkeit des Sohnes ist der Moment der Krise. Die Funktion des Termins, die hier aus dem Motiv des Abschiedsauftrags hervorgeht, scheint mit derselben Funktion zu konkurrieren, die sich als der Sinn der Webstuhlgeschichte ergab: beide führen je für sich die Krise herbei, in der der Vollzug der neuen Hochzeit mit der Rückkehr des

Gemahls koinzidiert. Das könnte eine Schwierigkeit scheinen, wenn man das Märchen nacherzählen wollte. Aber erstens geht es nicht um die Rekonstruktion einer konkreten Erzählung; die einfache Geschichte als ideelles Muster konnte sehr wohl den einen oder den anderen Weg einschlagen, um den kritischen Moment herbeizuführen. Doch selbst die Verbindung beider Motive ist möglich: so wie sie tatsächlich in der Odyssee dort vorliegt, wo Penelope, vor dem unbekannten Bettler, die Geschichte ihrer List abschließt: «Nun kann ich der neuen Ehe nicht mehr entrinnen – und die Eltern drängen zur Hochzeit – und der Sohn ist ungehalten über das verzehrte Gut: denn schon ist er ein Mann...» (19.157 ff.). Die gescheiterte List und die Mündigkeit des Sohnes führen beide, jede für sich, zu diesem ausweglosen Punkt.

Nun erscheint aber das Motiv des erwachsen werdenden Sohnes nicht zum erstenmal in Penelopes Rede an Eurymachos; schon zu Beginn der Episode wird die Terminbestimmung mit dem «Sprießen des Barts» durch die Dienerin vorbereitet: «Denn nunmehr ist dein Sohn in dem Alter, wie du immer zu den Unsterblichen gebetet hattest, daß du ihn möchtest im Barte sehen» (18.175; daß das Erbetete zugleich das Gefürchtete ist, ist natürlich nur Penelopes Widerspruch, nicht einer der Dichtung). Als sie dann vor die Freier tritt, schilt Penelope ihren Sohn für seine Behandlung des fremden Bettlers – es ist eines jener «Übereck-Gespräche»,[12] die der Odysseedichter liebt, um zu einem Dritten sprechen zu lassen, was der andere hören soll –: «Telemachos, du bist nicht mehr bei Verstand. Als du noch ein Kind warst, bist du klüger gewesen. Jetzt, da du groß bist und das Maß der Manneskraft erreichst, und wo ein Fremder dich wohl als den Sproß eines gesegneten Mannes ansprechen darf, wenn er auf deine Größe und Schönheit sieht, hast du keinen schicklichen Verstand mehr» (18.215 ff.). Und Telemachs Antwort: «Mutter, ich nehme es dir nicht übel, daß du böse bist: aber ich habe Verstand und weiß, was gut und was schlecht ist – vorher war ich noch ein Kind...». – Schon zuvor hatte der Jüngling, bei seiner Rückkehr von der Reise, seine männliche Überlegenheit und Willensstärke gegen die Mutter bekundet, die ihn zurückempfing fast noch wie ein Kind: «Telemach! bist du wieder da, mein süßes Licht!», aber von ihm sich bescheiden lassen muß mit verschwiegener Zurückhaltung und schlichtem Befehl: «– und der blieb die Rede weg» (17.41/57). Der ganze Auftritt dient zu nichts anderem als zu zeigen, daß er jetzt das Heft in der Hand hat.

Aber das alles ist von lang her vorbereitet in der ‹Telemachie›, spätestens mit dem Gebet, das er, nach der ergebnislosen Ithakesierversammlung, an Athene richtet, und deren Antwort:

Telemachos! fortan wirst du nicht schwach und unverständig sein, wenn deines Vaters tüchtige Kraft in dir fließt. (2.270)

Und sogleich folgt sein Bescheid an den Anführer der Freier, die seinen Besitz verpraßten, solang «ich noch ein unmündiger Knabe war; jetzt aber, da ich groß bin...» (2.313 f.).

Was diesen Wandel bewirkt hat, war der Besuch der Göttin Athene. Sie hatte den Jungen gleich auf seine Ähnlichkeit mit Odysseus angesprochen (1.207), was Telemachos mit tiefer Mutlosigkeit und Unsicherheit über diese Vaterschaft beantwortete. Und ihre Schelte gilt eben diesem Sohnverhältnis: «O weh, du stehst wahrhaftig weit hinter Odysseus zurück» (1.253). Dann aber: «Es steht dir nicht an, kindliche Dinge zu treiben, da du nicht mehr in dem Alter bist... Auch du, mein Lieber, denn ich sehe dich gar schön und groß, sei mannhaft!... Und alsbald ging er hin zu den Freiern als ein gottgleicher Mann» (1.296 ff.).

Es bleibt aber nicht bei dieser Szene; es kommen alle die Situationen hinzu, die deutlich genug als erste Bekundungen der Männlichkeit geschildert sind: Telemachs Auftreten gegen die Mutter, sein Anherrschen der Freier, die Einberufung der ithakesischen Versammlung, die Unternehmung der Reise ohne Wissen der Mutter, die Würdigung beim Empfang durch Nestor, die Entschiedenheit beim Abschied von Menelaos. Dies alles noch untermischt mit Äußerungen der Schüchternheit, der kindlichen Hilflosigkeit (2.81, 3.14–24, 4.70 ff., 157). Alle Momente der Telemachie, in denen der Charakter Telemachs sich zeigt, stellen die Mündigkeit des Jünglings in ihrem zwischen Kindheit und Männlichkeit schwebenden Augenblick dar. Die Telemachie ist nichts anderes als die in epische Situationen umgesetzte Terminbestimmung des Märchens: «Sobald unserm Sohn der Bart gewachsen ist.»

Wir dürfen sie, im ganzen wie im einzelnen, für eine Erfindung des Odysseedichters ansehen, mit der er jenes überlieferte Motiv der Odysseusgeschichte episch entfaltet hat. Daran ändert es nichts, daß der Dichter seine neue Erzählung wiederum nach dem Muster einer Geschichte zu erfinden scheint, die man ein ‹Suchermärchen› nennen darf. Dessen charakteristische Momente sind, nach Propp: der Ausgang von einem ‹Mangelzustand›, der schon mehrere Jahre bestanden haben kann, jetzt aber, beim Einsetzen der Erzählung, heftig fühlbar wird; darauf die Aussendung eines Suchenden; das Auftreten spezieller Schadenstifter, mit Mordanschlag gegen den Sucher; die ganze folgende Handlung eine ‹Suchaktion› mit Reise in die Fremde, endend mit der Heimkehr.[13] Die Handlung der Telemachie ist in diesem Schema leicht wiederzuerkennen. Es wird sich zeigen, daß auch der «Heimkehr des Odysseus» letztlich die Struktur des ‹Suchermärchens› zugrunde liegt. Wir hätten es danach mit jener Erscheinung zu tun, daß innerhalb der Märchensequenz an gewissen Punkten sich neue Sequenzen entwickeln, die der gleichen Struktur folgen.[14]

Der Odysseedichter hat dafür den Punkt gewählt, der in der Odysseusgeschichte, vom Sinn des Märchenmotivs her, der Augenblick der Krise ist. Als solcher ist er zur Grundsituation des Epos gemacht worden. Aber nicht in den folgenden Odysseus-Büchern (5–12), sondern allein in der Telemachie wird diese Grundsituation in Handlung und Szenen expliziert. Denkt man sie sich fort, so nimmt man der Odyssee nicht weniger als ihr Fundament.

V. Kapitel

DER STADTZERSTÖRER

Wenn wir mit Recht in der Ilias die formelhaft-rühmenden Beiworte des Odysseus – und vornehmlich die, die allein ihm gehören – für Zeugen seiner Geschichte nehmen, so weisen sie auf Geschehnisse, die in der Ilias nicht vorkommen. Die Epitheta, die sein Dulden und Ausdauern, seine Schlauheit und Erfindungskraft rühmen, werden erst verständlich, wenn wir anerkennen, daß der Iliasdichter die Geschichte von Odysseus' Abenteuern und Heimkehr gekannt hat: bereits in Sage verwandelt als die Geschichte des Königs der Kephallenen. Aber es ist eine Märchengeschichte, und Schlauheit und List ist die vornehmliche Eigenschaft des Märchenhelden.

Aber freilich gibt es den listigen Odysseus auch in der Sage vom Trojanischen Krieg, ja man scheint sie überhaupt nicht ohne ihn erzählen zu können. Denn das Hölzerne Pferd ist die kriegentscheidende List, durch die Troja endlich fällt, und es ist die Erfindung des Odysseus. Daß die Geschichte in der Ilias fehlt, kann nicht verwundern, das Epos endet ja vor dem Fall Trojas; immerhin scheint der Dichter einmal auf sie anzuspielen (Il. 15.71).[1] Und wo immer in der Odyssee sie erwähnt wird, wird sie als bekannt vorausgesetzt, und zwar als des Odysseus eigenste Geschichte, nicht nur als des Erfinders der List, sondern auch als des Anführers im Hinterhalt (4.265 ff., 8.492 ff., 11.523 ff.).[2] Von ähnlichem Charakter und Funktion sind auch jene beiden Geschichten – die aber sachlich untereinander zusammengehören – von seinem Einschleichen in Troja: der nächtliche Raub des Palladions (des Kultbilds der Athena), den er zusammen mit Diomedes vollführt, und sein vorausgehender Spiongang in Bettlerverkleidung. Der Palladionraub (der Troja von seiner Stadtgöttin entblößt) und die List des Hölzernen Pferdes machen – mit nur noch einer weiteren Geschichte, dem Tod des Paris durch den Bogen Philoktets – die drei Bedingungen aus, die endlich den Untergang Trojas herbeiführen. Sie könnten wohl auch ohne besondere Schwierigkeiten in den Erzählstil der Ilias eingehen – ein Reflex des Palladionraubs in der Ilias ist das eingefügte Nachtstück der «Dolonie» (das zehnte Buch), eine Art Kommandounternehmen des Odysseus und Diomedes; am schwierigsten immerhin die Geschichte vom Hölzernen Pferd, mit ihren Absonderlichkeiten, die sie der aufgeklärteren Denkweise, auch der heroischen Höhenlage des homerischen Epos zumutet. Haftet ihr nicht ein Rest des Märchenhaften an? Und doch ist sie es, die

Odysseus den heroischen Beinamen des Stadtzerstörers – ‹ptoliporthos› – eingetragen hat, und dies schon in der Ilias (2.278). Er teilt ihn nur noch mit Achilleus (wenn man von dem Gott Ares und den beiläufig so benannten Oïleus und Otrynteus absieht); und bei Achill, dem Zerstörer von Lyrnessos, Thebe, Pedasos, der sich selber den Eroberer von dreiundzwanzig Städten nennt (Il. 9.328f.), der selbst Troja um ein Haar erstürmt hätte (Il. 21.544/550), ist er kein beliebig schmückendes Beiwort. Ist er es bei Odysseus? Hat er es von dem metrisch identischen Achilleus übernommen, um mit demselben Epitheton das letzte Hexameterdrittel nach der Zäsur zu füllen?[3] Man hat es auch für Odysseus übertrieben gefunden, da er Troja schließlich nicht alleine zerstört habe. Der Odysseedichter hat anders gedacht: der schon im zweiten Vers des Proömiums, ohne den Namen zu nennen, eben mit dieser Tat – und den folgenden Leiden der Heimfahrt – den Helden seines Gedichts glaubte hinlänglich umschrieben zu haben. «Durch Deinen Rat ist Priamos' Stadt gefallen!» ermutigt ihn Athene im Freierkampf (22.230); als «den Stadtzerstörer Odysseus» offenbart er sich selber dem geblendeten Zyklopen (9.504), und die List des Hölzernen Pferdes ist ihm unter den Ruhmestaten vor Troja das ihn bezeichnende Werk (8.494).[4] Nach all dem haben wir keine Ursache, nach einem anderen Grund dieses Namens zu suchen.

So gehört also der listige Odysseus nicht nur als Irrfahrer und Heimkehrer, sondern als der Erfinder des Hölzernen Pferdes auch schon der epischen Tradition heroischer Sage an. Und wie tief hing doch diese Sage mit diesem Ende zusammen: Die Feste Troja, neun Jahre vergebens berannt, fiel endlich nur durch List! Ohne die List auch die Frist nicht. (Das muß man sich sagen, wenn man behaupten will, daß der Iliasdichter die Geschichte vom Hölzernen Pferd nicht gekannt habe, der neunjährige Krieg steht auch für ihn fest, Il. 2.328.) Wenn aber ihr schlauer Erfinder sich auch weiter dann als der Listige in den Abenteuern der Irrfahrt bewährt, so scheint eines zum andern zu stimmen: so wie ja beides in der kanonisch gewordenen Mythologie auch unmittelbar zusammenhängt. Und doch sind es zwei Geschichten, die nicht nur durch die Verschiedenheit ihrer Sphären, des Heroischen und des Märchenhaften, sondern nach ihrer inneren Struktur sich voneinander abgrenzen. Zwar dürfen wir, nachdem die Heimkehrergeschichte sich nach rückwärts bis zum Abschied von Penelope erweitert und ergänzt hat, mit Recht fragen, zu welchem Zweck und Ziel der Abschiednehmende des Märchens aufgebrochen ist; und nach der Analogie der mittelalterlichen Heimkehrergeschichten, die ihren Helden in den Krieg um das Heilige Grab oder sonst in den fernen Osten ziehen lassen, erscheint der Zug gegen Troja als ein zugehöriges Moment auch in der Geschichte des Odysseus. Aber er ist doch auch eine Geschichte für sich, mit anderen Helden als Hauptfiguren: Menelaos und Helena, Agamemnon und Priamos, Hektor und Paris (um von Achill abzusehen und nur das Personal der Geschichte vom Raub der Helena zu nennen). Odysseus figuriert in ihr als Helfer, als einer unter anderen, und wenn ihm dabei die Rolle des listigen Eroberers zufiel, so muß man sich fragen: wie ursprünglich ist diese Rolle? Es ist die Frage nach dem Verhältnis des Trojahelden zu dem Märchenhelden Odysseus überhaupt.

Auf der Stufe des Epos setzen die beiden Gestalten einander wechselseitig voraus. Denn wie die Ilias in Odysseus den Märchenhelden durchscheinen läßt, so springt aus dem Odysseus der Odyssee immer wieder, und zumal in Situationen der Abenteuer, der Iliasheld hervor. Die daraus sich ergebenden, bald pathetischen, bald ironischen Kontraste hat Karl Reinhardt gezeigt.[5] In der Vorgeschichte des Epos aber treten die beiden Rollen auseinander: die heroische Sage führt uns auf den König von Ithaka, der wie die anderen Stammesheroen zum Teilnehmer am Zug gegen Troja wurde; das Märchen auf den Helden einer See- und Irrfahrergeschichte und Gatten der Penelope. Haben die Abenteuer – als einstmals anonyme Seefahrergeschichten – an den Trojahelden der Sage erst sich angehängt?[6] Oder trat Odysseus bereits *mit* seiner Geschichte in die troische Sage ein?[7]

Die Frage scheint sich denen nicht zu stellen, die in Odysseus einen «gesunkenen» vorhellenischen Gott zu erkennen glauben[8] – man schließt es aus der Reihe der Heroenkulte. Der Kult jedoch ist noch keine Geschichte. Helden aber haben ihre Geschichten; und falls von einem ithakesischen Lokalheros Irrfahrtengeschichten erzählt worden sind: seine Funktion in der trojanischen Sage, und das in so wesentlicher Rolle wie des Stadtzerstörers, bleibt ein Problem. Es bleibt vielleicht unlösbar – und wer auf dem hypothetischen Weg der Sagenanalyse nicht folgen mag, darf den Rest des Kapitels getrost überspringen. Er wird auch nur ein Stück weit begangen, um an einigen rudimentären Odysseusüberlieferungen zu erproben, wie weit das Bedenken der Strukturen trägt.

Odysseus und der Raub der Helena

Wie also geriet Odysseus in den Trojanischen Krieg? Es gibt in der Odyssee eine Anzahl von ‹Antehomerica›: Odysseusgeschichten, die dem Trojanischen Krieg vorausliegen und, wie die Erzählungen von Odysseus' Abschied oder der List der Penelope, wenngleich nicht auf den ersten Blick, Momente des Märchens verraten. Zu ihnen gehört gleich die allererste Aktion, durch die Odysseus in das Kriegsunternehmen gegen Troja hereingezogen wurde. Die Odyssee erinnert, in der Rede Agamemnons an die Seele des erschossenen Freiers Amphimedon in der Unterwelt (24.115 ff.), an die Werbung des Odysseus zum Kriegszug: eine Episode, mit der die dem Epos bekannten Odysseus-Mythologeme sogar noch vor den Abschied von Penelope zurückreichen. Die Geschichte stellt sich in eine Reihe mit den anderen Helden-Anwerbungen nach der Entführung der Helena, von denen die Ilias den Besuch Nestors und Odysseus' bei Peleus in Phthia erwähnt, als sie den jungen Achill zu dem Kriegszug gewannen (Il. 11.766 ff.). Um Odysseus zu gewinnen – so erzählt die Odyssee – waren Agamemnon und Menelaos nach Ithaka gekommen als die Bittenden, die «inständig Beredenden» – spoudē parpepithóntes Odyssēa ptoliporthon –: daß er mit ihnen «über das weite Meer fahre», bitten sie den «Stadtzerstörer Odysseus». Das traditionelle, obschon nicht eben häufige Beiwort ist nicht aus metrischem Zwang gewählt, da es leicht durch ein geläufigeres ersetzt werden könnte.[9] Es gewinnt hier, wie es manchmal bei Homer geschieht, plötzlich seine ganze Prägnanz zurück: Odysseus wird gebeten und gewonnen als der, der Troja zerstören wird. Seine Funktion in der Geschichte ist die des Helfers, der bereit ist, dem Beraubten sein Eigentum wiederzuverschaffen.

Daß diese Beraubung auch für sich genommen eine Geschichte im strukturalen Sinne ist, dafür gibt es ein deutliches Anzeichen. In der zyklischen Überlieferung der Entführung der Helena (in den ‹Kyprien›) bemächtigt sich Paris ihrer in einem Augenblick, da Menelaos nach Kreta verreist ist, um seinen Oheim Katreus zu begraben.[10] Dieser Umstand könnte leicht wie eine willkürliche Erfindung des Kypriendichters, eine epische Ausmalung der Situation erscheinen. Aber die zufällige Abwesenheit des Hausherrn gehört zu den wiederkehrenden Motiven eines Geschichtentyps, den man als Suchermärchen bezeichnet. Sie ist die Ausgangssituation für die Aktivität eines Gegenspielers, der aus dem Hause einen Gegenstand raubt oder eine Person entführt:[11] Bedingung also für das Ereignis, von dem die Märchenhandlung als Suche nach dem Geraubten ihren Ausgang nimmt. «Ein Fürst heiratete eine wunderschöne Fürstin... Als er eine lange Reise antreten und seine Frau mit fremden Menschen allein lassen mußte...», so beginnt ein russisches Märchen.[12] Der Zurückgelassenen wird gewöhnlich ein Verbot oder eine Warnung erteilt, die dann mißachtet oder vergessen wird: hier indem der Fürst «sie ermahnt, ihr Gemach nicht zu verlassen».[13] Statt des Verbotes kann es auch ein Befehl sein, dessen Befolgung dasselbe bewirkt wie die Übertretung eines Verbots. So trug Menelaos in den Kyprien seiner Gemahlin auf, während seiner Abwesenheit den Gast gut zu bewirten – was sie nur zu gut befolgte. Zum Märchen gehört offenbar auch, daß Paris beim

Gastmahl im Hause des Menelaos Helena durch Geschenke verführt: im Märchen gelegentlich durch Vermittlung einer Hexe – wobei die Rolle der Hexe in den Kyprien Aphrodite übernimmt. Man muß also darauf gefaßt sein, daß in einzelnen, als zufällig erscheinenden Zügen der Sagenüberlieferung Motive stecken, die zur Form einer traditionellen Geschichte gehören und sich damit als funktional erweisen.

Fragt man nach der Form der Geschichte vom Raub der Helena, so fügt sie sich in das Muster der Suchermärchen. Eine Suche und Rückgewinnung der Geraubten ist der ganze Trojanische Krieg. Eine solche Zuordnung läßt sich durch weitere typische Momente festigen. Sehr häufig ergeht von dem Beraubten – gewöhnlich dem Oberhaupt der Familie – ein Aufruf oder Hilferuf an den, der bereit sei, das Geraubte zurückzubringen: «Der Zar verkündete: Wer meine Töchter findet, dem werde ich so viel Geld geben, wie er verlangt.»[14] Der Sucher wird in diesen Geschichten der Held des Märchens.

Ich denke, auch der Aufruf Agamemnons an die achäischen Helden zur Teilnahme am Zug gegen Troja, mit dem Ziel der Wiedergewinnung der geraubten Helena, läßt sich damit als ein Moment der einfachen Geschichte verstehen. Dabei hat die Vervielfachung des Suchers zu einer ganzen Heldenschar noch besondere Gründe, von denen später zu reden sein wird.[15] Aber die Anwerbung des Odysseus als des Stadteroberers wird von hier aus durchsichtig: sie gehört nicht erst zu den epischen Erweiterungen des Trojanischen Krieges, sondern, der Form nach, zu dem märchenhaften Grundmuster, dem die troische Sage folgt.

Im Anfang der Ilias, unter den Szenen, die die Vorgeschichte des Krieges nachspiegeln – Aphrodite als Begünstigte im Parisurteil, Helenas Entführung, die Sammlung des Heeres, der erste Aufmarsch gegen die feindliche Stadt, endlich der Zweikampf des Gatten mit dem Räuber –, gibt es auch die Situation, da Antenor sich seiner ersten Begegnung mit Menelaos erinnert (Il. 3.203–224). Es war in Troja, noch vor dem Ausbruch der Kämpfe: Odysseus war zusammen mit Menelaos als Bote gekommen, Helenas wegen.[16] Sie brachten ihre Forderung im Rat der Troer vor (so wie der junge Odysseus nach dem Messenischen Viehraub zu Ortilochos kam «wegen der Schuld, die das ganze Volk ihm schuldete», 21.17). Da stehen denn die beiden, in der Funktion ihrer einfachen Geschichte, nebeneinander vor den Troern: der Beraubte und der Held, der für ihn eintritt.

Odysseus und das Pferd

Die weiteren Momente der Mustergeschichte, wie sie verschiedenen Märchentypen gemeinsam ist, sind in dem Zug gegen Troja wiederzuerkennen: zuerst der Aufbruch in ein fernes Land, häufig übers Meer und zu Schiffe (wie es bei der Anwerbung des Odysseus ausgesprochen wird).[17] Dort – in dem «andern Reich», wo das Geraubte festgehalten wird – der Zweikampf mit dem Gegenspieler. Hier ist zu bemerken, wie in der trojanischen Sage verschiedene Helden in die Funktion dieses Momentes eintreten: zuerst Menelaos, dann Aias und Achill (als deren Gegner wiederum der Bruder eintritt), endlich Philoktet. Darauf folgt, daß das Gesuchte durch Gewalt oder List erbeutet wird.

Die Motive, die bei der Erbeutung auftreten, sind vielfältig. Eines ist die Verwandlung des Helden in einen Bettler.[18] Vielleicht darf man schon hierbei an den Spiongang des Odysseus als Bettler in die feindliche Stadt denken.[19] Auffällig verbreitet ist die Rolle des Wunderpferdes. Es wird gewöhnlich in die Erzählung eingeführt als das wunderbare Mittel, das der Held alsbald nach seinem Aufbruch glücklich gewinnt, und dessen Funktion es ist, dem Helden Helfer zu werden bei der Gewinnung des Geraubten.[20] Das geschieht, unter vielen anderen Beispielen, einmal – in dem russischen Märchen vom ‹Zauberpferd›[21] – in der Form, daß das Pferd die «unüberwindliche Mauer» des fernen Palastes überfliegt und das Tor des Verlieses mit seinen Hufen sprengt; worauf es die Königstochter im Sattel heimträgt. (Hier verwandelt sich sogar das Pferd, bei der Überlistung der Prinzessin, in einen Bettler.) Vergleicht man damit die Funktion des Hölzernen Pferdes in der Trojasage – die Niederreißung der Mauer, um das Wunderpferd in die Stadt zu schaffen –, so wird man von den historischen Erklärungen lieber absehen, die darin die Erinnerung an orientalische Kriegsmaschinen mit Tierkopf-Rammböcken suchen.[22] Vielmehr dürfte das Trojanische Pferd, ehe es auf Rollen gesetzt und zum Zimmermannswerk des Epeios wurde, das magische Roß der Märchengeschichte gewesen sein.

Von dem zweierlei Effekt des Hölzernen Pferdes: der heimlichen Einschleusung der Sturmmannschaft und der Niederreißung des Stadttors, möchte hiernach der gewaltsame das Ursprünglichere bewahren. Den Abbruch des Torsturzes nennt Plautus als die dritte Bedingung zu Trojas Fall.[23] Es ist darum am Ende fraglich, ob die alte Geschichte schon den Charakter der List hatte. Es ist wahr, schon die altägyptische Geschichte von der Einnahme von Joppe, aus dem dreizehnten Jahrhundert, erzählt, wie die Belagerer zweihundert Krieger, in Mehlsäcke eingenäht, in die feindliche Stadt einschmuggelten.[24]

Denselben Charakter hat die troische Geschichte angenommen. Aber als Hinterhalt brauchten sie kein hölzernes Pferd.

Die Umwandlung des Wunderpferdes zum technischen Strategem bedeutet sichtlich eine Rationalisierung. Auf der Stufe des heroischen Mythos haben Zaubertiere keinen Platz mehr. Die Umwandlung entspricht der Transmutation der einfachen Geschichte zum Epos.

Wenn sich hieraus eine Wahrscheinlichkeit ergibt, daß die Gestalt des Stadteroberers Odysseus schon in alter Tradition zu dem Pferde in Beziehung stand, wird man zuerst an seine Affinität mit dem Pferdegott Poseidon denken. Diese Beziehung zu Poseidon, die schon in der Odyssee von so anderer Art ist – Odysseus als der Verfolgte des Gottes –, erscheint immerhin in der Nekyia in bemerkenswert positiver Form, indem Odysseus, an bestimmtem Orte des Binnenlands, dem Poseidon ein großes Opfer darzubringen geheißen wird (11.129 ff.). Das ist sicher mit Recht auf die Stiftung eines Poseidonkults bezogen worden. Die enge kultische Verbindung des Heros mit dem Gott ist mindestens für den Peloponnes bezeugt: der Odysseus von Mantinea, dargestellt auf mantineischen Münzen des vierten Jahrhunderts,[25] steckt – wie es Teiresias in der Nekyia ihm befiehlt – sein Ruder in den Erdboden, ohne Zweifel als Stifter des dortigen Poseidonkults. Die Legende kann aus der Odyssee herrühren, die kultische Verbindung schwerlich.

Das bedeutendste Zeugnis ist die Gründungslegende des Poseidontempels von Pheneos in Arkadien.[26] Und hier ist es ausdrücklich Poseidon Hippios, der «Pferd-Poseidon», zu dem die Legende Odysseus in Beziehung bringt: er habe das Kultbild des Gottes gestiftet und dazu das Heiligtum der «Pferdefinderin Artemis» gegründet. Die Beinamen beziehen sich auf eine Geschichte, daß Odysseus, «auf der Suche nach seinen Stuten», die ihm abhanden gekommen waren, «durch Hellas gestreift» sei und hier in der Gegend von Pheneos sie wiedergefunden habe. Eine ‹Suchergeschichte› auch dies? Zum ‹Sucher›, zum Wiederfinden im Märchen würde der vorausgegangene Raub gehören müssen, wovon in einer anderen Odysseusgeschichte, aber nicht hier die Rede ist. Jedenfalls ist die Verbindung des Odysseus zu Poseidon und zum Pferd damit hinreichend und unabhängig von der epischen Tradition bezeugt, so daß die Vermutung, auch der Erfinder des Hölzernen Pferdes komme aus vorepischer Überlieferung, weniger befremdlich erscheint.

Die Märchenrolle des Pferdes als Helfer des Helden scheint einem bestimmten kulturgeschichtlichen Raum anzugehören. Seine auffällige Verbreitung besonders in russischen Märchen verweist auf seine Bedeutung bei den indoeuropäischen Völkern der Bronzezeit. Zu Anfang des zweiten Jahrtausends v. Chr. sind, aus dem Balkan und Südrußland kommend, Stämme dieser Völkerschaften in die ägäische und kleinasiatische Welt eingedrungen: die Minyer nach Griechenland und in die Troas, die Hethiter ins fernere Anatolien. Sie bringen mit ihren Bronzewaffen und Streitäxten das Pferd als Zugtier mit und gründen über den alten, mit dem Vorderen Orient verbundenen Kulturen mächtige, auf Burgen gestützte Königsherrschaften. Troja wurde durch seine Pferdezucht im Mythos berühmt (Il. 20.221): um dieser Pferde willen soll Herakles die Stadt schon einmal erobert haben (Il. 5.640). Seit dem 16. Jahrhundert erscheint das Pferd erstmals auf Kreta. Zugleich wird der leichte, zweirädrige Streitwagen zu dem entscheidenden Mittel der Kriegsführung. Von ihren Festungen im griechischen Mutterland aus tragen die mykenischen Achäer – wie diese Frühgriechen jetzt heißen – ihre Eroberungen, Kolonisationen und Handelsbeziehungen in den östlichen Mittelmeerraum: bis nach Syrien, bis an die Nordküste des Schwarzen Meers; im Westen nach Sizilien.

Die Ostküste der Ägäis blieb nicht ausgespart, in Milet, auf Lesbos vor der Troas haben sie Fuß gefaßt. Unmöglich also wäre es nicht, daß die mächtige Burg von Troja, dem «pferdereichen», seit einem halben Jahrtausend beherrschend über der Durchfahrt zum Schwarzen Meer gelegen, auch von Achäern geschleift worden ist. (Es bleibt in der Forschung umstritten.)[27] Jedenfalls zeugten die gewaltigen Ruinen seit dem zwölften Jahrhundert von einem großen Untergang – sie zogen die Geschichte vom Parisurteil und dem Raub der Helena an sich, und von der Zerstörung mit Hilfe des magischen Pferdes.

Die bedeutende Rolle des Pferdes in der Kultur dieser Jahrhunderte hat sich in vielen Mythen niedergeschlagen. Poseidon war für die einwandernden Frühgriechen der Gott der Erdtiefe, der «Erderschütterer», ehe er zum Meeresgott wurde, das Roß seine Erscheinungsform. Der troische König, der die dreitausend Stuten besaß, trägt den Namen Erichthonios, der «Erdgewaltige», der sonst der Beiname Poseidons ist. Pelops, der eponyme Heros des Peloponnes und Ahnherr der mykenischen Könige, gewinnt die Herrschaft und die Königstochter Hippodameia – das heißt die «Pferdebändigerin» – durch den Sieg im Wagenrennen; mit einem Gespann, das sein Schutz- und Freundgott Poseidon ihm schenkt.

Vor diesem Hintergrund gesehen wird der ‹poseidonische› Odysseus als Stadtzerstörer auch geschichtlich einleuchtend. Nach einer zwar erst spät bezeugten, aber doch wohl alten Überlieferung wird Odysseus selber am Ende seines Lebens in das ‹poseidonische Tier›, das Pferd, verwandelt.[28]

Jugendgeschichten

Die an Kultstätten vor allem des Peloponnes, aber auch Böotiens und Nordwestgriechenlands gebundenen Legenden bezeugen eine mutterländische Odysseus-Überlieferung, die sich von der epischen merklich unterscheidet. Sie grenzt sich auch dadurch ab, daß in den lokalen Überlieferungen der Name des Odysseus in der Form Olysseus/Ulixas erscheint, in der er auch in die italischen Traditionen eingegangen ist. Die Variation zeigt an, daß die Odysseusgestalt einer Zeit vor dem Lautwandel, also schon dem zweiten Jahrtausend, angehört hat und wahrscheinlich vorgriechisch ist.

Nun gibt es umgekehrt im Epos eine Reihe von Odysseusgeschichten, die im Mutterland spielen. Von der Stiftung eines Poseidon-Kults weit im Binnenland, wo man «weder Schiffe noch Ruder kennt» (11.124) – sei nun an Arkadien gedacht oder Epirus – war schon die Rede; sie bezeugt offenbar die Kenntnis einer mutterländischen Tradition. Enger mit der epischen Odysseusgeschichte verbunden ist die Erinnerung an die Eberjagd, die eingeschoben wird in dem Augenblick der Erkennung durch Eurykleia: sie erkennt ihren Herrn an der alten Narbe, die er damals davongetragen hatte (19.393–466). Gehört auch sie zum Überlieferten? Die lange Erzählung vom Besuch des jungen Odysseus im großelterlichen Haus am Parnaß (Autolykos ist der Vater seiner Mutter Antikleia), ein Exkurs, der sogar bis zur Geburt des Helden zurückgreift, muß wohl, so wie sie dasteht, als eine Erfindung des Dichters gelten. Die Verwundung selber, auf die die Episode hinausläuft, steht in erzählerischer Relation zur Erkennung: nur um ihretwillen gibt es die Erzählung. Aber nicht erst in der Odyssee gehören diese beiden Elemente, Kennzeichnung und Erkennung, zusammen, sie bilden, indem eins aufs andere verweist, ein Paar in der Struktur verwandter Märchen.[29] Die gewöhnliche Form ist die, daß der Held in dem Zweikampf mit dem dämonischen Widersacher, den er tötet, eine Wunde erhalten oder ein anderes Zeichen seines Kampfes behalten hat. Nun tritt ein falscher Held auf, der den Sieg und damit die Königstochter, die der Preis des Sieges ist, für sich in Anspruch nimmt; doch vor der Hochzeit erkennt die Braut den wahren Helden an dem Zeichen, der falsche wird bestraft und der echte gewinnt Prinzessin und Königtum.[30] Man sieht sogleich, daß in der Odyssee die beiden Motive weit auseinandergezogen sind, indem in der Heimkehrgeschichte die Momente der Erkennung ihren Platz haben, dagegen die Zeichnung des Helden in einer Vorgeschichte aus der Jugend des Odysseus auftaucht. Nun weist aber diese Geschichte von der Reise zum Parnaß selber Züge des Märchenmusters auf: den langen Weg in ein anderes Land, den Kampf mit dem ‹Schädiger› (der in diesem Märchentypus gewöhnlich ein Drache oder ein wildes Tier ist), und hier eben die ‹Kennzeichnung› beim Kampf mit dem Gegner. Es leuchtet ein, daß die Jagd, auf die Odysseus von seinen Oheimen, den Söhnen des Autolykos, mitgenommen wird, nach dem Sinn der einfachen Geschichte nicht eine Gastunterhaltung war; daß der wilde Eber vielmehr ein Untier ist, das der Familie und dem Land des Autolykos schon manchen Schaden getan hat, gleich wie der Kalydonische Eber dem Land des Oineus; und daß der junge Held als Retter auftritt. Lehrreich ist der Vergleich mit dem russischen Märchen ‹Die beiden Soldatensöhne›.[31] Dort verletzt sich im Kampf mit dem Drachen (der die Königstochter fordert) der Held am glühend erhitzten Schwertgriff, und die Prinzessin kühlt ihm die verletzte Hand mit ihrem Tüchlein – das nun zum Erkennungszeichen wird. Es ist der Typus des Drachenkampf-Märchens.[32] Suppliert man nach dieser Struktur die Geschichte der Eberjagd, so wird man im Verbinden der Wunde durch die «Kinder des Autolykos» und der Rückkehr in das Haus des Vaters die Momente des Märchens wiedererkennen. Denn immer war das ‹Fragment› der Eberjagd auf eine Fortsetzung angewiesen, das Motiv der Verwundung konnte nicht funktionslos bleiben. Gewiß, man kann die geforderte Fortsetzung einfach in der Wiedererkennung des heimkehrenden Odysseus sehen; aber dann handelt man sich für die einfache Geschichte auch schon das ganze Epos ein. Die Geschichte von der Eberjagd aber muß sich in dem Personal erfüllen, das sie einführt. Wie zum Beispiel unter der Schar der Jagdgenossen sich der ‹falsche Held› verbergen mag, lehrt ein Blick auf die Kalydonische Eberjagd, worin der Oheim Meleagers den Sieg für sich beansprucht. Auch das Verbinden der Wunde gewinnt im Zusammenhang mit den anderen Motiven an Bedeutung, und man ahnt, daß in den Kindern des Autolykos, die Odysseus heilen und mit reichen Geschenken entlassen, auch die Figur sich verbirgt, die in dem reinen Muster der Geschichte – das auch im Jason-Mythos vorliegt – bestimmt war, die Braut des Helden zu werden.

Ich halte es für wahrscheinlich, daß von hier aus auch die vorausgeschickte Geburtsgeschichte des Odysseus sich als traditionell erweist. Der Großvater Autolykos, der nach Ithaka gekommen war und den Neugeborenen der Tochter vorfand, wurde von Eurykleia aufgefordert, ihm den Namen zu geben: «Ist er dir doch ein Viel-Erbetener!» Odysseus war, wie eine andere Stelle besagt, der einzige Sohn (16.119), die Ehe des Laertes also bislang kinderlos. Kinderlosigkeit einer Familie und Gebet um die Geburt eines Sohnes gehören zu der Ausgangssituation des Märchenschemas in seiner biographischen Gestalt, das heißt, wenn es mit der Geburt des Helden beginnt.[33] Ebenso typisch ist das folgende Moment der Namengebung, die zugleich das damit verbundene Motiv der Lebensprophezeiung für den Helden enthält: Odysseus soll er heißen, der «Zürner». Der gedeutete Name, an dieser Stelle des Epos, weist offenbar voraus auf die alsbald folgende Rache an den Freiern. Doch schließt sich die Sequenz der Motive in der Geburtsgeschichte zu einer typischen Form zusammen, für die noch einmal die schon erwähnte Geschichte vom ‹Zauberpferd› stehen mag: lange Kinderlosigkeit, Gelöbnis, nach Geburt eines Sohnes den Erstbegegnenden zum Paten zu nehmen, – wie es sich trifft, ist es der «Zar»; nach Jahren wünscht der Zar den herangewachsenen Patensohn zu sehen, der junge Held reitet – auf dem geschenkten Zauberpferd – zu dem Palast des Zaren, wird bewundert und festlich bewirtet. Von dort zieht er zu seiner Heldentat aus, der Gewinnung der entführten Prinzessin Nastassja. Man kann sich schwer dagegen verschließen, daß Autolykos, als erster Begegnender im Haus des Neugeborenen, und mit seiner Einladung des Enkels zum Besuch, sobald er erwachsen sei, die Funktion des ‹Paten› erfüllt; daß Odysseus' Reise zum Großvater der Reise Iwans zum Zaren entspricht – und daß diese Reise zum Parnaß ihre Fortsetzung verschweigt. Man darf sich nicht damit begnügen, hier einzelne Motive zu benennen, die der Dichter frei zu einer neuen Erfindung verbunden hätte; sie stehen bereits in einem strukturalen Zusammenhang.

Ich wage noch eine Möglichkeit anzudeuten. Autolykos als Ahn eines Heroengeschlechts ist vielleicht ein Unikum der Odyssee.[34] Jedenfalls hat ihre Autorität es nicht vermocht, von dieser Figur, die den «echten Wolf» im Namen trägt, in der Mythologie andere Züge zu hinterlassen als die des Viehräubers und Erzdiebes, als den ja auch sie ihn schon kennt. Das also war das Überlieferte. Von seiner Zeugung erzählte der hesiodische Frauenkatalog[35] die Geschichte von der Tochter Deïons, Königs in Phokis am Parnaß: der schönen Philonis, der in einer Nacht Apollon und Hermes beiwohnten. Von dem Diebsgott gebar sie den Autolykos, den Meister so mancher Diebsgeschichte. Keine andere sonst von ihm, die nicht eine Dieberei wäre.[36] Die Wohnung am Parnaß weiß auch die Odyssee; auch daß er seine Diebeskunst dem Hermes verdankt; von der aber die Erzählung keinen Gebrauch macht. Mag immer solche Tugend, in griechischen Augen, dem «edlen» Vater der Antikleia wohlanstehen, – aber fehlt nicht der Reise zum Parnaß, um eine rechte ‹Suchergeschichte› zu werden, nur noch der Räuber? Autolykos als der Widersacher? Und somit dem «bösgesinnten» Aietes vergleichbar? (10.137) Der ja die entführte Kostbarkeit, das Goldene Vlies, von dem Drachen bewachen ließ, zugleich aber der Vater der entführten Märchenprinzessin ist. Es ist keineswegs ausgeschlossen, daß der Odysseedichter aus einer solchen Geschichte, in der Autolykos noch seine «wölfische» Rolle spielte, zusammen mit den Grundzügen des Hergangs das Personal nahm, dabei aber – was in den Metamorphosen der Märchen oft geschieht – die Funktion einer Figur für seinen Zweck leicht verschob und das Großvaterverhältnis zu Odysseus einführte. Etwas von seiner Bösartigkeit scheint sich immerhin noch in der – etwas erzwungenen – Namensbegründung anzudeuten: «denn als ein Vielen Zürnender komm' ich ja hierher». – Ich räume ein, daß diese Überlegung manches zu supplieren fordert, doch genügt das Ganze, um die Struktur und damit den traditionellen Anteil der Geschichte hervortreten zu lassen.

Der Bogner

Zu diesen in der Odyssee erinnerten Odysseusgeschichten stellt sich endlich noch eine weitere, und sie ist wirklich eine Suchergeschichte. Es ist die Erzählung von dem Bogen des Odysseus – auch sie, wie die von der Narbe, eine Herkunftsgeschichte, und wie sie, eine aus der Jugendzeit des Helden. Sie wird erzählt, als Penelope, am Anfang des 21. Buchs, auf den Speicher steigt, die alte Waffe des Odysseus zu holen, mit der sie den Wettkampf der Freier veranstalten will. Wie Odysseus zu dem Bogen kam, geschah so: Männer aus Messenien hatten zu Schiffe aus Ithaka dreihundert Stück Herdenvieh mitsamt den Hirten geraubt.[37] Darauf hatten Laertes und die anderen Geronten – die ‹Äldermänner› von Ithaka – den jungen Odysseus, der fast noch ein Knabe war, ausgeschickt, das Geraubte wieder einzutreiben. Er kam ins Haus des Ortilochos – desselben, bei dessen Sohn auch der Sohn des Odysseus auf seiner Fahrt von Pylos nach Sparta übernachten wird (3.488). Die Stadt wird da Pherai genannt, es ist die noch später blühende Hafenstadt Pharai am Messenischen Golf, das heutige Kalamata. Im Hause dieses Ortilochos traf Odysseus mit Iphitos, dem Eurytos-Sohn, zusammen, der seinerseits auf der Suche nach zwölf ihm geraubten Stuten samt ihren Maultierfohlen war. Dort schlossen die beiden «engvertraute Freundschaft» und bekräftigten sie mit dem Tausch ihrer Waffen: Iphitos schenkte ihm den Bogen seines Vaters, des «großen Eurytos», der ihm bei seinem Tod «in den hohen Gemächern» die Waffe hinterlassen hatte; Odysseus seinerseits gab ihm Schwert und Lanze. Iphitos zog alsbald weiter zu Herakles, dem «Wisser ungeheuerlicher Taten» – denn der hatte die Stuten[38] –, doch wurde er von ihm, in Mißachtung ihrer alten Gastfreundschaft,[39] ruchlos ermordet. Den Bogen des Eurytos aber, Iphitos' Geschenk, bewahrte Odysseus zu Hause, als Erinnerung an den lieben Gastfreund: er nahm ihn niemals mit in den Krieg, sondern führte ihn nur in der Heimat. – Wie die Geschichte von dem geraubten Vieh ausging, erfahren wir nicht.

Es ist nicht das einzige, was die verschlungene Erzählung im Dunkel läßt. Dabei brauchen die Probleme der Geographie uns weniger zu kümmern, die darin liegen, daß «Messene» hier zu Lakedaimon zu gehören scheint;[40] wir müssen nur im Auge behalten, daß nicht das spätere Messenien gemeint ist – das erst gegen Ende des achten Jahrhunderts an Sparta fiel, in der heroischen Geographie aber zur Herrschaft von Pylos gehörte –, gemeint ist lediglich die Golflandschaft im äußersten Süden, die schon längst vor dem ersten Messenischen Krieg von Lakonern besiedelt war und auch nach der Wiederherstellung eines unabhängigen messenischen Staats im Jahr 359 bei Sparta blieb.[41] Dunkler sind die Andeutungen der Iphitosgeschichte, die hier in einen anderen Sagenkreis, von dem Zwist des Herakles mit den Eurytiden, hinüberweisen. Der «große Eurytos» war König des sagenhaften Oichalia, ein gewaltiger Bogenschütze, der sich vermaß, selbst den Bogner Apollon zum Wettstreit herauszufordern: die Odyssee, an anderer Stelle, weiß davon, daß er deshalb von dem erzürnten Gott den Tod fand (8.228). Wie sich das zu der späteren Erzählung verhält, die im siebenten Jahrhundert der Homeride Kreophylos von Samos in einem berühmten Epos vom Untergang Oichalias dichtete, ist kaum zu sagen. Dort war Eurytos mitsamt all seinen Söhnen von Herakles getötet worden, weil er ihm seine Tochter Iole, Preis ihres Bogenwettkampfs, nicht herausgab. Die Umstände, unter denen Iphitos nach der Odyssee, wenngleich von Herakles' Hand, den Tod fand, sind jedenfalls andere.[42] Und gar mit Odysseus hatte die Eurytossage schwerlich etwas zu tun. Man sieht auch wohl, wie künstlich der Odysseedichter beide Geschichten zusammenbringt: schon die Doppelung der ‹Suche› – des einen nach der Viehherde, des anderen nach seinen Stuten – macht nicht den Eindruck des Ursprünglichen. So hat auch die Begegnung des Odysseus mit Iphitos im Hause des Ortilochos etwas Gezwungenes. Denn wie kam Iphitos nach Messene? Zwar möchte die Geographie wohl auch hier stimmen: die Burg des Eurytos wurde schon in früher Zeit in dieser Gegend gezeigt: im inneren Messenien an der Ebene von Stenyklaros, unweit Andanias, eine Tagwanderung von Pherai entfernt.[43] Suchte Iphitos von Oichalia aus den Herakles auf etwa in Tiryns, wo nach Späteren die brutale Mordtat geschehen sein soll, so mochte ihn der Dichter – so wie seinen Telemachos – über Pherai dorthin gelangen lassen. Aber auf keine Weise wird einsichtig, was für eine Rolle in der Geschichte des Iphitos Ortilochos gespielt haben könnte.

Anders steht es mit der Geschichte des Odysseus. Daß er, auf der Suche nach den messenischen Räubern, sich zu dem Fürsten begab, ist einleuchtend: es war ja seine «Forderung, für die die ganze Volksgemeinde (der Messenier) ihm haftete» (21.17). Der «verständige Ortilochos» mochte ihm helfen, die Schuldigen auszufinden; das bleibt allerdings wiederum im Dunkel. Entscheidend wichtig ist vielmehr, daß Odysseus hier, durch «Zufall» (21.13), dem begegnet, der ihm den Bogen schenkt, das Erbstück des «großen Eurytos», die Wunderwaffe, mit der er, heimkehrend – aber nun heimkehrend von welch anderer Fahrt! – als Unerkannter sich beweisen und die Nebenbuhler seiner Frau erschießen wird.

Denn «Wunderwaffe» darf er wohl heißen. Niemand als Odysseus vermag den «großen Bogen» zu spannen, er aber durchschießt – durchschmettert (19.575) – mit ihm zwölf «Äxte» (21.91–423). Dieser schier unwahrscheinliche Meisterschuß hat seit dem Altertum viel Rätselraten aufgegeben. War er eine Leistung der Kraft oder der Geschicklichkeit? Doch scheint er mir, im Sachlichen, jüngst eine überzeugende Erklärung gefunden zu haben: es war ein Schuß durch die doppelaxtförmigen Metallscheiben, wie ihn die Pharaonen des Neuen Reichs mit ihrem königlichen Bogen zu leisten sich rühmten.[44] In der Ilias, bei den Wettspielen zu Ehren des toten Patroklos, werden solche Eisentafeln – zehn «Äxte» und zehn «Halbäxte» – als Preise im Bogenschießen ausgesetzt (Il. 23.851): es waren die Gußformen, in denen das kostbare Rohmaterial gehandelt wurde. So liegt «die Menge Eisen und Erz» im Kasten, den Penelopes Dienerinnen vom Speicher schleppen (21.61). Nach der literarischen Seite ist der Bogenschuß des Odysseus gleichfalls aufgeklärt:[45] er findet sich, entschieden ins Wunderbare gesteigert, mehrfach in indischer Epik. Der Held hat sich durch eine Bogenprobe zu beweisen, indem er sieben hintereinander stehende Palmbäume, ein andermal fünf eiserne Schilde mitsamt den sieben Baumstämmen durchschießt. Und hier erscheint die Bogenprobe eben in dem Zusammenhang derselben Geschichte vom Freierwettkampf. Die Übereinstimmungen mit der Szene der Odyssee (21.245–428) reichen bis in bedeutende Einzelheiten. Man kann daher sicher sein, daß Odysseus' Meisterschuß von derselben Art war wie dort: eine Heldenleistung von schier übermenschlicher Kraft – *und* Geschicklichkeit; denn es kam darauf an, die Platten hart über dem Holzstiel zu treffen, wo sie am wenigsten nachgeben (21.422). Dem entspricht es, daß der Bogen im indischen Epos von göttlicher Herkunft ist und vom Vater auf den Sohn vererbt wurde. So aber, als Erbstück des Vaters, erklärt auch die Geschichte von der Begegnung mit Iphitos die Herkunft des Odysseusbogens: die Waffe des mythischen Bogenschützen Eurytos – Enkels des Bogners Apollon –, der sich mit dem Gott zu messen traute und dafür den Tod fand, war von göttlich-mythischer Art; ja Apollonios von Rhodos überliefert, daß sie Geschenk Apollons selber war.[46]

Herkunftsgeschichten, zumal von Waffen, gibt es im Epos mancherlei: vom Bogen des Pandaros, den er sich selber geschnitzt (Il. 4.106ff.), von der Lanze Achills, die Chiron seinem Vater Peleus geschenkt hatte (Il. 16.143). Gastgeschenk, aus Ägypten mitgebracht, ist Helenas silberner Spinnkorb, der Mischkrug des Menelaos stammt vom König von Sidon (4.125, 617). Von ihnen unterscheidet sich die Erwerbung des Odysseus-Bogens dadurch, daß sie Teil einer Geschichte ist, die als Geschichte für sich selber steht. Ihre Struktur aber ist die des Suchermärchens.[47] Zu den strukturalen Momenten gehört der Raub eines kostbaren Gegenstandes durch den ‹Schädiger›, der Aufruf zur ‹Suche›, die Bereitschaft des jungen Helden (des ‹Jüngsten› der Familie), sein Auszug übers Meer in ein anderes Land. Im besonderen ist es im Märchenmuster die Figur des ‹Schenkers› oder ‹Gebers›, dem der ausziehende Held sogleich als erstem begegnet, und zwar als einem Fremden und zufällig[48] – der ‹Zufall› hatte auch Iphitos ins Haus des Ortilochos geführt. Und die typische Form, wie der Held in den Besitz des wunderbaren Gegenstandes gelangt, ist der Tausch.[49] Wenn somit fast alle Momente der Geschichte, soweit sie Odysseus betreffen, der Märchenform angehören, ist es vielleicht erlaubt, in Ortilochos die Märchenrolle des Wegweisers zu erkennen.

Daß der junge Odysseus den Raub ausfindig machte, ist in der Geschichte impliziert. Aber auch die geschenkte Waffe müßte, nach dem Sinn des Schenkermotivs, in Funktion treten. Am ehesten wohl im Kampf mit dem Räuber? Von beidem ist nicht weiter die Rede, die Geschichte bricht ab. Und wenn der Odysseedichter diese Geschichte, in irgeneiner Form, vorgefunden hat, so ist jedenfalls in der epischen Erzählung das märchenhafte Kolorit durchaus ins epische Milieu von Viehraub und Gastfreundschaft transponiert, ebenso wie es in der Reise zum Parnaß die odysseische Färbung des Gesellschaftlichen und Intimen, in der pheneatischen Suchergeschichte das Ätiologische der Legende angenommen hat. Doch drängt es sich auf, daß alle drei Erzählungen übereinkommen in einem gewissen Muster: dem Auszug des jungen Odysseus zu einer schweren Aufgabe. Dies Muster aber konvergiert mit der Anwerbung des Odysseus zum Zuge gegen Troja.

Ich muß den Leser noch tiefer ins Labyrinth schauen lassen, obschon wir da nur Fragen und keine Antworten sehen werden. Indessen halte ich den Faden vom Anfang fest: wie geriet der Irrfahrer des Märchens zum Stadtzerstörer der heroischen Sage?

«Den Bogen aber nahm er niemals mit in den Krieg: der blieb als Andenken seines lieben Gastfreunds zu Hause liegen, und er führte ihn nur in seinem Lande» (21.41). Mit diesem Satz bricht der Dichter die Iphitosgeschichte ab. Er ist sichtlich das, was *nicht* zur ‹Geschichte› gehört, und bekräftigt damit nur um so mehr die eigentliche Logik der Geschichte. Und doch ist es eben dieser Punkt, auf den die Erzählung hinauslaufen sollte: denn so und darum «lag der Bogen» mit Köcher und Pfeilen auf dem Speicher, von wo ihn Penelope jetzt herunterholt (21.16). So brauchte es die Heimkehrgeschichte. Oder könnte man sich Odysseus mit dem Bogen in den Trojanischen Krieg ziehend, mit dem Bogen heimkehrend denken? Vor Troja ist Odysseus kein Bogenschütze, er führt Schwert und Speer wie die anderen Helden auch. Am Bogenschießen bei den Leichenspielen für Patroklos nimmt er nicht teil (Il. 23.850 ff.). Wohl führt Odysseus, wie auch seine Gefährten, den Bogen mit sich, gebraucht ihn einmal zur Jagd (9.156, 10.262). Aber waffenlos kehrt der Irrfahrer und Schiffbrüchige ohnehin heim – undenkbar, daß er die Wunderwaffe eingebüßt hat. Die *muß*, in der Heimkehrergeschichte, für ihn zu Hause bereitliegen.

Dennoch ist der Bogenschütze Odysseus dem Epos nicht nur von der Bogenprobe und der Tötung der Freier bekannt. In der Telemachie erzählt Mentes – in dessen Gestalt Athene Telemach aufsucht – von seiner ersten Begegnung mit Odysseus, also wiederum eine ‹Vorkriegsgeschichte›. Es war noch in Mentes' Elternhaus auf Taphos (der nördlich von Ithaka gelegenen Insel): Odysseus war dort eingekehrt auf der Rückfahrt von Ephyra,[50] wo er von Ilos «menschenmörderisches Gift» zu erhalten gehofft hatte, um damit die Erzspitzen seiner Pfeile einzustreichen. Der hatte es ihm aus Gottesfurcht nicht gegeben, doch bekam er es von Mentes' Vater, der ihm «außerordentlich gewogen» war (1.258 ff.). Die befremdliche Geschichte, die die Erklärer seit dem Altertum in Verlegenheit gesetzt hat, ist mit Recht zum Zeugnis eines vorhomerischen Odysseus genommen worden.[51] Wir blicken durch sie in eine Kulturstufe, die der heroischen Ethik homerischer Helden vorausliegt; die «Scheu vor den Göttern», die den König von Ephyra hindert, das Gift zu geben, und die «besondere Liebe» des Taphierkönigs, die allein ihn bewegt, dem Freunde dennoch den Gefallen zu tun, zeigen es an, daß hier zwischen zwei Denkweisen vermittelt werden mußte. Für die Gestalt des vorhomerischen Odysseus aber ist nicht das Gift das Bemerkenswerteste – vergiftet waren auch die Pfeile des Herakles und rücken damit den Bogner Herakles, im Unterschied zu dem mit der Keule bewaffneten, in vorhomerische Zeit; entscheidend für unsere Frage ist, daß das Gift auch die Gestalt des *Bogenschützen* Odysseus einer älteren Überlieferung zuweist, die an dieser Kampfweise noch keinen Anstoß nahm. Zur Gestalt aber gehörte doch wohl auch hier eine Geschichte.

Man wird über diese Geschichte des Bogners Odysseus nichts mutmaßen wollen. Nur soviel darf man bemerken: der Erzählung von der Besorgung des Pfeilgifts aus Ephyra ist mit den beiden anderen Geschichten – von der Schenkung des Bogens in Messenien und von der Eberjagd am Parnaß – gemeinsam wieder der mutterländische Horizont.

Das Unterscheidende dieser Odysseusgeschichten – zu denen sich nun auch die Pheneatische Kultlegende von Odysseus' wiedergefundenen Pferden stellt – ist nicht so sehr, daß sie die Biographie des Odysseus nach rückwärts in die Jugendzeit verlängern, sondern daß sie nicht die Sage vom Trojanischen Krieg vorbereiten. Sie scheinen sich damit zugleich von einer anatolischen Tradition der Seefahrergeschichte abzuheben. Daß umgekehrt das Epos Elemente der mutterländischen Überlieferung bewahrt hat, kann nicht befremden. Und eben da erscheint nun auch der Bogner Odysseus.

Der Stadtzerstörer

Ein einziges Mal jedoch scheint er zu verraten, daß er sogar vor Troja den Bogen geführt habe. In seiner Rede bei den Sportkämpfen der Phäaken rühmt er sich selbst, noch jetzt, wenn es darauf ankäme, in der Schlacht der beste Bogenschütze zu sein, wie er es im Land der Troer gewesen – nächst Philoktet! (8.216). Schon meint man, das Zeugnis einer Bewaffnung des Odysseus zu haben, wie sie dem Philoktet allerdings zukommt. Aber nein: «einzig Philoktet übertraf mich im Land der Troer, sooft wir Achäer mit dem Bogen schossen». «Sooft wir Achäer...»: also ein Sportschießen, im Kriege?[52] Die Dichtung sorgt, in Übereinstimmung mit der Iphitosgeschichte, geflissentlich dafür, daß Odysseus in den troischen Kämpfen nicht als Bogenschütze erscheine. Dabei läge es nur in der Konsequenz seiner Geschichte, daß Odysseus mit seiner Waffe, dem Bogen des Eurytos, auch den Widersacher überwände und die umkämpfte Festung bräche. Vom Bogenschuß wird tatsächlich Paris fallen. Aber es ist – der Bogen Philoktets. Auch mit diesem Bogen hat es, jedenfalls nach der jüngeren epischen Überlieferung, die Bewandtnis, daß er von wunderbarer Herkunft ist: Erbstück und Geschenk des Herakles. Aber schon Herakles ist mit dem Fall von Troja in alter homerischer Erinnerung fest verbunden: sein Kriegszug gegen Laomedon mit der schon einmal erfolgten Eroberung der Stadt wird in der Ilias zweimal erwähnt (Il. 5.640ff., 14.251), und die nur andeutende Weise seiner Erwähnung beweist, daß er voriliadisch ist. In dieser älteren Überlieferung ist Herakles durchaus als Bogenschütze zu denken (siehe Il. 5.393), und daß er als solcher gerade auch der Eroberer Trojas war, bezeugt Sophokles ebenso wie der äginetische Ostgiebel. Wenn nun die Mythologie diesen Bogen des Herakles in die Hand Philoktets gelangen ließ, so offenbar von vornherein als die Waffe zu Trojas zweitem Fall.

Philoktet als der Stadtzerstörer – als welchen Pindar ihn kennt[53] – konkurriert nun offenbar mit Odysseus. Aber auch er scheint im Mythos einen alten Anspruch auf diese Rolle zu haben. Auf der Inselgruppe von Lemnos, eben dort, wo er von den Griechen auf der Fahrt gegen Troja wegen seines eiternden Fußes ausgesetzt worden war, hat er seinen alten und vielleicht dort ursprünglichen Kult als Heros mit Pfeil und Bogen gehabt; und als Bogenschützen waren die vorgriechischen Sintier von Lemnos bekannt.[54] Es ist ein fester Zug der Sage, daß er als Hinkender am Ende des Krieges von Lemnos geholt worden sei, weil nur durch den Bogen des Herakles Troja fallen werde. Daß er mit dem Bogen keinen größeren Helden als Paris erlegt, darf nicht als zu geringe Tat bewertet werden: nach der einfachen Geschichte war Paris der Räuber und eigentliche Widersacher.

Unter all den Mythologemen, die endlich Trojas Fall herbeiführen – zu denen man später noch den Tod des Troilos, des jungen Priamiden, und die Herbeischaffung des Achilleussohns Neoptolemos zählte[55] –, stellt einzig Philoktet mit dem Heraklesbogen eine ernstliche Konkurrenz mit Odysseus dar. Die Mythologie gleicht aus, sie macht Philoktets Sieg über Paris zur Vorbedingung. Die Konkurrenz wird aber eine ausschließende, wenn Odysseus, nach vorhomerischer Tradition, in der Gestalt des Bogenschützen zu denken ist. Es sieht so aus, als sei Philoktet mit dem Heraklesbogen in eine Funktion der Erzählung vom Raub der Helena eingetreten, die wohl auch dem Bogner Odysseus anstünde: die Rolle des Stadtzerstörers. Man glaubt noch zu erkennen, wie bemüht der Epiker war, den Bogenschützen Odysseus aus dem Kampf um Troja fernzuhalten, indem er ihn die Waffe nur zum Wettschießen (8.220), zur Jagd (9.156) und zur Kraftprobe in der Heimat (19.572 f.) gebrauchen ließ. Doch ist vielleicht die Erinnerung an das Konkurrenzverhältnis der beiden noch in der Rolle aufbewahrt geblieben, die Odysseus bei der Aussetzung Philoktets auf Lemnos und bei der Entführung des Bogenschützen spielte: auf den Bogen allein schien es ja anzukommen, so daß für Philoktet auch wohl ein anderer Schütze eintreten konnte. Bei Sophokles nennt Odysseus, außer Teukros, mit Nachdruck sich selber.[56] Bedenkt man daraufhin noch einmal die Herkunft des Odysseusbogens von Eurytos, dem Antagonisten des Herakles im Bogenkampf, so erscheint sie zuletzt wie eine odysseische Kontrafaktur zum Heraklesbogen Philoktets.

Odysseus und der Trojanische Krieg: wie also ist das eine zum anderen gekommen? Seine Einbindung in die Sage von Menelaos' Rache für den Raub der Helena ist, durch die Funktion des Stadtzerstörers, fester als die irgendeines der übrigen Stammesheroen.

Die epische Überlieferung zeigte Odysseus in einem Sagengeflecht, dessen zwei Knotenpunkte die Rolle des Stadtzerstörers und die des zu großer Aufgabe ausziehenden jungen Helden sind, während die Stränge der einzelnen Geschichten zum Teil nur an einem der beiden Enden festzumachen waren. Das Bündel der im Mutterland spielenden Erzählungen scheint dem Muster des Suchermärchens zu folgen. Wenn man daraus schließen darf, daß zur Gestalt des Odysseus eben dieser Typ von Geschichten gehört hat, wäre er dank dieser Qualität in die Funktion des Helfers eingetreten in der Geschichte vom Raub der Helena, weil diese ihrerseits eine Suchergeschichte ist. Daß es sich dort um geraubte Schafe, um die Jagd auf ein Wildschwein, hier um das schönste Weib und den Krieg gegen Troja dreht, braucht uns nicht zu beirren: Geschichten verändern mit ihrer Form auch Stillage und Stoff, wenn sie aus der Sphäre des Märchens in die des heroischen Mythos eintreten. Und die Geschichte von der geraubten Helena hatte von vornherein ein heroischeres Sujet. Zugleich verwiesen die mutterländischen Traditionen auf Odysseus' enge Beziehungen zu Poseidon Hippios, so daß das Pferd als der dem Odysseus zugehörige märchenhafte Helfer erscheint bei der Wiedergewinnung der Geraubten – in der epischen Transformation als das Hölzerne Pferd des Stadtzerstörers. Mit der Transformation ins Epische gewinnt die Lokalgeschichte zugleich den weiteren geographischen und den quasi-historischen Horizont.

Viel märchenhafter, in ihren Grundzügen, ist die Odysseusgeschichte in der Variation des Abenteurer-Typus geblieben – denn eine Variation des Grundmusters ist auch sie: Auszug des Helden in ein fernes Land zur Besiegung eines Räubers. Doch während der ‹Sucher-Typus› in der Wiedergewinnung der Geraubten kulminiert und in der Rückkehr des Helden nur ausklingt, ist hier das Gewicht ganz auf die abenteuerliche Rückkehr gelegt. Wer aber zweifeln wollte, daß beides, in einer großen Märchenstruktur, ein Ganzes bildet, blicke nur auf Iasons Fahrt nach dem Goldenen Vlies, von der die Abenteuer der Rückfahrt unter der Verfolgung des beraubten Widersachers nicht zu trennen sind; wie denn auch beides, Suchfahrt und abenteuerliche Rückfahrt, in zahlreichen Märchen von der Wanderung in ein Jenseitsland notwendig verbunden ist.

Wenn an diesen Vergleichungen etwas Richtiges ist, dann weisen sie in das vorepische Stratum der einfachen Geschichten, in denen die Motive gleicher Funktion austauschbar waren. Hält man auch hier die eine vor die andere, so tut man, möglicherweise, Einblicke in eine Genese der klassisch gewordenen Mythologie, so daß die Abenteuer des Odysseus auf einen Märchenmythos vom Raub der schönen Helena – oder umgekehrt: der ganze heroische Mythos vom Trojanischen Krieg auf eine Märchengeschichte von Odysseus –, eins aufs andere, aufgepaßt worden wäre. Aus der Differenz der Stufen, in denen das

Märchenhafte beider Geschichten jeweils im Epischen aufbewahrt ist, erklärt sich manches von den Brechungen und Ironien odysseischer Situationen, in denen Heroisches bald im Märchenhaften, bald im Zeitgenössischen sich spiegelt.

VI. Kapitel

DER DOPPELTE ANFANG

Die entscheidende Wende im Schicksal des Odysseus wird durch Götterbeschluß herbeigeführt: so will es der große Erzählstil des reifen Epos, das alle bedeutenden Wendungen im Gang der Dinge im Olymp entscheiden, aus Götterentscheidungen hervorgehen läßt. Die olympischen Szenen zeigen einen wiederkehrenden Typus, um so typischer, je kürzer sie sind. Eine Gottheit beklagt sich bei Zeus und der Göttervater willfährt ihrem Verlangen, sei es daß er einen Boten zur Erde schickt oder den klagenden Gott selber handeln läßt. So wird der Untergang des letzten Schiffes des Odysseus und seiner Gefährten, den schon das Proömium als die entscheidende Katastrophe und Vergeltung für den Frevel an den Sonnenrindern hervorhob, durch die Klage des Sonnengottes herbeigeführt (12.377); die Versteinerung des Phäakenschiffs, das Odysseus nach Ithaka gebracht hat, durch die Klage Poseidons (13.128). Am Ende des Epos, als Odysseus' Rache an den Freiern einen ithakesischen Bürgerkrieg auszulösen droht, wendet sich Athene ratlos an ihren Vater (24.473); der empfiehlt Vertragsschluß, Frieden und allgemeine Amnestie, und Athene eilt auf den Kampfplatz, das Gebotene auszuführen.

Allerdings schickt Zeus seinem Ratschluß hier eine Frage voraus: «Mein Kind, war das nicht dein eigener Rat, daß Odysseus heimkehren und an diesen dort sich rächen sollte? Tu wie du willst; aber ich will dir sagen, wie es recht ist: ...» (24.478ff.). Die verwunderte Gegenfrage des Zeus greift hier dieselbe Frage auf, die er schon einmal an die klageführende Tochter gerichtet hatte, in der zweiten Götterversammlung am Anfang des fünften Buchs (5.23f. = 24.479f.). Damals schickte er seinen Sohn Hermes mit dem Götterauftrag zu Kalypso. Aber er konnte schon damals so verwundert nur zurückfragen, weil Athene schon in der ersten Götterversammlung Klage geführt und zur Entsendung des Hermes geraten hatte (1.80–87), – die aber unterblieben war. So weit also reichen die Bögen vom Anfang zum Ende.

Aber drückt sich darin nicht eine Verlegenheit des Erzählers aus? Warum wurde, auf Athenes Klage in der ersten Götterversammlung, Hermes nicht sogleich geschickt? Nicht Hermes begibt sich nach Ogygia, sondern Athene nach Ithaka, um den jungen Sohn des Odysseus zu einer Erkundungsreise um seinen Vater zu veranlassen – einer Reise, die ihm zwar vage Kunde einbringt, im übrigen aber folgenlos bleibt. Die Erzählung folgt ihr und dem Telemach von Ithaka nach

Pylos, von Pylos nach Sparta; sie verweilt dort, wird breit und behaglich, springt wieder zurück nach Ithaka, wo Penelope von der Reise ihres Sohnes erfährt und die Freier in der Nacht sich auf den Mordanschlag gegen Telemach legen. Als die Morgenröte, am Anfang des fünften Buchs, sich erhebt, beginnt der siebente Tag. Eine lange, sich auswachsende Digression, die in der Götterversammlung ihren Anfang nahm. Und nun erst, in einer zweiten Götterversammlung, kommt es zur Ausführung dessen, was in der ersten schon beschlossen schien. Athene, die Klägerin in der ersten, muß von neuem Klage führen, Zeus muß von neuem seine beschwichtigende Rede sprechen: «Mein Kind, was für ein Wort...!» Nun endlich wird Hermes wirklich entsandt, wie es Athene – vor einer Woche – vorgeschlagen hatte. Mit Recht sagt Zeus: «Hast du nicht selber diesen Rat gegeben?» Aber müßte er so nicht zuerst zu sich selber sprechen?

Das scheint alles wenig geschickt. Kein Wunder, daß die Überlegungen, um das Verschobene einzurenken, an jenem Punkt einsetzen, wo die Digression ihren Anfang nahm, in der Rede der Athene im ersten Buch. Sollte nicht auf ihren Vorschlag, Hermes zu entsenden, seine Ausführung folgen, wie es der Typus der Szene zu fordern scheint? Denn in der Tat folgt der Odysseedichter in diesen Götterszenen bereits dem Vorbild einer in der Ilias ausgebildeten Form. Das letzte Iliasbuch wird mit einer Versammlung der Götter eröffnet, die vom Olymp aus Achills unmenschlicher Behandlung des toten Hektor zusehen. Apollon führt Klage: «Grausam seid ihr, Götter, verderbliche!...» (Il. 24.33) Gegen den Widerstand Heras entscheidet Zeus, daß Achill den Leichnam freigebe, und läßt seine Mutter Thetis holen, damit sie ihrem Sohn die Botschaft bringe. Und Achill fügt sich dem Gebot der Götter. Eine zweifache Entscheidung: eine göttliche und eine menschliche, die erst in dieser Zweiheit das folgende Geschehen des letzten Iliasbuchs, die ‹Lösung Hektors›, in Gang bringt.

Die Götterszene des letzten Buchs entspricht im Gegensinn genau der olympischen Szene im ersten Buch, von der das ganze Iliasgeschehen seinen Ausgang nimmt: Thetis' Klage vor Zeus über die Beleidigung ihres Sohnes durch Agamemnon, und Zeus' Gewährung ihrer Bitte, Agamemnon in die Niederlage zu führen (Il. 1.503–530). Dazu schon die Konfiguration: Zeus zwischen Thetis und Hera – mit Heras Eifersucht, die im letzten Buch in die versöhnliche Begrüßung der Achilleusmutter umschlägt (Il. 24.101). Und zur göttlichen Entscheidung tritt auch hier die menschliche: Achills Entschluß, statt des Totschlags an dem Heerkönig, so lange nicht mitzukämpfen, bis nicht Genugtuung ihm von Agamemnon würde (Il. 1.233–246). Beide Entscheidungen je gipfelnd in einer bedeutenden Geste: dem zornigen Niederwerfen des Szepters und dem olympischen Nicken des Hauptes. Das hat Wolfgang Schadewaldt eindrücklich beschrieben.[1] In der Szenenführung des ersten Iliasbuchs bilden diese beiden Momente in der Tat so etwas wie einen dramatischen «Doppelgipfel» als Ursprung und Anfang der epischen Erzählung.

Ist das nicht die gleiche Faktur wie im Anfang der Odyssee? Klage der Athene, Entscheidung des Zeus, Entsendung des Hermes zu Kalypso (1.45–87), und auf der menschlichen Seite Odysseus' Entschluß, die Leiden der Heimfahrt und die Rückkehr zur Gattin zu wählen anstatt der Unsterblichkeit an der Seite der Nymphe? (5.215 ff.) Dieselbe großangelegte zweigipflige Struktur des Eingangs, die aber in der Odyssee erst erkennbar wird, wenn wir von jener Digression absehen, die – indem der Auftrag an Hermes suspendiert wird – den Götterrat von dem «Menschenentschluß» auf Ogygia durch volle vier Bücher trennt, der ‹Telemachie›. Die Betrachtung der Erzählstruktur würde uns Einblick geben, wie der Odysseedichter – der ältere und eigentliche, der womöglich gar derselbe wäre wie der Dichter der Ilias, Homer – eine in dem früheren Epos erprobte Form auch für den ‹Prolog der Odyssee› anwandte; sie würde zugleich ein neues Kriterium der Analyse an die Hand geben, um die ‹Telemachie› als Einschub eines jüngeren Dichters zu erweisen.

Die persuasive Argumentation läßt eine Reihe von Mißlichkeiten vergessen, die die Zerschneidung und neue Zusammenfügung des Texts schon immer mit sich brachte. Ich will dabei nicht verweilen;[2] statt dessen nur dies: Was wird, nach Athenes Klage, aus Zeus' Antwort?

> Auf denn, wir alle hier wollen über seine Heimfahrt nachdenken, wie er fahren möge! Poseidon wird von seinem Zorn lassen: er kann nicht als einziger gegen alle ... (1.76 ff.)

Warum dies vorläufige, so unbegreiflich unbestimmte «Nachdenken, wie ...»? Warum gibt er auf diese Weise seiner Tochter geradezu das Wort?

> Mein Vater, wenn dies denn jetzt den Göttern gefällt, so laßt uns Hermes nach Ogygia schicken. (1.81 f.)

Und sollte er – in dem vermeintlich alten Zusammenhang – dem Vorschlag der Tochter gefolgt sein, indem er seinem Sohn sogleich den Auftrag an Kalypso gab: würde nicht der Göttervater, statt der Entscheidende und Gewährende zu sein, zum bloß Ausführenden? Wo gibt es das, daß Zeus, wie hier, den entscheidenden Vorschlag der Klägerin überläßt?

Es gibt das doch immerhin in der Ilias. In der Götterversammlung des vierten Buches folgt in der Tat dem Vorschlage Heras – mit denselben Worten wiederholt – der Befehl des Zeus so unmittelbar, wie man es in der Odyssee sich wünscht (Il. 4.66 f. = 71 f.). Aber wie ironisch ist da die Befolgung! Wie macht der Göttervater, indem er dem blinden Verlangen der Hera «gehorcht», sie nur um so mehr sich zum Werkzeug der eigenen Pläne! (Denn mit der «Aufreizung» der Göttin und dem folgenden Pfeilschuß des Pandaros macht er den Waffenstillstand zunichte, der seinem Plan zuwider ist.) – Den «gehorchenden» Zeus gibt es noch einmal in dem Göttergespräch vor dem Tode Sarpedons (16.458). Was Hera da ihrem Gemahl vorschlägt: den Zeussohn sterben zu lassen, den Gefallenen aber durch die Dämonen ‹Tod und Schlaf› nach Lykien zu bringen, ist, mit wörtlicher Wiederholung, der Auftrag, den Zeus dem Apollon geben wird (16.456 f. = 672 f.). Indem er nachgibt, weint er blutige Tränen. Die gleiche Zerrissenheit des Allvaters beim Anblick der Todesjagd Hektors, des «lieben Mannes» (Il. 22.168). Es «jammert sein Herz»: hat ihm doch Hektor so manche Rinderopfer verbrannt! Muß man ihn nicht retten? Athene – wie Hera vor dem Tode Sarpedons – widerspricht (Il. 22.179 ff. = 16.441 ff.), und Zeus gibt nach, überläßt der Tochter, was zu tun ist. Auch hier also das «Erbarmen» mit dem «Frommen», wie im Götterrat der Odyssee. Aber was für ein Vatergott ist doch dieser iliadische Zeus!

> Getrost, liebes Kind: ich meine es nicht im Ernst: will dir doch gütig sein! Tu wie dir der Sinn steht! (22.183f.)

Der Zeus der Odyssee ist nicht wie dieser verstrickt in seine zwiefache Liebe, er steht, auch mit seinem Erbarmen, über den Dingen.[3] Solche Erhabenheit scheint das zu sein, was ein aufgeklärtes Vaterbild auch von dem Vater der Götter und Menschen erwartet. Doch welcher ironischen Vertiefung im Götterglauben hatte es bedurft, um das Erhabene im Zwiespalt, um Zeus als Nachgebenden zu denken! Von der Altersweisheit dieses Gottes führt kein Weg zu dem Zeus der Odyssee – wohl das größte Hindernis, um an eine gleiche Autorschaft zu denken.

Wenn also nicht um solcher ironischen Brechungen willen Zeus in der Odyssee sein Entscheidungwort zurückhält, warum dann? Die Antwort liegt auf der Hand. Es ist der Dichter, der die Rolle des Vorschlagenden der Athene zuspielt: in keiner anderen Absicht, als um Zeus selber von dieser Rolle zu entlasten. Wäre es Zeus, von dem der Ratschluß ausginge, Hermes zu entsenden, so wäre allerdings kein Ausweichen, Hermes müßte gehen, so wie Iris nach dem Ratschluß des Zeus in Ilias 24 geht. Indem jedoch der Ratschluß, als Vorschlag, der Athene zugespielt wird, kann sich an ihn ihr eigener Entschluß anhängen: nach Ithaka zu gehen. Und indem der zweite verfolgt wird, wird der erste, der Auftrag an Hermes, einstweilen übergangen.

Die Doppelung in dem Vorschlag der Athene dient also dem Zwecke einer Verschiebung. Eine solche Doppelung mit demselben Zwecke einer Verschiebung – um nur ein Beispiel anzuführen, das heute auf keinen Widerspruch mehr stoßen wird[4] – liegt vor in Aretes Frage an Odysseus: «Wer bist du, und woher kommst du? Wer hat dir diese Kleider gegeben?» Die erste Frage sollte nicht beantwortet, sie sollte, mit der Antwort auf die zweite, verdrängt und auf viel später verschoben werden. Das ist also eine spezifisch odysseische Form des erzählerischen Disponierens. Ich wüßte in der Ilias, aber auch bei Apollonios oder Vergil, nichts Vergleichbares. Zur Form gehört aber auch die Kunst der Vorbereitung, die viel zu subtil ist, um aus der Not der Kompilation oder der Nachdichtung erklärt zu werden.

Es bleibt uns aber noch eine weitere Frage: Warum eigentlich Hermes? Die gegebene Göttin, um für Odysseus tätig zu werden, wäre wohl Athene. Aber sie selber ist es, die den Hermes vorschlägt. War es um der traditionellen Botenrolle willen? So scheint es, wenn Zeus im fünften Buch ihren Vorschlag aufgreift: «Hermes, du bist ja auch sonst unser Bote...» (5.28). ‹Sonst?› Als Bote dient «den unsterblichen Göttern» sonst nicht Hermes, sondern Iris (Il. 15.144). Der einzige Präzedenzfall, auf den Zeus – und der Dichter – sich berufen könnte, ist – im letzten Buch der Ilias – Hermes' Entsendung zum Schutze des alten Priamos; sie wird hier geradezu zitiert: «Sprach's, und wandte sich an Hermes, seinen lieben Sohn: Hermes, du bist ja...» (5.28 f. = Il. 24.333 f.). Aber dort schickte ihn Zeus nicht als «den Götterboten», sondern weil «dir es das liebste Geschäft ist, dem Menschen als Gefährte beizustehn».[5] (Der peinliche Auftrag an Kalypso wird ihm weniger «lieb sein».) Das Überraschende der Wahl scheint Zeus – und der Dichter – eigens begründen zu müssen: mit der Erinnerung an jenen Auftrag in der Ilias. Dafür wird Athene frei für eine andre Aufgabe. Aus der Schutzgöttin des Vaters wird die Schutzgöttin des Sohnes. – Daß als Botin an Kalypso Athene unausdenkbar wäre, versteht sich, sie geriete nicht nur in eine fatale Konkurrenz mit der Nymphe, nicht auszudenken wäre auch, wie sie der Auseinandersetzung mit Poseidon entgehen konnte. Doch die Befürworter einer Urodyssee ohne Telemachie ertragen es, daß an Athenes Stelle Hermes tritt, sie selber aber bis zur Landung des Odysseus auf Scheria tatenlos bleibt.

Wie gegenwärtig aber dem Dichter gerade hier die Entsendung des Hermes an Priamos ist, zeigt sich sogleich noch einmal bei der folgenden Rüstung des Hermes. Sie ist mit denselben Versen beschrieben wie dort (5.43–49 = Il. 24.339–45). Den Stab freilich, «mit dem er die Augen der Menschen bezaubert», nämlich in Schlaf versenkt, gebraucht er nur in der Ilias, wo alles auf die Einschläferung der achäischen Lagerwache ankommt; in der Odyssee wird er funktionslos: er ist offensichtlich mit dem Kontext der Iliasverse übernommen.

Aber die ersten Verse der Rüstung las man schon einmal, bei dem Aufbruch Athenes nach Ithaka im ersten Buch: «Und sie schnallte sich unter die Füße die schönen Sandalen, die ambrosischen, goldnen, die sie hintragen über die Feuchte und übers endlose Land mit dem Odem des Windes.» (1.96–98 = 5.44–46) Athene begibt sich öfter vom Olymp zur Erde, ohne der Flugsandalen zu bedürfen (z. B. Il. 1.194, 4.74; Od. 24.488). Einmal, in der Ilias, besteigt sie dazu den Flammen-Wagen, der sie durch die Luft trägt (Il. 5.745); von dort rühren die folgenden Verse her: «Und sie ergriff den Speer, den wuchtigen großen starken, mit dem sie die Reihen der Männer bezwingt, die Helden, welchen sie zürnt, die Tochter des gewaltigen Vaters.» – Als gerüstete Schlachtengöttin wird sie dort dem Diomedes im Kampfe beistehen. Den Speer, statt des Hermesstabes, ergreift sie auch in der Odyssee, um als heroischer Freund vor Telemach zu treten; doch er dient nun dem reizenden Kontrast, daß der Knabe ihr die Götterwaffe abnehmen und in den Lanzenständer zu den Speeren seines Vaters stellen wird (1.127). Aber nirgends gehören zu ihrer Rüstung Sandalen. Sie rühren natürlich wiederum her aus dem Aufbruch des Hermes in Ilias 24; so wie auch die folgenden Verse ihrer Rüstung aus anderen Iliasstellen stammen.

Die Reminiszenzen an das letzte Iliasbuch reichen bis in die Ogygiaszene, und das führt wieder zurück zu der Strukturvergleichung der Götterszenen. Apollon hatte in der Ilias die Götter beschuldigt (Il. 24.33):

> Grausam seid ihr Götter, verderbensüchtige … («delémones»)

(man verzeihe den Versuch, den folgenden Gleichklang nachzubilden) Kalypso, auf die Botschaft des Hermes, antwortet (5.118):

> Grausam seid ihr Götter, eifersüchtige … («zelémones»).

Die Variation um nur einen Buchstabenlaut – bezeichnend für den reflektierten Kunstcharakter der odysseischen Sprache – macht es nur um so deutlicher, wie hier nicht etwa formelhaft wiederholt, sondern zitiert wird; zitiert aus einer thematisch und motivisch nächst verwandten Szene: olympische Klage, Botschaft des Zeus, und Gehorchen der Menschen. Und so willig Achill sich fügt, so widerwillig Kalypso.

Die Präsenz dieser Szene für den Odysseedichter möchte wohl als ein Argument mehr erscheinen für Schadewaldts Strukturvergleichung – die ihn allerdings gerade zur Ausscheidung der Telemachie bewog. Was durch Beschluß der Götter in Gang kommt, wird zum zweitenmal als Entschluß Achills ins Werk gesetzt, die Freigabe von Hektors

Leichnam. Wir hätten hier ein weiteres Beispiel der ‹zwiefachen Verursachung› wie in jenem szenischen «Doppelgipfel» (Achills Entschluß zur Kampfabsage und Zeus' Gewährung der Thetisbitte): dieselbe göttlich-menschliche Korrelation zweier Szenen, von der im ersten Buch das ganze Geschehen seinen Anfang nimmt. Dieselbe Form des epischen Anfangs würde die Odyssee aufweisen, wenn der Heimkehrbeschluß der Götter und ein Heimkehr-Entschluß des Odysseus, als zwiefache Ursache der folgenden Handlung, in demselben formalen Verhältnis zueinander stünden wie die betreffenden Iliasszenen. Und diese Form würde, wie gesagt, erst wahrnehmbar, wenn auf den Götterrat am Anfang des Epos alsbald die Szene folgte, in der sich Odysseus zur Heimkehr entschließt.

Nun übergeht aber Schadewaldt in der Wiedergabe der olympischen Szene, die im letzten Iliasbuch die Lösung des Leichnams Hektors in Gang bringt, das Wichtigste, das dort die Struktur der Handlung ausmacht. Thetis ist nicht die einzige, die von Zeus zur Erde entsandt wird (24.74–147), entsandt wird unmittelbar danach auch Iris (143 ff.), um Priamos zu dem Bittgang zu Achilleus zu bewegen: zwei parallele Handlungen, deren Gleichzeitigkeit schwer in Abrede zu stellen ist. Die beiden zusammen bereiten eine Begegnung vor: des Priamos mit seinem Todfeind. Schon hier ist die strukturale Übereinstimmung mit der Odyssee evident, deren zwei Handlungsstränge ja eben auf die Begegnung des Vaters mit dem Sohn hinauslaufen. Was für Schadewaldt das Muster für den «Doppelgipfel» im Iliasanfang, die göttlich-menschliche Verursachung, abgeben sollte, ist in Wahrheit eine zweimalige Verursachung, die jedesmal die Form des Götterbeschlusses, der Vermittlung durch göttlichen Boten und der Befolgung auf seiten des Menschen hat.

Bevor wir aber von diesem Iliasausgang auf den Anfang des Epos zurückkommen, ist noch etwas anderes zu klären. Wie weit kann die *einfache* Korrelation von Götterbeschluß und menschlicher Entscheidung als dichterische Struktur genommen werden? Zunächst erscheint sie als allgemeine Denk- und Glaubensform: göttliche Verursachung menschlichen Tuns. In der Ilias kommt dazu in der Tat etwas anderes: Achills Versöhnung mit Priamos verliert durch die göttliche Verursachung, den Befehl des Zeus, nichts von ihrer Selbständigkeit, sie bleibt etwas Menschlich-Geleistetes, Humanes. Der Götterbeschluß wird damit nicht überflüssig, er wird zu einer übergeordneten, das Menschliche deutenden Motivierung: Achill folgt dem göttlichen Gebot. Nicht anders ist es beim Pfeilschuß des Pandaros, zu dem ihn Athena, aus der Götterversammlung des vierten Buchs aufs Schlachtfeld entsandt, verführt (Il. 4.68–104): was von der einen Seite her Göttertrug ist, ist auf der menschlichen Seite Verblendung. Die Entscheidungen der Menschen sind zugleich und im tiefsten·Entscheidungen der Götter. Dies scheint eine spezifisch der Ilias eigene Denkweise. Steht aber wirklich in dem bezeichneten Verhältnis auch der Götterbeschluß der Odyssee zu der Entscheidung des Odysseus? Mir scheint, Odysseus entscheidet sich überhaupt nicht. Odysseus will Jahr um Jahr heim (5.210): jetzt darf er es! Aber selbst wenn man hier noch einmal eine *Entscheidung* des Odysseus annehmen wollte – anstatt der Unsterblichkeit an der Seite Kalypsos die Wahl der Heimkehr und der sterblichen Frau –, so bezieht sich der Götterbeschluß doch nicht auf diese Wahl. Jenes Verhältnis findet vielmehr statt zwischen den Göttern und der Nymphe. Aber entscheidet sie sich? Schadewaldt betont den Schein von Freiwilligkeit; aber in Wirklichkeit *muß* sie, und zwar widerwillig (wie der Bote widerwillig kam: 5.137 gleich 103). Wenn sie darauf den Geliebten ihrerseits vor die Wahl stellt, ob er gehen oder bleiben wolle, so tut sie es unter dem Zwang des olympischen Befehls – den sie noch einmal, nach schon gesprochenem Abschiedswort und kaum noch hoffend, durch Odysseus' eigenen Willen zu unterlaufen hofft. Gerade hinsichtlich ihrer Entscheidungsunfreiheit scheint mir der Unterschied zu den verglichenen Iliasszenen bedeutend.

An diesem Punkt ist das Urteil in Gefahr, sich in einer fruchtlosen Diskussion zu verwirren, die seit mehreren Jahrzehnten in Deutschland über homerische Psychologie geführt wird.[6] Kalypsos ‹Unfreiheit› ist natürlich nichts der Odyssee besonders Eigenes. Auch in der Ilias gibt es Fälle von göttlich Erzwungenem (z.B. Helena durch Aphrodite, Il. 3.413 ff.). Die Regel ist das göttliche Raten, Bereden oder Verführen, Geheiß oder Befehl, dem der Mensch ‹gehorcht› und folgt, weil das Göttliche schlechthin das Mächtigere ist. Andererseits steht gerade Odysseus' Heimkehrverlangen («will ich und wünsche», 5.219) unter keinerlei Götterzwang. Göttliches Überreden als durchgängige Form der Motivierung menschlichen Handelns tritt in der Odyssee überhaupt zurück und ist auf bedeutende, und zwar positive Fälle von Sinnesänderung beschränkt: Telemachs Erweckung durch Athene, und, durch dieselbe Göttin am Schluß des Epos, die Stiftung des Friedens unter den Streitenden. Das schlechthin Erstaunliche ist göttliche ‹Eingebung›. Solche Denkweise ist uns wohl nicht ganz so unzugänglich wie es scheinen mochte. ‹Archaisch› aber bleibt immer die gestalthafte, mythische und personale Erfahrung der Mächte. Die Frage nach Freiheit oder Unfreiheit verfehlt hier von vornherein den Punkt. Freiheit aber und Selbstverantwortung tritt am ehesten in den negativen Fällen hervor: wenn der Mensch *nicht* auf die Götter hört. Da wird der Gott zum Warner. Es ist der Fall Ägisths: Hermes «beredete ihn *nicht*» (1.42). Obschon erst die Odyssee dies ausdrücklich zum Thema erhebt, fehlt es doch auch in der Ilias nicht: auch Agamemnons Taubheit gegen den Priester (Il. 1.25), Achills Verhärtung gegen die «Bitten», die «Töchter des Zeus» (Il. 9.513) sind menschliche Verblendung gegen göttliches Gebot, sind ‹Ate›. Und noch ‹Ate› kann als übermächtige Gottheit und «Schicksal» erfahren werden, von Agamemnon (Il. 19.87 ff.) so wie die ‹Eris› von Achill (Il. 18.107). Dem allerdings wird der Odysseedichter widersprechen.

Mit all diesen Problemen homerischer Entscheidungspsychologie haben also weder die dem Gebot des Zeus sich fügende Kalypso noch der beharrlich heimwollende Odysseus etwas zu tun. Wohl aber die Kampfabsage Achills am Anfang der Ilias: er wird nicht gezwungen, sondern göttlich beredet. Denn der Entscheidung Achills geht eine Götteraktion voraus, zwar nur das Rudiment einer Szene, aber doch den olympischen Götterberatungen völlig entsprechend: Hera und Athene auf dem Olymp, vereint in Liebe und Sorge um die Achäer (Il. 1.195 f.). Athene, von Hera geschickt, rät dem Achill; er «folgt» ihrem Wort, weil er es «besser» findet (Il. 1.217 f.). Es ist die archaische Weise, wie Entscheidung erfahren wird – nicht gar so anders, als wie wir die Übermacht einer ‹Stimme›, wie der Dichter die ‹Eingebung› erfährt. Ein Inneres erscheint zugleich als Äußeres, Seelisches zugleich als Göttliches. – Nun erblickt aber Schadewaldt die der Kampfabsage entsprechende Götterszene gar nicht in der Entsendung der Athene durch Hera (die er übergeht), sondern in der – später folgenden – Gewährung der Thetisbitte durch Zeus (Il. 1.528). Diese stehe zu der – vorausgegangenen – Kampfabsage in demselben Verhältnis des ‹objektiven Rahmens› zur ‹menschlichen Entscheidung› wie der Heimkehrbeschluß der Götter zu dem Heimkehrentschluß des Odysseus. Aber schon die Umkehrung der Folge macht Schwierigkeiten: Kann für Achills Entschluß nachträglich der göttliche ‹Rahmen› gegeben werden? Jedenfalls doch nicht im Sinne der Verursachung wie in Ilias 24 oder Odyssee 5. – Was aber mehr wiegt: Findet das in Frage stehende Verhältnis zwischen göttlichem Beschluß und menschlicher Entscheidung nicht vielmehr statt zwischen Zeus' Gewährung an Thetis und der *Verblendung des Agamemnon* am Anfang des zweiten Buches? Denn die Gewährung der Thetisbitte besteht unmittelbar in der Entsendung des trügerischen Traums zu Agamemnon, der nun den Kampf ohne Achill beginnt. Es ist dasselbe Verhältnis wie vorher zwischen dem Eingreifen Heras und Athenes und der Absage des Achill. *Dies* sind die beiden Anfänge; von denen nicht eine, sondern zwei Handlungen: der Groll Achills mit der Patroklie und andererseits Kampf und Niederlage Agamemnons, ihren Ausgang nehmen – jeder Anfang für sich eine göttlich-menschliche Doppelverursachung. Man kann nicht die zweite Hälfte des einen (Achills Entschluß) und die erste Hälfte des zweiten (Zeus' Beschluß) zu einer Struktur zusammenziehen. –

Andererseits ist Schadewaldts Gegenüberstellung der Kampfabsage und der olympischen Bittszene völlig überzeugend: zwei Szenen, die je in einer bedeutenden Geste, dem Niederwerfen des Szepters und dem göttlichen Gewährung-Nicken, gipfeln. Nach der Prägnanz solcher ‹gipfelnder› Szenen wird man nun in der Odyssee vergebens suchen. Nehmen wir trotzdem die beiden Szenen als den das Epos einleitenden «Doppelgipfel» in Schadewaldts Sinne, so fällt es doch schwer, dieselbe Struktur in der *rekonstruierten* Odyssee wiederzuerkennen: Von der – nun einzigen – Götterszene nähme keine zweite Handlung – wie in der Ilias die Niederlage der Achäer – ihren Anfang, vielmehr würde von dem göttlichen Anstoß das, was Schadewaldt einen «zweiten Gipfel» nennt, Odysseus' ‹Entschluß›, mitsamt der Heimkehr in einsträngiger Folge in Bewegung gesetzt.

Aber wenn auch das Verhältnis von göttlicher Entscheidung und menschlichem Tun in der Odyssee ein anderes ist als in der Ilias: liegt nicht der Zusammenhang zwischen beiden, auch als dichterische Form, vollkommen gerade im fünften Buch der Odyssee zutage? Zwischen dem *zweiten* Götterbeschluß und der Ogygiaszene? Besteht das gemeinte Verhältnis der Ogygiaszene denn nur zur *ersten* Götterversammlung? Bedarf es, um der ‹Struktur› inne zu werden, erst der Scheidung und künstlichen Verbindung? Muß erst die Telemachie fallen? Und ferner: findet sich nicht dieselbe Form der zwiefachen Verursachung gerade auch im ersten Buch, indem es neben den olympischen Entschluß Athenes die Wandlung des Telemachos stellt? Also *zweimal* dieselbe ‹Struktur›, *zweimal* der göttlich-menschliche Anfang?

Nun ist aber gerade das die Form des doppelten Anfangs, die dem Odysseedichter bereits in der Ilias vorlag; nämlich in den *beiden* und *in sich* zwiefachen Verursachungen des Iliasanfangs: hier Athenes Entsendung durch Hera mit Achills Kampfabsage, dort Zeus' Gewährung der Thetisbitte mit der Entsendung des Traums und Agamemnons Täuschung. Wie Athene den Achill beredet – und damit die Patroklie einleitet –, so beredet sie den Telemach und setzt die Telemachie in Gang. Wie Zeus, auf die Klage der Thetis, den trügerischen Traum entsendet – und so die Ilias im engeren Sinn, nämlich die ganze Kampfhandlung bis zur Niederlage im 15. Buch, in Bewegung bringt –, so entsendet er, auf die Klage Athenes, den Hermes und bringt die Odyssee, nämlich die Heimfahrt des Odysseus, in Gang. Für die Komposition aus zwei Handlungssträngen, die der Odysseedichter so kunstvoll ausgebildet hat, scheint die Ilias – unbeschadet aller beobachteten Unterschiede – doch in höherem Maße schon Vorbild gewesen zu sein, als es mir früher erschienen ist.[7] Denn aus zwei Göttergesprächen – dem der beiden um die Achäer besorgten Trojahasserinnen, und dem der sorgenden Heldenmutter mit dem Göttervater – läßt schon die Ilias die beiden großen Handlungen entspringen, die, um die Mitte des Epos in harten Schauplatzwechseln verschlungen, erst im letzten Drittel sich wieder vereinigen werden. Und wie die Götteraktionen am Ende des Epos, so erweist sich zuletzt auch der Iliaseingang als Vorbild in einem durchaus anderen Sinn, als ihn der Vergleich hatte liefern sollen: Weit davon entfernt, gegen die Doppelhandlung in der Odyssee zu zeugen, zeugt er vielmehr für die Ursprünglichkeit der Konzeption.

VII. Kapitel

DIE KUNST DER PERSPEKTIVE

Hat man sich eine mit dem fünften Buch einsetzende Odyssee, die Götterversammlung des ersten Buchs als Einleitung immer eingerechnet – diese vermeintliche Urodyssee wirklich vorgestellt? Wir müssen uns dies Gedicht möglichst deutlich imaginieren, ohne es mit Vorstellungen aus dem überlieferten Text unwillkürlich aufzufüllen. Der Beginn also mit dem Beschluß der Götter und dem Befehl an die Nymphe; dann breit der Aufbruch von Ogygia, Seefahrt und Sturm, Rettung an die Phäakeninsel; dort der mehrtägige Aufenthalt, in dessen letzter Nacht Odysseus seine lang zurückliegenden Abenteuer erzählt; endlich die Heimfahrt nach Ithaka. Was hat Odysseus, was hat der Zuhörer dieses Gedichts vor seinen Augen, wenn er an Ithaka denkt?

Odysseus auf der Insel der Kalypso, «nach der Heimkehr und seinem Weibe verlangend», hat nur das eine im Sinn: Ithaka, ja auch nur den Rauch seines Hauses wiederzusehen, um dann getröstet zu sterben. Von Penelope ist nicht weiter die Rede. Ob sie noch auf ihn wartet? Nach zwanzig Jahren – zehn Jahre nachdem die andern heimgekehrt sind? Die Frage wird nicht gestellt. Das letzte, was er erfahren hat (er – nicht der Zuhörer, denn der erfährt es in diesem Gedicht erst viel später, wenn Odysseus es den Phäaken erzählt), ist was der Schatten der Mutter ihm in der Unterwelt geantwortet hatte:

> Ja freilich wartet jene mit duldendem Mut in deinem Haus, und jammervoll gehn ihr die Nächte und Tage hin unter Tränen. Und dein schönes Vorrecht besitzt noch kein andrer ... (11.181 ff.)

Das liegt nun zwar schon fast acht Jahre zurück; aber er scheint nichts anderes zu gewärtigen. Und der Zuhörer, der auch dies nicht weiß, begleitet Odysseus auf einer zwar langersehnten, an Wechselfällen noch reichen, aber sonst spannungslosen Heimfahrt.

Im Verlauf der Phäakenerzählung jedoch, das heißt nach fünf bis sechs Büchern, erfährt der Zuhörer aus Odysseus' Abenteuergeschichten auch das, was jener seit acht Jahren, seit seinem Gespräch mit Teiresias in der Unterwelt, wissen sollte: daß er bei der Heimkehr sein Haus besetzt, seine Frau von den Freiern bedrängt finden werde (11.115). Das für den Hörer so Alarmierende – ist es doch das erste, was er von Ithaka hört! – wird in Odysseus' Erzählung ganz merkwürdig übergangen (11.139 ff.) und von den alsbald folgenden beruhigenden

Auskünften der Mutter zugedeckt; und nirgends im folgenden wird der Gefahren weiter gedacht, die ihn zu Hause erwarten.

Immerhin, der Zuhörer wäre damit, wenn auch sehr verspätet, informiert. Er könnte kombinieren, daß jetzt, im Augenblick der Erzählung, die Prophezeiung des Sehers vermutlich eingetreten ist. Es wäre eine sonst nicht übliche Form der nachträglichen Exposition.

Im Gespräch mit der Mutter hören wir auch zum erstenmal von einem Sohn des Odysseus. Auch das klingt beruhigend:

> Dein schönes Vorrecht hat noch kein andrer, sondern in Ruhe verwaltet Telemachos das Gut und genießt die gebührenden Mähler, die zu empfangen einem rechtsprechenden Manne zukommt, denn alle laden ihn ein. Nur der Vater bleibt jetzt draußen auf dem Land und kommt nicht mehr in die Stadt. (11.184 ff.)

Das wäre also die ‹Einführung› dieser Personen, in dieser Odyssee.

Und dann die Landung auf Ithaka. Zu dem am Morgen Erwachenden, Ahnungslosen tritt Athene und offenbart ihm, wo er ist. Er küßt die heimatliche Erde, und in einem freudigen Gruß an die Nymphen des Orts gelobt er ihnen die alten Opfergaben, solange ihm «und seinem lieben Sohne» zu leben vergönnt sei (13.360). Das wäre das zweite Mal, daß man von Telemach hört. Aber nun folgt die Überraschung:

> Die beiden setzten sich nieder am Stamm des heiligen Ölbaums und sannen auf Verderben für die frechen Freier. Und Athene sprach: Zeus-entsprossener Laertiade, überlege, wie du die schamlosen Freier umbringst, die seit drei Jahren in deinem Haus die Herren spielen und mit Brautgaben um deine Gattin werben! Sie weint indessen immerzu um deine Rückkehr, macht allen Hoffnungen und verspricht sich jedem einzelnen durch Botschaften, doch ihr Sinn wünscht sehnlich ein andres. (13.372)

Odysseus ist aufs höchste betroffen. Daß hier die einstmalige Prophezeiung des Teiresias in Erfüllung geht, scheint ihm nicht bewußt. Er hat sich völlig überraschen lassen. Aber wie ist es mit uns? Sind wir nicht doppelt überrascht? In dieser alten, echten Odyssee erging es dem Zuhörer ebenso wie dem Odysseus: erst in dieser Eröffnungsrede der Athene, nach der Hälfte des ganzen Epos, wird er mit der Situation auf Ithaka bekannt gemacht. Und doch, in welch befremdlicher Weise! «Sie setzten sich unter den Ölbaum und sannen auf Verderben für die frechen Freier.» Als ob es das längst Bekannte wäre! Ist es, weil der Hörer dieses Gedichts die Prophezeiung des Teiresias besser behalten hatte als Odysseus?

In unserem Text ist es bekanntlich ganz anders. In unserer Odyssee wird der Odysseusgeschichte, also dem Besuch des Hermes bei Kalypso, eine Einleitung von vier Büchern vorausgeschickt, in der wir von den Zuständen in Ithaka hören, von der Trauer der Penelope, von der Erweckung des jungen Telemachos, seiner neuen Selbständigkeit, seiner Erkundungsfahrt nach dem Vater, den er nicht kennt, und so weiter. Die so befremdende Kürze, mit der im 13. Buch auf all dies Bezug genommen wird, rührt natürlich daher, daß es ausführlich am Anfang der Odyssee erzählt worden ist. Es ist gar keine Enthüllung für den Zuhörer, nur für Odysseus, und der Dichter gestattet sich die Kürze, obwohl Athene, realistisch und psychologisch genommen, ihrem Schützling gegenüber wohl etwas ausführlicher hätte sein sollen.

Das ist auch immer so verstanden worden. Aber allerdings, der Dichter wird dafür nicht gelobt. Die Vernachlässigung der Wahrscheinlichkeit läßt man ihm nicht durchgehen. Man lese in Schadewaldts Nacherzählung, wie dort das Gespräch unter dem Ölbaum paraphrasiert wird: «Die Dinge stehen nicht gut auf Ithaka...»: der Herr verschollen, das Haus voll wüster Junker, die Frau umfreit und bedrängt, schwankend zwischen Nachgeben und Treue; der herangewachsene Sohn zu schwach, sich der Eindringlinge zu erwehren, im ganzen Land ein zerrüttetes Leben, aus dem der alte Laertes sich zurückgezogen hat...[1]

An die Stelle der befremdlich kurzen Rede der Athene tritt eine ausführliche Erzählung von den ithakesischen Zuständen, mit allem was wir aus den ersten Büchern kennen. Diese Schilderung ist nun aber nicht nur geeignet, der Forderung der Wahrscheinlichkeit zu genügen, sie bekommt die Aufgabe, nachholend das ganze Epos zu exponieren, indem durch sie nicht nur Odysseus, sondern der Zuhörer zum erstenmal über die Verhältnisse informiert wird, die der Heimkehrende zu Hause antrifft. Daß wir diese Schilderung in unserem Text nicht mehr lesen, wird demjenigen zur Schuld gegeben, der vor die alte Odyssee die Telemachie setzte, wodurch die ausführliche Fassung überflüssig wurde. Wurde sie deshalb unmöglich? Auch Eumaios hören wir Verhältnisse schildern, die wir kennen, und nehmen keinen Anstoß daran. Schon von da aus erscheint der gewaltsame Eingriff eines Bearbeiters unwahrscheinlich.

Man muß sich fragen, ob die Technik der nachträglichen Exposition in archaischer Literatur denkbar ist. Sie wäre ja etwas anderes als das Nachholen der Vorgeschichte, wie es der Odysseedichter in den Apologen und anderen Reden anwendet. Sie wird auch nicht erzwungen durch das sprichwörtlich gewordene ‹in medias res›, das Einsetzen mitten in der Handlung, für das Homer von Horaz gelobt wird: Die zurückgreifende Information zum Verständnis der Ausgangssituation der Erzählung bringt die Ilias gleich am Anfang. Erst im hellenistischen Roman findet sich so etwas, daß der Leser sogleich in eine Situation versetzt wird, deren Ursachen ihm ein Rätsel aufgeben und erst im Verlauf der Erzählung schrittweise aufgeklärt werden. Aber da ist die innere Form des ganzen Romans die Enthüllung eines Rätsels, für den Leser nicht anders als für den Helden selber. Auch das ist unvergleichbar mit dem, was in der Odyssee durch den Eingriff eines Bearbeiters zerstört sein soll.

Nun aber fragen wir, was durch diesen ‹Eingriff› eigentlich geschehen ist? Gewiß kann man sich eine Odyssee ausdenken, die gleich mit der Entsendung des Hermes zu Kalypso und der Heimfahrt des Odysseus, wie es im fünften Buch erzählt wird, begänne. Aber es fehlte einer solchen Odyssee der bedrohliche Hintergrund, das kontrastierende Dunkel, aus dem nun, mit der Entsendung des Hermes, das erste Licht aufgeht – wie die Morgenröte, die am Anfang des fünften Buchs «Göttern und Menschen das Licht bringt». Indem aber der Odysseus-Handlung die Telemachie vorausgeht, in der wir von dem schlimmen Treiben der Freier im Haus des Odysseus hören, von der Bedrängnis der Penelope, von dem liebenswürdigen Jüngling Telemachos, der in der wachsenden Not auf Kundschaft nach dem verschollenen Vater ausfährt, und von dem verbrecherischen Mordanschlag, den die Freier auf ihn vorbereiten, verändert sich die folgende Odysseus-Handlung von Grund aus: Jetzt hängen jene Erwähnungen seines «lieben Sohnes» nicht mehr in der Luft, sind nicht nur Hindeutungen auf einen allgemein bekannten Sagenhintergrund, jetzt deuten sie zurück und voraus auf die Zustände in der Heimat; jetzt steht hinter der Gestalt der lockenden Nymphe das leibhafte Bild der trauernden, hart bedrängten Gattin, der mit List um ihre Treue Ringenden; jetzt wird das Haus mit dem aufsteigenden Rauch in Odysseus' sehnsuchtsvollen Gedanken kontrastiert mit dem Hause, in dem die Freier seinen Besitz verprassen. Jetzt wird die ganze Heimfahrt, mit ihrer fast zu behaglichen Verzögerung bei den Phäaken, zur Rückkehr im höchsten Augenblick, als der Sohn in Todesgefahr schwebt und die Gattin der Hoffnungslosigkeit zu erliegen droht. Jetzt wird die Entsendung des Hermes zu Kalypso, die sonst nichts als ein Prolog, eine göttliche Ouvertüre wäre, zu der großen Wende aus Bedrohung und Verzweiflung. Sie wird es dadurch, daß ihr die vier Bücher vorausgehen, die uns, bevor wir überhaupt Odysseus auf der fernen Insel zu Gesicht bekommen, nach Ithaka unter die Freier versetzen.

Eine Erzählung verändert sich in ihrer Qualität, es nehmen ihre einzelnen Züge neue Schattierungen an, wenn sie vor einen Hintergrund tritt. Was ohne ihn nur pragmatische Geschichte wäre, kann vor ihm die Dimension der Seele erhalten, auch wenn die Sprache des Seelischen nicht in die Erzählung eingeht. Es ist eine der Odyssee ganz eigentümliche Kunst – entwickelt aus der ursprünglichen Zweisträngigkeit der Odysseusgeschichte –, die zugleich die Form der epischen Erzählung, als Doppelhandlung mit Szenenwechsel, bestimmt, zugleich eine innere Form der dichterischen Phantasie ist: eine Kunst der Perspektive, die die Ebenen des Geschehens wie verschiedene Prospekte voreinander schiebt und durch sie auf ein Künftiges hindurchblicken läßt. Wie die Telemachie den Hintergrund zur Heimkehrgeschichte abgibt, so ist die Szene des fernen Ogygia mit dem trauernden Schiffbrüchigen in der Gefangenschaft der liebenden Nymphe der vorausentworfene Hintergrund der ganzen Telemachie. Denn sogleich am Anfang blicken wir auf den «Unglücksmann» auf der «baumreichen Insel» aus der Perspektive der Götterversammlung, sehen ihn in seiner Bedrängung durch die unheimliche Atlastochter und seinem unbezwingbaren Heimweh: ganz so wie wir ihn im fünften Buch antreffen werden, wenn Kalypso ihn am Meeresufer aufsucht, «immerfort um die Heimkehr weinend» (1.55 ff., 5.153). Alsdann, wo die Erzählung in den irdischen Bereich eintritt, erscheint er nur noch schattenhaft und trügerisch durch den Nebel des menschlichen Hoffens und Unglaubens: er, der «dahin ist, verschwunden, verloren» (1.242). Der unerkannte Besucher beschwört sein Bild, wie er ihn vor langen Jahren, vor dem Trojanischen Krieg, einmal gesehn haben will: «Wenn er so jetzt unter die Freier träte ...» (1.255 ff.). Auch das Lied des Sängers von der Heimkehr der Achäer weckt der Penelope die Erinnerung an den Einen, nicht Heimgekehrten (1.343). Und dann beginnt das Suchen und Fragen nach dem Vermißten: gleich anfangs die winzige, leider so belanglose Auskunft Nestors, der von allen weiß, nur nicht von ihm (3.184); darauf der Besuch bei Menelaos: dem Odysseus der liebste von allen Gefährten gewesen sei – o wäre er heimgekehrt, er hätte ihn von Ithaka nach Argos geholt, daß sie immer miteinander wären, bis der Tod sie trennte! (4.171–80) – wie wird der Vermißte hier in eine illusionäre Gegenwart gezogen; und statt Auskunft in Telemachs Sache, verlieren die Gastgeber sich in heiteren Odysseuserinnerungen. Bis endlich, am nächsten Morgen, Menelaos in seiner langen Irrfahrtgeschichte, und künstlich aufgespart auf den Schluß seines Berichts, den Bericht des Meergottes preisgibt: einen Blick, wie durch gestaffelte Kulissen der barocken Prospektbühne, auf den unendlich fernen Odysseus auf der Insel im Weltmeer (4.555–60). Das Bild – obschon auch zwei Jahre zurückliegend, doch dasselbe, das Athene den Göttern als gegenwärtiges zeigte – taucht, in der doppelt entrückenden Perspektive der doppelten Wiedererzählung, auf wie eine Vision, ein Durchblick durch Proteisches Wunder, um sogleich wieder entzogen zu werden. Die Entziehung ist so heftig, daß in Telemach die Mitteilung von dem noch lebenden Vater keine andere Reaktion hervorruft als den ungeduldigsten Wunsch, sofort heimzukehren – was wiederum die Kunst der Erzählung mit dem Szenenwechsel nach Ithaka abschneidet. Dort aber scheinen der gequälten Penelope «Wind und Wellen», die ihr den Gatten entrissen, «nun auch noch den geliebten Sohn entrissen» zu haben (4.727). Zwar nimmt ein Traumgesicht ihr diese Sorge – um so mehr wird die Hoffnung, die der ferne Sohn soeben für den Vater gewann, wieder entzogen: «Von ihm kann ich nicht sagen, ob er lebt oder tot ist», das ist das letzte Wort, mit dem das Traumbild der Schwester entschwindet (4.836). Für den Hörer aber bleibt über dem allen das Denkbild des lebenden Odysseus auf der Insel der Kalypso; und wenn jetzt, im nächsten Buch, eben dieses Bild, aus dem Prospekt in den Vordergrund der Erzählung gezogen, als epische Situation sich entfaltet, ist es wie das Aufgehen eines Vorhangs.

Es fällt schwer, Valeurs und Funktionen solcher Art sich als die Folgen einer nachträglichen Erweiterung zu denken. Sie gehören zur Kunstform.[2] Das Perspektivische des Erzählens ist nächst verwandt mit dem epischen Gesetz der Retardation, dieses wieder, als Spannung bewirkend, mit der Kunst der Vorbereitung. Es gibt noch weitere Spielarten derselben erzählerischen Technik, von denen später zu handeln sein wird, deren Handhabung in der Odyssee mit hohem dichterischem Instinkt geschieht. Auf eines nur, das mit all diesen Formen zusammenhängt, sei im voraus hingewiesen, weil es nicht mehr eigens und thematisch besprochen werden kann: das ist die Behandlung der erzählerischen Längen.

Blickt man auf die Ilias zurück, fallen einem sogleich eine ganze Reihe von Unausgeglichenheiten ein. Der eine Kampftag, der sich im achten Buch zwischen Sonnenauf- und Untergang rundet, steht in keinem Verhältnis zu dem einen Tag der Schlacht, die am Anfang des elften mit dem Sonnenaufgang beginnt und mit dem Sonnenuntergang im 18. Gesang endet. Die Aristien der einzelnen Helden dehnen sich aus ohne Rücksicht auf die Spannung der übergeordneten Handlung. Der Faden der ‹Patroklie›, im elften Buch mit Patroklos' Besuch im Kriegszelt Nestors angesponnen und erst im sechzehnten fortgeführt, wird in der Zwischenzeit so weit aus dem Auge verloren, daß der Dichter ihn wenigstens glaubt aufgreifen zu müssen in einer eingeschobenen Szene von 16 Versen, die von dem Übrigen wie erdrückt erscheint (Il. 15.390–405). Das alles mutet archaisch an gegen die Erzählkunst der Odyssee. Überraschende Kürzen und Längen gibt es auch hier, aber keine ist ohne Bedeutung in dem erzählerischen Ganzen. Ja die Dehnung und Überdehnung, und umgekehrt die Raffung und Kürze, werden selber, und neben dem Erzählten, zu Momenten der Erzählung und deren Wirkung auf den Hörer.

Das Organ für die Längenverhältnisse des Texts wird unter der wissenschaftlichen Beschäftigung nicht sonderlich geschärft; man wünschte sich dafür eher das unbefangene Lesen des Amateurs. Aber auch ein subtiler Leser wie Georg Auerbach konnte sich über die lange Narben-Geschichte im 19. Buch (siehe oben Kap. V S. 64 ff.) insoweit täuschen, als er gerade an ihr die Hintergrundlosigkeit homerischen Erzählens, das Hingegebensein an die sinnliche Oberfläche des jeweils Erzählten exemplarisch dargetan hat.[3] Nicht daß damit nicht auch etwas Richtiges bemerkt wäre: das Flächig-Parataktische archaischer Rede. Aber die Retardation im gespanntesten Augenblick der Erkennung, das Auftun eines Hintergrunds in die Dimension einer ‹Biographie›, hier bis an die Grenze, aber nicht über die Grenze des Zumutbaren gedehnt: das hat er doch zu einseitig beurteilt. Die eingeschobene Jugendgeschichte läßt den Hörer das Geschehen im ‹Vordergrund›, die Erkennung der Narbe, um so weniger ‹vergessen›, als sie von der Berührung der Narbe durch Eurykleia ausgeht und die Spannung bis zur Verwundung und Heilung der Narbe festhält. Im Falle der ‹Telemachie› hat man es noch mit ganz anderen Ausdehnungen, und freilich auch mit anderen Wirkungen zu tun. Aber wer dürfte sagen, daß die Form des langen perspektivischen Erzählens nicht von einem genauen Kunstwillen eingegeben ist, der seine Wirkung bei dem Zuhörer im Auge behält? Durch keinen noch so anschaulichen Flug des Hermes über das Weltmeer zur «fernliegenden Insel» würde die Entrücktheit des Verschollenen dermaßen fühlbar, wie durch die vorausgeschickte Suche des Sohnes nach dem Vater.

VIII. Kapitel

DIE HEIMKEHRGESCHICHTEN

Die Odyssee, als die Erzählung von der Heimkehr des Odysseus, umschließt eine Anzahl anderer Geschichten von Heimkehrern aus dem Trojanischen Krieg, die als Erzählungen zwei Personen der Telemachie, Nestor und Menelaos, in den Mund gelegt sind. Sie werden dem Sohn des Odysseus erzählt, als ihn seine Nachforschungen nach dem verschollenen Vater nach Pylos und Sparta führen. Die Erzählungen nennen die Schicksale aller achäischen Haupthelden, die der im Kriege Gefallenen nicht ausgenommen (3.109), kommen wie zufällig auf dasjenige zu sprechen, das unter allen allein eine wirkliche Geschichte ist und als Geschichte neben der des Odysseus einzig fungieren kann, die tragische Heimkehr des Agamemnon, verweilen dann am längsten bei den Erlebnissen des Menelaos in Ägypten, um zuletzt zu dem zu führen, worum es Telemachos geht. Denn so wie seine Nachforschungen ihn über Pylos und Pherai nach Sparta, über vorläufige Stationen zum Ziel führen, so laufen auch die Erzählungen über Stationen auf das Ziel hin, dem sein Forschen einzig gilt: die Kunde von Odysseus. Die sichtliche Aufsparung auf das Ende gibt aber erst den Raum frei für Erzählungen, die nicht dem pragmatischen, sondern einem dichterischen Zwecke dienen.

Nimmt man alle diese Geschichten von Troja-Heimkehrern zusammen: von Nestor und Diomedes, Menelaos und Agamemnon, Neoptolemos, Philoktet, Idomeneus und Aias – von denen manche nur angedeutete aus späterer Dichtung ausführlicher bekannt sind –, so erscheint die von Odysseus als eine in einem Bündel von Heimkehrgeschichten. Das gemeinsame Schicksal des achäischen Heeres nach der Zerstörung der Stadt erscheint als das Verhängnis, das letzten Endes auch die Ursache für Odysseus' leidensvolle Irrfahrt ist. Zeus nämlich, so heißt es in der Odyssee, hatte über die Argeier «heillose Heimfahrt» verhängt, «weil durchaus nicht verständig alle waren noch gerecht» (3.132). Das Unrecht, für das sie büßen müssen, wird nicht genannt; doch ist es deutlich genug, daß an die Vergewaltigung der Kassandra durch den Lokrischen Aias im Heiligtum der Athene gedacht wird: Athene ist es, die nach dem Siege den Streit zwischen den beiden Atriden entfacht, welcher die Entzweiung des Heeres und die Zerstreuung der Flotte zur Folge hat (3.135, 5.108); sie ist es, die Aias mit ihrem besonderen Zorn verfolgt (4.502). In der Sage war dies wohl ein persönlicher Zorn der beleidigten Göttin auf den einzelnen Frevler –

nur bei *seinem* Untergang wird Athenes Haß hervorgehoben. Vergebens versuchten die alten Erklärer das Unverhältnismäßige zu beseitigen: sie alle hätten sich schuldig gemacht, weil sie den Einen nicht bestraften.[1] Indem Zeus, neben und über Athene, als der Verhängende eines allgemeinen Schicksals eintritt, wird die Zerstreitung des Heeres zum Anfang des Unheils (3.152): schon die Einberufung der weintrunkenen Achäer zur beratenden Versammlung war «nicht in Ordnung», war Frevel! (3.138).

Wen aber, von Aias abgesehen, trifft schließlich das Verhängnis? Alle kehren unversehrt und ohne Zwischenfall nach Hause, außer Agamemnon, Menelaos – und Odysseus. Odysseus' Irrfahrt wird tatsächlich in unmittelbaren Zusammenhang mit dem von Zeus verhängten Streit gebracht: noch war er mit Nestor, dem glücklich Entkommenden, erst bis Tenedos gelangt, da gab es schon, von Zeus verursacht, zum zweitenmale Streit, und er kehrte zu seinem Unglück in die Troas zurück «Agamemnon zuliebe». So wird Odysseus zugleich in das allgemeine Schicksal hineingezogen, zugleich von Schuld entlastet.

Der eigentlich Betroffene des gottverhängten Streites aber ist Agamemnon. Denn es war ja der Bruderstreit, der die Flotte zweiteilte; und zum Opfer Ägisths wird Agamemnon, weil er alleine, ohne den Bruder heimkehrt. So jedenfalls muß man doch wohl Telemachs Frage an Nestor verstehen: «Sag mir, wie starb der Atride? Wo war Menelaos? War er denn nicht in Argos, sondern streifte woanders umher; und der, sich erdreistend, erschlug ihn?» (3.249) – und später des Menelaos eigene Auskunft: «Während ich dort umherstreifte, erschlug mir ein andrer den Bruder» (4.90). Als Ursache seines langen Ausbleibens erscheint in der Odyssee wiederum die schuldlose Trennung von dem glücklich heimkehrenden Nestor: der verhängnisvolle Aufenthalt durch den Tod seines Steuermanns, wodurch er dann in den Sturm geriet, der ihn nach Ägypten verschlug (3.278–300).

Nun läßt sich aber nicht verkennen, daß die Sage von Agamemnons Untergang sich ohne solche Begründungen erzählen läßt und immer erzählt worden ist. Auch in der Odyssee trifft die ganze Schuld an seinem Tod Aigisthos; und wo das Verhängnis von weiter hergeleitet wird, da rührt es her von der Opferung der Iphigenie oder vom Fluch des Geschlechts. Der tief dialektische Zusammenhang von Macht, Sieg und Verschuldung gehört erst der Religiosität des Aischylos an.[2] Als Folge eines Vergehens bei der Eroberung Trojas hat die argivische Sage den Tod Agamemnons nicht verstanden. Sie fragte auch nicht: wo war Menelaos? Mochte die Sage in Mykene oder Therapnai lokalisiert sein, sie brauchte keine Erklärung der Umstände. Auch nach der Odyssee hätte ein nach Lakedaimon heimkehrender Menelaos den

Tod seines Bruders in Mykene-Argos wohl nicht verhindern müssen. Was die Sage brauchte, war die Rettung des Sohnes, der den Vater rächen würde – der *Bruder* als möglicher Rächer war einfach ignoriert. Wohl aber brauchte die *Odyssee* den zu spät kommenden Menelaos: der am Tage heimkehrte, als die erschlagenen Mörder gerade bestattet wurden. Sie brauchte ihn als Folie für Telemachos: «Auch du, mein Lieber, schweife nicht lange fern von Hause!» mahnt ihn Nestor (3.313 ff.); nicht weniger auch als Folie für Odysseus selber, der anders als Menelaos eben noch zurecht kommt, um Rache zu nehmen und den Tod seines Sohnes zu verhindern.

Aber was ist dies lange Umherschweifen des Menelaos für eine Geschichte – als Geschichte genommen? Daß darin eigentlich nichts zu erzählen ist, ist immer bemerkt worden. Und was sollen – von Ägypten aus – die ferneren Reisen, nach Zypern, Phönizien, Libyen und Äthiopien? War er nicht, von Troja kommend, auf dem schnellsten Wege nach Lakedaimon gewesen? Herumzuwandern und vor der Heimkehr noch möglichst große Reichtümer «einzusammeln», steht dem Odysseus der Lügengeschichten wohl an (19.284), aber Menelaos? Und das alles mit Helena? Ich denke, eine Geschichte ist das überhaupt nicht; es hat einen Sinn nur in seiner Beziehung auf das Schicksal Agamemnons, indem es das ‹Zu spät› begründet.

Diese Entfernung des Bruders ist, wie gesagt, von der Geschichte Agamemnons nicht gefordert, das Zuspätkommen ist ein Motiv, das die Odyssee hinzubringt. Sie bringt es herein um der Parallele willen; aber nicht alleine deshalb: die Frage an Nestor: wo war Menelaos? lenkt direkt auf die Erzählung von Menelaos' Schicksalen und später Heimkehr, um gleich die Warnung an Telemach anzuschließen, nicht zu lange von Haus fortzubleiben, «sondern zu Menelaos zu fahren: er nämlich ist jüngst aus der Fremde zurückgekehrt», von den fernsten Menschen, von wo niemand hoffen könnte, je wieder heimzukehren (3.317–322). Die Völker, die er später selber benennt (4.82 ff.), werden hier am Ende der Welt gedacht, jenseits des «großen, schrecklichen Meeres» – sichtlich um in ihm den zu nennen, der, wenn irgendeiner, von Odysseus etwas wissen könnte. Er muß so spät heimgekehrt sein, damit er der letzte ist; damit ihm die Auskunft zufällt, wo Odysseus jetzt sich aufhalte. Das heißt: für die Zwecke der Telemachie, und nicht weil die Sage so vorgegeben war, mußten die beiden Trojaheimkehrer, die auf dem Festland die nächsten waren, mußten Nestor und Menelaos der erste und der letzte werden.

Der Eindruck, daß die späte Heimkehr des Menelaos schon Bestandteil der Überlieferung gewesen sei, rührte daher, daß man sie im Altertum ebenso in dem zyklischen Epos der ‹Nostoi› (‹Heimfahrten›[3]) las, das einem Hagias von Troizen zugeschrieben wurde. Die fünf Bücher dieses Epos, von deren Inhalt wir uns aus dem kurzen Exzerpt des Photios eine schwache Vorstellung machen,[4] erzählten in lockerer Reihung die Heimkehrgeschichten der Trojahelden – vermehrt um einige weitere Rückkehrer, aber im wesentlichen, auch in der Aussparung der Odysseusgeschichte – in Übereinstimmung mit den Erzählungen der Telemachie. Die Übereinstimmung geht so weit, daß die Anordnung und Gruppierung der Geschichten im ganzen dieselbe ist wie dort:[5] am Anfang der Streit der Atriden und die Entzweiung des Heeres, darauf zuerst die schnelle Heimkehr des Diomedes und Nestors, gefolgt von dem Schiffbruch des Menelaos und seiner Verschlagung nach Ägypten. Nach einem Mittelteil, der dem Seher Kalchas und seinem Tod in Kolophon gewidmet war – hier scheint sogar eine Nekyia eingelegt gewesen zu sein – wandte die Erzählung sich der Gruppe um Agamemnon zu: man las den Untergang des Aias, die Fußwanderung des Neoptolemos durch Thrakien – wobei er in Maroneia gerade den Odysseus traf[6] – bis zu seiner Ankunft bei den Molossern, schließlich die Ermordung Agamemnons und Orestes' Rache. Den Schluß machte die Rückkehr des Menelaos aus Ägypten.

Diese gesammelten Geschichten erwecken in der Tat den Eindruck, als habe es eine Sagenüberlieferung gegeben von der katastrophalen Heimkehr der Achäer, die insgesamt für ihre Frevel bei der Vernichtung Trojas büßen mußten. Die Ähnlichkeit der Anordnung hat manche sogar bewogen, in diesem Epos die Quelle der – für jung beurteilten – Telemachie zu erblicken.[7] Die offensichtliche Aussparung der Odyssee wurde damit erklärt, daß dies Epos auf eine noch ältere Urodyssee, wie sie in den Apologen des Odysseus vorläge, Rücksicht genommen hätte. Natürlich ist das Verhältnis umgekehrt: nur allzu deutlich übernahm das Epos des Hagias Rahmen *und* Anordnung der Nostenerzählungen der Telemachie, ergänzte sie um die dort angedeuteten Heimkehren andrer Helden, indem es sie aus lokalen und Kultüberlieferungen zu ‹Geschichten› auffüllte und zu dem fehlenden Odysseusnostos notdürftig in Beziehung brachte.

Das wird wohl heute kaum von jemand anders beurteilt. Aber man muß vielleicht einen Schritt weiter gehen. Der Mythos von der Heimfahrt der Achäer, wie er in dem ‹Nosten›-Epos erzählt wurde, hängt an der Geschichte vom Streit der Atriden. Doch dieser Streit steht in einer kompositionellen Relation zu den Erzählungen des Nestor und des Menelaos in der Telemachie: er begründet die Trennung der Brüder und die Zerstreuung der Flotte, wie sie hier notwendig war, um Menelaos als letzten, Nestor als ersten heimkehren zu lassen und die Geschichte vom Untergang Agamemnons auf die beiden Erzähler zu verteilen. Aber der Zorn der Athene, der den Streit verursacht haben sollte, war nur durch Unschärfen der Motivation aus einer Rache an

Aias zu einer Rache an den Atriden und an der Gesamtheit des Heeres geworden; und als Verursacherin der verschiedenen Katastrophen war Athene schon gar nicht mehr zu gebrauchen, sie mußte durch Zeus als den Herrn der Schicksale ersetzt werden. Erst so, und danach, wurde schließlich auch der Tod des Neoptolemos in Delphi zur Strafe für seinen Frevel bei der Eroberung Trojas:[8] der Achilleussohn, dessen Grab beim Apollontempel mit heroischen Feiern geehrt wurde, sollte von Apoll selber dort getötet worden sein – man weiß, welche Kunst Pindar darauf verwenden mußte, um den Widerspruch zwischen dem Heros und dem Gottesfrevler zu überbrücken.[9] Aber das ganze Bündel sogenannter Heimkehrgeschichten ist, wie sich gezeigt hat, auf die zwei des Agamemnon und des Odysseus zusammengeschrumpft – die beiden, die in der Telemachie in ihre bedeutende Relation zueinander gebracht sind –, während keine der anderen den Anspruch machen kann, im narrativen Sinn eine Geschichte zu sein. Das würde aber heißen, daß der Mythos der ‹Nosten›, als der leidensvollen Heimkehr der Achäer, in keiner mythischen Überlieferung wurzelt, sondern in der Telemachie seinen Ursprung hat.

Ich habe schon angedeutet, wie fragwürdig gerade die Irrfahrt des Odysseus an die Ursache all dieser Leiden, den Streit der Atriden, angeknüpft ist. Denn daß über ihn die Fülle der Leiden ausgegossen wird, und gar von Athene, die in so ausnehmendem Maße «damals den ruhmvollen Odysseus umsorgte, im Land der Troer» (3.219), ist kaum zu begreifen. Die Heimfahrt des Odysseus steht in keinem mythologischen Zusammenhang mit jener Ursache. Um so stärker ist der dichterische Zusammenhang mit den anderen Heimkehrgeschichten, um die es der Telemachie vor allem geht. Von der oft bemerkten Parallele zum Atridenmythos soll später noch die Rede sein. Jetzt sei nur auf den – gleichfalls oft bemerkten – erzählerischen Kunstgriff der Verschränkung hingewiesen, mit dem diese Geschichten ineinander verflochten und verschachtelt sind. Die Erzählung Nestors läßt die Hälfte des Heeres bei Agamemnon in der Troas zurück (3.156) und folgt dem Nestor auf seiner Heimfahrt. Alsbald spaltet sich Odysseus wieder ab, der zu Agamemnon zurückfährt und von der Erzählung damit aus dem Auge verloren wird (3.163). Sie folgt weiter dem Nestor mit Diomedes, denen sich jetzt Menelaos noch nachträglich gesellt; und indem Diomedes nach Argos, Nestor nach Pylos gelangt, sind diese Berichte abgeschlossen (3.183). Der über Menelaos bleibt offen. Der so frühzeitig heimgekehrte Nestor erklärt einleuchtend, daß er von den Zurückgebliebenen – also vor allem Odysseus – nichts wisse; nur die glückliche Rückkehr des Neoptolemos, Philoktet und Idomeneus habe er noch später erfahren, und von der unglücklichen des Agamemnon habe Telemach wohl selber gehört (3.193).

Damit ist ein Bericht der Geschichte Agamemnons eigentlich ausgeschlossen. Aber gerade sie ist es, auf die es dem Dichter ankommt. Schon das folgende Zwischengespräch mit Nestor und der unerkannten Göttin dreht sich um die Vergleichbarkeit des Atridenschicksals mit dem des Odysseus, um schließlich von Telemach abgebrochen zu werden mit der Nachfrage nach Agamemnon: Sage mir, Nestor, wie starb der Atride? (3.248) Die Form des beiläufigen Hinlenkens erinnert aufs stärkste an die Weise, wie in dem ersten Göttergespräch auf den Gegenstand hingelenkt wird, auf den die Absicht der Dichtung von vornherein zielt. – Nestor beginnt seine zweite Erzählung von der Verführung Klytaimnestras durch Aigisthos an. Eingelegt in diese Erzählung ist der Bericht von den Unfällen des Menelaos bis zur Landung in Ägypten und der Andeutung seiner weiteren Exkursionen (3.276–302). Hier also folgt das, was vorher bei Nestors Heimfahrt offen gelassen war. Danach springt die Erzählung zurück zu Ägisth und seiner Mordtat – deren Schilderung aber ausgelassen wird – und zur Rache Orests, und schließt mit dem endlichen Eintreffen des Menelaos in Mykene. Dessen Unternehmungen in Ägypten aber und die Rückfahrt nach Argos sind wieder übersprungen.

Das Übersprungene wird im vierten Buch der Gegenstand der eigenen Erzählung des Menelaos. Er ergänzt das Angedeutete seiner Reisen von Ägypten aus (4.80 ff.) und setzt dann eben dort ein, wo Nestor unterbrochen hatte (3.302), mit der Abreise aus Ägypten (4.351). In die Abenteuer der Abfahrt aber flicht er, als die Auskunft des weissagenden Proteus, nun ein, was von den anderen Heimkehrgeschichten noch offengeblieben war: den Untergang des Aias und – wofür Aias nur das andere Exempel in der Reihe ist – den Untergang des Agamemnon, der hier endlich zum erstenmal als Geschichte wirklich erzählt wird.

Damit sind alle Berichte zu ihrem Ende gebracht und zumal der Tod Agamemnons in der Ausführlichkeit berichtet, die sowohl der Teilnahme des Erzählenden wie dem besonderen Plan der Dichtung entspricht. Nur einer fehlt noch, der, um dessentwillen das Ganze ist, Odysseus. Nach ihm fragte Telemach, nach ihm fragt der selber erzählende Menelaos in seiner Geschichte den weissagenden Meergott – wie beiläufig, aber gerade dadurch hervorhebend: Du sprachst von dreien – wer war der dritte? Die Antwort des Gottes ist keine Geschichte mehr, sondern nur noch ein Bild, gleich einem Tableau:

> Der Sohn des Laertes – ihn sah ich auf einer Insel, Tränen vergießend, im Haus der Nymphe Kalypso ... (4.555 f.)

Wie ist er dorthin geraten? An die Stelle der Geschichte, die Auskunft geben und den übrigen Geschichten entsprechen würde, schiebt sich etwas Neues, eine Prophezeiung für Menelaos, Verheißung künftigen seligen Lebens – und der Meergott verschwindet in den Wellen.

Die Künstlichkeit, mit der die Geschichten ineinander verschränkt sind, ist offenbar; und ebenso, daß die Teile der Geschichten, aneinandergerückt, jeweils ein lückenloses Geschehen ergeben. Daß unter allen Heimkehrgeschichten die des Odysseus alleine fehlt, erscheint natürlich, sie kann ja hier nicht erzählt werden, weil sie noch nicht geschehen ist. Immerhin, seine bisherigen Abenteuer könnte auch Proteus, der Alleswissende, erzählen – und es fehlt unter den Einfällen der Analyse nicht die Behauptung, daß dies das Richtige und Ursprüngliche sei.[10] Tatsächlich folgen die Abenteuer des Odysseus erst im neunten Buch, von ihm selber erzählt. Und er beginnt:

> Von Ilios trug mich der Wind zu den Kikonen, nach Ismaros ... (9.39)

Man hat sich wohl auch über diesen Anfang, wenn man ihn in einer isolierten Urodyssee sich dachte, nicht genug gewundert. Als ob es sich von selbst verstünde, daß Odysseus alleine fährt? Als ob die Ereignisse nach Trojas Fall nicht der Rede wert wären? Aber wie Odysseus hier seine Erzählung anfängt, so fing Menelaos die seine an:

> In Ägypten hielten mich die Götter fest, als ich heimfahren wollte ... (4.351)

Ein Anfang, der sich an das Ende von Nestors Bericht: «So streifte er dort umher bei fremden Leuten» (3.302), sowie an seine eigene Erwähnung dieser Streifzüge (4.83 ff.) anschließt. Woran schließt Odysseus' Erzählung an?

Sie *endet* im zwölften Buch mit der Rettung auf die Insel der Kalypso. Auf der Insel der Kalypso hat ihn der Meergott gesehen. Diese Offenbarung des Proteus greift aber den Bericht von Odysseus' Heimfahrt auf, den Nestor bei 3.164 abgebrochen hatte: Daß Odysseus von Tenedos wieder zur Troas zurückgekehrt sei, war das Letzte, was er von ihm wußte. Wenn also die Apologe des Odysseus mit der Fahrt von Troja zu den Kikonen beginnen, setzen sie genau an dem Punkte ein, wo Nestor seine Auskünfte über Odysseus abbrechen mußte. Das heißt: die Apologe nehmen Rücksicht auf die Telemachie. Sie füllen genau die Lücke, die die Berichte Nestors und Menelaos' offengelassen hatten. Sie füllen sie ebenso, wie Menelaos mit der Geschichte seiner Heimfahrt von Ägypten die Lücke füllt, die Nestor in seiner Erzählung von Menelaos' Schicksalen gelassen, oder mit der Schilderung von Agamemnons Tod die Lücke, die Nestor in seinem Bericht von Aigisthos' Anschlag und der Rache Orests gelassen hatte. Man kann nicht verkennen, daß eins wie das andre dieselbe Faktur zeigt, nämlich eine bewußte Kompositionstechnik, die durch das Kunstmittel der Wiedererzählung und ihrer Verschachtelung die lineare Form der Erzählung aufhebt und ein formales Element des Interessanten oder Spannenden einführt.

Das beschriebene Formprinzip reicht wohl noch weiter. Denn wie den Apologen des Odysseus der Anfang fehlt, nämlich die Vorgänge vor der Ankunft bei den Kikonen, so fehlt ihnen auch der letzte Teil seiner Abenteuer, den er seinen Zuhörern ja wohl auch schuldig war: der siebenjährige Aufenthalt bei Kalypso und die endliche Rettung zu den Phäaken. Er entschuldigt sich dafür gleichsam am Ende: «Was soll ich das noch erzählen? Hab ich's doch gestern schon dir und der Gemahlin erzählt.» (12.450 ff.) Die Vorwegnahme des Schlusses durch Odysseus' Erzählung am ersten Abend (7.244–296) ist keineswegs etwas Selbstverständliches – obschon der poetische Grund leicht einzusehen ist; denn nachdem die Fahrt von Ogygia nach Scheria mit allem Detail in der epischen Erzählung selber vorkam, würde das Auslaufen der Apologe in eine schon bekannte Etappe der Irrfahrten eine Antiklimax geschaffen haben. Sie zu vermeiden, bietet sich dasselbe Kunstmittel der Zerteilung an, durch das die Geschichten des Menelaos, des Agamemnon, des Odysseus auf verschiedene Erzählungen verteilt wurden. Und nicht anders ist doch wohl auch die Unterbrechung der Apologe in der Mitte des elften Buches zu beurteilen: als ein Kunstmittel, um das Interesse an der sich dehnenden Erzählung wach zu erhalten.

Schließlich darf noch eins erinnert werden. Nestor beginnt seine Berichte von der Heimfahrt der Achäer mit dem Streit der Atriden nach dem Falle Trojas. Zum Fall Trojas ist es aber gekommen durch die List des Hölzernen Pferdes, die eine von den signifikantesten Odysseusgeschichten war. Die Geschichte wird vorgetragen von Demodokos bei seinem zweiten Auftritt, 8.500 ff. Nimmt man dazu die beiden kleineren Odysseus-Anekdoten der Helena und des Menelaos, die den Helden als den Durchtriebenen und Klug-Beherrschten vor der Einnahme Trojas feiern (4.242 und 271), so schließen sie sich zu einem Kranz vorodysseischer Odysseusgeschichten zusammen, mit dem der Dichter die Geschichte seines Epos nach rückwärts erweitert. Ja wenn man noch die Erinnerung Agamemnons in der zweiten Nekyia unter diesen vorodysseischen Geschichten gelten läßt: an den Kampf um Achilleus' Leichnam (24.39–43), bei dem Odysseus eine altberühmte Rolle gespielt hat – ihren Reflex sehen wir in der Ilias beim Kampf um Patroklos' Leiche, und Odysseus erinnert sich selber daran im Seesturm vor Scheria (5.308) –, gedenken wir ferner des daraus entspringenden Streites zwischen Odysseus und Aias um die Waffen des toten Achilleus, jener für Odysseus so fragwürdigen Geschichte, die sich in der ersten Nekyia in der Begegnung mit Aias spiegelt: dann reichen wir in der Odyssee, durch das Kunstmittel der erinnernden Erzählungen, mit der Kette dieser ergänzenden Odysseusgeschichten fast bis an die Ilias selber heran.

Es ist schwer, sich das Kontinuum dieses pragmatischen Zusammenhangs von Geschichten planlos entstanden zu denken. Es weist in solchem Maße auf das Geplante der ganzen epischen Anlage hin, daß wir darin einen künstlerischen Intellekt von hoher Bewußtheit erkennen. Denn nun stellt sich zu den beobachteten Verschränkungen vor allem auch diejenige, die die Form des ganzen Epos bestimmt, die Verflechtung der Odysseus- mit der Telemachhandlung. Die Abbrüche und Fortsetzungen, die die Heimkehr Telemachs in die Erzählung von Odysseus' Aufenthalt bei Eumaios einschieben und mit ihr abwechseln lassen, sind von derselben bewußten Art, wie sie bei den Heimkehrgeschichten der Achäer und den Abenteuern des Odysseus eingesetzt wurde. Vergleicht man damit die Ilias, etwa jene 16 Verse, mit denen, mitten im Schlachtgetümmel des 15. Buchs, der Blick auf Patroklos im Zelt des verwundeten Eurypylos hingelenkt wird (Il. 15.390), erscheint einem die Manier kunstlos, die Stelle der Einfügung austauschbar. Dagegen ist die Künstlichkeit der Odyssee frappant, und jedenfalls von aller mündlichen Improvisation weit entfernt. Wir treten dem Genie nicht zu nahe, wenn wir annehmen, daß es mit Tinte und Papier gearbeitet hat. Und wenn ich richtig sehe – die Beobachtung der Verswiederholungen und Prioritäten führt darauf –, ist das Werk von vorn an sukzessive geschaffen worden.

IX. Kapitel

DAS LETZTE ABENTEUER

Die einfache Geschichte, die sich im Hintergrund der Odyssee abzeichnet, zieht den Bogen zwischen Abschied und Heimkehr des Märchenhelden. Anfang und Ende bleiben aufeinander bezogen durch den Abschiedsauftrag der abzuwartenden Frist: «Wenn unser Sohn den Bart bekommen hat, dann heirate einen andern.» Die Rückkehr geschieht im letzten Augenblick. Das läßt sich, auch mit dem hinzugehörigen Anfang, erzählen als die «Heimkehrnovelle», deren Ende dem zweiten Teil des Epos das Gerüst gibt. Was der Langvermißte in all den Jahren erlebt hat, die Irrfahrten, die Abenteuer, das scheint nicht ebenso dazuzugehören. Denn gibt es nicht Abenteuer- und Seefahrergeschichten auch ohne die Geschichte der Heimkehr: ohne die wartende Frau und die drohende Hochzeit? Die Form dieser Gattung von Abenteuergeschichten läßt sich fassen als die der offenen Reihe: planlos aufeinanderfolgende Geschichten, die sich vertauschen und vermehren lassen,[1] wie die Geschichten von Sindbad dem Seefahrer. Auch die Abenteuer der Odyssee sind um der Reihung, der Fülle und Varietät willen so zahlreich und bilden, als endlose Kette der Unterhaltung, im Rahmen der Heimkehrgeschichte eine eigene Gattung.[2] Und es läßt sich nicht leicht sagen, welches von ihnen, in einer rudimentären Odysseusgeschichte, zuletzt unentbehrlich wäre.

Immerhin, die Heimkehrgeschichte, die mit dem Abschiedsauftrag begann, forderte jedenfalls eine lange Zeit der Abwesenheit, für die der Held zwar vorausgesorgt hatte, deren Ursache er sich aber nicht versah. Die Erzählung mochte ausführlich oder kurz sein, immer mußte sie Rechenschaft geben, warum der Held so lange ausgeblieben ist. War es der Trojanische Krieg, der zehnjährige? Aber an keinen der anderen Trojaheimkehrer hat sich das Motiv des Vermißtseins angehängt. Und wo wie in der Odysseusgeschichte die Zeit der Abwesenheit ein halbes Mannesleben ausmacht, war sie, trotz zehn Kriegsjahren, mit einer Reihe von Abenteuern nicht zu füllen, wenn nicht eines darunter war, das seinem Thema nach ein langes, sehr langes Verweilen in unbekannter Ferne bedeutete. Das heißt aber, ohne das Kalypso-Abenteuer, in irgendeiner Form, war die Geschichte nicht zu erzählen.

Wir können gleich hinzufügen: auch das Kirke-Abenteuer würde die gleiche Funktion erfüllen. Denn ob acht Jahre oder eines, macht für den Sinn und Effekt der Geschichte nichts aus: für das lange

Verweilen in märchenhafter Ferne. Auch daß das eine (bei Kirke) ein Verliegen, das andere (bei Kalypso) erlittene Gefangenschaft ist, das eine ein Vergessen der Heimat, das andere ein ewiges Sehnen, gehört zu den Variationen, in denen dieselbe Geschichte erscheinen kann.

Kirke, die Märchenfee, gibt Odysseus, als er, nach einem Jahr der Liebe von den ungeduldig gewordenen Gefährten an die Heimfahrt erinnert, um Entlassung bittet, ohne Schmerzen frei (10.472–495); Kalypso, die Göttin, auf Götterbefehl in schmerzlicher Entsagung (5.116–144). Und während Kalypso ihm behilflich ist, sich das Fahrzeug zur Heimfahrt zu bauen, aber die Leiden nur andeutet, die ihm noch bevorstehen, ehe er das rettende Land der Phäaken erreicht, eröffnet ihm Kirke den Weg der Heimfahrt über den schwersten aller Umwege, das Totenreich. So verwandt, und fast identisch, die beiden Nymphen, so entgegengesetzt sind die beiden Abenteuer, in die die beiden ihren Schützling entlassen.

Nun haben die Phäaken ihren notwendigen Platz als die letzte Station in der Reihe der Abenteuer, weil sie die magischen Schiffer sind, die endlich den Schiffbrüchigen zu seiner Heimat zurückbringen. Die Fahrt geschieht über Nacht, hurtiger als der Flug der Falken, auf einem ihrer Wunderschiffe, die ohne Steuermann den Weg finden (13.81 ff., 8.557 ff.). Diese märchenhaft-schnelle Heimkehr findet sich, wie in der Odyssee, in gleicher Funktion in einer ganzen Reihe von Märchen, Sagen und Wunderlegenden, die dem gleichen Muster folgen. In Michel Wyssenherres Gedicht ‹Von dem edelen Hern von Bruneczwigk› (es ist die Geschichte Heinrichs des Löwen) trägt ihn ein Gewaltiger vom «Woden here» auf seinem Rücken «in sneller il» durch die Lüfte vor seine Burg, gerade noch recht, um der neuen Hochzeit seiner Frau zuvorzukommen.[3] In der gleichen Weise wird Herzog Richard von der Normandie durch das Wilde Heer vom Sinai «noch vor Tagesanbruch» zur Heimat zurückgebracht.[4] In der Legende des Caesarius von Heisterbach gelangt Ritter Gerhard heim «in parte diei ab India in Theutoniam, ab ortu solis in eius occasum».[5] Den Ritter von Morungen, der auf Wallfahrt ins Land des St. Thomas gezogen ist, entrückt der Heilige über Nacht in die Heimat.[6] Und in ‹Karls Heimkehr aus Ungerland› rät derselbe Heilige dem Kaiser, wie er zu Pferde in drei Tagen heimgelange, ehe die Hochzeit bestellt ist.[7] Aber nicht nur diese mittelalterlichen Legenden zeigen diesen Typus. In dem schwäbischen Märchen vom ‹Nebelmännle› nimmt der Dämon den Herrn von Bodmann auf seine Schultern und fliegt mit ihm «schneller als der Wind» durch die Luft, «noch in dieser Nacht», um ihn am Morgen vor seinem Schlosse niederzusetzen.[8] Selbst in einem kaukasischen Märchen (aus Permi) trägt den in den Krieg gezogenen Bauern ein Walddämon auf seinen Schultern durch die Luft in sein

Dorf zurück: «Vielleicht treffen wir sie noch daheim, sie hat heute Polterabend.»[9]

Die blitzschnelle Rückversetzung – die wie in der Odyssee fast immer im Schlaf oder in der Nacht geschieht – bringt, das ist deutlich, die Helden heim aus einer anderen Welt. Und alle diese kommen eben recht, um noch die neue Hochzeit der Frau zu verhindern. In der Odyssee ist der Sinn der Eile, mit der das Phäakenschiff Odysseus über Nacht nach Ithaka bringt, verdunkelt. (Wir entdecken offenbar einen jener ‹Fehler› in der Odyssee, wie sie von jeher zur Analyse des Epos Veranlassung gaben.) Denn obschon auch Odysseus in höchster Zeit nach Hause kommt, weiß er bei den Phäaken doch nichts davon – oder wenn man aus seiner Unterweltserzählung von der Prophezeiung des Teiresias (11.115 ff.) schließen sollte, daß er es seither wissen müßte, so wird die Eile dennoch nicht mit der drohenden Gefahr zu Hause begründet, wie es in all den genannten Geschichten der Fall ist. Ja er scheint diese Gefahr völlig vergessen zu haben, so behaglich dehnt sich ihm der Aufenthalt bei den Phäaken aus:

> Und selbst wenn ihr mich lüdet, ein Jahr bei euch zu verweilen,
> Tät' ich gerne auch das; auch wär' es größerer Vorteil,
> Wenn ich mit vollerer Hand zur lieben Heimat gelangte:
> Würd' ich doch ehrwürdiger sein und lieber für alle
> Männer, soviele mich sähn, wenn ich nach Ithaka kehre.
> (11.356 ff.)

Als ob es die Freier nicht gäbe! – Dies Wohlsein, dies Beinahe Vergessen der Heimkehr ist freilich nicht der Grundton der Phaiakis, er breitet sich gegen die Sehnsucht und das Heimwärtsdrängen des Odysseus, mitten in seinen Abenteuern, plötzlich als das Wunder des Augenblicks, der dichterischen Verzauberung aus und ergreift, mit den Zuhörern, den Erzähler selber:

> Und von Verzauberung war'n sie erfaßt im dämmrigen Saale.
> (11.334)

Offenbar ist dies erst das Resultat der epischen Gestaltung, einer Kunst des Erzählens, die mit der Form der epischen Situation auch den Nuancen des Seelischen Eingang schafft. Und doch muß dem Dichter schon in der einfachen Geschichte etwas entgegengekommen sein, das ihm erlaubte, das Land der Phäaken zu einem solchen Bild der Gastlichkeit und hohen Geselligkeit zu erheben. Alkinoos:

> Dir ist Schönheit des Worts zu Gebot, dir Adel des Geistes,
> Und wie ein Sänger so kundig erzähltest du die Geschichte.
> (11.367 f.)

Es ist der gesellschaftliche Moment der Bemächtigung durch die Dichtung. Darauf Odysseus:

> Wenn du denn noch weiter zu hören begehrst, so möcht' ich's
> Nicht dir mißgönnen ... (11.380)

Und überm Erzählen vergeht ihm die Nacht und die Stunde der Abfahrt.

Noch einmal gesagt: diese Stimmung beherrscht Odysseus bei den Phäaken nicht von Anfang an. Schon bei der ersten Begegnung mit Nausikaa macht ihm die Königstochter Hoffnung auf «schleunige Heimkehr» (6.311). Um sie bittet Odysseus am Abend den König, daß man ihn «mit dem Morgengrauen» heimbefördere (7.222). Und obschon Alkinoos ihn gern länger bei sich hielte, sagt er ihm – man denke: dem völlig Unbekannten! – das Heimgeleit «auf morgen» zu (7.318). Und während schon alles zur Abfahrt des Schiffes gerichtet, der Koffer mit den Gastgeschenken verschlossen, das letzte Abschiedswort an Nausikaa gesprochen ist, deutet nichts darauf, daß Odysseus etwas anderes im Sinn hätte, als was ihn seit den Jahren auf Ogygia quält: «sein Heimatland wiederzusehen». Da bricht, mit der endlichen Frage nach seiner Person, jene verzaubernde Atmosphäre des Geschichtenerzählens herein, die all sein Drängen verdrängt. Kaum aber ist die Sonne wieder aufgegangen, stellt sich auch die Ungeduld wieder ein, mit der Odysseus nun die abendliche Abfahrt des Schiffes erwartet (13.29). Lösung der Ungeduld ist jetzt der Schlaf im sicher fahrenden, falkenschnellen Schiff (13.78–92). Nichts von der Sorge, die in jenen anderen Geschichten den Märchenhelden nach Hause treibt: sie wird einfach ignoriert.

Es ist sichtlich das Werk des epischen Dichters, wenn hier für die sehr faktische Motivation, die im Märchen das Heimwärtsdrängen des Helden begründete, das Seelische eintritt: Liebe und Heimweh. Und was ist aus dem Märchenmotiv des schlafenden Helden geworden! Statt letzter Bedrohung (wie bei Heinrich dem Löwen) auch hier eine epische Situation: Verheißung und Vergessen der Leiden.

Jenseits

Folgt man indessen der Struktur jener anderen Geschichten, so drängt sich im Fall des Odysseus die Frage auf: wo ist er gewesen? wer sind die, die ihn heimbringen? und was ist die Ursache der Eile? Für jene anderen Märchen- und Sagenhelden lassen sich diese Fragen leicht beantworten: Dem Herzog von Braunschweig, der nach dem Verlust seines Schiffes auf selbstgezimmertem Floß an fremdem Ufer landet, ist als käme er «zu der bittern Hölle».[10] Er gerät unter das Wütende Heer, «da die bösen Geiste ir wonung han». Ein ausnehmend Schrecklicher wird, als Braunschweig erfährt «wer er waz» – der vermiedene Name deutet auf den Teufel[11] –, beschworen, ihm zu sagen:

> Wie es umb myn kind da heimen
> Und umb myn lieben frauwen stee.

Darauf die Antwort des Geisterfürsten:

> Bruneczwigk du solt wißen
> Dyn frauwe wil nemen ein andern man.

Und auf noch gewaltigere Beschwörung willigt der Geist ein, Braunschweig mitsamt seinem Löwen, einen nach dem andern, auf der Stelle vor sein Schloß zu tragen.

Das Wilde Heer selber ist es, das Herzog Richard zur Normandie zurückbringt. Das ‹Nebelmännle› in dem schwäbischen Märchen ist ein «Menschenfresser»,[12] ein Dämon, der die Schiffer auf dem Bodensee im Nebel untergehen läßt, und in der anderen, sonst völlig parallelen schwäbischen Geschichte von Kuno von Falkenstein ist es in der Tat der Teufel.[13] Tod oder Teufel sind die Herren jener anderen Welt, aus der die Märchenhelden zurückkehren. Nur in den christlichen Umformungen der Geschichte zur Wunderlegende – von Kaiser Karl, von dem edeln Morunger, von Guillaume Martel (dem Herrn von Bacqueville[14]) oder von Hugh de Hatton[15] – tritt dafür der Engel Gottes oder einer der Heiligen ein, und das Jenseits wird zu Indien und Orient. Aber noch in Caesarius' Wundergeschichte ist es der Teufel, dem St. Thomas den Rücktransport seines Ritters von Indien nach Deutschland befiehlt.

Die Helden all dieser Geschichten kommen, wie gesagt, noch eben recht, um die neue Heirat der Frau zu verhindern. Von dieser augenblicklich drohenden Gefahr aber erfahren sie eben durch die Prophezeiung jenes Dämons oder Geisterherrn der anderen Welt. Selbst in dem indianischen Märchen vom ‹Roten Schwan›, worin der junge Odjibwa auf der Suche nach seinen verschossenen Zauberpfeilen nach langer Wanderung in die Unterwelt, zu den Gefilden der Abgeschiedenen gelangt, eröffnet ihm der Fürst der Büffel, das meint: der Totengeister: «Kehre schleunigst um, denn deine Brüder suchen deinem Weibe Gewalt anzutun!»[16] Und er fährt fort: «Du wirst zu hohem Alter gelangen und glücklich sterben, aber du mußt diese unsre Wohnsitze fürderhin meiden.» Heimgelangt, trifft er die Brüder im Streit um die Frau, den Roten Schwan, und erschießt sie mit dem Bogen. Es handelt sich offenbar um ein uraltes Weltmärchen, das in verschiedenen Ausprägungen in entferntesten Erdteilen erzählt worden ist. Aus der Vergleichung geht hervor, daß dasjenige Abenteuer, in dem der Held von der drohenden Hochzeit seiner Frau unterrichtet wird, seinem eigentlichen Sinn nach der Gang in die Unterwelt ist, auch dort, wo er in anderen Märchenbildern oder als Fahrt in den fernen Osten erscheint. Darin ist die Prophezeiung des Totendämons mit der augenblicklich folgenden Heimkehr ein integrales Moment.

Der Vergleich mit Odysseus' Fahrt ins Totenreich liegt auf der Hand. Sie teilt mit jenen Geschichten das spezifische Moment des beschworenen und wahrsagenden Geistes: Teiresias. Und niemand darf sich wundern, daß die Rolle von Tod und Teufel der Seher übernimmt: für die selbst die Heiligen nicht zu heilig waren. Die Wahrsagung offenbart Odysseus die drohende Wiederverheiratung seiner Frau (11.115ff.). Daß die Offenbarung eigentlich das eben in diesem Augenblick Geschehende meint, ist in allen parallelen Geschichten deutlich: der Charakter der Warnung verlangt, daß der Held darauf die schleunige Heimfahrt antritt. Diese Konsequenz ist in der Nekyia der Odyssee wiederum verdunkelt (wieder ein ‹Fehler›), indem Odysseus auf die erschreckende Offenbarung nicht im geringsten erschreckt reagiert – was immerhin dadurch gemildert wird, daß die Umwerbung der Frau in die Zukunft verlegt wird.

Der richtige und ursprüngliche Zusammenhang ist, überraschenderweise, erhalten in der Telemachie: auch ihr junger Held hat sich auf seiner weiteren Reise in Sparta – wie Odysseus bei Kirke – ‹verlegen›, da erscheint ihm im Traum Athene: «Telemach, das ist nicht recht, daß du so lange in der Ferne schweifst... Mach dich schleunigst auf, damit du deine Mutter noch zu Hause antriffst!» (15.10ff.) Es ist die Warnung, die im Märchen der Held am fernsten Punkt seiner Irrfahrt erhält. Auch Sparta ist, auf Telemachs Erkundungsreise, der entfernteste Punkt. Und wie es sein muß: auf der Stelle will er heim. – Wir hatten schon vorher bemerkt, daß der Odysseedichter die Telemachie nach dem Muster des Sucher- und Irrfahrermärchens erfunden hat.

So gehören also Verkündigung und Heimkehr eigentlich in unmittelbare Folge. In der Nekyia ist die Warnung des Teiresias dem neuen – epischen – Zusammenhang, nämlich der Position in der Mitte der Abenteuer, statt am Ende, angepaßt, indem sie zur Prophezeiung der «späten» Heimkehr wird, also im folgenden noch das Verweilen bei Kalypso und das Phäakenabenteuer vorsieht:

> Kehrest spät, elendiglich heim, ohn' alle Gefährten,
> Fremd auf fremdem Schiff, und findest im Hause das Unheil...
>
> (11.114f.)

So gäbe es also zwei Abenteuer, deren jedes darauf Anspruch machen kann, das ‹letzte› zu sein? Die Fahrt zur Unterwelt wegen der Prophezeiung des Teiresias, die Rettung zu den Phäaken wegen der wunderbaren Heimführung? So wie es zwei ‹vorletzte Abenteuer› gab, die so deutlich miteinander konkurrieren, Kirke und Kalypso?[17] Aber waren nicht die beiden Nymphen ursprünglich eine und dieselbe? Und ist nicht auch das ‹letzte Abenteuer›, nach allem was die vergleichbaren Märchen und Legenden lehren, letztlich Eines gewesen, mit Prophezeiung und unmittelbarer Heimführung? Die Odyssee hat beide Momente, die zusammengehören, auseinandergerissen, noch spürbar an beiden Orten, indem die Prophezeiung ohne Folge, die eilige Heimfahrt ohne Ursache bleibt. Sind es zwei einander völlig fremde Erzählungen, die von der Phäakeninsel und die vom Totenreich, auf die der Dichter die beiden Motive verteilt hätte? So sieht es auf den ersten Blick aus: nach ihrer Handlung sowohl wie nach Charakter und Stimmung könnten die zwei nicht verschiedener sein.

Immerhin sind gerade in der Phäakenerzählung seit langem die Spuren vermerkt worden, die, entgegen der epischen Oberfläche eines fast zeitgenössisch anmutenden Lebensbilds, auf einen ursprünglichen, märchenhaften oder religiösen Sinn hinweisen.[18] Sie liegen zutage nicht nur in dem Motiv der Wunderschiffe, der steuerlosen, selbstdenkenden, die die Gedanken der Menschen ebenso kennen wie alle ihre Wohnorte: Zu den Schiffen, die «in Dunst und Nebel gehüllt» aufs schnellste ihr Ziel erreichen, gehören die «Graumänner» (‹Phaiēkes›),[19] die «schmerzlosen Geleiter für jedermann» (8.556–66). Der Ursprung ihrer Könige von Poseidon – der ihnen die Schiffe verlieh – und von der Tochter des Riesenkönigs Eurymedon rückt sie in märchenhafte Ferne (7.56 ff.). Tatsächlich wohnten sie einst in ‹Hypereia› (6.4), dem «Jenseitsland», in der Nachbarschaft der Zyklopen; aber das Land, wohin ihr Ahnherr, Alkinoos' Vater, mit dem ganzen Volke vor den Zyklopen wich, Scheria, liegt gleichfalls «fern von den Menschen», «am Ende des Meeres» (6.7 f., 204 f.), wohin «sonst kein Sterblicher kommt» (6.4–8, 204 f.). Vor ihrer Fremdenfeindlichkeit, trotz ihrem Geleiteramt, wird Odysseus gewarnt (7.32 f.). Man mag noch den Wundergarten des Alkinoos mit seiner paradiesgleichen Fruchtbarkeit und das Wunderschloß mit den unsterblichen, goldenen und silbernen Wachhunden dazunehmen: das alles sind Anzeichen eines Überlieferten, über dem der epische Dichter sein Bild eines ungemeinen Glücks und einer hohen humanen Geselligkeit entworfen hat.

Sind also die eschatologischen Züge im Hintergrund der Phaiakis nicht zu verkennen, so wird es damit noch nicht leichter, sie mit der trostlosen Schilderung der Totenwelt in Verbindung zu bringen. Man muß, um zu dem gemeinsamen Ursprung zu finden, einen weiten Umweg machen, den seinerzeit Ludwig Radermacher gewiesen hat.[20] Er erkannte in dem Phäakenabenteuer eine uralte Geschichte wieder, die damals jüngst in einem ägyptischen Papyrus aus dem Anfang des zweiten Jahrtausends aufgetaucht war, die Geschichte des Schiffbrüchigen,[21] die er als «die Fahrt zum Wunderland» in ihrem Typus faßte. Dort rettet sich ein Seefahrer, alleine von seiner ganzen Mannschaft, aus dem Sturm an eine Insel, birgt sich zum Schlaf in schattigem Gebüsch und nährt sich umherstreifend von den überreichen Früchten und Tieren des Landes. Als er davon ein Opfer für die Götter herrichtet, erscheint eine riesige, wunderbare Schlange. Der Schlangengott fragt ihn drohend, wie er zu dieser Insel gekommen sei, und trägt ihn im Maule zu seinem Wohnplatz. Der Mann erzählt seine Geschichte, worauf die Schlange ihm die göttliche Fügung seiner Rettung erklärt und sich selber als den Fürsten des Landes Punt offenbart. Er prophezeit ihm, nach viermonatigem Verweilen auf der Insel, die glückliche Heimkehr auf einem Schiff, das aus seinem Vaterlande kommen wird: «du wirst deine Kinder umarmen, du wirst deine Frau küssen, du wirst dein Haus wiedersehen ... und dort inmitten deiner Geschwister leben» – und verheißt ihm einen glücklichen Tod. Diese Insel aber werde er nie wiedersehen, da sie «zur Flut wird» – ähnlich der Prophezeiung Poseidons von dem künftigen Verschwinden des Phäakenlands (13.172 ff.). Der Mann verspricht, in der Heimat den Ruhm des Inselherrn zu preisen – des «fernen Lands, das die Menschen nicht kennen». Als das Schiff erscheint, wird er mit reichen Schätzen der Insel in seine Heimat entlassen.

Die Zusammenhänge mit der Phäakenerzählung der Odyssee sind in der Tat augenfällig.[22] Radermacher hat sie aber lediglich auf das Phäakenabenteuer bezogen, nicht auf Irrfahrten und Heimkehr. Er sah in dem Typus der ägyptischen Erzählung eine Sonderquelle der ‹Phaiakis›.[23] Tatsächlich ist darin von einer Umwerbung der zurückgebliebenen Frau und Rückkehr in letzter Stunde keine Rede. Was aber Radermacher nicht bedacht hat, ist das Motiv der Prophezeiung. In der Geschichte des Schiffbrüchigen gibt es zwar keine Warnung vor der zu Hause drohenden Gefahr (weil eine solche Gefahr nicht besteht), wohl aber die Verheißung des glücklichen Lebensendes. In den neueren ägyptologischen Forschungen ist mehr und mehr der eschatologische Charakter der Geschichte hervorgehoben, zu dem die Verheißung des glücklichen Todes gehört.[24] Mit eben dieser aber endet in der Nekyia der Odyssee die Prophezeiung des Teiresias:

... Der Tod aber wird dir kommen
Fern von der See, gar sanft, und solchergestalt, daß du scheidest
Matt von strotzendem Alter, umgeben von glücklichem Volke.
(11.134 ff.)

Kaum möglich, diesen Schluß der Teiresiasrede für einen Fremdkörper in der Nekyia zu halten: dieselbe Prophezeiung findet sich, verbunden mit der Warnung vor den Nebenbuhlern, in der Offenbarung des Unterweltdämons, des Herrn der Büffel, in der indianischen Geschichte vom ‹Roten Schwan›: «Kehre schleunigst um, denn deine Brüder suchen deinem Weibe Gewalt anzutun. Du wirst zu hohem Alter gelangen und glücklich leben und sterben.» Und die indianische Geschichte folgt dem Typus des Sucher-, Irrfahrer- und Heimkehrermärchens. Ja das Motiv der Prophezeiung scheint so fest im Typus der Geschichte verwurzelt, daß es sogar in dem Versroman von Richard von der Normandie auftaucht, indem der Herzog den Teufel Hellequin, einigermaßen unmotiviert, fragt, ob er lange leben werde? Der erklärt zwar, nichts davon zu wissen, prophezeit ihm aber, daß er noch manche Abenteuer zu bestehen habe, doch niemand ihn überwinden werde.[25]

In der Verheißung des Teiresias: glückliche Heimkehr und seliger Tod, begegnet also dies unentbehrliche Moment der ägyptischen Erzählung – der ‹Fahrt zur Wunderinsel›, die Scheria so ähnlich sah – nun in Odysseus' Unterweltsfahrt. Phaiakis und Nekyia scheinen nicht so weit auseinander zu liegen, daß sie aus völlig getrennten Quellenbereichen sich nährten. Wie vorher Kirke und Kalypso als Variationen derselben Geschichte erschienen, so rücken jetzt, auf dem Muster der altägyptischen Jenseitsfahrt gesehen, auch Nekyia und Phaiakis zusammen. Es sieht so aus, daß die Sequenzen Kirke-Nekyia und Kalypso-Phaiakis etwas in der Märchenüberlieferung Vorgegebenes waren, als die letzten Stationen vor der Heimkehr. Und was in der Rede des Teiresias Verheißung ist, das wird im Munde des Alkinoos zum Segenswunsch:

Dir aber geben die Götter, dein Weib und Heimat zu schauen!
(8.410)

Beide Abenteuer haben sich, in sehr verschiedener Weise, von einem gemeinsamen Punkt entfernt, indem aus der Idee des Jenseits das eine das Leben der «Götternahen» zog (5.35, 7.205), das andere das Schattendasein der Toten.

Sindbad

Es wäre müßig, über die geschichtlichen Zusammenhänge der homerischen Erzählungen mit dem mehr als tausend Jahre älteren ägyptischen Text zu spekulieren. Dieser Text ist ja selber nur Zeugnis einer umlaufenden noch älteren Geschichte.[26] Vielleicht aber ist es möglich, eine Spur jenes ‹gemeinsamen Punkts›, worin sich Phäakenland und Totenwelt der Odyssee mit der Wunderinsel des ägyptischen Märchens treffen, noch in einer anderen Tradition aufzunehmen. Die Reisen Sindbads des Seefahrers, in Tausendundeiner Nacht, sind oft mit den Abenteuern des Odysseus verglichen worden, allerdings gewöhnlich nur um der bunten Reihung von Schiffermärchen oder der Ähnlichkeit einzelner Geschichten willen (so des ‹Polyphemabenteuers› auf Sindbads dritter Reise). In der Tat, einer Betrachtung der Strukturen widersetzt sich die orientalische Erzählweise ebenso wie die Entstehungsgeschichte und das Kompositionsprinzip des ganzen Korpus. Denn soviel scheint festzustehen, daß eine Hauptmasse der Sindbadabenteuer zuerst als namen- und zusammenhanglose Seemannsgeschichten bald nach 900 in Basra, der Hafenstadt am Persischen Golf, gesammelt worden waren: unter dem Titel ‹Die Wunder Indiens›.[27] Indisch ist aber auch der Name des Helden, unter dem sie, zu einem geschlossenen Roman vereinigt, alsbald in die Erzählungen der Tausendundeinen Nächte eingegangen sind. Das geschah wahrscheinlich schon in dem frühesten Stadium der Sammlung, in dem Bagdad der Abbasidenzeit; auf einem Boden also, der reiche vorislamische Traditionen, sowohl indisch-persische wie altbabylonische, bewahrt hatte.[28] Man muß also damit rechnen, daß die überlieferten Geschichten weit älter waren, vielleicht gar älter als die Odyssee.

Unter den Abenteuern Sindbads gibt es kaum eines, das mit der eigentlichen Sindbadgeschichte: seinem Aufbruch in die Welt und seiner Heimkehr, notwendig und thematisch verbunden ist. Davon aber machen seine beiden letzten Reisen eine Ausnahme: sie entbehren nicht wie die anderen Abenteuer jener Handlungsstruktur in unserem Sinne und lassen sich nicht so ohne weiteres unter ‹Seemannsgarn› subsumieren; sie sind eigentlichere Märchen, und ich wage die Vermutung, daß sie mit der Figur ihres Helden ursprünglicher verbunden sind als jene ‹Wunder ferner Länder›.

Die Sechste Reise Sindbads – die der Siebenten und letzten weithin gleicht[29] – verschlägt ihn, nach anfänglich glücklicher Handelsfahrt, unversehens in unheimliche Gewässer: das Schiff prallt gegen einen Felsen, wenige der Reisegefährten retten sich auf eine Insel, die voll ist vom Strandgut früherer Schiffbrüche. Während nun dort alle übrigen bald sterben, entdeckt Sindbad im Innern der Insel einen Bach von Süßwasser, dessen Grund mit Perlen und Edelsteinen bedeckt ist; in einiger Entfernung aber verschwindet der Bach unter einen Berg. Sindbad bindet sich ein schmales Floß zusammen, lädt von den Juwelen auf und läßt sich vom Strom hinabtreiben in das Bergloch: eine ängstliche Fahrt in fürchterlicher Enge und Finsternis, in der er dennoch einschläft. Erwachend, findet er sich in fremder Gegend: «Inder und braune Menschen» stehen am Ufer, die aus der nahen Stadt hergekommen sind, ihre Felder zu bewässern; doch versteht er ihre Sprache nicht. Endlich weiß einer ihn auf arabisch anzureden: «Wer bist du? Woher kommst du? Warum bist du hierher gekommen? Wie bist du in dies Wasser hineingeraten? Was für ein Land liegt hinter dem Berge? Wir kennen niemanden, der von dort hierher zu uns gekommen wäre.» (Es ist also das Jenseitsland.) Doch erst nachdem sie seinen Heißhunger gestillt haben, antwortet er mit der Erzählung seiner Erlebnisse. Sie nehmen ihn mit zum Königspalast, dort erzählt er abermals seine Abenteuer «von Anfang bis zum Ende», zum «Staunen» des Königs. Er wird immer mehr geehrt, wohnt im Schloß und verkehrt mit den übrigen Vornehmen. Der König fragt ihn schließlich nach seiner Heimat und wird ihm ein Geschenk an den Kalifen mitgeben. Endlich läuft ein Handelsschiff nach Basra aus, auf dem er wieder heimgelangt. Der Kalif, dem er das Geschenk des fernen Königs überbringt, erkundigt sich angelegentlich nach jener Stadt, doch Sindbad weiß weder den Namen noch den Weg dorthin zu sagen. (Also wieder das Entrückte Land.)

Die Übereinstimmungen mit der Phäakengeschichte sind wiederum offenbar, sie treten in der Siebenten Reise im einzelnen noch deutlicher hervor: Schiffbruch, Entledigung von den Kleidern, Rettung auf der Planke, an die baum- und quellenreiche Insel (wie Ogygia), der «große Strom süßen Wassers», der Floßbau, die Fahrt zum Land fern von der Menschenwelt, Aufnahme und Kleidung des Nackten, Speisung am Strande, Erzählung des Unglücks, Mitnahme zum Schloß, abermalige Erzählung der Abenteuer, Bewunderung und Ehrung des Fremden, der Versuch, ihn zu halten. Ja, in der Siebenten Reise – wo es statt des Königs ein Scheich ist, der ihn aufnimmt und über Maßen liebt – bleibt die in der Odyssee so wünschbare Hochzeit mit der Fürstentochter nicht einmal Wunsch: sie heiraten und führen eine lange glückliche Ehe (die Version der Gewinnung der Märchenprinzessin). In der Sechsten Reise dennoch die Entlassung («Doch wenn du lieber heimkehren möchtest, mit Gewalt will ich dich nicht halten», wie Alkinoos 7.314 f.), die Empfehlung an die Heimat, die Heimkehr auf fremdem Schiff, endlich noch einmal die Unauffindbarkeit jenes Lands «hinter dem Berge». Auch die orientalische Geschichte hat, in der durchgehend mohammedanischen Einfärbung, die ‹jenseitigen› oder unterirdischen Züge des Märchens bewahrt.

Eines allerdings, worin das Jenseitige am deutlichsten sich anzeigt, scheint in der Odyssee zu fehlen: die Fahrt auf dem Unterweltstrom, – denn nichts anderes ist ja der unterirdische Fluß, der jenseits des Berges (in der Siebenten Reise) in die Tiefe stürzt, an dessen Ufer (in der Sechsten) «Inder und braune Menschen» stehen,[30] deren Stadt (wiederum in der Siebenten) an diesem Strome liegt. Aber fährt nicht auch Odysseus auf einem Strom – einem notorischen «Süßwasserstrom» – zur Unterwelt? Und gelangt er nicht auch dort zuerst zur Stadt der «Dunkelmänner»? (Denn das bedeutet der Name der ‹Kimmerier›.)[31] Es ist mir sehr wahrscheinlich, daß der Okeanos mit der Kimmerierstadt, in der Katabasis des Odysseus, aus einem uralten Mythos herrührt, der der Nekyia und der Phaiakis ebenso wie der Sechsten und Siebenten Reise Sindbads die strukturalen Momente geliefert hat.

Natürlich würde diese ganze Vergleicherei jede Bedeutung verlieren, wenn die odysseischen Züge erst aus der Odyssee in die Sindbadgeschichten geraten sind.[32] Aber eine solche Annahme stellt uns vor unlösbare Schwierigkeiten: Was für einen analytischen Kopf müßte man sich als den arabischen Leser Homers vorstellen, der Odysseus' Floßfahrt von Ogygia nach Scheria in ihren einstigen Märchensinn als Unterweltsfahrt zurückübersetzte – und diesen Sinn dann wieder vergäße! Viel eher wird man die Sindbadmärchen zum Zeugnis nehmen für eine alte mythische Überlieferung, sei sie indisch oder mesopotamisch, die nach verschiedenen Seiten in Varianten ausstrahlte.

Denn zugleich schlägt Sindbads Erzählung die Brücke zu dem ägyptischen Märchen. Die Übereinstimmungen nach beiden Seiten treten in der Siebenten Reise noch mehr hervor; und dazu muß ich einen merkwürdigen Passus in der Geschichte des Schiffbrüchigen nachholen, den ich oben übergangen habe. Der Schlangengott, nachdem er den Schiffbrüchigen in seinem Maule zu seiner Behausung getragen hat, erzählt von einem großen Unglück, das einst seine Familie betroffen habe. Feuer fiel vom Himmel und verbrannte 74 Brüder und Kinder zu Asche. Nur eine kleine Tochter, die er «vorauswissend hinweggebracht hatte»,[33] blieb übrig. – Warum der Gott von seiner Tochter erzählt, bleibt dunkel. – Nun Sindbad, nach seiner Hochzeit mit der Scheichtochter:[34] Eines Tages entdeckt er, daß die Männer jener fremden Stadt sich allmonatlich einmal in Flügelwesen verwandeln und zum Himmel fliegen. Er erreicht es, daß einer, nach anfänglichem Verweigern des «Unmöglichen», ihn auf seinen Rücken nimmt und empor zum Äther trägt. Schon hört er droben die Engel singen und stimmt in die Lobpreisung Allahs ein. Da schießt ein Feuer vom Himmel, von dem die Flügelmänner zur Erde stürzen und fast verbrannt werden. Nach einem Zwischenerlebnis mit einer Schlange, die «einen Mann im Maule trägt», findet er seinen Flügelmann wieder, und auf abermalige, dringlichere «Beschwörung» trägt ihn dieser, unter der «Bedingung», daß er den Namen Allahs nicht noch einmal nenne, auf seinen Schultern durch die Lüfte zurück nach Hause und zu seiner Frau. Die eröffnet ihm, daß jene Leute die «Brüder des Teufels» seien, sie selber aber (und ihr Vater) gehöre nicht zu ihnen. Am Ende kehrt er mit ihr in seine Heimat zurück.

Ich vermute, daß wir es hier mit einer Variation der ägyptischen Geschichte des Schlangengottes zu tun haben. Altägyptischer wie altbabylonischer Stoff findet sich auch sonst in Tausendundeiner Nacht.[35] Man mag dem aber zustimmen oder nicht, der ‹eschatologische› Charakter jenes ‹Indien› tritt mit einemmal unverhüllt hervor.

Dabei ist die Doppeldeutigkeit des Jenseitsvolkes, zugleich Helfer und Teufel, gastlich und tödlich zu sein, bemerkenswert: es teilt sie mit dem Volk der «Geschnäbelten» in den mittelalterlichen Reflexen der Sindbadgeschichte – Herzog Ernst, Heinrich der Löwe, Reinfrit[36] –, in deren Burg der Held zuerst gastlich aufgenommen scheint, ehe er ihre Feindlichkeit erfährt. Und dort nun auch, wie in Sindbads Siebenter Reise, die merkwürdige Rolle eines fremden Fräuleins, das sich widerwillig unter den Geschnäbelten befindet und vom Helden in seine Heimat mitgenommen wird – gewiß, nach dem eigentlichen Märchensinn, um seine Frau zu werden. – Der Vergleich dieser mittelalterlichen Erzählungen kann womöglich dazu dienen, ältere Fassungen der Sindbadgeschichte, von der sie herrühren, zu erschließen.[37]

Bedeutsam ist nun, daß Sindbad auf dem Rücken des geflügelten Teufels heim zu seiner Frau getragen wird, und zwar auf Beschwörung und unter Bedingung: es sind die charakteristischen Motive der Unterweltepisode, als des letzten Abenteuers in dem Geschichtentypus der Heimkehr des Gatten. Dies ‹Heim› befindet sich hier aber im Märchenland selber, die eigentliche Rückkehr in die Heimat wird angehängt. Wir haben diese Version auch in dem Grimm'schen Märchen ‹Der König vom Goldenen Berge›:[38] da ist sogar die Heimkehr – mitsamt der Freiermordgeschichte – im Märchenland selber verwurzelt. Wir müssen offenbar in dem Stratum der Vorgeschichte des Odysseusmärchens, aus dem sowohl die Phäakenerzählung wie die Fahrt zur Unterwelt erwachsen ist, mit einem Märchenmuster rechnen, das, gestaltend-umgestaltend, das eine wie das andere hervorgebracht hat.

Nausikaa

Damit sind wir vorbereitet, auch die bedeutendste Übereinstimmung der Phäakengeschichte mit der Siebenten Reise Sindbads zu verstehen. Von der Hochzeit träumend wird Nausikaa, schlafend in ihrer reichgezierten Kammer, eingeführt:

> Den unsterblichen Göttinnen gleich an Wuchs und Erscheinung. (6.16)

Ihr ist, als spräche ihre Freundin, die Tochter des Dymas, zu ihr und tadele sie für ihre Nachlässigkeit:

> Ungepflegt, so liegen dir da die schimmernden Kleider,
> Und deine Hochzeit ist nah, wo du schön gekleidet zu sein hast...
> Gehn wir zum Waschen hinaus mit dem ersten Lichte des Morgens... (6.26)

Für solches Drängen scheint es genug, daß «schon die Besten im Volk um dich freien» (6.34): von einem Bräutigam ist keine Rede. Als sie darauf den Vater um seinen Wagen bittet, um die Kleider der Brüder zu waschen, verschweigt sie den eigentlichen Grund, «denn sie scheute sich, von der Hochzeit zu sprechen» (6.66). Und der Vater, sie erratend, verschweigt ihn auch. Mit diesem heimlichen Gedanken fährt sie hinaus zur Begegnung mit dem Schiffbrüchigen.

Unüberhörbar sind im folgenden die mehrmaligen Andeutungen, daß Odysseus der willkommenste Gemahl der Königstochter sein würde. Nicht nur Nausikaa sagt es zu ihren Dienerinnen:

> Wäre mir doch ein solcher Mann als Gatte beschieden,
> Der hier wohnte und wäre gesonnen, bei uns zu bleiben! (6.244)

Und sie imaginiert die Nachrede der Leute, wenn sie mit ihm durch die Stadt ginge: «Das wird nun wohl ihr Mann werden, ... und die hat ihn für alle ihre Tage!» (6.277/81). Alkinoos selber versichert:

> Wenn doch, Vater Zeus, und Athenaia und Apollon!
> So wie du einer bist, und gesonnen so wie ich selber,
> Du meine Tochter bekämst und möchtest mein Schwiegersohn heißen
> Und hier bleiben! Ich würde dir Haus und Eigentum geben...
> (7.311 ff.)

Es ist genau dasselbe, was in der Siebenten Reise Sindbads wirklich geschieht.[39] Seit langem hat man gesehen, daß hinter der Nausikaaepisode ein Muster sich verbirgt, das auf die Hochzeit des Märchenhelden mit der Königstochter des Geisterreiches hinauslief.[40]

Nun schließt die Hochzeit mit der fremden Prinzessin, als Ende der Geschichte, die Heimkehr zur Gattin mit der Überwindung der Freier, die wir als das eigentliche Odysseusmärchen fassen, aus. Irgendwann mußte das Gewebe, das in Sindbads Siebenter Reise wie im ‹König vom Goldenen Berge› die Motive noch vereinigt zeigt, sich nach hier und dorthin scheiden. Aber die möglichen Geschichten, die von dem Irrfahrer erzählt werden konnten, lagen in der Überlieferung immer nahe genug beieinander, um die Motive des einen im anderen erscheinen zu lassen. Das gilt vor allem von der wunderbar raschen Heimfahrt, die von der Prophezeiung der Freiergefahr durch den Unterweltsgeist nicht zu trennen ist und doch in dem Abenteuer bei den ‹Graumännern› nicht als ein Fremdkörper steht.

Was sich aus der umwegigen Betrachtung der Märchenparallelen ergibt, ist dies: Vier der odysseischen Abenteuer – Kalypso und Phaiakis, Kirke und die Fahrt zur Totenwelt, haben sich als zur Heimkehrergeschichte gehörig erwiesen. Ferner: die Erzählung der Odyssee vom fünften bis zum Anfang des dreizehnten Buchs, von Kalypso über die Phaiakis, mitsamt manchen der dort erzählten Abenteuer, bis zur Heimfahrt nach Ithaka, ist nicht von dem Epiker aus heterogenen Stoffen zusammengefügt, sie fanden sich bereits in der Überlieferung in strukturalen Zusammenhängen, die auf eine Mustergeschichte verweisen. Dies Muster der Odysseusgeschichte dürfen wir uns nicht als ein Starres, zu Rekonstruierendes und Nacherzählbares denken, vielmehr als ein Bewegliches und Bewegendes: bildende Form, die nur in Gestaltung und Umgestaltung da ist.[41] Ihre epische Gestaltung aber bedeutet eine Transformation auf eine andere Stufe.

Die Transformation des Jenseitsabenteuers ins Homerische ist im einen Fall (der ‹Phaiakis›) in die Richtung des Menschlich-Gesitteten gegangen, im anderen (der ‹Nekyia›) ins Mythisch-Heroische. Dabei scheint das Phäakenabenteuer die erzählerischen Züge des Märchens treuer bewahrt zu haben, zu denen vor allem auch die Begegnung mit der Königstochter gehört. Hier mußte der Dichter, um das Thema der Heimkehr zu Penelope nicht zu stören, der – wahrscheinlich auch schon vorgefundenen – Version folgen, daß es nicht zur Hochzeit kam. Aber welche Sublimierung der Märchenliebe hat er daraus gezogen! Von Odysseus' Seite kein Wort, das über die reinste, fast religiöse Verehrung ihrer Schönheit und Jugend, die Seligpreisung eines künftigen Bräutigams hinausginge:

> Wie ich dich, Weib, anstaun' und erstarrt bin: mächtig erschaur' ich ...
> An deine Knie zu rühren ... (6.168)

Dazu seine Sorge um seine Nacktheit: beim ersten Auftreten vor den Mädchen, dann bei der Waschung am Fluß. Von Nausikaas Seite eher naive, unverhüllt-spontane Neigung:

und es staunte das Mädchen: ...
Jetzt aber gleicht er den Göttern, die weit den Himmel bewohnen.
Wenn mir doch solch ein Gemahl ... (6.237, 243 f.)

Darauf ihre Sorge für den Anstand, die Trennung auf dem Wege zur Stadt. Und dann der noble Streit des Alkinoos mit dem Fremden um das Verhalten der Tochter, deren geheime Gedanken der Vater vorher so zart geschont hatte, jetzt aber so gar nicht zu ahnen scheint (7.299). Bis hin zu jener kurzen Abschiedsszene vor der Abfahrt (8.457), Nausikaa am Türpfosten stehend, als Odysseus vorbeigeht: Lebe wohl – Gedenke mein – Versprechen ewiger Dankbarkeit: «denn du hast mir das Leben geschenkt, Mädchen.» Vierzehn Verse von zarter Verschwiegenheit müssen das Gewicht einer buchlangen Vorbereitung aufwiegen. Der Takt des Odysseedichters in der Bemessung und Verteilung der Längen gehört zum Höchsten, was die Kunst des Erzählens hervorgebracht hat.

Das Beinahe, das im Versagten Angedeutete, liegt ja nicht nur in Odysseus' Verhältnis zu Nausikaa, es ist ebenso, obgleich noch verhaltener, bei Alkinoos, der sich wünscht, den Fremden für immer bei sich zu behalten. Es ist derselbe Hochbegriff der Freundschaft, dasselbe versagte Glück, das sich Menelaos mit Odysseus gewünscht hatte (4.169–182). Und wenn Alkinoos seine große Rede an den noch immer Unbekannten mit dem Gedanken der Liebe zu einem «Gefährten» abschließt, die der Bruderliebe gleichkomme (8.585), wieviel nicht ist darin von ihm selber!

Aber nun die beiden Frauengestalten aus den beiden konkurrierenden Märchenversionen, die Märchenprinzessin und die treulich Wartende! In der Tat, das Epos läßt sich lesen wie der Roman eines Mannes in einer Fülle von Frauenbeziehungen.[42] Da sind Penelope und Kalypso, Kirke und die Sirenen, Helena und Arete, Eurykleia die Amme und die Mutter Antikleia, und nicht zu vergessen die Göttin Athene. Keine dieser Figuren treten miteinander in szenische Relation. Dagegen ist Treue oder Geschlecht, Freundschaft oder Verehrung, Liebe oder Strenge, Dämonie oder göttliche Vertrautheit je das Fluidum, das Szene und Verhältnis zu Odysseus prägt. Unter allen ist das zu Nausikaa das vielschichtigste, hervorgehoben durch Position und Umfang der Erzählung wie durch szenischen Reichtum und Anschaulichkeit. Von ihrem Märchensinn her ist es die Figur, die virtuell einen Konflikt einleitet, siehe die Prinzessin vom Goldenen Berge. Ihr Charakter variiert von der orientalischen Schönheit bis zur bösen Fee. Was der Odysseedichter aus ihr gemacht hat, entspringt demselben Vorgang, dem sich im Dichterischen die Form des homerischen

Großepos verdankt, und den wir den Aufgang des Humanen nennen mögen. Das Kraftfeld um Penelope – anders als Kalypso – berührt sie nicht.

Vorwelt

Verglichen mit der Phäakenerzählung fehlt der Nekyia fast alles Fabulöse (wobei natürlich von der überreichen Mythologie der Revue passierenden Heroinen und Heroen abzusehen ist). Die Prophezeiung des Teiresias – Zweck des ganzen Abenteuers – ist von ihren erzählerischen Märchenzusammenhängen ziemlich abgelöst: die Voraussage der Freiergefahr wegen der – nun im Epos vollzogenen – Trennung von dem Heimgeleit durch die Phäaken; die Verheißung des glücklichen Lebensendes um neuer Sinngebung willen: denn sie rückt nun zusammen mit dem Thema der ‹Lebensläufe›, das in den Heroengesprächen entfaltet wird (wovon eigens zu reden sein wird). Diejenige Auskunft aber, um derentwillen Odysseus zum Hades fahren mußte (10.490, 539), über den Weg der Heimkehr: die Warnung vor den Rindern des Sonnengottes (11.110), erscheint überflüssig, da er sie noch einmal von Kirke, in einer genaueren Wegweisung, hören wird (12.137). Sie fehlt in den Prophezeiungen der verglichenen Märchengeschichten: möglich, daß gerade sie vom Odysseedichter erst hinzugetan wurde. Sie gehört zu der neuen epischen Sinngebung der alten Geschichte durch das Thema von Schuld und Leiden.

Was aber ist aus dem Prophezeienden geworden, dem Herrn der Geister und Fürsten der Totenwelt! Statt des ganzen Märchenpersonals, das hier nicht mehr zu gebrauchen war, greift sich der Dichter, um die Funktion der alten Geschichte zu besetzen, mit freier Willkür aus dem hohen heroischen Mythos, und nicht einmal aus dem troischen Kreis, die berühmteste Sehergestalt der thebanischen Sage, den Priester Teiresias, um ihm zugleich das ganze Gewicht der religiösen Warnung und der göttlichen Verheißung zu übertragen. Nirgends in der Reihe der Abenteuer finden wir uns so wie hier auf dem Boden der freien dichterischen Erfindung, indem sie die Totenwelt in das große Hintergrundspanorama der heroischen Vorwelt umgewandelt hat.

Und doch bewegt er sich selbst hier, wo alle Handlung einer einfachen Geschichte zu fehlen scheint, auf den Wegen des überlieferten Märchens. In der Legende Richards von der Normandie bemerkt der Herzog in dem Wilden Heere, auf das er eines Abends im Walde von Moulineaux stößt, einen seiner jüngst gestorbenen Bekannten. Das Motiv wiederholt sich in derselben Geschichte in einem Ritter des Herzogs, den er, von dem Wilden Heer auf den Sinai versetzt, dort als Gefangenen der Sarazenen wiederfindet und dem er auf seine Bitte einen Dienst in der Heimat erweisen wird.[43] Das mag etwas Zufälliges scheinen. Es erinnert aber doch sehr an die erste Totenbegegnung des Odysseus im Hades, mit dem jüngst verunglückten Gefährten Elpenor, und die Erfüllung seiner Bitte um Bestattung seines Leichnams, wenn er zur Kirke zurückfahre. Etwas anderes kommt hinzu. In dem indianischen Märchen vom ‹Roten Schwan› fragt Odjibwa den «Skelettbüffel» und «Herrn der Toten», nachdem er seine warnende Wahrsagung gehört hat, nach der Bedeutung eines hellen Scheins im Westen der Unterwelt, und bekommt zur Antwort: das sei der Wohnsitz der Guten; «Und jene dunkle Wolke dort?» «Der Sitz der Bosheit.» Hier schließt sich also an die Befragung eine Beschreibung der Unterwelt mit Gruppen verschiedener Toten an, wie sie, über Vergil, zur Form des Dantischen Inferno geworden ist. Man wird also zögern, gerade diese Hauptmasse des elften Buchs, ihrem Motiv und ihrer Form nach, der Erfindung des Odysseedichters zuzuschreiben. Und gerade die vielverdächtigte Gruppe der drei Büßer – Tityos, Tantalos und Sisyphos (11.576–600) – scheint etwas vom Ursprünglichsten bewahrt zu haben.

Um so mehr springt in die Augen, was hier aus einem überlieferten Motiv geworden ist. Der Leser wird mit einer Fülle von Heroenmythen überfallen, die weit über den Kreis der trojanischen Sage hinausreichen. Mindestens dieselbe Fülle von mythischen Erzählungen weist die Ilias auf; sie haben dort meist die Funktion exemplarischer Geschichten der größeren Vorzeit, mit denen Personen des Epos die Angeredeten bewegen, zum Mut oder Schrecken, zu Einsicht, Erdulden und Erbarmen. Von mythischen Exempeln macht der Odysseedichter wenig Gebrauch, ein einziges ausgenommen, das er zum Paradigma seines ganzen Epos macht, die Sage vom Tod Agamemnons. Sie steht in der Nekyia bedeutend in der Mitte. Vorher und nachher aber wird, von den Heroinengeschichten bis zum Tod des Herakles, ein Kranz von Heroensagen geflochten, der sichtlich ein Ganzes repräsentieren soll. Hier wird der Hades zum großen Hintergrundsgemälde heroischer Vergangenheit, er wird zum Raum der Erinnerung, geschaffen von einem gegenüber der Ilias schon veränderten Zeitbewußtsein, einem anderen Verhältnis zum heroischen Mythos, das sich zumal auch darin anzeigt, daß sogar die Trojahelden, aus der epischen Zeit her gesehen, nun dem ‹Hades des Gedächtnisses› angehören.[44]

Zuletzt wird die Unterweltsfahrt des Odysseus von dem Dichter vor den Hintergrund der Katabasis des Herakles und seiner Heraufholung des Höllenhunds gestellt (11.623). Von einem solchen mythologischen Abenteuer ist in der Nekyia nichts übriggeblieben, sie ist nichts als der Bereich des Todes selber. Wie aber unter den zwölf Arbeiten des Herakles der Abstieg in die Totenwelt die letzte und schwerste ist vor der Gewinnung der Hesperidenäpfel und der Unsterblichkeit, so steht auch in den Irrfahrtengeschichten der Märchen die Begegnung mit den Totengeistern in der Reihe der Abenteuer an letzter Stelle vor der Heimkehr. Erst der Odysseedichter hat sie in die Mitte gerückt. Sie bekommt dadurch in den Irrfahrten den Platz der äußersten Ferne, und die Abenteuer vorher und nachher, um diese Mitte geordnet, erhalten die Funktion zuerst der immer zunehmenden Verirrung, dann des Bestehens immer erneuter Gefährdung auf dem Weg der Heimkehr. Zugleich zeichnet sich die Unterweltsfahrt des Odysseus jetzt vor allen anderen Abenteuern aus: was in der Überlieferung ein Abenteuer war, in das er hineingerät, wird, gleich der Katabasis des Herakles, zu einem Aufgegebenen und mit Willen Geleisteten.

In Odysseus' nächtlicher Erzählung seiner Irrfahrten vor den Phäaken geht diese Position der äußersten Ferne in die epische Situation ein, indem er seine Geschichte gerade an der Stelle unterbricht, wo er in fernster Unterwelt weilt. Es bleibt dem modernen Leser überlassen, zu empfinden, wie sich das mythische und das phäakische Jenseits für einen Moment übereinanderschieben, um zu etwas Neuem zu werden: dem Augenblick der dichterischen Entrückung.

X. Kapitel

DER EPISCHE ATEM

Odysseus' Begegnung mit Nausikaa am Flußufer auf Scheria, als Vorbereitung seiner Ankunft am Phäakenhof, enthält zweierlei Motive, die auf verschiedene Fortsetzungen zielen. Die eine läßt eine Durchführung der Nausikaageschichte erwarten, wie sie sich in dem wiederholten Hochzeitsmotiv andeutet. Diese Linie, als der Sinn des alten Märchens, erfährt im Epos von vornherein eine Wendung, die in der kurzen Abschiedsszene ihren Abschluß findet. Die andere zeigt sich darin an, daß Odysseus nicht ohne Gefahr sich unter die Phäaken begibt. Sie wird schon vorbereitet, als Nausikaa dafür sorgt, daß er alleine und nicht in ihrer Begleitung durch die Stadt gehe, damit die «Übermütigen» im Volk sie nicht höhnen (6.273 ff.). Hintergründiger klingt die Warnung der – noch unerkannten – Athene, die ihren Schützling in einem Nebel vor dem «Hohn» der «hochmütigen Phäaken» verborgen hat:

> Denn die dulden nicht gern hier fremde Menschen und grüßen
> Nicht mit liebem Empfang, wenn einer anderswoher kommt.
> (7.32 f.)

Um «lieben» Empfang bei den Phäaken hatte Odysseus auf dem Weg zur Stadt im heiligen Hain der Athene zur Göttin gebetet:

> Gib, daß zu den Phäaken ich lieb und erbarmenswert komme!
> So sprach er das Gebet, und es hörte ihn Pallas Athene. (6.327 f.)

Es sind die Verse aus Priamos' Gebet an Zeus, als er zum Kriegszelt des Achilleus aufbricht, die Knie des Todfeinds zu umschlingen und die «männermordenden Hände» zu küssen:

> Gib, daß zum Haus des Achill ich lieb und erbarmenswert komme!...
> So sprach er das Gebet, und Zeus der bedenkende hört' ihn.
> (Il. 24.309–14)

Alles hängt davon ab, daß Odysseus sich ‹Huld› erwirbt, ‹Charis›: das Wort, das zugleich die Gunst des Aufnehmens bezeichnet und die Ausstrahlung, durch die sie erweckt wird. Solche «Strahlung» hatte Athene ihm «über Haupt und Schultern gegossen», als er vom Bad am Fluß zurückkam: «Und es staunte das Mädchen» (6.237). So auch «bestaunte Achill» den Dardaniden Priamos (Il. 24.631). Wie Priamos wird auch Odysseus unter die Phäaken treten, als ‹Kömmling›, ‹hiketes›, Bittflehender. Die Wiederaufnahme des Ilias-Motivs, bei allem Abstand der Realitäten dort und hier, transportiert noch die Aura der Gefahr. Auch hier geht es um Rettung oder Untergang.

Daß Odysseus noch etwas bevorsteht, eine mögliche Gefahr, ein Risiko, das deutete sich gleichfalls schon an in Nausikaas Rat, sich im Palast zuerst an ihre Mutter zu wenden:

> Wenn dir jene vielleicht im Herzen freundlich gesinnt ist,
> Dann hast du Hoffnung, die Lieben zu sehn und heim zu gelangen
> Zum gegründeten Haus und deiner heimischen Erde. (6.313 ff.)

Wie viel auf die Königin ankommt, wird wiederum deutlich in der Rede Athenes, in der sie Odysseus Auskunft über das Fürstenhaus gibt. Als junges Phäakenmädchen zum Schloß ihn begleitend, erzählt sie von der Abkunft des Königspaares von Poseidon und dem König der Riesen und von der ausnehmenden Ehre, die Arete von Gemahl und Kindern und vom ganzen Volk erwiesen wird:

> Denn es fehlt ihr in nichts an edlem Verstand und Gesinnung,
> Und selbst Männern, denen sie wohlwill, löst sie die Streite.
> (7.73 f.)

Und schließend mit denselben Worten, mit denen Nausikaa schloß: «Wenn dir jene ..., dann hast du Hoffnung ...», entfernt sie sich nach ihrem Tempel in Athen.

Odysseus, allein gelassen, kommt vor den Palast, «und vieles bewegte sein Herz», während er stand und schaute: die Märchenpracht des Hauses, die Fülle des Besitzes und der Dienerschaft, die Üppigkeit des Gartens – die Schilderung evagiert aus der Erzählform in die der Wunderbeschreibung, aus dem Präteritum ins Präsens, so wie der Dichter an anderer Stelle das Wunder des Olymps beschreibt (6.42 ff., mit wörtlichen Anklängen): ein lang ausgehaltener Hiat, ein letztes Ritardando, «bevor er die eherne Schwelle betrat» (7.83). (Man bemerke wieder die bewußte Handhabung der Erstreckungen des Textes.) Er findet die Phäaken im Königssaal, schreitet (wie Priamos im Zelt des Achill) ungesehen hindurch und schlingt (wie Priamos) die Arme um die Knie der Königin:

> Arete, Tochter Rexenors des göttergleichen! Zu deinem Gemahl und zu deinen Knien komm' ich, nach vieler Mühsal, und zu den Schmausenden hier – es geben ihnen die Götter Segen ihr Leben lang, und seinen Kindern hinterlasse ein jeder den Besitz im Hause und den Ehrenteil, den ihm das Volk verliehen. Aber mir

besorgt das Geleit, daß ich ins Vaterland kehre, recht schnell, da
ich lange schon fern von den Lieben Qualen leide! (7.146–52)

Und Arete schweigt. Sie schweigt beharrlich, während Alkinoos den Fremden aus der Asche am Herdfeuer aufhebt und Anweisungen für seine Bewirtung gibt. Morgen früh will man für seine Heimfahrt sorgen. Vermutungen über seine Person wehrt Odysseus ab, so hingegeben ist er seinem Heißhunger. Hat er die Königin vergessen? Haben wir sie vergessen? Die Phäaken gehen nach Hause. Da endlich, als sie allein sind, beginnt Arete:

Fremdling, dieses will ich selber als erstes dich fragen:
Wer bist du, und woher? Wer gab dir diese Gewänder?
Du sagst doch nicht, du seist übers Meer hier irrend gelandet?
(7.237 ff.)

Plötzlich die Frage nach den Kleidern. Wer hätte an die Kleider gedacht? Odysseus nicht, der Zuhörer schwerlich. Die Frage ist nicht unverfänglich: der Fremde in den Kleidern aus den königlichen Truhen, die Königin «hatte Mantel und Hemd erkannt, als sie die schönen Gewänder erblickte, die sie selber mit den Dienerinnen gefertigt hatte», das verlangt eine Erklärung. Gerade die Kleider, erste Gabe der Gunst und Menschlichkeit, sollten sich jetzt zwischen ihn und die Gunst der Königin stellen?

Das Thema der Kleider ist allerdings von lang her vorbereitet, ohne daß der Zuhörer es merken konnte. Die ganze Erfindung der Nausikaaerzählung, von ihrem Traum und dem Waschtag draußen am Fluß und von der Einkleidung des Odysseus, dient der Vorbereitung jenes Augenblicks, da Arete an Odysseus die Kleider, die er von ihrer Tochter bekommen hat, als die ihrigen erkennt. Die Motivierung beginnt noch früher: Voraussetzung der Nausikaaszene ist wiederum, daß Odysseus seine Kleider eingebüßt hat. Er hat sie in der Not des Schiffbruchs auf Geheiß der Göttin Ino Leukothea ausgezogen, weil sie ihn beim Schwimmen beschwerten (5.321, 372). Es sind, wie zweimal erinnert wird, «die Kleider, die ihm die göttliche Kalypso gegeben hatte». Diese hatte ihm (5.264) die «duftenden Kleider» angezogen. Soweit also reicht die – wiederum sehr bewußte – Vorbereitung der Nausikaaszene und damit der Areteszene zurück.

Dennoch kommt diese Wendung überraschend. Die Frage nach den Kleidern verschiebt mit einemmal alles. Nicht nur, daß Odysseus nun zuerst, mit ausführlicher Erzählung seiner Begegnung mit der Tochter, sie und sich selber rechtfertigen muß (7.244–97); auch die nun eigentlich fällige Antwort der Königin, die erwartete Bezeigung ihrer Gunst, bleibt aus, das Erwartete kommt von dem König. Von

Arete kein Wort mehr. Sie weist die Dienerinnen an, dem Fremden das Bett in der Halle zu richten, und alle drei gehen schlafen.

Man hat diesen Verlauf nicht akzeptieren mögen. Auf die eine oder andere Weise hat man geglaubt, das Verschobene zurechtrücken zu müssen. Dabei sah man, daß alles seinen Anfang nimmt von den Fragen der Arete. Hätte nicht Odysseus hier seinen Namen nennen müssen, so wie er es am Anfang des neunten Buchs tun wird, und die Erzählung seiner Irrfahrten folgen lassen, endend mit der Rettung auf Scheria und der Herkunft der Kleider?[1] Danach die begründetere Aufnahme durch Arete, durch Alkinoos? Davon ist man abgekommen. Es würde allerdings auch einen unerhörten Verstoß gegen die Ästhetik der Längenverhältnisse bedeuten, wenn an dieser Stelle eine umständliche Abenteuererzählung folgte und die Kleiderfrage so lange hingehalten würde. – Wolfgang Schadewaldt ist einen anderen Weg gegangen.[2] Er tilgt das erstaunte Schweigen der Phäaken nach der Bittrede des Odysseus an die Königin, tilgt die ganze daran schließende Szene der Bewirtung des Ankömmlings (7.153–232) und läßt auf die Bitte sogleich Arete mit ihren Fragen antworten. Diese Fragen enthalten für ihn nichts Verfängliches, nichts Verwirrend-Bedrohliches, im Gegenteil: «Dadurch, daß die Königin am Leib des fremden Mannes ein Stück ihres eigensten Eigentums gewahr wird und hört, daß er durch ihre Tochter dazu gelangt ist, ist dieser Fremde ihr gleichsam bereits zu eigen gegeben und damit auch schon unwillkürlich ihres so entscheidenden Wohlwollens versichert.» Worauf es dieser Interpretation ankommt, wäre eine symbolische Bedeutung des Kleides. Damit gewönnen ihre Fragen einen völlig anderen Sinn. Statt des Befremdens, wohlwollende Nachfrage. Statt des ausforschenden «Du sagst doch wohl nicht...!?» die Bitte um Erzählung: «Sagst du nicht, du seiest als ein über das Meer Umgetriebener hierher gekommen?»[3]

Nun hat aber Odysseus dergleichen nicht gesagt. Vor die Wahl gestellt, welche der beiden, sprachlich gleichermaßen möglichen Auffassungen des fraglichen Verses zu wählen sei, wird man daher für die erste und von der Dichtung her allein mögliche sich entscheiden, anstatt auf der anderen eine Hypothese aufzubauen. Denn dazu dient sie: dem Nachweis einer Störung des Textes. Die Frage der Arete beweise, daß schon in seiner Bittrede Odysseus sich als Irrfahrer und über See Gekommener müsse vorgestellt haben.[4] Die Störung aber sei entstanden mitsamt dem ganzen Einschub der Szene, während deren jetzt Arete schweigt. Daß es sich um einen Einschub handle, wird, neben den Einwänden der älteren Kritik, mit der ‹dichterischen Logik› begründet, nach der die Bittrede des Odysseus die so nachdrücklich vorbereitete Antwort der Königin verlange. Es ist also wieder die Feststellung einer poetischen Struktur, die hier das Hauptargument der Analyse liefert.

Was hier vorausgesetzt wird, ist, daß eine stimmige Poetik nicht erlaube, daß etwas anders kommt als man denkt; und zumal nicht nach ausdrücklicher Vorbereitung. Ich meine, für die Odyssee wird man umlernen müssen. Zwar erkennt auch Schadewaldt hier das Eintreten eines Unerwarteten, dessen was er mit dem Terminus der Rhetorik das ‹Aprosdóketon› nennt, das Unvorhergesehene. Aber wäre das freudige Erkennen der Kleider wirklich eine Überraschung, die diese Bezeichnung verdient? Es wäre nichts als die Motivierung für eine wohlgemeinte Nachfrage. Vorgesehen und erwartet war die freundliche Aufnahme durch die Königin; und die Erkennung der Kleider, so unerwartet sie kommt, wird erst dadurch zu dem Unvorhergesehenen, nicht Eingeplanten, daß sie das Erwartete und Erhoffte durchkreuzt. Die Kleider empfehlen ihn nicht, sie belasten ihn.

Die Kontroverse um die Frage der Arete nötigt zu einer Überlegung, die mancher als unzulässigen Psychologismus abweisen wird. Aber um Psychologie kommt auch die Auffassung nicht herum, die in Aretes Frage freudiges Erstaunen erkennt. – Was geht in Arete, was in Odysseus vor? Denn es ist nicht dasselbe. Der Frage kann auch der nicht ausweichen, der mit Recht von der homerischen Psychologie modern-triviale Deutungen fernhalten will.[5] Arete wundert sich: wie kommt der Fremde zu meinen Kleidern? Ob sie dabei an ihre Tochter denkt, ob sie in irgendeiner Weise kombiniert, wissen wir nicht. Sie war zugegen, als Nausikaa am Morgen den Vater um seinen Wagen gebeten hatte, mit dem sie ihre «schmutzigen Kleider», auch die des Vaters und der Brüder, zur Wäsche am Fluß fahren wollte. (Den Gedanken an die nahe Hochzeit hatte sie verschwiegen, der Vater freilich erriet ihn.) Bei ihrer Rückkehr ist sie von den Brüdern empfangen worden, die Kammerfrau hat ihr Zimmer geheizt und ihr das Abendessen gerichtet. Nichts von der Mutter; und natürlich nichts von der Begegnung mit dem Fremden: es höbe die Überraschung auf. Das Rätsel, das der Fremde für sie bedeuten wird, muß bewahrt bleiben. Das Kleid gibt es ihr auf: «wer und woher» kann der sein, der im Gewand ihrer Söhne als ein Leidender und Hilfesuchender vor ihr kniet? Kaum vorstellbar, daß er über See hierher verschlagen wurde. (Diesen Sinn enthält ihre Frage so oder so.)

Um das Unwahrscheinliche zu ermessen, muß man sich die mythische Geographie des Phäakenlands vor Augen halten. Es liegt «fern von den erwerbsamen Menschen», «zu äußerst im Meere», «kein Sterblicher sonst» kommt zu ihnen (6.8, 205). Kein Wunder, daß alle schweigen. Für die Königin aber kommt hinzu das Rätsel des Gewands.

Das wird Odysseus aufklären: «Deine Tochter gab mir diese Kleider»

(7.296). Und das Unwahrscheinliche ist der Fall: die Erzählung seines Schiffsbruchs und der Rettung, der Begegnung mit Nausikaa, erklärt die Zusammenhänge. Doch fehlen dem Bericht alle jene Valeurs, die der Erzählung des sechsten Buchs ihre eigentümliche Dimension gaben.

Nausikaas Verhalten war durchaus ungewöhnlich. Das gewöhnliche ist das der Mägde: «sie stoben auseinander zum Ufer hin», als der wilde Mann aus dem Gebüsch hervortrat (6.138). Aber auch die Sitte verbietet es, daß ein Mädchen «ohne den Willen der Eltern vor der öffentlichen Hochzeit sich unter Männer mischt» (6.288). Nausikaa bekennt sich selber dazu. Es brauchte die Wirkung der Göttin Athene, die ihr «die Kühnheit ins Herz gab», um vor dem «Nackten, greulich Entstellten» stehen zu bleiben (6.136–41). Alle Betonungen des Schicklichen: Odysseus' notdürftige Bedeckung, der Abstand, aus dem er die «Herrin» anredet, die Entfernung der Mädchen, die ihn baden sollen, sein «abseits», während Nausikaa den Mägden ihre Gefühle für den Fremden preisgibt, beseitigen nicht das Prekäre der Situation, sie unterstreichen es. Nicht anders Nausikaas Sorge für das Schickliche, die Trennung der Wege zur Stadt, um der Nachrede der Leute vorzubeugen: das alles steht auf dem Hintergrund und in der Spannung zu der erwarteten baldigen Hochzeit, für die die ganze Kleiderwäsche veranstaltet wird. Sie steht hinter der Seligpreisung des Unglücksmanns für den «ausnehmend Glücklichsten, der dich heimführen wird», seinem Wunsch auf Erfüllung ihrer Wünsche, der in dem großen Preis der Ehe, der «kostbaren Eintracht», gipfelt, «wenn einträchtigen Sinns haushalten Mann und Frau» (6.180–84) – ein Vorschein an dieser Stelle auf den Sinn und Ausgang des Epos, das Wiederfinden mit Penelope. Und dann das erstaunliche Wort zu den Mägden – das Odysseus nicht hört:

> Wenn doch solch ein Gemahl als Angetrauter mir würde,
> Daß er hier wohnte, und daß ihm hierzubleiben gefiele! (6.244 f.)

Für den Hörenden steht das alles hinter dem objektiven Bericht, mit dem Odysseus auf Aretes Frage antwortet. Er verschweigt nichts, nennt alles auf die einfachste Weise. Und doch läuft der Bericht auf ein Urteil hinaus, auf ein Lob des Verhaltens der Tochter in Umständen, die die Sitte nicht vorsah:

> Und sie verfehlte in nichts den edel-verständigen Sinn, so wie du nicht erwarten würdest, daß ein Jüngerer handelt, wenn er einem begegnete; denn immer sind die jüngeren Leute unverständig. Sie speiste mich, sie tränkte mich, sie badete mich im Fluß, – sie hat mir diese Kleider gegeben. Damit habe ich dir, in all meinem Kummer, die Wahrheit berichtet. (7.292 ff.)

Der emphatische Schluß macht es vollends deutlich, daß Odysseus für die Tochter wirbt: für ein Verhalten, das jener Mißdeutung der Mitbürger ausgesetzt war, von der Nausikaa selber sprach. Es ist ein Wort für die Mutter.

Noch aber weiß davon keiner der Anwesenden, als der Bittflehende vor der Königin kniet. Auch teilt keiner von ihnen die Beunruhigung, die das erkannte Kleid ihr schafft. Aber ihr Schweigen erfüllt den Saal. Weder Arete, von der man, nach allem was vorhergegangen ist, das erlösende Wort auf die Bitte um Heimgeleitung erwartet,[6] noch der König selber antworten. Statt ihrer, nach langer Stille, der greise Echeneos, er ist der älteste unter den Phäaken und der weiseste, wie Halitherses in der Versammlung der Ithakesier (7.158 = 2.160). Ihm fällt die Rolle dessen zu, der das Schickliche weiß, der ungewußt das Richtige tut, wie Eumaios (14.37 ff.), wie Menelaos (4.31 ff.).[7] Auf des Königs – nicht der Königin – Wort warten alle. Mit dem betonten Hinweis des Alten auf die Pflicht gegen den ‹Hiketes› akkordiert kontrapunktisch die Zurückhaltung des Königs, die in vergleichbaren Empfangssituationen bis zur erkältenden Nüchternheit variiert, siehe Eumaios (14.56 ff.), siehe Penelope (23.174 ff.). So muß Alkinoos erst von dem Alten an das Geziemende erinnert werden, das man dem Fremden schuldig sei, und nun nimmt er ihn bei der Hand und weist ihm den Ehrenplatz an seiner Seite an. Ein Tisch wird ihm gedeckt, und der König befiehlt dem Schenken, einen Krug für das Trankopfer zu mischen. Nach vollzogener Spende beginnt – während Odysseus ißt und trinkt – Alkinoos seine Rede (7.186 ff.).

Aber noch immer redet er nicht den Fremden an, sondern, wie mit Absicht, an ihm vorbei die Phäakenfürsten – so wie Penelope in der Erkennungsszene, an Odysseus vorbei, mit ihrem Sohne sprechen wird (23.105 ff.). Alkinoos: «Laßt uns jetzt nach dem Mahl schlafen gehn; morgen früh wollen wir noch mehr Geronten herbitten zu festlicher Bewirtung des Fremden, dann auch für sein Geleit sorgen, damit er sicher heimkehre, mag er noch so fern wohnen. Hat er dann sein Land betreten, so muß ihm widerfahren, was das Schicksal ihm bringt. Sollte er aber gar ein Gott sein...»

Zum erstenmal wird das Rätsel um die Person des Fremden Thema. Odysseus scheint damit aufgefordert, seinen Namen zu nennen. Aber statt dessen wehrt er nur ab, in ihm einen Gott zu vermuten, ihm, dem ärmsten der Sterblichen; er bittet, ihn jetzt essen zu lassen und nur «morgen in aller Frühe», wie es der König vorgeschlagen hat, seine Heimkehr zu betreiben. Die Fürsten, die die Rede des Fremden beifällig angehört haben, gehen für heute, gemäß dem Geheiß des Königs, auseinander. Zurück bleiben Odysseus, Arete und Alkinoos. Die Dienerinnen räumen das Geschirr ab. Da endlich beginnt Arete:

«Fremdling, dies möchte ich selber dich zuerst fragen: wer und woher bist du?»

Das ist in der Tat das «erste» (7.237), was ein griechischer Gast gefragt wird, nachdem man ihm zu essen gegeben hat. Aber auch erst dann! Es ist eine Regel der guten Sitte und der Menschlichkeit, gegen die in der Odyssee nie verstoßen wird, siehe Telemachos (1.139, 170), Eumaios (14.76, 187), Penelope (nach 17.345: 19.105); selbst Kirke mit ihrem Hexentrank macht keine Ausnahme (10.316, 325), und einzig der rohe Zyklop richtet an den Schutzflehenden die übliche Frage ohne Bewirtung – um darauf selber zwei seiner Genossen aufzufressen. Die Analytiker muten die Verletzung der Sitte der Phäakenkönigin zu. Dies alleine würde genügen, um die Bewirtungsszene zu rechtfertigen: der Dichter mußte sie erfinden, wenn es zu der Frage der Arete kommen sollte.

Diese Szene ist von der Kritik mit so viel Tadel überhäuft worden, daß der Leser fast eingeschüchtert ist.[8] Darf er dergleichen noch Homers würdig finden? Schon in dem Hinweis des alten Echeneos bemerkt man ein Interesse am ‹Zeremoniell›, das der echten Odyssee fremd sei. Alkinoos' Rede sei matt, im wesentlichen ein Programm für den nächsten Tag; sein Einfall, der Fremde könne ein Gott sein, seltsam unvermittelt, aber typisch für die Neigung des Nachdichters zum Mirakulösen. Odysseus' Zurückweisung dieses Gedankens findet man sentimental. Als abgeschmackt und kleinlich wird vor allem seine Lektion über die Forderungen des Magens empfunden. Hier hört alles Lob homerischer ‹Naivität›, homerischen Sinns für das ‹Wirkliche› auf. Aber nach welchen Kriterien will man die Charakterisierungen dieses Textes abgrenzen gegen die Eigenschaften der echten Odyssee? Gegen ihren in der Tat eigentümlichen Realismus? ihre spezifische Religiosität? ihren Sinn für das Gesellschaftliche und Schickliche? Es bedarf allenthalben erst einer Verengung dieser Begriffe oder Übertreibung ins Krasse – umgekehrt einer Verflüchtigung und Überhöhung ins ‹Menschliche›, ins ‹Naive› –, damit sie als unterscheidende Merkmale gelten können. Womit nicht übersehen werden soll, daß die Register gerade des Odysseedichters sehr mannigfaltig sind.

Blickt man auf die recht verschiedenen, sogar bei demselben Gelehrten manchmal wechselnden Bewertungen einzelner Passagen, so empfiehlt es sich, zumal bei so entfernten Texten wie den homerischen, deren Poetik erst zu erkennen ist, sich der Qualitätsurteile lange zu enthalten und vorerst, einfach als Leser, dem Text möglichst viel vorzugeben. Es gibt in der Homerforschung eine verbreitete Voreingenommenheit, sobald es sich um das Essen der Heroen dreht. In der Ilias, dort wo Odysseus den rachedürstigen Achilleus bewegen will, nicht nüchtern in die Schlacht zu gehen (Il. 19.155), entspringt eine sich in die Länge ziehende Diskussion um das Frühstücken; am Ende – wie in der Bittgesandtschaft des neunten Buchs – eine Démarche der würdigsten Geronten vor Achills Zelt, diesmal aber um ihn zu beschwören, daß er etwas zu sich nehme. Kommt das nicht einer Parodie jener Gesandtschaft gleich? Aber man muß sehen, daß hier das Thema Essen sich so ausbreitet nicht um des biotischen (‹mikrologischen›) Interesses willen, es schiebt sich mit seiner Realität, und wenn man will, Trivialität, kontrastierend und retardierend vor die Ungeduld Achills und seine heilige Nüchternheit: die beschworene, bis er den Freund gerächt hätte.[9] Ähnlich in der getadelten Phäakenszene. Man übersieht, daß Odysseus' Rede, je mehr sie sich ins Kleinliche ereifert, etwas verdeckt. Das Thema des Heißhungers stellt sich vor die erwartete Nennung des Namens und schafft so etwas wie einen ästhetischen Vorder- und Hintergrund. – Wie das Motiv in schlichterer Erzählung aussieht, mag man in Sindbads Sechster Reise nachlesen: da fragen ihn die Fremden am Strand, weshalb er hierher gekommen sei: «Um Gottes willen, lieber Herr, bring mir etwas zu essen, ich bin so hungrig; dann frage mich, was du willst.»[10] Es fehlt aber auch in der Odyssee nicht an Vergleichbarem. Im 14. Buch hat Eumaios dem unbekannten Bettler ein Essen vorgesetzt. «Iß nun, Fremdling, was eben Knechten zur Verfügung ist» – und damit beginnt er eine lange Klage über die Freier, die die Herden seines Herrn – des unbewußt Angesprochenen – dezimieren. Der aber saß und «aß sein Fleisch und trank seinen Wein, gierig, schweigend, und sann Böses den Freiern» (14.109 f.). Auch hier verdeckt das gierige Essen ein Geheimnis.

Damit das Geheimnis bleibe, hatte schon Echeneos den Alkinoos, hatte Alkinoos, statt den Odysseus, die Phäaken anreden müssen. Es ist die gerade von Schadewaldt hervorgehobene Form des «Übereckgesprächs»,[11] die er hier verkannt hat. Wie sie der Ilias fremd ist, ist sie für mehrere odysseische Szenen charakteristisch. Sie liegt nicht nur in der Erkennungsszene des 23. Buchs vor, sondern auch, mit verschobenen Rollen, in der Telemachie, beim Eintritt der Helena in das Gespräch zwischen Menelaos und Telemach: «Wissen wir schon, Menelaos, wer diese Männer sind?» (4.137 f.). Beidemal geht es um die Identität eines Dritten. Und so denn auch hier: vor die Antwort der Arete schiebt sich das Rätsel um die Person des Fremden, das von hieran noch das ganze folgende Buch beherrscht.

Daß Alkinoos den Gedanken erwägt, der Fremde könne womöglich ein Gott sein, ist nun keineswegs so seltsam und unvermittelt, wie man meint. Zwar zeigt er sich willig, den Unbekannten unversehrt in sein Vaterland bringen zu lassen, «mag es auch sehr fern sein», und bedenkt das künftige Schicksal, das ihm «die Spinnerinnen» als einem Sterblichen bei der Geburt «gesponnen» haben. Aber es ist genugsam darauf hingewiesen worden, wie fern von den Menschen, am Ende der Welt, die Phäaken hausen, ja einmal scheint selbst das Jenseits durch den Text, wo Nausikaa versichert, daß «kein Lebendiger» je ins Land der Phäaken gelangen werde (6.201). Von den Göttern dagegen, denen sie nahe wohnen, werden sie häufig besucht. – Auch Nausikaa hat dem boshaften Mitbürger, der sie mit Odysseus auf der Straße sehen könnte, den zweierlei Verdacht in den Mund gelegt: sie habe sich irgendeinen gestrandeten Menschen vom Schiff geholt – obschon «keine in der Nähe wohnen» – oder «ein Gott» wäre zu ihr vom Himmel gestiegen (6.278–281). Es hat also nichts mit einer literarischen Vorliebe für Wundererscheinungen zu tun, wenn Alkinoos diese für die Phäaken sehr reale Möglichkeit in Erwägung zieht. Übrigens, um sie sogleich als unwahrscheinlich abzutun; denn die Götter, wenn sie an ihren heiligen Mahlen teilnahmen oder ein einsamer Wanderer ihnen begegnet, haben sich «immer deutlich erkennbar» gezeigt, nicht so verhüllt in Menschengestalt. Es müßte denn sein, daß sie jetzt «irgend etwas Andres», Heimliches vorhätten ... Um so mehr wächst das Rätsel.

Doch erst als König und Königin mit dem Fremden allein sind, stellt Arete, die so lange geschwiegen hatte, die ausdrückliche Frage. Die Szenerie hat gewechselt: die Situationen vor und nach der Verabschiedung der Phäaken verhalten sich zueinander wie Öffentliches zum Intimen. Aber gerade dieser Wechsel wird einem jüngeren Dichter oder Bearbeiter zur Schuld gegeben, dem dieser spezielle und neue «Sinn für das Intime» eigentümlich sei. Nicht daß er die Dreierszene gedichtet hätte – die gehöre zum alten Gedicht; aber er erst habe sie, durch den Einschub und die Verabschiedung der Gäste, zur «intimen» gemacht.[12] Nun ist aber die Intimität hier dieselbe, der Wechsel der Szenerie von derselben Art, wie er auch die Situation für Penelopes abendliches Gespräch mit dem unbekannten Bettler schafft (19.98 ff.): die Situation nämlich, um – wie Eumaios ihr erklärt (17.584) – statt in der Gegenwart der Freier, «alleine zu dem Fremden zu sprechen und ihn anzuhören»:

> Fremdling, dieses will ich selber als erstes dich fragen:[13]
> Wer bist du, und woher? Wo ist deine Stadt, deine Eltern?
> (19.104 f.)

Nicht anders in der Areteszene: der vertrauliche Moment erlaubt die vertrauliche Frage.[14] Denn das ist sie doch:

> Denn sie hatte, als sie die schönen Kleider erblickte, Mantel und Hemd erkannt, die sie selber mit den dienenden Frauen gefertigt hatte. (7.234 f.)

Oder hätte die Königin vor den versammelten Phäaken nach den Kleidern gefragt? Da die Frage doch so unverfänglich sei? Erst jetzt, im nachhinein, merken wir: es ist die Frage, die, seit dem anfänglichen Schweigen der Königin, zwischen ihr und dem Fremden stand und Verwunderung, wenn nicht Mißtrauen in ihr aufkommen ließ. Odysseus' Antwort erklärt das Verwunderliche: ‹So traf ich deine Tochter... das ist die ganze Wahrheit.› (7.290–97)

Es ist nicht die ganze. Denn freilich hatte Arete noch etwas anderes gefragt: «Wer und woher bist du?» Odysseus antwortet darauf nicht, erklärt auch nicht, warum. Seine scheinbare Antwort auf die zweite Frage («woher?» – «es ist eine Insel, fern im Meer gelegen, Ogygia...») und die ausführliche Erzählung seiner Schicksale, endend mit der Aufklärung über die Kleider – als die dritte Frage –, schiebt sich vor die erste, die er somit schlicht übergeht. Es ist der Dichter, der sie übergeht, und es ist leicht zu sagen, warum: die ganze Phäakenerzählung des achten Buchs fiele dahin, wenn er schon hier sich offenbarte.

Die Kunst des Ablenkens, im besonderen durch die Form der gekoppelten Fragen, ist ein in der Odyssee häufig geübtes Verfahren.[15] Sie ist mehr als eine Technik der Komposition, geschweige der Kontamination; sie entspringt aus der inneren Form dieses Erzählens selber, das in immer erneuten Suspensionen, Verzögerungen und Überraschungen vor sich geht. Der Aufschub der Namensnennung begann aber schon dort, wo aus dem Schweigen der Arete das Gespräch unter den Phäaken, rätselnd um den speisenden Fremdling, entsprang: «... mag er auch fernher kommen... Ist er aber ein Gott...». Schon hier lenkt die Koppelung der beiden Möglichkeiten auf die Verschiebung der direkten Frage. Doch ohne das Schweigen der Arete nicht die Überraschung, ohne ihr Schweigen nicht der lange Suspens, der sich bis an den Anfang des neunten Buchs erstreckt; ohne das Schweigen nicht die Entfaltung des Rätsels.

Uns bleibt freilich die Frage, warum die Bekundung des Wohlwollens, die wir von der Königin erwarten, ausbleibt. Denn sie bleibt auch nach Odysseus' Erzählung von seiner Begegnung mit Nausikaa aus (7.298).[16] Die ganze Aufnahme des Fremden fällt Alkinoos zu: er hat den Knienden, der nach seiner Bittrede an Arete sich in der Asche am Herd[17] niedergesetzt hatte, bei der Hand genommen und aufgehoben (7.160, 168). Und das ist das letzte, was zu der inkriminierten Szene gesagt werden muß: Das Emporheben des Erniedrigten vom Boden, ihm den Platz an der Seite des Königs geben, ist eine Geste von ebenso ritualer als menschlicher Gewalt, in der das Schicksal des Leidenden, «Vielduldenden» kulminiert und sich wendet.

Wir haben es hinzunehmen, daß die Königin ihre «freundliche Gesinnung» (7.75) durch kein freundliches Wort bekundet. Sollen wir annehmen, daß Odysseus' Antwort auch ihr, wie offensichtlich dem Alkinoos, genügt? Die Bezeigung ihrer Gunst wird verschlungen von dem plötzlichen Ausbruch einer Sympathie, die nun nicht von ihr, sondern von dem König kommt. Und welche Umkehrung des Vorwurfs jetzt, den eben Odysseus, vor der Mutter, von der Tochter abgewehrt hat: viel zu wenig hat sie dem Vater für den Fremden getan!

> Fremdling, wahrhaftig, das war nicht eben schicklich gehandelt
> Von meinem Kinde, daß sie dich nicht mit den dienenden Weibern
> Zu uns gebracht! Sie war ja die erste, zu der du gefleht hast!
> (7.299 ff.)

Und, nach einem noch einmal besänftigenden Wort des Odysseus zu Gunsten der Tochter, noch einmal, fast überschwenglich:

> Möchte ein solcher wie du, und gesonnen so wie ich selber,
> Meine Tochter bekommen und würde mein Schwiegersohn heißen
> Und hier bleiben: ich täte wohl Haus und Eigentum geben,
> Wenn du gern hier bliebst! – denn ohn' deinen Willen soll keiner
> Von den Phäaken dich halten ... (7.311 ff.)

Die Liebesbezeigung ist um so erstaunlicher, als er noch immer nicht weiß, wer der Ankömmling ist. Arete bleibt im Hintergrund. Die reichen Gastgeschenke, die der König am nächsten Tage dem Fremden, noch immer Unbekannten, zudenkt – wiederum ein kostbarer Mantel und Kleid – holt sie auf seine Anweisung aus der Kammer und packt sie für Odysseus in eine Truhe.

Und doch hat sie der Erzähler nicht vergessen, auch die Gunstbezeigung nicht, um die der Zuhörer sich getäuscht sah. – Ein langer Tag ist vergangen, lang für den auf seine Abfahrt wartenden Odysseus. Beim abendlichen Abschiedsmahl, beim Gesang des Sängers – es ist bereits das zweite Mal – entspringt, aus der Erschütterung des Odysseus, endlich die Frage des Königs nach dem Namen. Und aus der Offenbarung des Namens wird Erzählung, Erzählung, die überbrandet und alle Zeit vergessen läßt. Um Mitternacht unterbricht Odysseus die Geschichte seiner Abenteuer, ergriffenes Schweigen herrscht im Saal. Da beginnt Arete:

> Phaiaken, wie scheint euch dieser Mann zu sein an Gestalt und Größe und richtigem Sinn in seinem Innern? Gast ist er meiner, doch hat jeder (von euch) teil an diesem Vorrecht. (11.336 ff.)

Und damit fordert sie die Phäakenfürsten auf, ihre Diener zu schikken, daß sie noch reichlichere Gastgeschenke holen. Zum erstenmal nimmt sie die Gastherrnschaft für sich in Anspruch; ihr, statt Alkinoos, gibt der Erzähler die Rolle, der Bewunderung Stimme zu leihen. Es ist, als ob sie die Aufnahme des Fremden, die man am vorigen Tage von ihr vermißte, jetzt nachholte. Doch ihr Wort «Mein Gast ist er» meint nicht, daß sie ihn eben jetzt zu ihrem Gast erklärt,[18] sie legt den Phäaken nahe, sich in der gleichen Pflicht zu sehen, die die ihrige ist. Und diesmal wird Echeneos, der Alte, der die alten geziemenden Dinge weiß, für sie alle sprechen und in den Vorschlag der Königin einstimmen. Alkinoos aber fällt es zu, Odysseus ums Bleiben zu bitten zur Fortsetzung seiner Erzählung. Der Moment steht spiegelbildlich zu dem früheren.

Kein Zweifel, dies endlich ist die Liebes-und Gunstbezeigung der Arete. Hat der Dichter nicht gut getan, ihr ihre eigene zu geben? Wieder erkennen wir im nachhinein, daß ihre Sympathieerklärung in der früheren Szene eine matte Doppelung, eine Konkurrenz mit der des Alkinoos erbracht hätte, anstatt zum Ausdruck einer Überwältigung zu werden. Hat der Zuhörer noch darauf gewartet? Aber mit einem so langen epischen Atem haben wir offenbar zu rechnen.

XI. Kapitel

DER MYTHOLOGISCHE RAUM

Wenn es zum Wesen des Epos gehört, daß in ihm ein Weltganzes zur Darstellung kommt, so ist die Welt der Odyssee jedenfalls von anderer Art als die der Ilias. Sammelte sich dort ein Universum von Göttern und Menschen in die Engführung zweier Heldenschicksale, beide auf dem einen Schauplatz vor den Mauern Trojas sich erfüllend, so tun sich in dem Schicksal des Odysseus, das Heroische brechend und spiegelnd, ganz andere Daseins- und Weltbereiche auf, in konzentrischen Ringen um die heimatliche Insel als um ihre Mitte sich schließend: das Soziale und das Zeitgeschichtliche, mutterländische Fürstennachbarschaften und mittelmeerische Handelswelt, die Exotik Ägyptens und die Wunder der Meere. Es ist nicht nur der größere Raum, in dem die Odyssee spielt, sie hat an sich selber, verglichen mit der existentialen Dimension zwischen Held und Gott in der Ilias, den Charakter der Räumlichkeit. Die Welt des Odysseus ist ‹die Welt›.

Das liegt zum Teil im Stoff. Wenn schon das Märchen an sich die Tendenz hat, seinen Helden in die Welt zu führen, damit er die märchenhafte Welterfahrung beglaubigt, so ist die Geschichte vom irrfahrenden und heimkehrenden Odysseus vorzüglich darauf angelegt, einen Horizont von Welt zu entwerfen. Das Epos aber, wenn es mit der ihm eigenen Erzählweise sich dieser Motive bemächtigt, kann kaum umhin, sich zu einem Weltbild zu bekennen.

Schon der engste Kreis um den ithakesischen Königshof herum: Agorá, Hirtengehöft und Landgut, ist nicht nur Herrschaftsbereich, es sind Orte sozialer Sphären, die das Familiäre und Patriarchalische des Hauses als Umwelt ergänzen: junge aristokratische Generation und ländliches Gesinde in Verhältnissen, die nicht nur zeitlos wie im Märchen sind, sondern eingefärbt scheinen in Erfahrungen der Gegenwart. Im weiteren die Wohnsitze der Freier, die nah benachbarten Inseln Dulichion, Same und Zakynthos mit der gegenüberliegenden Festlandsküste der Kephallenier. Die Lokalitäten dieses Meeresraums scheinen aus Anschauung bekannt und sind noch heute mit Wahrscheinlichkeit auszumachen.

Zum Inselkönigtum treten die Fürstenhöfe des Festlands, Pylos an der elischen Küste, Pherai im messenischen Golf und, jenseits des Gebirges, Sparta: alles altmykenische Sitze, deren Lage dem Dichter wohlbewußt war. Selbst die Fahrstraße über den Taÿgetos, die Messenien mit Lakedaimon verband, dürfte, aus den Resten des mykenischen Straßennetzes zu schließen,[1] zur geschichtlichen Realität gehören. Hier weitet sich der Horizont auf die höfische Kultur der festländischen Fürstentümer und die Kommunikation einer adlig-heroischen Gesellschaft.

Von Anatolien erscheint nur die Troas als Erinnerung an den großen Krieg. Aber die Ägäis mit ihren Küsten und Inseln, mit Segelrouten und Fahrtzeiten, und die gefährlichen Vorgebirge des Mutterlands sind vertraut. Eine beträchtliche Rolle spielt Kreta, das kundig beschrieben wird (19.172f., 188f., 338). Am östlichen Mittelmeer sind Zypern und Sidon, Ägypten und Libyen Ziele von Handelsreisen und Piraterie, und selbst die Äthiopen erscheinen hier im Zusammenhang der erfahrenen Welt (4.84). Mit den seehandelnden Phöniziern zumal drängt ein weit offener Horizont von Gegenwart in die heroische Welt. Im Westen, an der Tyrrhenischen Küste Italiens, taucht Temese mit seiner Erzproduktion auf (1.184),[2] auch Sizilien (20.383, 24.211) – vom ferneren Mittelmeer nichts. Das also ist der Erfahrungsumkreis; er mag noch, zumal im Nordosten, größer gewesen sein, in der Dichtung verschwimmen die Ränder im Unbestimmten.

Aber um diese Erfahrungswelt legt sich als weiterer und äußerster Kreis die Reihe der Abenteuer, die Odysseus in unbekannte Fernen führen. Sie werden von ihm in der dritten Nacht seines Aufenthalts auf Scheria den versammelten Phäakenfürsten erzählt, und er führt sie von der noch gegenwärtigen Wirklichkeit des vor zehn Jahren beendeten Krieges stufenweise über neue kriegerische Begegnungen und exotische Erfahrungen zu den Abenteuern mit Riesen und Zauberinnen und allerhand Fabelwesen bis hinunter in die Welt der Toten. Die indirekte Form der Erzählung scheint dem anderen Grad von Wirklichkeit zu entsprechen, in die wir hier entrückt werden. Sollen wir denken, daß auch die Zuhörer des Epos von dem Glauben an diese Wunderdinge dispensiert waren? Aber wo lag die Grenze? Selbst wenn sie Odysseus' Fahrt in den Hades zu den Märchen gerechnet hätten, der Hades selber und das Schattendasein der Seelen war ihnen Realität. War es mit den Sirenen, den Riesen, den Sonnenrindern anders? Die Sonnenrinder, die der Dichter selber im Proömium als die Ursache für den Untergang der Gefährten nennt? Die Zuhörer des Odysseus sind tief ergriffen. Alkinoos bewundert den Erzähler, der nicht wie die häufigen Schwindler, die da ihre Lügen schmieden, sondern «wie ein Sänger so kundig» erzählt habe (11.363–69). «Kundig» meint also nicht nur die Kunst, sondern die Wahrheit. Die Wahrheit seiner Unterweltsbegegnungen setzt Alkinoos voraus, wenn er Odysseus fragt, ob er drunten auch die gefallenen Helden von Troja gesehen habe. Wir haben keinen Grund, die Geschichten der Abenteuer im Sinn des Epos für weniger wirklich zu halten als das letzte, das der

Dichter selber erzählt, die Erlebnisse mit den Phäaken, die Heimfahrt und alles Folgende. Sie bilden den äußersten Ring dessen, was als Welt in der Odyssee sich auftut. Und erst in den Irrfahrten entfaltet das Weltbild der Odyssee seine eigentümliche Räumlichkeit.

Sie haben von je dazu aufgefordert, eine odysseische Geographie zu entwerfen, einen Plan, worin die Irrfahrt sich eintragen ließe. Dabei wurde davon ausgegangen, daß die gesuchte Geographie ihren Ort im Rahmen eines primitiven Weltmodells haben würde, – primitiv, das heißt: es wird ihm konzediert, daß es mythisch, nämlich von dem unseren verschieden sei, doch als Modell sich in den Kategorien des rationalen und sozusagen euklidischen Raumes hält: eine Landkarte mit gleichsam weißen Flecken und von der Phantasie ergänzten Rändern.

Ein solches Weltbild hat in der Tat im sechsten Jahrhundert Anaximander von Milet mit seiner Erdkarte entworfen und durch seinen Himmelssphairos ins Kosmische ergänzt. Man befindet sich da in den Anfängen der griechischen Wissenschaft. In dem neuen, modellhaften Denken wirken uralte mythische Vorstellungen fort.[3] Indem man dies Fortwirkende erkennt, dürfen jedoch die gründlichen Unterschiede nicht verkannt werden. Sie liegen, neben anderem, darin, daß das mythische Denken von keinem abstrakten Raum weiß. Raum wird nur erfahren an den Dingen und Vorgängen, unablösbar, er ist nicht Medium der Dinge, worin sie ihren Ort hätten, er ist eins mit ihnen.

Das Fehlen eines abstrakten Raumes hat seine Analogie in der Behandlung der Zeit: Wir haben gelernt, daß es eine abstrakte Zeit im homerischen Epos nicht gibt: Zeit nämlich als für sich bestehenden Zeitraum, in dessen lineare Struktur das Geschehen nach Folge und Gleichzeitigkeit aufgenommen und in ihr bestimmbar würde. Zeit ist nur am Geschehen selber, nicht als Medium, worin es stattfindet.[4] Diese Anschauungsweise ist den Griechen so eigentümlich, daß sie in der Musik und Rhythmik den Begriff der abstrakten Zeit, den leeren Takt als Zeitmaß, erst ganz spät ausgebildet haben, als die Körperlichkeit der Sprache geschwunden war und der quantitative Rhythmus einem alternierend-dynamischen wich. Der unendliche Takt, wie ihn die neuere Musik ausgebildet hat, als progressive Multiplikation leerer Takteinheiten, ist ihnen immer fremd geblieben. Die archaische Verskunst ist nicht zu verstehen ohne den Begriff der ‹erfüllten Zeit›, das heißt, daß Zeit nur erfahren wird als die konkrete Ausdehnung von Lauten, Silben, Wörtern; Rhythmus nur als die bestimmte Zeitfigur solcher an ihnen selbst ausgedehnter Elemente: der Vers wie eine begrenzte Kette aus Steinen verschiedener Größe.[5]

Die Analogie des archaischen Zeitbegriffs hilft uns, von der uns allzu gewöhnlichen und eigentlich vulgären Vorstellung eines abstrakten Raums abzusehen und auf andere Denkweisen uns einzulassen. Dem räumlichen Denken des Mythos kommt man näher, wenn man die Unterweltsbeschreibung in Hesiods Theogonie betrachtet. Tartaros ist der Ort der Tiefe, an den die gestürzten Titanen verbannt sind, «drunten unter der Erde», genauer: an den «Grenzen der Erde» (720, 731), «gegenüber dem Abgrund» (814); «darüber sind die Wurzeln der Erde und des Meeres» (728). «Auf den Grundfesten des Okeanos» (816) wohnen die Gefangenenwächter «zu äußerst an den Grenzen der Erde» (622). Nun galt Okeanos als der Ringstrom, der die Erde umfließt; ihn zu besuchen, will Hera in der Ilias vorgeblich «an die Grenzen der Erde» wandern (Il. 14.200 = 301). Wird hier nicht die Dimension der Tiefe vertauscht gegen die der Breite? «An den Grenzen der Erde» steht bei Hesiod Atlas, den Himmel tragend, «vor den Hesperiden» (518), also gegen Abend. Aber er steht auch in der Unterwelt, vor dem Haus der Nacht (746).[6] Das ist in keinem euklidischen Weltmodell ins Reine zu bringen. Hat Hesiod untere und äußere Grenzen der Erde unterschieden? oder verwechselt?[7] Man hat die beiden Dimensionen ethnologisch auf veschiedene Herkünfte zurückgeführt, indem man fand, daß küstenbewohnende Völker ihre Totenwelt natürlicherweise jenseits des Meeres suchen, während sie von Binnenländern in der Erdtiefe gedacht wurde; und für die Vermischung der Vorstellungen die Naivität oder Gleichgültigkeit des Märchenerzählers verantwortlich gemacht.[8] Man kommt damit nicht durch. Die ‹Vermischung› der Dimensionen ist ursprünglicher. Und noch in der Zubilligung des ‹Naiven› oder ‹Primitiven› stellt man das Befremdende unter die Kritik unserer Kategorien. Hesiod bezeugt eine andere Weise des räumlichen Denkens. Es scheint, daß der Begriff selber: «am Ende der Welt», nämlich Wort und Gedanke von den «Grenzen der Erde», der unmittelbare Ursprung der verschiedenen Aussagen ist, ohne daß diese der Vermittlung einer physikalischen Vorstellung bedürfen.

Das uns Verwirrende rührt von einer anderen Qualität der mythischen Sprache. Darüber erhält man deutlichere Aufschlüsse, wenn man der Erzählung Hesiods weiter folgt. Atlas, vor dem Haus der Nacht, mit Haupt und Armen den Himmel tragend, steht dort, «wo Nacht und Hemére (Tag) einander begegnend grüßen, wenn sie über die große Schwelle wechseln: die eine will hineingehn, die andere kommt heraus, und niemals birgt das Haus sie beide; sondern immer ist die eine außer Hause und wandert über die Erde, die andere im Hause und wartet, bis die Stunde ihrer Bahn kommt...» (748 ff.). Das Bild ist so anschaulich, daß auch wir es unmittelbar verstehen. Und doch, wenn wir mit der Frage kämen, wo denn dieser Ort sei: im Osten oder Westen, was sollten wir antworten? Weder bei Sonnenaufgang noch Untergang verschwindet (oder erscheint) die Nacht dort, wo das Licht aufgeht bzw. verschwindet. Oder wären zwei Tore am Haus der Nacht, eines gegen Morgen, durch das der Tag heraustritt, gegen Abend das andere, wo die Nacht heimkehrt? Aber wo dann – und wann – die Begegnung? Und müßten nicht eigentlich die einander Begegnenden sich in entgegengesetzter Richtung bewegen? Und also auch bei ihrer Wanderung «über die Erde hin»? Es war gewiß nicht das, was Hesiod gemeint hat.

Aber Hesiod würde nicht einmal unsere Fragen verstanden haben. Der Ort der Begegnung ist in keinem physikalischen Raum zu fixieren, die Anschaulichkeit des Bildes entbehrt jeder Rationalität. Und doch hat es seine eigentümliche Logik. Die Nacht kommt, wenn der Tag geht; nie sind beide zugleich drunten oder droben, aber es gibt einen Augenblick der Nähe, auf der Schwelle der Nacht. Die Logik solcher Rede ist die der sinnvollen Aussage; ihre Richtigkeit nicht die vermittelnde zwischen einem vorgestellten objektiven Weltmodell und der subjektiven Erfahrung, sondern die unmittelbare des Sprechens in Bildern: ein eigentliches ‹mythologein›. Das Eigentümliche der mythischen Kosmologie ist nicht ihre Befangenheit in naiven Anschauungen, sondern ihr sprachlicher und logischer Ursprung: sie findet ihren Ausdruck als ‹erzählte Räumlichkeit›.

Diese Eigenart der mythischen Rede zeigt sich auf andere Weise in der Form der Genealogie. So sind Nacht und Tag, die beiden hier so Gleichen, Komplementären, nach Hesiod doch auch Mutter und Tochter. Die Genealogie ist keine faktische, sondern die der Aussage: daß die Nacht den Tag gebiert, nicht anders als in dem Spruch «Überfluß zeugt Vermessenheit». Für solche aussagende Genealogie ist es kein Widerspruch, wenn die Nacht, mitsamt andren finsteren Dämonen, die Moiren gebiert, die doch auch wieder Kinder des Zeus und der Themis sind (Theog. 217 und 904). Beides sind wahre Aussagen vom Wesen der Moiren, die nur widersprüchlich werden, wenn man sie in eine faktische Genealogie übersetzt.

Erbin des Mythos in der Epoche der Prosa ist die Poesie. Die Metaphorik Pindars ist voll von widersprüchlichen Bildern, die ihre vernünftige Stimmigkeit aus der Logik der sinnbedeutenden Rede, nicht aus der Einheit einer ablösbaren Bildlichkeit beziehn.

Es wäre viel für das Verständnis des spezifisch Mythologischen gewonnen, wenn die möglichen Analogien zum räumlichen Denken des Kindes erforscht wären. Ein gutes Stück weiter helfen aber schon die Schriften von Jean Piaget:[9] aus den Beobachtungen, die er an den Zeichnungen von Kindern verschiedenen Alters gemacht hat, wird deutlich, daß das Gefühl für so etwas wie einen euklidischen Raum erst ziemlich spät, nicht vor dem siebenten Jahr, ausgebildet wird:

Raum nämlich als das allgemeine Enthaltende und unabhängig von den enthaltenen Gegenständen; als System, worin die Lage der Gegenstände nach Vertikale und Horizontalen bestimmt ist. Jüngere Kinder beziehen die Dinge ihrer Vorstellung nicht auf einen solchen Rahmen; ja in den ersten Lebensjahren fehlt noch überhaupt eine Beziehung der Gegenstände untereinander. Erst in einem zweiten Stadium werden Relationen ausgedrückt, doch ist es charakteristisch, wie Kinder zum Beispiel auf eine gezeichnete Hügellinie Bäume, Häuser, Menschen aufsetzen, nämlich senkrecht zur Schrägen: sie achten nicht auf die wirklichen Neigungen und lassen sich vielmehr von gedachten Nachbarschaften leiten. Abstände werden nicht ausgedrückt, leere Zwischenräume zwischen zu weit entfernten Gegenständen sind nicht als zum Raum gehörig vorgestellt. Wie die Phantasie dieses Kindesalters überhaupt durch das Vorherrschen des Denkens über die Wahrnehmung charakterisiert ist, folgen auch die räumlichen Relationen einer spontanen Tätigkeit des Intellekts. Der kindliche Raum ist, nach Piaget, ‹verinnerlichte Handlung›. Dabei würden ebendiese Kinder über die schiefgestellten Gegenstände in der Wirklichkeit lachen: das bedeutet, daß der vorgestellte Raum von völlig anderer Qualität ist als der erfahrene und wahrgenommene. Erst in einem dritten Stadium beginnen sie, das Vorgestellte mit der Erfahrung zu koordinieren und damit den euklidischen Raum bei sich zu entwickeln.

Es fehlt viel, daß diese Einsichten direkt auf das mythologische Denken übertragbar wären. Die Beobachtungen Piagets sind im wesentlichen auf die Vorstellung sichtbarer Gegenstände und geometrischer Figuren, und der experimentellen Methode der Untersuchung entsprechend, auf Zeichnungen beschränkt. Der weitere Raum der Weltvorstellung, der sich in der kindlichen Rede niederschlagen und erst eigentlich den Vergleich mit dem mythologischen Raum erlauben würde, kommt nicht zur Sprache. Auch ist die Berechtigung der Analogie der kindlichen Entwicklungsphasen zu den anthropologischen umstritten. Immerhin trifft man dort auf Kategorien, die das hier Gemeinte erläutern. Der Handlungscharakter der Raumvorstellung entspricht dem, was hier als das erzählende Wesen der mythischen Räumlichkeit benannt wurde.

Dabei müssen wir in der Odyssee einrechnen, daß man sich nicht mehr auf der Stufe des reinen Mythos, des spontanen Weltentwurfs befindet: Erfahrungsgeographie geht bruchlos in die mythologische über und färbt sie ein mit ihrer spezifischen Realität. Dafür gibt es eine signifikante Äußerung. Alkinoos verspricht, den ans Phäakenland verschlagenen Schiffbrüchigen in seine Heimat bringen zu lassen, mag sie auch noch so weit «jenseits von Euboia sein, das ja am fernsten liegen soll nach dem, was unsre Leute sagen, die es gesehen haben, als sie den blonden Rhadamanthys fuhren zu seinem Besuch des Tityos» (7.321 ff.). Tityos, der Riesensohn der Erde, ist in der euböisch-böotischen Sage zu Hause, mit der der Odysseedichter in der Nekyia eine so auffällige Bekanntschaft verrät; auch Tityos erscheint dort unter den Büßern. Von der Reise des Rhadamanthys wissen wir weiter nichts, aber der Dichter kennt ihn als den Herrn im Elysium an den Grenzen der Erde (4.564 f.). Damit wird es zusammenhängen, daß die Phäaken ihn transportieren. Doch was mögen die kleinasiatischen Zuhörer – in der Tat «weit jenseits von Euböa» – bei dieser Phäaken-Geographie gedacht haben! Wie fern mußten die Phäaken sein, daß ihnen Euböa am Rande der ihnen bekannten Welt lag! Das Maß der Ferne aber wird von dem Mittelpunkt der zeitgenössischen Erfahrungswelt genommen, und das Mythische schließt sich aufs einfachste ans Reale an. Hier ist keine Differenz der Wirklichkeiten.

Irrfahrten-Geographie

Mit diesen Begriffen im Sinn, sei es versucht, der mythologischen Geographie der Odyssee nachzugehen. Allerdings stehn vor einem solchen erneuten Versuch die Warntafeln der früheren, die Irrfahrten des Odysseus und die Orte seiner Abenteuer in der Wirklichkeit nachzuweisen. Ihre Geschichte – so alt wie die Homerphilologie – ist zu vergeblich, daß nicht jeder am besten beraten wäre, der diese Frage überhaupt nicht mehr aufwürfe; und das Urteil der Besonnensten sagt eindringlich, daß alle dergleichen Versuche völlig nichtig sind.[10] Denn von dem Augenblick an, da der heimsegelnde Odysseus mit seiner Flotte am Kap Malea vom Sturm verschlagen wird, trete man in eine irreale Welt des Märchens ein, die auf keiner Landkarte zu finden ist; wie denn auch die Rückkehr aus dieser Märchenwelt deutlich markiert sei, indem Odysseus, aus dem Schlaf erwachend, sich nach Ithaka versetzt findet. So sei der Ort der Abenteuer irgendwo und nirgends.[11]

Diese Warnungen nehmen das Dichterische in Schutz: es wird erinnert, daß wir es mit Mythologie, nicht mit physikalischer Geographie zu tun haben; daß von ihr keine logisch durchdachten Vorstellungen zu erwarten seien: «Man darf so nicht fragen», schrieb schon ein alter Kommentator, «die Angaben der Mythen lassen sich nicht zur Rechenschaft ziehn.»[12] Für die Unwirklichkeit der Abenteuerwelt mag man sich auch auf die innere Form des Märchentyps berufen, die häufig auf einem Gegensatz von Alltagswirklichkeit und Zauberwelt beruht. Es hat für den Überschritt vom einen zum andern die typischen Motive bereit wie den Einstieg in den Brunnen oder die Entrükkung im Schlaf. In der Tat, der Berg Sesam und die Sieben Zwerge hinter den sieben Bergen sind «irgendwo und nirgends». Und wo das Märchen sich seines Stils bewußt wird, da spielt es geradezu mit der Entwirklichung, mit der Verwirrung des Verstands: das Feenschloß des norwegischen Märchens liegt «östlich von der Sonne und westlich vom Monde».[13]

So ortlos freilich sind die Abenteuer der Odyssee nicht. Die Irrfahrt beginnt nicht sogleich desorientierend. Nordsturm war es, von dem Odysseus' Flotte, von der thrakischen Küste kommend, erfaßt und, als er sich nach zwei Tagen legte, bis zur Südspitze des Peloponnes gebracht wurde. Am Kap Malea will er nach Westen «einbiegen» (9.80), kein Zweifel, daß die beabsichtigte Route, zwischen dem Festland und dem vorgelagerten Kythera hindurch und weiter der Küste folgend, den Erfahrungsrealitäten entspricht, die die Odyssee in der Telemachie erkennen läßt. Aber eben hier wächst der Nordsturm erneut zu solcher Gewalt, daß er die Schiffe «an Kythera vorbei» und neun Tage lang übers offene Meer treibt. Undenkbar, daß der Zuhörer das aufgenommen hat, ohne bestimmte Raum- und Richtungsvorstellungen zu entwickeln. Das Desorientierende kommt von der Zeit, «neun Tage lang». Man kann auch dies noch ins Verhältnis bringen zu der Fahrtzeit von drei Tagen, die Diomedes von Lesbos bis zur Landung in Argos braucht (3.180), und damit eine Sturmfahrt bis zur afrikanischen Küste plausibel machen. Aber die Neunzahl meint, wie die Achtzehn bei der Heimfahrt von Ogygia, eher ein rundes Maß von unbestimmter Größe und erlaubt nur ‹erzählerisch› den Vergleich mit Strecken nautischer Erfahrung. Noch im fünften Jahrhundert ist die Südküste des Mittelmeers westlich von Kyrene nur vom Hörensagen bekannt, westlich der Syrten überhaupt nicht; und was Herodot sich von dort hat erzählen lassen – Ethnologisches und Zoologisches, keineswegs bloß phantastisch – gerät ihm doch an die Grenze von Wundergeschichten. Wieviel weniger wird man zur Zeit der Odyssee von diesem Land gewußt haben. Als Odysseus mit seinen Leuten zu den Lotophagen kommt, ist er bereits dermaßen ‹aus der Welt›, wie es zum «Vergessen der Heimat» sich gehört (9.94–7).

Und doch fallen die Lotophagen nicht aus allen geographischen Vorstellungen heraus. In der Telemachie, dort wo Menelaos die Länder und Völker aufzählt, die er während seines achtjährigen Umherstreifens im östlichen Mittelmeer gesehen hat, nennt er zuletzt auch Libyen, «wo die Böcke gleich mit Hörnern zur Welt kommen, denn dreimal werfen die Schafe im Jahr...» (4.81–89). Das ist schon fast von demselben ethnologischen Interesse diktiert, mit dem Herodot die Wunderlichkeiten Nordafrikas beschreibt.[14] Und gerade Herodot weiß unter den Völkern um die kleine Syrte auch von dem Stamm der «Lotosesser» zu erzählen und beschreibt die pistaziengroße Frucht, süß wie Datteln, aus der sie auch Wein herstellen.[15] Das sieht nicht so aus, als hätte er sie nur aus der Odyssee. Denys Page hat es sehr wahrscheinlich gemacht, daß es sich bei dem Lotos um eine Pflanze handelt, die in Ägypten seit alters als Nahrungsmittel diente. Es spricht alles dafür, daß auch der Hörer der Odyssee bei dem Namen der Lotophagen an einen vagen Süden denken mußte, exotisch zwar, aber von Menschen, nur fremder Art, bewohnt. Die Lotophagen sind von derselben Faktur und exotischen Wirklichkeit wie die libyschen Schafe.

Erst mit dem Polyphemabenteuer tritt man in die Welt des Märchens ein – Märchen auch in dem Sinne, daß von jetzt an Geschichten erzählt werden. Statt Menschen Länder: Inseln und Orte von Göttern und Ungeheuern. Die Zyklopeninsel ist um so entrückter, je mehr das Ungeheure sich im Milieu des Geheuren und Vertrauten auftut. Aber schon die Insel der Winde, und zwar gerade als die schwimmende Insel, ist auf einen Weltzusammenhang bezogen, worin das Irgendwo erst zum Irgendwo wird. Und nun erst Kirke, Kalypso: so ferne sie sind, aber die mythisch-geographischen Zusammenhänge, in die der Dichter sie rückt, übersteigen entschieden das Weltlose der Märchenlokalitäten. Das Irgendwo und Nirgends trifft auf die Abenteuer der Odyssee nicht mehr ganz zu, und die Verwirrung, die den Leser befällt, ist von anderer Art.

Zur Aiolos-Insel gelangt Odysseus aus dem Abenteuer, das zum Verhängnis seiner ganzen Irrfahrt werden sollte: wir wissen, daß er nun unter dem Fluche Polyphems und dem Zorn des Poseidon fährt. Um so mehr stellt sich die Ankunft bei Aiolos als einziger Glücksfall dar:[16] gastlich empfangen und bewirtet, erfährt er die Liebe des «Herrn der Winde» (10.21), um schließlich zum Abschied mit dem Kostbarsten beschenkt zu werden, was dem Verirrten werden kann, dem Schlauch, der die widrigen Winde bannt, – frei wehend alleine Zephyros, der Wind der Heimkehr. Mit einemmal wird das Unbestimmte der Lokalität, die schwimmende Insel, in die bestimmteste Relation zu Ithaka gesetzt: neun Tage fahren sie unter Westwind, am zehnten kommt Ithaka in Sicht (10.28 f.). Der Unglücksfall, daß gerade jetzt Odysseus ein Schlaf befällt, vereitelt die Rettung: die mißgünstige Mannschaft öffnet den Schlauch der Winde, die die Flotte dorthin zurücktreiben, woher sie kam. Auch ohne daß es gesagt wird, versteht man den Kausalnexus mit dem Fluch des Zyklopen. Das Verhängnis des Odysseus bedient sich der Bosheit und Torheit der Gefährten: als einen Gottgehaßten weist nun Aiolos ihn von sich, und er ist zurückverschlagen ins Unbestimmte, woher er kam.

Wie hier Märchenmythologie von Geographie überlagert wird, ist charakteristisch. Es wäre absurd anzunehmen, daß die homerischen Zuhörer die geographischen Verhältnisse, die die Erzählung impliziert, nicht realisieren sollten. Es kann kein Zufall sein, daß die endliche Heimkehr nach Ithaka von Ogygia aus wiederum eine Fahrt von Westen her sein wird, mit dem realistischen Detail nautischer Orientierung beschrieben (‹techneéntōs›, «nach den Regeln der Kunst», 5.270): nach keiner anderen Richtung war die «zu äußerst gegen Abend» gelegene Insel (9.26) zum Meer hin offen. Im Osten lag nicht nur das nahe Festland, dahinter dehnte sich der Archipelagus und die ganze wohlbekannte Oikumene: unmöglich konnte Odysseus aus diesen Weltgegenden nach Ithaka gelangt sein. Die Irrfahrt ins Ungemessene mußte in den Westen führen, nur aus dem Westen konnte Odysseus heimkehren. Es war eine falsche Ehrenrettung des Dichterischen, wenn man die Abenteuer ins Nirgendwo des Märchens verwies: sie waren für den Hörer des Epos durch deutliche Richtungsvorstellungen mit seiner Erfahrungswelt verbunden.

Ist es also im Sinne einer odysseischen Geographie nicht beliebig, daß Aiolos allein den Zephyr wehen läßt, so ist doch die Wohnung der Winde ganz von der narrativen Art der Märchenmythologie und in keine rationale Anschauung zu übersetzen: wie würden doch die Winde, losgelassen wie der West, ‹in alle Winde› stieben, statt aus ihren Himmelsstrichen zu blasen! Auch wäre es falsch, für die Weiterfahrt von einer gedachten Position der Windinsel auszugehen; noch falscher, mit der Beweglichkeit der schwimmenden Insel zu spekulieren und sich mit ihrer Hilfe die Vermittlung zu den östlichen Abenteuern auszudenken.[17] Die schwimmende Insel bedeutet bereits das ‹Irgendwo›, das von jetzt an thematisch wird: nicht im Sinne der Entrückung in eine Märchenwelt, sondern des beängstigenden Irrens auf der Welt, woraus die Chance der Errettung sich eben bot, um verspielt zu werden.

Die Lästrygonen

Zwischen Aiolos und Aiaia, dem ‹Westen› und dem ‹Osten›, sind das einzige Abenteuer die Lästrygonen. An sie richtet sich die Frage der Lokalisierung also mit besonderer Neugierde; und sie lassen den Fragenden nicht einmal im Stich. Die Geschichte, die ihrem Märchentyp nach überall spielen könnte, ist ja in der Odyssee mit der berühmten und merkwürdigen Beschreibung der Lichtverhältnisse im Lästrygonenland eingeleitet, die es sichtlich als ein sehr anderes und fernes Land kennzeichnen sollen. Dort ruft der heimkehrende Hirt dem anderen zu, der bereits mit seiner Herde auszieht, und wer den Schlaf nicht brauchte, könnte dort doppelten Tageslohn verdienen, einmal als Rinderhirte, dann mit den Schafen. «Denn nahe sind die Bahnen der Nacht und des Tags» (10.86). Das Bild zeigt die gleiche Aussageweise wie Hesiods Rede von Tag und Nacht, die einander auf der Schwelle begegnen. Während aber dort die beiden Begegnenden sich auf extrem voneinander entfernte Bahnen begeben, so fern, wie Tag und Nacht einander ausschließen, gehen sie hier «nah beieinander»: kaum ist die Nacht gekommen, kommt auch schon der Tag. Auch dies Bild ließe sich in kein kosmisches Modell umsetzen: Wo wäre die Nacht zur Mittagszeit? Und wie erklärte es die ungleiche Länge der beiden, die der Text ja offenbar meint? Es wird aber als Aussage unmittelbar verstanden. – Die Vorstellung von einem solchen Land kann schwerlich aus der Phantasie, oder aus Überlegungen zu den nie untergehenden Zirkumpolarsternen, entsprungen sein, wie sie der Pergamenische Gelehrte Krates anstellte:[18] die nur nachts zu beobachtenden kurzen Untergänge hätten wohl kaum die Vorstellung eines fast ununterbrochenen Tags suggeriert. Man kann sich nichts anderes denken, als daß eine ferne Kunde von den Sonnennächten des hohen Nordens nach Griechenland gedrungen ist. Die geschichtliche Möglichkeit, schon im zweiten Jahrtausend, ist nicht abzuweisen: auch der Bernstein ist von der Ostsee schon nach Mykene gelangt, und im achten Jahrhundert, wahrscheinlich über die Skythen, allenthalben nach Griechenland und Jonien.[19]

Die Beschreibung der Lichtverhältnisse im Lästrygonenland gehört zur Szenerie, die – mit Hafen, Klippen, Straße, Brunnen, Stadt und Bergen – deutlich das Gepräge odysseischer Landschaften trägt.[20] Aber darin sind Elemente, die mit zum Überlieferten gehören dürften: darunter die Begegnung mit der Königstochter an dem Brunnen und dessen Name Artakie. Ich denke, Denys Page hat Recht, daß er zu dem überlieferten Bestande vor allem die Namen rechnet: ‹Lamos›, vielleicht ‹Antiphates›, jedenfalls ‹Telepylos Laistrygoniē›. Von diesem allerdings scheint es mir nicht bewiesen, daß das zweite der Ortsname sein müsse; ein Adjektiv ‹telepylos›, ‹ferntorig›, macht Schwierigkeiten.[21] Und daß kein griechischer Stadtname auf ‹Pylos› endet, beweist wenig: Thermopylai ist Beispiel genug. Im Grunde ist die Namenbildung nicht anders als in Akropolis, Neapolis; und wenn man einen Ort Pylos nennen konnte, warum nicht Telepylos? Also ‹Ferntor›. Das ‹Ferne Tor› läßt sich wohl verstehen: Pylos war das Tor zum Hades; so wird sich im Namen Telepylos wohl die Bedeutung des Jenseitstores erhalten haben.[22]

Die Vermutung wird fast zur Gewißheit, wenn man das schwäbische Märchen vom ‹Nebelmännle› vergleicht.[23] Dort ist es der Herr von Bodmann, der eine Reise ans Ende der Welt machen will und, nachdem er «durch viele Städte und Länder» gefahren, schließlich in eine große Wüste kommt, wo er – nach einem ersten Abenteuer – zu einem kleinen Haus gelangt. «In das ging er hinein und traf daselbst ein altes Weib.» Das Weib sagte, «ihr Mann sei ein Menschenfresser und werde ihn gewiß riechen», wenn er heimkomme. Und so geschieht es. Die Grundzüge sind die gleichen wie in der Lästrygonengeschichte. Nun erweist sich aber der Menschenfresser als das «Nebelmännle» und erbietet sich, den Herrn von Bodmann noch in derselben Nacht, im Flug, auf seinen Schultern heimzutragen, ehe seine Frau am nächsten Tag einen andern heiratet: unter der Bedingung, daß er verspreche, künftig das Läuten mit der Nebelglocke zu unterlassen. Das Läuten entzieht offenbar dem «menschenfressenden» Nebelmännle seine Opfer. Es ist das Abkommen mit dem Todesdämon, der den Märchenhelden – wie Heinrich den Löwen – über Nacht aus dem Jenseits in die Heimat zurückbefördert. Die Struktur des *ganzen* Märchens entspricht aber genau der Odysseusgeschichte, indem es gleichfalls mit dem Auftrag an die zurückbleibende Frau beginnt: «Wenn ich von heut an in sieben Jahren nicht wieder hier bin, so darfst du auf mich nimmer warten und kannst einen andern heiraten.»

Wie man sieht, hat das Menschenfressermärchen – das in der Märchenerzählung der Welt zwar auch für sich alleine stehen kann – in dem Typus der Geschichte vom heimkehrenden Gatten seinen überlieferten und struktural bestimmten Platz als eines seiner Abenteuer. Und wenn auch der Ausgang des schwäbischen Märchens – mit der Heimbringung durch den Todesdämon – auf das Motiv eines anderen odysseischen Jenseitsabenteuers (der Phäakengeschichte) hinausläuft, so ist doch die Ähnlichkeit mit der Lästrygonengeschichte groß genug, um zu erkennen, daß in beiden der Bereich des Todes gemeint ist. Stadt und König der Lästrygonen müssen auf der Märchenstufe diesen Jenseitscharakter getragen haben.

In dieses Bild fügt sich nun auch der Name des Königs Antiphates, der ersichtlich den «Totschläger» bedeutet:[24] es muß der Dämon der Hölle sein, der sich in diesem Namen verbirgt. – Im ganzen fällt auf, wie viele Namen die Geschichte bringt, im ganzen nicht weniger als fünf, und lauter Unica. Zwei davon, der Name der Stadt und der des Königs, sind griechischer Prägung, man wird sie für Übersetzungen halten dürfen; der dritte, Lamos, mag es gleichfalls sein, wenn er mit den Lamien zusammengehört und so etwas wie Schlund und Verschlingen bedeutet.[25] Von den beiden übrigen, nicht-griechischen – ‹Laistrygones› und ‹Artakiê› – weisen Spuren auf thrakische Herkunft,[26] und nichts steht der Vermutung entgegen, daß alle diese Namen dem Odysseedichter in einer Überlieferung zugekommen sind, die letztlich aus der nichtgriechischen Heimat des Märchens herrührt.

Ja man darf einen Schritt weitergehen: Eine alte Handelsstraße hat im zweiten Jahrtausend Thrakien mit dem Baltikum verbunden, so daß auch die Kunde von den Lichtverhältnissen jenes fernen Nordlands aus demselben Schwarzmeerraum nach Griechenland gedrungen sein kann, aus dem die Namen herrühren.

Namen, Weltgegend und Tenor der ganzen Geschichte gehören für den Odysseedichter zusammen. Vom Jenseits- und Todescharakter des Märchens behält das Epos den Begriff der äußersten Ferne. Odysseus wird an einen Ort verschlagen, der vom Hiesigen und Vertrauten radikal verschieden ist: zwar erst trügerisch einladend, dann aber seine Dämonie enthüllend. Indem die fremden Lichtverhältnisse zum Moment des Landschaftlichen werden, wird das Märchenlokal zum Ort odysseischer Welt.

Verirrung

Die Vergleichbarkeit des schwäbischen Märchens mit der Odyssee reicht aber noch weiter. In all der Kürze, die ihm eigen ist, enthält es immerhin zwei Abenteuer. Ausgezogen war der Herr von Bodmann nämlich mit seinem Diener und seinem Kutscher, und ehe er, durch die große Wüste fahrend, im Haus des Menschenfressers einkehrte, war er an einen Platz gelangt, der mit einer hohen Mauer umgeben war. Er half seinem Bedienten hinauf, daß er sehe, was dahinter sei; der aber winkte von droben nur dem Kutscher und sprang hinab. Der Herr hilft nun dem Kutscher hinauf, aber auch der springt in den Garten hinter der Mauer: «denn das war der Paradiesgarten, und darin gefiel es den beiden so gut, daß sie nicht wieder herausmochten und deshalb ihren Herrn im Stich ließen».

Das Abenteuer – sieht man einmal von dem besonderen Geist des Märchens ab – weist eine Struktur auf, die in der Kirkegeschichte wiederkehrt: der Platz in der Wildnis, die Kundschaftung, die Verlokkung, das Verschwinden der Kundschafter. Was das Märchen unterdrückt, ist der Eigentümer des Gartens: ist er letzten Endes freundlich oder schlimm? Der Irrfahrer verliert seine Begleiter: aber das gehört auch zur Struktur der Irrfahrt des Odysseus. Als Garten der Lust kontrastiert das Abenteuer mit dem Haus des Menschenfressers. Man muß es danach für möglich halten, daß auch Lästrygonen und Kirke – die in der Reihe der Abenteuer aufeinander folgenden – schon in der Überlieferung dem Odysseedichter in diesem antithetischen Sinn gegeben waren. Indem das schwäbische Märchen die Irrfahrt auf zwei Abenteuer reduziert, profilieren sich die beiden als Paradies und Hölle und machen, in dem Lakonismus des Märchens, als Polare ein

Weltganzes aus. Aber dies Ganze vermag im Märchen keine Räumlichkeit zu entfalten, die Orte bleiben zeichenhaft, irgendwo in dem Nirgends der «großen Wüste». Erst im Epos werden die Abenteuer zur Erfahrung der Ferne, zur Irrfahrt an den Grenzen des Erdraums, und erhalten in diesem ihre bestimmten, wenngleich mythologischen Orte.

Verirrung als Thema setzte zum erstenmal ein mit der Abfahrt von Aiolos. Schon die sechs Tage und Nächte angestrengten und unablässigen Ruderns, die die Flotte nach der Abweisung durch Aiolos zurücklegt, bis sie am siebenten Tag nach Telepylos gelangt – das einzige Mal, daß während der Irrfahrt eine Fahrtzeit angegeben wird –, bedeuten eine weite und trostlose Fahrt ins Ungewisse. Es ist auch das einzige Mal, daß die Formel vom traurigen Weiterfahren um zwei Verse erweitert wird: «und der Mut der Männer wurde aufgerieben von der schmerzvollen Ruderei, aus unsrer eigenen Torheit, da keine Wegleitung mehr sich zeigte» (10.78). Das ist das Resümee des Sinnes, den das Aiolosmärchen durch den Epiker bekommen hat: nach der verspielten Chance der Rettung aus dem Irgendwo der Meere geht es erneut in ungewisseste Ferne. An dieser Stelle beginnt die eigentliche Irre. Und wenn Odysseus unmittelbar darauf mit der Erzählung fortfährt: «Am siebenten Tag aber kamen wir zu der Stadt, die da heißt das Tor der Ferne: dort ruft der heimkehrende Hirt bereits wieder dem ausziehenden zu» – dann weiß man so viel: sie sind ans Ende der Welt geraten.

Dieser Gedanke der Verirrung wird von nun an unmißverständlich festgehalten. Nach der Katastrophe bei den Lästrygonen fährt Odysseus mit dem einen verbliebenen Schiff weiter und gelangt zur «Aiaia», der Insel der Kirke. Kein Zweifel, daß der Dichter schon hier an das Land der Jasonsage denkt: Aia, das Land des Goldenen Vlieses, klingt an, Aietes, Helios werden genannt. Aber die Lokalisierung beim Sonnenaufgang hebt er sich auf später auf. Das Land wird zur Insel: Odysseus, der eine Höhe erstiegen hat, um sich zu orientieren, meldet rückkehrend den Gefährten, daß sie rings vom endlosen Meer umgeben seien: «Freunde, wir wissen nun weder wo Abend ist noch wo der Morgen, weder wo die Menschen-leuchtende Sonne unter die Erde geht, noch wo sie aufgeht» (10.190). Man darf nicht notieren, daß sie gerade eben die Sonne haben untergehen und wieder aufgehn sehen: es hilft ihnen nichts, weil sie nicht wissen, wo sie hinfahren sollen. Hier also sind sie in der vollkommensten Desorientierung. Demgemäß wird Odysseus von Kirke in den Hades fahren müssen, um Wegweisung von Teiresias zu erhalten (die verdoppelte Wegweisung durch Kirke ist ein eigenes Problem; davon sogleich). Erst jetzt, nach der Rückkehr aus dem Hades, wird es ausgesprochen, daß man sich auf der Aiaia am Sonnenaufgang befindet: dort «wo die Wohnung und Tanzplätze der Morgenröte sind» (12.4) – eine Auskunft, die, früher gegeben, den Gedanken der Verirrung nicht wohl hätte zu Wort kommen lassen.

Daß wir aber mit einemmal im Osten der Welt sind, macht erzählerisch nicht die geringste Schwierigkeit, da gerade die Lästrygonen schon diese Zumutung der Phantasie bedeuten, Odysseus in die äußersten Fernen zu folgen. Die Abenteuer von Aiolos bis Kirke bilden eine Sequenz, über die sich der Bogen eines durchgehenden Themas spannt, jenes Thema der Irre, das im Proömium des Epos angeschlagen war. Erst durch die Thematisierung in den beiden mittleren Büchern der Apologe werden die Abenteuer zur Irrfahrt, zu einem Verlorensein an den Grenzen der Welt.

Okeanos

Mit der Hadesfahrt endlich erreicht die Erzählung den Horizont des odysseischen Weltbildes, den Punkt, wo ‹Geographie› in Kosmologie übergeht.

Es bedarf hier einer Rückerinnerung. In welchem Sinne kann hier überhaupt von Geographie die Rede sein? Es war zu Anfang versucht worden, die mythologische Kosmologie von dem Denken in Modellen zu lösen und zum Begriff einer narrativen oder aussagenden Kosmologie zu kommen. Gleich zu Beginn des Epos stößt man auf eine solche Aussage, die dem in Modellen denkenden Verstand Schwierigkeiten aufgibt. Poseidon ist zu den Äthiopen gegangen, um dort am Opfermahl der Hekatomben von Stieren und Widdern teilzunehmen: «den Äthiopen, die zwiefach geteilt sind, die äußersten der Menschen, die einen beim Untergang der Sonne, die andern beim Aufgang» (1.23 ff.). Zum Mahle bei den Äthiopen fern am Okeanos war auch Zeus, im ersten Buch der Ilias, mit allen Olympiern gezogen, ebendorthin will Iris im vorletzten, als sie ihr Verbleiben an der Tafel der Winde ablehnt.[27] Aber daß es zweierlei Äthiopen gibt, erfährt man erst in der Odyssee. Man erfährt nicht, zu welchen Poseidon ging. War es dem Dichter egal? Nicht den Philologen und Geographen des Altertums: die einen entschieden sich für die östlichen (weil der zurückkehrende Gott über die Solymerberge kommt), die anderen fanden, daß die Zweiteilung nicht so wörtlich gemeint sei: die Äthiopen, die den ganzen südlichen Bogen des Erdrundes bewohnen, seien nur durch den Nil oder den Arabischen Golf in zwei Hälften geschieden.[28] Ihre Lokalisierung im Süden hat, abgesehen von der späteren Ethnographie, die sie bereits voraussetzt, den Namen der «Brandgesichter» für sich;

die im Osten die alte Mythologie von dem Äthiopenkönig Memnon, dem Sohn der Morgenröte. Die doppelte Beziehung zur Sonnenbahn, wie in der Odyssee, indem zum Aufgang der Untergang tritt, wird jedoch noch in anderer Weise durch eine Passage aus der ‹Befreiung des Prometheus› von Aischylos beleuchtet.[29] Er läßt dort die Titanen sprechen, die aus ihrem Gefängnis an den Grenzen der Erde entlassen sind; sie kommen vom Roten Meer und dem «allernährenden Gewässer der Äthiopen am Okeanos», wo der Sonnengott «jedesmal den unsterblichen Leib und die ermüdeten Rosse in der warmen Strömung des linden Wassers ausruht». Das wäre also bei Sonnenuntergang. Das Bad im Okeanos ist die homerische Vorstellung vom nächtlichen Verweilen der Sonne wie der Gestirne.[30] Am Okeanos hält Athene, um die Nacht des Wiederfindens zu verlängern, die Rosse der Morgenröte, Lampos und Phaeton, zurück (23.244); hier also, wo die Äthiopen wohnen, geschieht wie das Abschirren, so das Anschirren der Rosse. Der doppelten Funktion sind die Äthiopen zugeordnet, ohne sich deshalb in zwei Völker zu scheiden, die die Erdscheibe trennt. Die Odyssee, indem sie dieses Doppelten gedenkt, geht darin wohl über die Ilias hinaus. Ein Moment der Reflexion scheint damit hereinzukommen, die aber nicht in die Richtung einer rationalen Geographie führt, sondern auf ein bewußteres Bedenken der alten mythischen Bilderrede.

In dem alten Mythos vom Bad im Okeanos gab es keine Frage, wie denn Pferde und Wagen und schließlich der Sonnengott selber von Westen nach Osten zurückgelangt sind: der Wagen steht für den erfrischten Gott am Ufer bereit. Anders wird es, wenn Helios, statt zu baden, ins Boot steigt. Homer kennt das nicht; aber hundert Jahre später wird der kahnfahrende Gott eine bevorzugte Vorstellung der lyrischen Dichter. Stesichoros schildert die Szene, da Herakles nach dem Raub der Geryonesrinder von Erytheia jenseits des Okeanos zurückkehrt;[31] er hatte den großen Ringstrom im Boot des Helios überquert, das er jetzt dem Gott wieder überläßt:

> Helios aber, Hyperionssohn, stieg ein in den Becher,
> Den goldenen, daß er Okeanos durchquerend
> Gelange zu den Tiefen der heiligen Nacht, der dunklen,
> Zur Mutter und der vertrauten Gemahlin und den lieben
> Kindern.
> Doch der schritt in den Hain, den lorbeerverschatteten,
> Zu Fuß, der Sohn des Zeus.

Die Vorstellung vom Sonnenboot oder Becher gehört in ein Weltbild, das Sonne und Gestirne über die Gewässer des Himmels und das Meer der Tiefe fahren ließ. Es war das der Ägypter und mag den

Griechen aus dem ägäischen Stratum des zweiten Jahrtausends und wieder durch neue Berührung im siebenten Jahrhundert zugekommen sein. Jetzt ergaben sich freilich, wenn man an den Sonnenpferden festhielt, erzählerische Konflikte – über die logischen setzte man sich leicht hinweg, man mußte nicht gleich, wie der aufgeklärte Pherekydes, Rosse und Wagen mit ins Boot verladen.[32]

Mit den Versen des Stesichoros hat man sich die falschen Schwierigkeiten gemacht. Schon die Umstände der Überfahrt nach Erytheia werden verkannt, wenn man sie während der Tagreise des Helios geschehen läßt – weil zu dieser Zeit das Nachtgefährt von ihm nicht benötigt sei.[33] So harmlose Ausleihe wäre keine Herakleische Leistung. Der Heros kommt ans Ende der Welt, zum Ufer des Okeanos, spannt seinen Bogen – gegen Okeanos? Gegen Helios? Der jedenfalls bewegt ihn, den Bogen abzusetzen, und überläßt ihm «dafür» den Nachen.[34] Natürlich geschieht das «abends», wenn Helios eigentlich selber in den Nachen steigt: unerhörter Eingriff in die Ordnung der Natur. Die Fahrt nach Erytheia ist eine Abendfahrt, geleistet mit dem Gefährt, das die Sonne abends ins Jenseits bringt – für eine Tagfahrt ist Helios' Nachtkahn nicht zu gebrauchen. Helios muß warten. Als Herakles mit den Rindern zurückkommt, kann es endlich Nacht werden, der wartende Gott besteigt seinen Kahn, indessen der Held zu Fuß weiterzieht.

War also dies schon unnötige Sorge, so wird das Mythologische abermals verfehlt, wenn man fragt, ob Helios, den Okeanos durchquerend, seine nächtliche Wohnung im Westen aufsuche oder, die Erde umfahrend, im Osten. Es ist dafür bezeichnend, daß an den Versen – die doch eine Fülle von Bildern evozieren, uns aber bei dieser Frage im Stich lassen – der Mangel an Anschaulichkeit beklagt wird;[35] womit die Orientierung in einem physikalischen Raum gemeint ist. Natürlich steht – in dieser Sprache gesprochen – das Haus der aufgehenden Sonne bei Sonnenaufgang.[36] Ruhen aber tut Helios nicht im Osten und nicht im Westen, sondern nachts. In die Tiefen der Nacht, zu seiner Mutter gelangt er, das heißt, zu dem Ursprung, aus dem er geboren ist und täglich geboren wird. Tiefe, Nacht, Okeanos sind eines, die Vorstellung ist keine andere, als wenn in der Ilias «das Licht der Sonne in den Okeanos hineinsinkt»: zum Bade dort, zur Kahnfahrt hier. Mimnermos läßt den Gott im Kahne schlafen, Stesichoros deutet auf die Ruhe bei der Gattin in der Tiefe der Nacht. Nicht der Ort seines nächtlichen Verweilens macht Schwierigkeiten; schwierig ist allein die Zumutung an unseren Verstand, im Durchqueren des Stromes die Dimension des ‹Jenseits› zugleich als die Dimension der Tiefe zu denken.[37]

Dies Zugleich, als eine Form der aussagenden Bildlichkeit mythologischer Geographie, gilt auch für Odysseus' Fahrt in die Unterwelt. Alles, was dabei an Anschauungen, räumlichen Vorstellungen und Bewegungen vorkommt, muß, statt es in eine Karte oder Modell zu ergänzen, in die Form der Aussage zurückgenommen werden. Fast alle Probleme laufen dabei zurück auf die Aussage «über den Okeanos», die vieldeutig scheint, aber eindeutig ist: sobald man nämlich aufgibt, sie an einem Modell zu verifizieren.

Daß Odysseus, um in den Hades zu gelangen, über den Okeanos müsse, erfährt er von Kirke alsbald nach der ersten Schreckensmitteilung (10.490–508). Welcher Sterbliche ist schon über den Okeanos gefahren! Der einzige Herakles, damals, als er die Rinder des Geryones holte.[38] Vielleicht auch Jason? Von dem man später erzählt, daß er von Kolchis heimfahrend in den Ringstrom lenkte. Aber der fuhr in kein Jenseits, seine Fahrt auf dem Okeanos ist überhaupt dichterische, nicht mythologische Erfindung und schon in geographischen Kategorien gedacht.[39] Herakles dagegen war zu Lande bis an die Grenzen der Erde gewandert, um dort im Kahn des Sonnengottes überzusetzen. Der Ringstrom, der die Erde umfließt, an dem das mythische Volk der Äthiopen wohnt: Odysseus erfährt jetzt, daß er ihn von der Aiaia aus mit dem Schiff erreichen wird, und zwar in einer Tagesfahrt, wie es nachher heißt (10.508, 11.11). Das Weltmeer, Pontos oder Thalassa genannt, öffnet sich in den Okeanos (12.2); Hesiod weiß es ebenso.[40]

Boreas soll ihn zum Okeanos bringen (10.507). Wir hätten wohl lieber den Westwind, damit er ihn zu der nächsten Stelle am östlichen Erdrand bringe? Oder wenigstens Südwind, der ihn den Kimmeriern entgegentrüge. Das zeigt mindestens, daß der Dichter so nicht gedacht hat. Die Mittagseite ist die Tagseite des Okeanos, dahin trägt ihn Boreas, der Nord. Es ist erzählerisch, nicht geographisch gedacht. Wenn er den Okeanos durchquert hat, wird Odysseus am anderen Ufer den Hain der Persephone finden, dort auch bald das Haus des Hades. Kirke beschreibt die Stelle in der Weise einer Unterweltlandschaft (10.508–15): Fels und Zusammenfluß zweier Unterweltströme, von denen der eine wenigstens sein Wasser aus der Styx erhält, die nach Hesiod ein Zweig des Okeanos ist. Auf keine Weise würden sich diese Aussagen nach Horizontale und Vertikale analysieren und aus der Kontamination zweier Vorstellungen herleiten lassen. Ihr einheitlicher Ursprung ist die mythologische Rede.

Die Ausführung (11.13–19) bringt neues Detail: am Okeanos kommen sie – wovon Kirke nichts gesagt hatte – zu «Volk und Stadt der Kimmerier». Der Name – dem frühesten Altertum mit Schrecken bekannt von dem Völkersturm, der um 700 vor Christus von Südrußland kommend Kleinasien überzog und in dem zweiten Viertel des Jahrhunderts die jonischen Küstenstädte heimsuchte[41] – hat Anlaß zu vielen Spekulationen gegeben, um mit Hilfe der Kimmerier die Odyssee zu datieren, sei es, daß ihre Erwähnung die geschichtliche Bekanntschaft voraussetzen oder auf eine Zeit deuten würde, in der das nomadische Reitervolk noch im Norden seßhaft gewesen wäre: «in Nebel und Wolken eingehüllt». Aber gerade diese Beschreibung zielt sichtlich nicht auf ein Volk in Südrußland (die Krim liegt auf der Höhe von Venedig), sondern auf die Unterwelt. Die Kimmerier der Odyssee sind ein mythisches Volk am Okeanosstrom wie die Äthiopen, am Eingang der Unterwelt wohnend wie jene in der Nähe der Sonne.

Es ist merkwürdig, daß die Fahrt auf dem Strom in vergleichbaren Zusammenhängen ganz anderer Erzählungen wiederkehrt, in der mittelalterlichen Heinrichsage und in Tausendundeiner Nacht. Der Herr von Braunschweig, in dem Gedicht des Michel Wyssenherre,[42] gelangt nach gescheiterter Seefahrt und mancherlei Abenteuern irrfahrend an einen großen Strom. Gott gibt ihm ein, sich ein Floß zu flechten, auf dem er sich aufs Wasser begibt.

Daz Wazzer was geswinde und strenge
Und drib yn allesz under sich
Tzu dem berge sunder wan.
Da must daz selbe grosze waszer
Tzu eynem finstern loch yn gan.

Die Fahrt geht reißend durch den immer enger werdenden unterirdischen Gang, am Karfunkelstein vorbei, bis der Strom wieder aus dem Berg tritt und Braunschweig an Land gehen kann. Nach kurzer Wanderung über «eyne wytte heyde» kommt er an eine Burg «in eynem wuosten bruoche und rore». Es ist die Burg der «Gesnebbelten», deren Sprache er nicht versteht. Das Volk der Geschnäbelten erweist sich auch sogleich von mörderischem Wesen; und knapp ihnen entronnen, gelangt er zu dem ‹Wütenden Heere›, wo der Herr der bösen Geister ihm jene gleiche Prophezeiung von der eben geschehenden Wiederverheiratung seiner Frau gibt, die im schwäbischen Märchen das Nebelmännle, in der Odyssee Teiresias verkündet.

Die Erzählung Wyssenherres geht, über die Geschichte des Herzogs Ernst, auf Sindbads Sechste und Siebente Reise in Tausendundeiner Nacht zurück. Ich erinnere an die Motive: Schiffbruch, Wanderung ins innere Land, der große Süßwasserstrom, der Floßbau, die unterirdische Fahrt, Landung jenseits des Berges bei einer fremden Stadt, bei «Indern», deren Sprache er nicht versteht und die sich bald als dämonische Flügelwesen herausstellen.[43] Hier wie dort ist es deutlich, daß die Fahrt auf dem unterirdischen Strom eine Fahrt ins Jenseits ist. In Tausendundeiner Nacht ist der Jenseitsstrom längst zum phantastischen Romanerlebnis geworden, geradeso wie Sindbads ‹Inder›, in denen man die späte Historisierung einer Märchenvorstellung erkennt, die die Heinrichsage mit den «Geschnäbelten» auf der Stufe des Märchens bewahrt. Denn beidemal ist das Volk, mit seiner Stadt, bei der der Unterweltfahrer je am Ende seiner Floß- und Stromfahrt landet, das Volk am Jenseitsufer. Nicht anders die Kimmerier: man geht fehl, wenn man in ihnen eine Spur des historischen Volkes sucht. Sie sind ein Element der überlieferten Geschichte der Hadesfahrt, ja, wenn man den Analogien glauben darf, schon der Irrfahrergeschichte. In Nebel und Wolken gehüllt, wohnend, wo kein Sonnenstrahl hinunterdringt, sind sie das Märchenvolk am Rande der Unterwelt, und Krates hatte immerhin der Auffassung nach Recht, wenn er ihren Namen als «Kerberioi» las. Aber die Variante deutet auf eine breitere Unsicherheit der Namensform, die auch in den Schreibungen ‹Cheimerioi› (die ‹Winterlichen›) oder ‹Kemmerioi› erscheint. Von diesen verdient die letzte, als die einzige nicht interpretierende, unsere besondere Beachtung: Alfred Heubeck hat sie überzeugend mit Hesychs ‹kammeros› und ‹kemmeros› (was ‹Dunkel› und ‹Dunst› bedeutet) erklärt und darin ein Wort kleinasiatischer Völker für «Nebel, Finsternis, Schatten» vermutet.[44] Es wäre, neben ‹artake›, das zweite anatolisch-indogermanische Wort, das als Eigenname in die Tradition der Irrfahrtengeschichten eingegangen ist. Das Nordvolk, das im siebenten Jahrhundert in Jonien einbrach und dessen eigentlicher Name Trerer war, ist offenbar dort mit dem odysseischen Namen benannt worden.[45]

Was erst Überqueren des Okeanosstromes war, wird auf dem Rückweg Fahrt auf dem Strom. Man kann sich der Strömung überlassen – in welcher Richtung sie strömt, bleibt ungesagt, und wieder läßt uns die Dichtung im Stich, wollten wir danach den Ort der Kimmerier erraten. Mehr erbringt die Bemerkung der Tageszeiten. Nach ganztägiger Fahrt waren sie bei Sonnenuntergang zum Okeanos gekommen, darauf zur Stadt der Kimmerier, die von ewiger Nacht bedeckt ist (11.11–19). Vor Sonnenaufgang sind sie wieder zurück (12.8). Hin- und Rückfahrt über den Okeanos entsprechen dem Nachtweg der Sonne. Die Rückfahrt auf dem Strom, mit der Strömung, mit Rudern und gutem Fahrtwind – offenbar keine geringe Strecke – bringt sie zu dem Punkt, wo sie den Okeanos zu verlassen haben, um ins Meer und nach Aiaia einzubiegen: es ist der Ort, «wo die Tanzplätze der Morgenröte sind und der Aufgang der Sonne» (12.3 f.). Und in der Tat, hier geht die Sonne wieder auf. Wie versteht man jetzt dies ‹Wo› in diesem ‹Wann›! Der Ort ist der Augenblick.

Man muß, um sich auf diese Mythologie einzulassen, dem Denken in Modellen entsagen und versuchen, in ihrer Bildlichkeit ihren rein aussagenden Charakter nachzuvollziehen. Die Frage, ob Odysseus, am östlichen Erdrand, nach Süden oder nach Norden gefahren, ob die Kimmerier im Osten, Norden oder Westen angesiedelt sind, verfehlt von vorneherein die mythologische Redeweise. Okeanos ist das Bad, worin die Sonne nachts verweilt, um bei den Tanzplätzen der Morgenröte wieder aufzugehen. Dies Gewässer hat auch Odysseus in die Nacht getragen. Die nächtliche Fahrt über den Ringstrom, beginnend mit Sonnenuntergang und endend bei Sonnenaufgang, wiederholt in anderer Weise den Überschritt, den Herakles im Sonnenkahn vollbracht hat. Wer sich daran stoßen wollte, daß hier dem Hörer noch einmal eine ganze Erdumkreisung zugemutet würde, verkennt wohl das Ungeheure dieses äußersten Abenteuers: Odysseus ist in der jenseitigen Welt des Todes gewesen, dort, wo «die vernichtende Nacht über die elenden Sterblichen gebreitet ist» (11.19), und ist wiedergekehrt ans Licht mit dem Licht des Tages. So gipfelt in der Nekyia das Konzept der mittleren Bücher, die den Irrenden an die Grenzen der Welt brachten: nun aber noch an eine wie andere Grenze! «Ihr Ungeheuerlichen!» empfängt sie Kirke zurück, «die ihr lebend ins Haus des Hades hinabgedrungen seid: Zweimalsterbende, wo andre Menschen ein Mal sterben!»

Thrinakia

Der Rest der Abenteuer, kurz und schnell aneinandergereiht, führt aus der großen epischen Perspektive, die in der Nekyia auf das Welt- und Lebensganze sich öffnete, zunächst zurück ins Märchenhafte, Erzählerische: Sirenen, Skylla und Charybdis, die mit Erfindungskraft und Duldemut zu bestehenden, dürften zum eigensten Bestand der Odysseusgeschichten gehören.[46] Indem sie aber in der Prophezeiung der Kirke vorweggenommen und in eine Reihe mit dem Abenteuer des Jason gerückt werden, konkretisiert sich ein Weltzusammenhang, wie ihn erst die epische Erzählung schafft. Als Schwester des Aietes war Kirke, die ‹Aiaiische›, eingeführt worden (10.135 ff.); ihre Insel, sie selber führt den Beinamen von seinem Land: Aia, wo, nach Mimnermos, am Ufer des Okeanos das Strahlenhaus des Helios steht, Ziel der Fahrt Jasons.[47] So verbindet sich, nach der Hadesfahrt, auch mit der Aiaiischen Insel die Vorstellung vom Morgen und dem Aufgang der Sonne (12.3). Und wenn Kirke nun dem Odysseus den Rückweg weist vorbei an den Plankten der Argo, auf der Jason den Rückweg von Aietes gewann, so wird es deutlich, daß hier die Vorstellung eines Weges von Sonnenaufgang her festgehalten wird.

Kirke gibt es der Klugheit des Odysseus anheim, die Fahrt durch die gefährlichen Klappfelsen noch einmal zu wagen oder, gleich nebenan, die Passage zwischen Skylla und Charybdis vorzuziehen (12.55–72).

Natürlich schließt eines das andere eigentlich aus, die Plankten mußten für Jason der einzige Weg sein: der, der ihn seinen Verfolgern entzog. Aber der Odysseedichter will es so, daß Odysseus hier auf derselben Route heimwärts fährt wie einst der berühmte Argofahrer, als er aus dem Lande Aia das goldene Vlies holte. Damit werden die an sich ortlosen Abenteuer, Sirenen, Skylla und Charybdis, dem Zusammenhang der ‹Ostfahrt› eingeordnet.

Um so mehr möchte die Insel des Sonnengottes von sich aus zur Lichtseite der Welt gehören, geradeso, wie die Heliostöchter mit ihren Lichtnamen Phaethusa und Lampetie, die auf Thrinakia die Rinder und Schafe des Vaters weiden (12.127–36), mit Lampos und Phaëthon zusammengehören, die die Rosse der Morgenröte sind (23.246). Widersprechen dem die Winde? Odysseus wird mit seiner Mannschaft auf Thrinakia festgehalten, weil plötzlich ein furchtbarer Sturm aufkommt, der einen ganzen Monat lang anhält: unablässiger Süd, allenfalls aus Süd und Ost (12.325f.). Wäre nicht, wenn die Rechnung stimmt, der Ostwind der richtige, um ihn aus dem Osten heimzubringen? Und muß nicht, wenn es doch die falschen sind, Thrinakia im Nordwesten der Welt liegen?[48] So, daß hier, nach den ‹östlichen› – und, wie man meint, aus anderem Zusammenhang übernommenen – Abenteuern, wieder der ‹westliche› Kontext einsetzte, der in der Aiolosgeschichte vorausgesetzt war und nachher wieder mit der Landung bei Kalypso fortgesetzt wird? Das würde jedenfalls bedeuten, daß die Nennung der Winde schon im Zusammenhang eines ‹Thrinakia-Textes› vorgelegen hätte. Es wäre nicht damit getan, daß wir die verschiedenen Abenteuer zweierlei Vorstellungen und Stoffbereichen zuwiesen; hier müßten formulierte Stücke von Dichtungen gedankenlos ineinander geschoben sein. Zugegeben, das «Süd und kein andrer» klingt, als warte man auf das Umschlagen des Windes. Aber vom Umschlagen ist auch am Ende nicht die Rede, als sie endlich die Segel hissen können; stattdessen: «da endlich hörte der Wind auf mit Wut zu stürmen» (12.400). Der Gegensatz sind nicht die Windrichtungen – die wirkliche und die erwünschte –, sondern: Fahrtwind und Sturm. Wütender Orkan – von Richtung noch kein Wort – hatte sie anfangs gezwungen, das Schiff unter Dach zu ziehen (12.313ff.); der Sturm nötigt noch Odysseus bei seinem Gang über die Insel, einen Windschutz aufzusuchen (12.336); sein Nachlassen erlaubt den Versuch der Weiterfahrt. Die Rechnung mit den Windrichtungen gestattet also auch den umgekehrten Schluß: daß sie mit Ost- und Südwind weitersegeln. Tatsächlich bricht erst jetzt der Zephyros als Gegenwind herein (12.426f.), die Vordertaue zerreißend und den Mast nach rückwärts umschmeißend, daß er am Heck dem Steuermann den Schädel zerschmettert. – Es ist kaum zu entscheiden, ob solche Rechnungen erlaubt sind; genug, daß sie die Vorstellung einer Heimfahrt aus dem Nordwesten nicht begründen können. In Wahrheit ist der Bezug der Sonneninsel zur Sonnenbahn kein geographischer, sondern ein mythologischer: Helios freut sich seiner Rinder den ganzen Tag über, beim Aufgang wie beim Niedergang auf seiner Himmelsbahn (12.379 ff.).

Wichtiger als jene Wind-Geographie ist etwas anderes. Auch das Thrinakiaabenteuer wird, wie die vorhergehenden, von Kirke prophezeit. Sie ist es, die die Verhältnisse der Sonneninsel beschreibt: die zweimal sieben Herden der Rinder und Schafe des Helios – ihres Vaters –, die beiden göttlichen Hirtinnen – ihre Halbschwestern – und die Aufgabe, die sie von ihrer Mutter Neaira bekommen haben (12.127 ff.); sie auch, die, nach Teiresias, zum zweitenmal die Warnung ausspricht, die Rinder ihres Vaters nicht anzutasten. Helios wird später seine Klage vor Zeus mit der Freude unterstreichen, die ihm der Anblick der Herde immer gewährte (12.378 ff.): die Klage, die dann direkt den Schiffbruch herbeiführt. Auf dieses Ziel hin ist die ganze Reihe der in der Prophezeiung im voraus zusammengefaßten Abenteuer, mit ihrer hastigen Reihung, dem auffälligen wiederholten «alsdann», womit eins aufs andere folgt, gerichtet. Das Helios-Thema, welches das Proömium des Epos als das entscheidende Motiv des Untergangs hervorhob, wird also erst von Kirke eigentlich intoniert – um der Thematisierung willen hat der Dichter die Doppelung der Warnung in Kauf genommen. Man kommt hiernach kaum um den Schluß herum, daß das genealogische Verhältnis zum Sonnengott, mit dem Kirke im zehnten Buch eingeführt wird, von langer Hand schon auf diesen Schluß hinzielt. Das Tochterverhältnis zu Helios stellt sich neben das der beiden anderen Heliostöchter, Lampetie und Phaëthusa; zu der einen Heliosgemahlin Neaire tritt die andere, Perse, als Kirkes Mutter und zugleich des Aietes. So ist die Thrinakiaerzählung aus der ganzen Erfindung, wodurch Kirke an die Sage vom Lande Aia angeschlossen wurde, nicht zu trennen; in einer ‹westlichen› Abenteuerreihe, in der sie, ohne die Kirkegeschichte, auf die Aiolosepisode folgte, hätte sie keinen Platz. Um des Helios willen ist Kirke zur «Aiaia» geworden.

Das Ganze also, von Kirke an über die Plankten Jasons bis Thrinakia und zum Sturm, hält die Perspektive aus der Gegend des Sonnenaufgangs fest. Erst jetzt, nach dem Schiffbruch, folgt der große Sprung – der wiederum, nach der älteren Analyse, den Sprung im Gefüge, die Differenz der Quellen anzeigen soll. Denn wo Odysseus nun, auf dem Schiffskiel neun Tage lang übers Meer getrieben, landet, ist Ogygia, das wir seit dem Altertum im Westmeer zu denken gewohnt sind. Sicher mit Recht, denn nicht nur Kalypsos nautische Anweisung für die Heimfahrt nötigt zu dem Schluß, auch ihre Assoziation mit Atlas als dem Träger der Himmelssäulen, der die Tiefen des Meeres kennt, legt das nahe: Atlas steht, nach Hesiod, vor dem Haus der Nacht. Die Konvergenz der mythischen mit der nautischen Bestimmung erlaubt die Annahme, daß der Dichter selber diese Richtungsvorstellungen bei sich gehegt hat: Im weiten Offnen, wo es sich gegen Abend hin ins Ungemessene öffnet, am Nabel des Meeres, soll Odysseus am Anfang des Epos gedacht werden, dort, wohin den Schiffbrüchigen die Götter von der Sonneninsel geführt haben.

Um so notwendiger ist es, zu wiederholen, daß alle räumlichen Aussagen von der unmittelbaren erzählerischen Qualität des Mythos sind und sich nicht durch die vermittelnde Vorstellung eines Weltmodells oder einer Erdkarte legitimieren. Wohl aber stellt der mythologische Raum das Weltbild dar, das einen erfahrenen Raum umschließt und zu ihm ins erzählerische Verhältnis der ‹Handlung› tritt.

Ist da der Sprung von Thrinakia zum ‹Westen› ernstlich ein Problem? Zeigt er wirklich den Widerspruch zweier Konzepte an? Sollten wirklich die originalen odysseischen Abenteuer nur im Westen spielen, und war nicht vielmehr von vorneherein, mit der Perspektive auf die Atlassäulen, die Dimension des Erdkreises gesetzt? Die epische Folge der Abenteuer hat, wie sich zeigte, auf dem Grunde der nirgends zu lokalisierenden Märchengeschichten den mythologischen Raum einer zunehmenden Verirrung entwickelt, dabei aus den märcheneigenen Motiven Vorstellungen von fernstem ‹Süden› und ‹Norden› und des Verlorenseins im Exotischen erweckt und auf der Aiaia-Insel die völlige Desorientierung thematisiert, um von hier aus in dem äußersten Abenteuer selbst den irdischen Kreis zu überschreiten. Wenn Irrfahren das ist, was es hier geworden ist, ein Ausmessen des Erdkreises bis an seine Grenzen, dann ist am Schlusse der Umschlag, der sich zwischen Kirke und ihrem Kontrafakt Kalypso abspielt, und auf Jasons Route den Heimstrebenden bei Thrinakia ereilt, der Sprung nach Ogygia nicht außer der Logik dieses Weltbilds.

XII. Kapitel

EPISCHE MYTHOLOGIE

Im Vorigen ist von einer Anzahl von Geschichten die Rede gewesen, die in der griechischen Dichtung als große Mythologie erscheinen: so die Geschichte vom Raub der Helena als die Sage vom Kriegszug gegen Troja, der Streit des Herakles mit Eurytos als der Untergang von Oichalia, und nicht zuletzt das Märchen vom listigen Odysseus als das Epos von der Heimkehr des Trojahelden. Was als einfache Geschichte in einer zeitlosen Sphäre spielt, wird in der Dichtung Erinnerung der Vorzeit: Geschichte im prägnanten Sinn. Allerdings schon den einfachen Geschichten ist es in Griechenland eigen, daß sie nicht den ort- und namenlosen Charakter haben, den wir aus unseren Märchen und der Masse der Weltliteratur kennen. Man erzählt nicht: «Es war einmal ein König...» oder «Es war einmal ein armer Mann, der hatte einen einzigen Sohn...» Dergleichen scheint es kaum gegeben zu haben, immer sind die Helden der Geschichte bestimmt benannt als Gestalten der Mythologie, fest verwurzelt an bestimmten Orten des Landes. Dies rationalere und fast schon geschichtliche Verhältnis zur Vorzeit kommt im homerischen Epos vollends zum Ausdruck.

Auf der einen Seite gibt es das Bewußtsein der geschichtlichen Distanz. Es spricht sich am vernehmlichsten aus in einer Wendung, mit der in der Ilias gern die ungeheure Kraft eines Helden auf der Folie der Gegenwart beschrieben wird, z. B.:

> Und Diomedes ergriff mit der Hand, gewaltige Leistung,
> Einen Feldstein, wie nicht zwei Männer ihn tragen würden,
> So wie heute die Sterblichen sind... (Il. 5.302)[1]

Der Abstand von der mythischen Zeit wird da geradezu als Niedergang empfunden. Andererseits herrscht das Gefühl des Zusammenhangs, ja, des Angewiesenseins der großen Vorzeit auf das Bewußtsein der Gegenwart. Diesen Sinn versucht Helena dem ihr und Paris von Zeus auferlegten Schicksal abzugewinnen: «damit wir noch künftig bei den späteren Menschen besungen werden» (Il. 6.357). Und Hektor sieht seinen Ruhm bei den «späterlebenden Menschen» voraus: wenn einst ein Vorübergehender an der Küste den Grabhügel seines Gegners erblicken und sprechen wird:

> Das ist das Grab eines vor Zeiten gefallenen Mannes, den der strahlende Hektor erschlug. (Il. 7.86 ff.)

Das Bewußtsein der Kontinuität hängt sich vor allem an solche Lokalitäten. Da ist der große Grabhügel Achills am Strand des Hellespont, «vom Meere her weithin sichtbar den jetzt Lebenden (nämlich zur Zeit des epischen Geschehens) und denen, die später sein werden» (Od. 24.83). Offenbar war der große Hügel an der Westküste der Troas für die Zeitgenossen des Odysseedichters zu sehen, noch Strabon, zur Zeit des Augustus, hat ihn aufgesucht, am nördlichen Ende des Strandes, auf dem man sich das Schiffslager der Achäer dachte. An ihn hatte sich die Sage vom Tod Achills angeknüpft. Es war noch weitaus mehr zu sehen: denn gewiß waren am Strand die Spuren des einstigen Hafens von Troja, von dem zu Anfang schon die Rede war,[2] noch nicht so unterm Sand begraben wie heute nach dreitausend Jahren. Die mochten wohl für das Schiffslager der Achäer gelten. Und für Homer gab es noch manches: in der Ebene vor Troja stand das Grabmal des Ilos – Ilos war der Urenkel des Dardanos, der Ahnherr der Priamiden und Äneaden. Äneaden aber nannte sich ein Fürstengeschlecht in der Troas, wahrscheinlich schon im achten Jahrhundert, denn auf ein solches weist schon in der Ilias eine Prophezeiung des Poseidon voraus (Il. 20.302–8): es leitete sich von dem mythischen Aineias und seiner göttlichen Mutter Aphrodite her – nicht anders, als es siebenhundert Jahre später noch einmal das römische Haus der Julier getan hat.

Das sind Einzelheiten. Es gehört aber dazu der ganze, im wörtlichen Sinn ‹archäologische›, nämlich von der Vorzeit meldende Befund, der in den Ruinen von Mykene, Tiryns, Pylos und Theben und vor allem denen des einstigen Troja – von dem die Reste auf dem flachen Hügel von Hissarlik nur die Akropolis waren – im achten Jahrhundert tatsächlich vor Augen lag als Zeugnis großer Ereignisse und Untergänge, die nun im Epos von Göttern oder Menschen erinnert oder als künftige vorausgesehen werden.

Es gibt allerdings eine, im ganzen Epos singuläre Passage, wo der Dichter selber, nicht in Vorahnungen oder Willenskundgebungen seiner Personen, sondern aus dem eigenen Wissen der Zukunft, nämlich der homerischen Gegenwart, die Illusion der *erzählten* Zeit des Epos durchbricht und aus der Kompetenz des Erzählers von dem redet, was erst nach dem Trojanischen Krieg geschehen wird. Das ist am Anfang des zwölften Buches der Ilias vor dem großen Kampf um die achäische Lagermauer. Das ungeheure Befestigungswerk um das Lager, das die Achäer in einer einzigen Nacht errichtet haben sollen, hat, so will es der Dichter, noch die Schleifung der troischen Stadtmauer und den Abzug der Achäer überdauert; dann aber haben Poseidon und Apollon – dieselben beiden, die einst dem Laomedon die Stadtmauern von Troja erbaut hatten (Il. 7.452, vgl. 21.442 ff.) – acht Flüsse vom Idagebirge in die Ebene gelenkt, das verwegene Konkurrenzwerk dem Boden gleichgemacht und «wieder den weiten Strand mit Sand bedeckt». Man soll also verstehen, warum dieses vom Dichter geschaffene Riesenwerk zu seiner Zeit – anders als die Ruinen Trojas – keine Spur hinterlassen hat. Der Blick aus der Perspektive des Kommenden umfaßt mit dem Untergang Trojas auch die Menge der Gefallenen, deren Helme und Rüstungen mit fortgespült wurden: ‹hemitheōn genos andrōn› (Il. 12.23). Es ist das einzige Mal, daß die Heroen, aus dem Blickpunkt der homerischen Gegenwart, «das Geschlecht der Halbgötter» genannt werden: ein Ausdruck, in dem das Gefühl der Distanz sich verrät. Nirgends tritt wie hier das Zeitbewußtsein des Dichters so unverhüllt hervor; nirgends ist Homer so nahe dem historischen Denken der späteren Geschichtsschreibung. Der Dichter wird, wie Herodot, zum Bewahrer der «großen und erstaunlichen Taten», von denen sonst keine Spur geblieben ist. Man möchte dies Bewußtsein, das Distanz und Kontinuität einschließt, mit dem früher beliebten Wort das mythistorische Denken nennen.

Zeigt sich in diesen Ilias-Passagen, in wie hohem Maße die epischen Geschichten vom Trojanischen Krieg für den Zuhörer Geschichte, nämlich vergangene Wirklichkeit gewesen sind, so läßt sich in der Odyssee noch etwas anderes erkennen, das in das Verhältnis zur erzählten Vergangenheit ein neues Moment hereinträgt. Einen vergleichbaren auktorialen Vorblick auf die Gegenwart durch den Dichter selber findet man nicht mehr; statt dessen aber epische Situationen, in denen sich das Verhältnis des homerischen Publikums zur heroischen Vorzeit spiegelt. Ich meine die Sängerszenen: Phemios vor den Freiern, Demodokos vor den Phäaken. Die Gelegenheit ist jeweils im großen Männersaal des Königshauses, bei Gastmahl und Symposion, und der Sänger erzählt zur Unterhaltung Geschichten von den früheren Helden. *Was* aber Phemios und Demodokos singen, ist auch da schon Trojanischer Krieg: der liegt in der Odyssee gerade ein paar Jahre zurück! So wird denn auch das brennende Interesse der Freier an diesen trojanischen Geschichten damit erklärt, daß die Leute «immer den neuesten Gesang am liebsten hören» (1.351) – und das bezieht sich nicht auf die Neuheit des Kunstwerkes, sondern der erzählten Ereignisse. Hier spielt also der epische Gesang eine Rolle wie die Zeitung: er bringt die neuesten Nachrichten.

Es spricht alles dafür, daß in diesen Sängerszenen der Dichter die *eigenen* Gelegenheiten des epischen Vortrages abgespiegelt hat, Gelegenheiten, die nun nicht mehr Gastmähler der Heroenzeit sind, aber die der Männergesellschaft der Adelshöfe des achten Jahrhunderts. Natürlich ist das geschilderte aktuelle Interesse der Freier an den jüngsten Kriegsereignissen eine poetische Fiktion, mit der der Dichter sein Publikum in die Zeit der epischen Handlung versetzt: dies Publikum selber weiß sich in zeitlicher Distanz, und um so mehr, als das heroische Pathos der Ilias einem Interesse am Milieuhaften gewichen ist. Aber in diese Nähe des eigenen Verhaltens wird das der epischen Personen herangezogen: ‹Das kennen wir›, durfte sich der Hörer sagen. Hier geschieht Vergegenwärtigung noch auf andere Art als nur durch die sinnliche Gegenwärtigkeit und Gegenständlichkeit homerischen Schilderns. Das Moment der Erinnerung, das das iliadische Verhältnis zur mythischen Vergangenheit kennzeichnet, wird ergänzt und gesteigert durch ein Moment der Teilnahme. Das greift über auf die ganze Erzählung: auch der erzählte Mythos des Gedichts erscheint nun eingefärbt in die Erfahrung der Gegenwart. Dies ist aber nicht mehr nur Ausdruck eines Epochenbewußtseins, es ist ein dichterisches Phänomen, gebunden an bestimmte dichterische Erfindungen und eine eigenste Erzählweise.

Transformation der Sage

Die Vergegenwärtigung des Mythos in der homerisch-epischen Erzählung hat nun aber nicht stattfinden können, ohne daß der heroische Mythos selber eine Verwandlung erfuhr. Es war im ersten Kapitel versucht worden, den Begriff des Mythos in anderer Weise von Sage und Märchen abzugrenzen, als es die Gattungsdefinitionen leisten: indem wir nach den ‹Trägern› der erzählenden Formen fragten. Dem sozialen Stratum, in dem das Märchen ursprünglich lebt, entspricht es, daß der Ausgangspunkt seiner Handlung die Familie ist und auch im weiteren die Zahl seiner handelnden Figuren kaum die Sieben überschreitet. Auch wo Märchengeschichten als Lokalsagen zur geschichtlichen Erinnerung eines Stammes werden, behalten sie, nun als Schicksal eines Herrscherhauses, die familiäre Struktur. Das ist exemplarisch zu erkennen an der ursprünglichen Form der Sage von der Kalydonischen Eberjagd.

Dieser Mythos ist uns zum erstenmal überliefert in der Bittgesandtschaft der Ilias, als Erzählung des alten Phoinix, mit der er den grollenden Achill bewegen will, wieder am Kampfe der schwer bedrängten Achäer teilzunehmen. Ich deute ihren Inhalt nur an (Il. 9.529-605): Krieg um die Stadt Kalydon (in Ätolien am Nordrand des Korinthischen Meerbusens), bestürmt von den verwandten und nahbenachbarten Kureten (von Pleuron), verteidigt von den Aitolern unter Meleager, dem Sohn des Königs Oineus; Ursache des Krieges war ein Streit um die Eberkopf-Trophäe, bei dem Meleager seinen Onkel, Bruder der Mutter Althaia, erschlagen hatte; darum Verfluchung durch die Mutter – Meleager zieht sich grollend vom Kampf zurück, wodurch die Seinigen in größte Bedrängnis geraten. Nacheinander kommen zu ihm die ‹Eldermänner›, die Priester, der alte Vater, um ihn wieder zum Kampf zu bewegen, sogar die Mutter, schließlich die vertrauten Kampfgefährten, alle vergebens. Bis es endlich mit ihren Tränen der Gattin gelingt, der schönen Kleopatre; und er rettet die schon brennende Stadt. Aber um die Bittgeschenke, die ihm angeboten waren, hat er sich durch sein langes Grollen gebracht: «Mach du es besser, Achill, laß dich erbitten!»

Die Geschichte paßt umrißgenau auf den grollenden Achill: die wiederholten Versuche ihn umzustimmen – von den Geronten, von dem alten väterlichen Freunde –, zuletzt, als schon eines der Schiffe brennt, das inständige Bitten des geliebten Gefolgsmanns «Patroklos» (vgl. «Kleopatre») und Achills halbes Einlenken, das ihn seinen treuesten Freund kosten wird. Aber diese Züge gehören der Meleagergeschichte nicht ursprünglich an. Ursprünglich gab es keinen Krieg um die Stadt, keinen Kampf zweier Heere und Stämme. Der Streit um die Jagdtrophäe war ein Familienstreit, und den Totschlag am Mutterbruder beantwortete die Mutter damit, daß sie ein Holzscheit, an dem magisch das Leben des Sohnes hing und das sie seit seiner Geburt verwahrt gehalten hatte, im Zorn ins Feuer warf: Meleager starb auf der Stelle.

Das ist eine noch märchenhafte Geschichte. Wir kennen sie durch die knappen Inhaltserzählungen Hygins, aus römischer Kaiserzeit.[3] Man sieht, das Späterbezeugte muß nicht notwendig auch das der Stufe nach Spätere sein. Vielmehr darf man annehmen, daß die Geschichte in der einfachen Form Hygins ziemlich auch schon die gewesen ist, die Homer überliefert war. Homer hat sie, indem er den Groll Meleagers und die Reihe der Bittenden einführte und den Tod Meleagers eliminierte, in ihrer Substanz radikal verändert, um aus ihr ein Paradigma für Achill zu gewinnen.[4]

Aber mit dieser Umwandlung begibt sich zugleich eine Veränderung der Stillage. Bestand das Personal der alten Geschichte aus einer Handvoll Figuren, einer Familie oder Sippe, so erhebt Homer die Eberjagd, um sie zur Entsprechung mit dem Geschehen seines Großepos zu bringen, zum Krieg zweier Städte, wie der Völkerkrieg zwischen Griechen und Troern; ja er wird, wie der Zug der Griechen, zur «Sammlung der Männer aus vielen Städten» (Il. 9.544). Diese homerische Veränderung ist den Späteren Anlaß geworden, die Kalydonische Jagd als ein panhellenisches Unternehmen sämtlicher Stammesheroen Griechenlands zu erzählen; die Teilnehmerkataloge der Mythographen zeugen noch davon. Bei Homer sehen wir die Umwandlung gerade auf der Stufe, wo die alte Meleagergeschichte an das

Geschehen angepaßt wird, um als mythisches Exempel der epischen Handlung zu dienen.

Solche mythischen Geschichten, als mahnende oder warnende Exempel, als Mythos im Mythos, gibt es in der Ilias mehr, und wir glauben darin dieselbe Veränderung der Stillage zu beobachten. Als Hera dem Schlafgott ansinnt, Zeus, den Wächter über dem Kampfgeschehen, in Schlaf zu senken, entgegnet ihr Hypnos: ‹Dazu hast du mich schon einmal angestiftet, an dem Tage, als Herakles von Ilios segelte, nach der Zerstörung der Troerstadt, und ich das Bewußtsein des Zeus einschläferte!› (Il. 14.249 ff.) Was es mit dieser Heraklesgeschichte auf sich hat, erfahren wir an anderer Stelle, wo der Heraklessohn Tlepolemos seinem Gegner Sarpedon höhnisch zuruft: er stehe weit den Zeussöhnen unter den früheren Menschen nach, denn Herakles, sein Vater, sei einst, wegen der Pferde des Laomedon, hierher gezogen «mit nicht mehr als sechs Schiffen und wenigeren Leuten» und habe Ilios zerstört: so werde Sarpedon jetzt (gegen ein so großes Heer) erst recht nicht die Troer vom Untergang retten! (Il. 5.633–54)

Troja schon einmal zerstört? Unter Laomedon, dem Vater des Priamos, also gerade eine Generation vorher? Was sollen wir davon halten? – Die Geschichte war diese: Die Stadt Troja war einst von einem greuslichen Meeresdrachen heimgesucht, und Herakles, gerade vorbeikommend, nahm es auf sich, das Untier zu erlegen. Er hatte sich dafür zum Lohn ein Gespann von Wunderrossen aus dem Gestüt des Laomedon ausbedungen, aber nach geleisteter Arbeit wies ihn der König unbelohnt fort. Herakles, nach kurzem mit Flottenmacht und einer Anzahl heroischer Helfer wiederkehrend (später wußte man vor allem von Telamon, dem Vater des Aias), nahm Rache und zerstörte die Stadt.[5] Es ist die Geschichte, die wir von dem Münchener Äginetengiebel kennen.

Die Verdoppelung des Trojanischen Krieges, die zweimalige Zerstörung der Stadt innerhalb kurzer Frist, ist ein rechtes mythengeschichtliches Problem. Fast ist man versucht, darin einen Reflex der Zerstörung von Troja VI zu finden, die kaum hundert Jahre vor dem Untergang von Troja VIIa geschehen war. Immerhin, die Geschichte von der Rache des Herakles war nicht erst eine Erfindung Homers; der Dichter erwähnt selber eine Lokalität vor Troja, die man die ‹Mauer des Herakles› nannte: die Troer hätten sie zu Herakles' Schutz bei seinem Kampf mit dem Drachen errichtet (Il. 20.145). Ein ‹archäologisches› Monument also wie der Grabhügel Achills. Offenbar gab es zur Zeit Homers zwei konkurrierende Überlieferungen um den Untergang Trojas. Ob erst er es war, der die eine Version in die Vorvergangenheit rückte, lassen wir offen; er hat jedenfalls die andere zur Spiegelung dieser noch heroischeren Vorzeit gemacht. Zugleich aber verwandelte er die Rache an Laomedon in ein Flottenunternehmen nach iliadischem Muster, wie das des Agamemnon, und Herakles mußte erst abziehen, um mit Helfern und Heeresmacht zurückzukehren.

Dieselbe Transformation scheint auch die andere, schon erwähnte Heraklesgeschichte erfahren zu haben, sein Streit mit Eurytos von Oichalia. Das Epos des Kreophylos von dem ‹Untergang von Oichalia› aus dem siebenten Jahrhundert erzählte die Geschichte wahrscheinlich so, wie wir sie noch aus Sophokles' Trachinierinnen erkennen:[6] Herakles hatte um die Königstochter Iole geworben, war aber vom Vater Eurytos um den Lohn der Bogenprobe betrogen und schmählich hinausgeworfen worden. Darauf sammelte er ein Heer gegen die Stadt, zerstörte sie, tötete Vater und Brüder und führte Iole als Gefangene mit sich. Aber das war nicht die ursprüngliche Form der Geschichte. Die erkennen wir aus Vasenbildern des sechsten Jahrhunderts, die Herakles beim Gelage mit Eurytos und seinen vier Söhnen und mit der anwesenden Iole, andererseits beim Bogenwettkampf mit den Eurytossöhnen zeigen: neben dem von den Pfeilen des Herakles getroffenen Ziel Iole als Kampfpreis, am Boden aber bereits zwei der erschossenen Söhne, und den Vater entsetzt auf den Schießenden zueilend.[7] Hier ist kein Raum für Abweisung und Wiederkehr, für Heeressammlung und Erstürmung der Stadt: die Ermordung der Eurytiden folgt unmittelbar der Bewirtung und dem Bogenwettkampf. Die Geschichte spielt allein zwischen Herakles und der Familie des Eurytos: kein Zweifel, daß sie das Einfache und Ältere darstellt. Die Umwandlung in den Heereszug geschah mit der Umsetzung ins Epische. Es ist derselbe Vorgang, durch den in der Ilias Herakles' Rache an Laomedon zum Flottenunternehmen gegen Troja, Meleagers Streit mit dem Onkel zum Krieg der Städte wurde.[8]

Nun ist aber auch die Sage vom Zug Agamemnons gegen Troja entwickelt über dem einfachen Muster der Geschichte vom Parisurteil und dem Raub der Helena. Sie ist, wie im fünften Kapitel gezeigt wurde, ein ‹Suchermärchen›. Odysseus war darin in die Funktion des ersten Helfers des Beraubten – die zunächst der Bruder Agamemnon einnimmt – eingetreten in der Rolle des Eroberers und «Stadtzerstörers». So aber übernimmt auch Achill – in derselben Parisgeschichte, die das Motiv der zwei ‹ungleichen Brüder› enthält – die Funktion des Überwinders des ‹guten›, Hektors, Philoktet die des Überwinders des ‹schlechten›, des Räubers Paris. Und wie mit der Gestalt Achills in die trojanische Sage die Achilleis samt Patroklie eingebracht wurde, so mit Odysseus die Geschichte vom Auszug, Irrfahrt und Heimkehr. Odysseus konnte von der Helenageschichte um so leichter angeeignet werden, als seine eigene Geschichte von vornherein eine ähnliche Struktur aufwies: die des Auszugs in ein fernes Land, um ein Geraubtes mit Gewalt zurückzugewinnen. Die Odysseusgeschichte unterschied sich darin sehr von den Sagen der übrigen Stammeshelden, etwa der Achilleis oder der Atridensage, die im Gefüge der trojanischen Geschichte viel isolierter stehen. Entscheidend aber ist, daß die Helden der lokalen Überlieferungen, mitsamt *ihren* Geschichten, in das Grundmuster einer umgreifenden Geschichte – die für sich genommen eine ‹einfache› Geschichte war – eingetreten sind. Erst indem Agamemnons Zug gegen Troja die Stammesheroen mit ihren Mythologien in sich aufgenommen hat, wurde er zum panhellenischen Kriegszug.

Hiernach scheint es möglich, auch den Zug der ‹Sieben gegen Theben›, diese erste große Gemeinschaftsaktion verschiedener landschaftlicher Heroen, die schon der Ilias als gewaltige Unternehmung der Vätergeneration bekannt ist, als eine bereits komplexe und abgeleitete Form der Sage zu verstehen.[9] Der Streit der beiden Ödipussöhne Eteokles und Polyneikes läßt sich auch ohne die Beteiligung der argivischen Bundesgenossen erzählen, die ja mit der Ödipussage zunächst nichts zu tun haben: Der Doppeltod der Brüder im Zweikampf um die Herrschaft in Theben folgt einfach aus dem Fluch des Vaters, dessen Schicksal wiederum aus dem Orakel des Laios sich ergab. Es ist eine Geschlechtssage vom Untergang eines Königshauses, und die Erweiterung, die sie mit der Verbannung des Polyneikes und seiner Werbung der Bundesgenossen und zumal mit der Fortsetzung im Epigonenzug erfährt, hebt sie sichtlich auf eine andere Stufe der Sagenerzählung. Auch hier dringen mit den Lokalheroen deren eigene Stammesgeschichten in die epische Erzählung ein, wie sie schon in der alten Thebais vorgelegen haben: die Geschichten von dem Ätoler Tydeus, von Adrastos in Argos, von dem Böoter Amphiaraos und dem Halsband der Eriphyle. Ich halte es nicht für ausgeschlossen, daß der Thebanische Krieg das mythische Vorbild für die Erfindung des Trojanischen Krieges gewesen ist, nämlich darin, daß er zu einer Gemeinschaftsunternehmung der griechischen Stämme wurde.

Am sichtbarsten aber und zugleich am fragwürdigsten ist die Form der Heldensammlung bei jener zweiten Sage, die von einer Genossenschaft der Helden ihren Namen trägt, den «Argonauten». Daß diese Pluralität nicht das Urspüngliche sei, widerspricht jedoch so festeingewurzelten Überzeugungen, daß die Verhandlung dieses Problems für ein eigenes Kapitel aufgehoben werden muß. Schon hier aber kann deutlich werden, daß auf die Form des Gemeinschaftsunternehmens von der Mythengeschichte her ein Licht fällt.

Das Eintreten der Stammesgeschichten und ihrer Heroen in die trojanische Sage, zugleich die Transformation der einfachen Geschichte, sei sie Märchen oder lokale Geschlechtersage, in den Rang und Stil epischer Erzählung, ist also ein Vorgang, der sich ebenso bei der Bildung der anderen großen Nationalmythen ereignet hat: der Sieben gegen Theben, der Kalydonischen Jagd und, wie ich meine, des Argonautenzuges. Einzig die Heraklessage widersetzte sich weitgehend dieser Entwicklung: die ‹zwölf Arbeiten› sind in solchem Maße Einzeltaten, daß sie keine Beteiligung einer Gruppe von Heroen oder die Aufbietung eines Heeres vertrügen; und nur zwei seiner Taten außerhalb des Zwölferkanons haben, wahrscheinlich verhältnismäßig spät, diese Umwandlung erfahren. Wo aber das Epos jene seiner eigenen Geschichte fremden Heroengestalten in sich hereinzog, machte es sie notwendig zu Zeitgenossen dieser Geschichte – oder mußte deren Geschichte in eine andere Relation zu der Zeit des epischen Geschehens rücken. Vieles tritt daher, in den Reden epischer Personen, ins Epos ein in der Form der Erinnerung: so die einstige Zerstörung Trojas durch Herakles oder die elischen Sagen in der Erinnerung Nestors an die größere Vorzeit. So tritt auch die ganze Sage der Sieben gegen Theben in den Reden des Tydeussohnes Diomedes in ein vorzeitliches Verhältnis zur Gegenwart der Iliashandlung, ja selbst der siegreiche Epigonenzug gegen Theben, der Söhne jener Sieben, ist dem Dichter bekannt, und es kümmert ihn nicht, drei von ihnen auch im Kampf um Troja wieder auftreten zu lassen (außer Diomedes sind es Sthenelos und Euryalos). War schon der Abstand der größeren mythischen Vorzeit in den Jugenderinnerungen des alten Nestor klein, so wird er jetzt minimal bis zur Unwahrscheinlichkeit, wenn der jugendliche Diomedes, neun Jahre um Troja kämpfend, vorher bereits den Thebanischen Krieg bestanden haben soll. Das Sekundäre seiner Rolle in der Ilias – im mythengeschichtlichen Sinn – liegt auf der Hand. Um so deutlicher wird, wie Homer hier mit dem überlieferten Mythos der Thebais umgeht: wetteifernd, die eigenen Helden auf den Rang der alten erhöhend.

Im allgemeinen genügt ihm der Abstand einer einzigen Generation, um von den Akteuren des Epos jene anderen Geschichten zu trennen, die dadurch ihrerseits zu Zeitgenossen untereinander werden. Einer Vätergeneration steht eine Generation der Söhne gegenüber, die allein dadurch zu Zeitgenossen werden, daß sie alle an Menelaos' und Agamemnons Zug gegen Troja teilnehmen. Es entsteht eine mythische Chronologie, die im Epos streng bewahrt wird: während Argos, Sparta und Mykene in der erzählten Zeit der Ilias mächtige Burgen sind, auf deren einstigen Untergang erst hingedeutet wird (Il. 4.52 f.), gilt die Burg von Theben als zerstört, und das thebanische Kontingent der Böoter kommt von ‹Untertheben›, der damals bewohnten Unterstadt (Il. 2.505).

Wenn ich es richtig sehe, ist also die Transformation einfacher Geschichten ins Epische Teil eines allgemeineren Vorgangs. Johannes Kakridis hat die überzeugende These entwickelt, daß die Synchronisation der Heroen das Werk jonischer Sängerschulen gewesen ist.[10] Die erstaunliche Stimmigkeit, mit der die Riesenfülle der griechischen Mythologie sich in ein genealogisches System von ganz wenigen Generationen ordnet, mit verhältnismäßig sehr wenigen chronologischen Widersprüchen, kann nur das Ergebnis einer planmäßigen Systematisierung sein, durch welche eben der Thebanische Krieg in die Generation vor dem Trojanischen Krieg rückte; die Kalydonische Jagd, wegen der Beteiligung des Oineus-Sohnes Tydeus am Zug gegen Theben, entsprechend weiter zurück. Die Gesellen Jasons, der für Ilias und Odyssee auch schon zur Vorzeit gehört, mußten nun auch aus jenen älteren Generationen rekrutiert werden. Es ist deutlich, daß die großepische Dichtung an dieser Systematisierung den wesentlichen Anteil hat, indem sie die Heroen der griechischen Stämme je zu einem Gemeinschaftsunternehmen versammelte.

Dieser Prozeß der Panhellenisierung der Sage dürfte sich über einen längeren Zeitraum erstreckt haben, sagen wir, vom neunten bis zum siebenten Jahrhundert. Er ergreift die verschiedenen Sagenkreise nicht gleichzeitig. Gehört die Argonautensage aber ans Ende der Entwicklung und ist auch die Kalydonische Jagd, aufgrund noch unverbindlicher Andeutungen Homers, erst verhältnismäßig spät zum panhellenischen Aufgebot geworden, so hat wohl die Thebais den ersten bedeutenden Schritt getan, indem sie die Ruinen der Kadmeia auf einen großen Krieg zurückführte und, entsprechend den sieben Bestürmern, zum «siebentorigen Theben» umschuf.

Aber die entscheidende Rolle in dem Prozeß dürfte der Ilias zukommen. Hier läßt sich leicht erkennen, wie die Generationenordnung auf breiter Basis durchgeführt ist. Hier auch ist, sicher zum erstenmal, die Geschichte eines Stammesheros, der mit Helena an sich nichts zu tun hatte, in solchem Maße in die Geschichte vom Untergang Ilions hereingezogen worden, daß sie zur eigentlichen Handlung des Epos wird und ihrerseits die ganze ‹Ilias› in sich aufsaugt. In anderer Weise ist in der Odyssee die Abenteuer- und Heimkehrgeschichte des Odysseus zum ‹Nostos› aus dem Trojanischen Krieg geworden. Erst als Troja-Heimkehrer gerät Odysseus in seine Abenteuer mit einer Flotte von zwölf Schiffen, denselben, mit denen er, nach der Ilias, sich in Aulis zum Kriegszug eingefunden hatte. Auch diese Multiplikation hat eine tiefgreifende Veränderung des Abenteuermärchens mit sich gebracht.[11]

Aber Hand in Hand mit der zeitlichen Zueinanderordnung der Sagenhelden und ihrer Einbeziehung in ein großes episches Geschehen ging eine Umwandlung in Stil und dichterischer Form. Schon das

Zurückgreifen auf die Geschichten der Vorzeit konnte nur in einer Erzählweise stattfinden, die sich in epischen Situationen und in Reden epischer Personen vorträgt. Aber auch die Umwandlung der einfachen Geschichten in Heereszüge und Stadteroberungen, mit größerem Personal und wirklicherem Lokal, bedingte einen Erzählstil von anderer Breite und Sinnlichkeit der Anschauung. Ich nenne es die Episierung der einfachen Geschichte. Sie kann wohl erst stattgefunden haben, als die Stadtherrschaften der großen ‹Poleis› allmählich die Stammesfürstentümer ablösten und die alten Heroensagen mit einem neuen ‹städtischen› Gemeinschaftsgeist erfüllten. In der Ilias vernimmt man diesen neuen ‹politischen› Sinn in den Reden Hektors, in der Odyssee in der Stiftung des politischen Friedens am Ende des Epos.

So wie die Erhöhung und Einbeziehung der lokalen mutterländischen Überlieferungen in große nationale Sagenkreise, so weist auch diese Umwandlung der Sagen in Kriegszüge und Stadteroberungen wieder auf den kleinasiatischen Raum Anatoliens, wo die griechischen Stämme seit der Kolonisation um die Jahrtausendwende in neuerstandenen Städten nah benachbart und vermischt lebten; wo auch die epische Sprache aus der Mischung der Dialekte gebildet wurde. Erst durch das Großepos haben die griechischen Stämme einen gemeinsamen Mythos bekommen. Im Epos wird der Stammesname der Achäer zum Kollektivnamen der Griechen, in der Ilias taucht zum erstenmal der Name der Panhellenen auf. Der Prozeß der Episierung und Panhellenisierung der Sage ist ein und derselbe.

In diesem Sinne darf man sagen, daß der Begriff des Mythos in genauer Relation steht zu dem Begriff der Nation: sofern diese sich als die Einheit einer Kultur versteht. Träger dieses Selbstbewußtseins muß zuerst die jonisch-äolische Adelsgesellschaft gewesen sein; sein Medium das frühgriechische Epos. Hier vollzog sich die Episierung und Panhellenisierung der alten Stammesüberlieferungen und Volksmärchen: indem sie zum Stämme-übergreifenden Besitz wurden, gewannen sie den Rang und die Qualität des Mythischen.

Zusammen mit dem Epos geht das Stämme-übergreifende Bewußtsein von der alten Adelsgesellschaft an die städtischen Kulturen des siebenten und sechsten Jahrhunderts über, die ihre panionischen und panathenäischen Kultfeste mit dem Vortrag der homerischen Gedichte feiern. Homer und der epische Zyklus wurden zum Mythos der Nation. Und Homer ist – neben der Institution der panhellenischen Spiele – fast das einzige geblieben, worin in der folgenden Zersplitterung des Poliswesens das Bewußtsein der hellenischen Einheit fortlebte.

XIII. Kapitel

DIE ALLBEKANNTE ARGO

Von den neun oder zehn Abenteuern der Irrfahrtenerzählung haben sich mindestens einige als struktural mit der Odysseusgeschichte verbunden erwiesen. Es waren die, die nach ihrem Märchensinn mit der Heimkehr unmittelbar zusammenhängen, und jene, deren lange Dauer die Verschollenheit und das Incognito des Heimkehrenden erst begründen. Die Natur der Geschichte tendiert, um dieses Sinnes willen, überhaupt auf eine Vielzahl der Abenteuer, und zumal in ihrer epischen Gestaltung mag sie wohl manche in ihre Reihe aufnehmen, die auch selbständig erzählbar waren; die in der Reihe neu sinnvoll werden durch ihre Beziehung auf das Ganze des epischen Sinnes. Das Polyphemabenteuer ist von der Art.

Für eine Anzahl der odysseischen Abenteuer glaubt man, eine solche Herkunft aus einem bestimmten anderen Zusammenhang erkannt zu haben. Es sind die Abenteuer der Bücher zehn und zwölf, von den Lästrygonen bis Thrinakia, die der Odysseedichter oder Bearbeiter einem älteren Argonautenepos entnommen und von dessen Helden Jason auf seinen Helden Odysseus übertragen hätte.[1] Die Hypothese schien geeignet, einen seit dem Altertum störenden Widerspruch der geographischen Vorstellungen aufzulösen: daß nämlich diese Abenteuer – mindestens die des zwölften Buches – im Osten der Welt spielen, während Odysseus am Anfang in den Süden und Westen verschlagen schien und auch am Ende wieder, nach dem Schiffbruch, stillschweigend, wenn auch in langer Sturmfahrt, in diesen Weltteil befördert wird (wenn wir uns Kalypso auf Ogygia im fernen Westmeer denken müssen).[2] Man versteht, wieviel von der Richtigkeit der Hypothese für die Beurteilung des literarischen Charakters der Odyssee abhängt.

Die Scheidung der Abenteuer wurde durch weitere vermeintliche Beobachtungen bekräftigt: daß nämlich alleine die des neunten Buches ursprünglich in der Form der Ich-Erzählung verfaßt seien, in der sie von Odysseus den Phäaken erzählt werden, wogegen die Erzählung des zehnten und zwölften Buches eine nachträgliche und mechanische Umsetzung aus der dritten in die erste Person verraten soll, wie sie sich mit der Übernahme aus dem Argonautenepos ergeben hätte.[3] Den Unterschied glaubte man schließlich auch in Ton und Wesen der Geschichten wahrzunehmen, indem die Reihe von den Lästrygonen bis Thrinakia den Charakter des Märchenhaften und Wunderbaren trage, während in den Erzählungen von Kalypso und den Phäaken, in den Abenteuern von den Kikonen bis zu Aiolos ein Sinn für das Tatsächliche herrsche, der dem Wunder wenig Raum gönne.[4] Ich darf von einer Kritik dieser Versuche absehen und erinnere nur daran, daß die Verschränkung des Märchenhaften mit dem Realen durchgehend ist und komplizierter, als diese Art Quellenanalyse sie fassen kann.[5]

Doch für die Aussonderung der späteren Abenteuerreihe gab es einen offenbaren Hinweis im Texte selber, mit dem der Dichter, in geradezu «entwaffnender Offenheit», seine Quelle zu verraten scheint.[6] Es ist die Erwähnung der Argo, 12.70, auf der einst Jason, von Aietes zurückkehrend, das tödliche Felsentor der Plankten passierte: «Argo pāsi melousa», «die allbekannte Argo»: war es nicht deutlich, daß hier an ein berühmtes Gedicht erinnert wurde, das in aller Mund war, von der Fahrt der Argonauten zum Sonnenland Aia, um die Gewinnung des Goldenen Vlieses? Und bedachte man, daß es Kirke ist, die mit dieser Erinnerung Odysseus warnt, diesen selben Weg für seine Heimfahrt zu vermeiden, Kirke, die eingeführt worden ist als die Schwester des Aietes und Tochter des Sonnengottes und deren Insel die «Aiaiische» heißt, so war der Anschluß an die Argonautensage offenbar: auch in der Odyssee liegt die ‹Aiaia› beim «Aufgang der Sonne, wo die Tanzplätze der Morgenröte sind» (12.4).

Artakie

Für die Herkunft all dieser Abenteuergeschichten aus dem Argonautenepos hatte man aber Einen handgreiflichen Beweis: die Quelle Artakië im Lästrygonenabenteuer, bei der die Kundschafter des Odysseus die Tochter des Riesenkönigs treffen (10.108).[7] Eine Quelle eben dieses Namens, unweit von Kyzikos an der Propontis, erwähnt Apollonios in seinem Argonautenepos als den Ort, wo die Argonauten auf der Fahrt zum Schwarzen Meer den alten Ankerstein niederlegten, den sie gegen einen schwereren ausgetauscht hatten.[8] In dieser Kyzikosepisode treten auch Riesen auf, die den Stadthafen, in den die Argo eingefahren ist, mit Felsbrocken sperren.[9] Nimmt man an, daß beides, Quelle und Riesen, sich zu einer Geschichte zusammenfügt, so hätte man in dieser das Vorbild des Lästrygonenabenteuers in eben jenem vorhomerischen Argonautenepos. Mehr noch, die ganzen Abenteuer, von den Lästrygonen an über Kirke und die Plankten bis Thrinakia – denn auch diese ist ja die Insel des Sonnengottes – schlössen sich zu einer einheitlichen Reihe zusammen, die durch ihre östliche Lokalisierung bestimmt ist. Der Odysseedichter hätte diese Lokalisierung mit den Abenteuern übernommen und den Widerspruch der Geographie in den Kauf genommen.

Wie also soll man sich die Dinge vorstellen? Der Quellname Artakiē würde nicht – wie im elften Kapitel vermutet – aus dem Märchen stammen, sondern aus handfester Historie, nämlich aus Kyzikos und seiner lokalen Überlieferung eines ‹Lästrygonenabenteuers› der Argo. Was in der Odyssee abenteuerliche Ferne wird, war ursprünglich Länderkunde der nächsten Nachbarschaft, eines Landstrichs, von Troja nicht halb so weit entfernt wie Milet. Um die Verwandlung ins Märchenhafte der Odyssee plausibler zu machen, supponiert man ein altes «pontisches» Argonautenepos mit noch fabulösen Begriffen von der Geographie des Marmarameeres und einer vagen Vorstellung von Osten oder Norden, mit der sich die Kunde von den kurzen Nächten Skandinaviens verbinden mochte, so wie sie sich dann in der Lästrygonenerzählung der Odyssee erhalten hätte.[10] Aber so fabulös sind die Küsten der Propontis längst nicht mehr: der Iliasdichter kennt die Länder jenseits des Idagebirges ganz wohl als die Heimat des Pandaros, mit geographischen Einzelheiten.[11] Nur wenige Jahrzehnte, und die Ränder des Pontos (des Schwarzen Meers) sprießen von milesischen Handelskolonien, darum sind Handelsfahrten schon im achten Jahrhundert durch die Propontis (Marmarameer) und längs der Südküste des Pontos ganz wahrscheinlich. Das ist schwerlich die Weltgegend, die in der Odyssee einmal zwischen den Märcheninseln des Aiolos und der Kirke vermitteln sollte.

Es ist erstaunlich, wie schnellen und dauerhaften Beifall die im vorigen Jahrhundert aufgebrachte Hypothese gefunden hat. Bei Apollonios hat die Quelle Artakie keinerlei Funktion in einer Geschichte, sie ist der Ort, wo der Ankerstein gelegen haben soll, der später in einem Athenaheiligtum bei Kyzikos gezeigt wurde.[12] Also eine kyzikenische Ätiologie. Es ist bare Willkür, sie mit der Riesengeschichte in Verbindung zu bringen – und nur als Bestandteil der Riesengeschichte hätte sie ja in die Odyssee geraten können. Diese Geschichte, ihrerseits, hat mit der Lästrygonengeschichte nichts zu tun: die Riesen – sechsarmige, keineswegs Menschenfresser wie der Lästrygonenkönig – verbauen, während die Argonauten auf den nahen Dindymon steigen, den Ausgang des Hafens mit Felsblöcken, werden aber, statt Schiff und Mannschaft zu zermalmen, selber von dem allein zurückgebliebenen Herakles erlegt.[13] Auch dies eine Lokalätiologie von dem sogenannten ‹Aufgeschütteten Hafen›. Und was immer hier erzählt wird, von den Riesen, von dem unseligen Kampf der Argonauten mit dem König Kyzikos, es ist schlechterdings keine Geschichte im Sinn einer Märchenhandlung wie das Lästrygonenabenteuer. Der Odysseedichter müßte die ätiologische Riesengeschichte von den Hafendämmen von Kyzikos in die Ogergeschichte erst umgeschrieben haben, die das Lästrygonenabenteuer nach seinem offenbaren Märchentypus ist. Oder hätte Apollonios ein Lästrygonenabenteuer der Argonauten gekannt, dem er zwei Motive entnommen und auf zwei verschiedene Begebenheiten verteilt, das ganze aber unterdrückt hätte? Unnötig zu sagen, daß weder bei ihm noch sonstwo die Lästrygonen mit Kyzikos in Verbindung gebracht werden.

Zufällig wissen wir, welches Werk Apollonios für seine Kyzikosepisode benutzt hat, es war die Lokalchronik des Kyzikeners Deïochos.[14] Sicher hat die im frühen siebenten Jahrhundert gegründete Stadt die Argonautenfahrt, sobald diese einmal in die Propontis gelenkt war, mit Interesse an sich gezogen und in ihre eigenen Legenden verwoben. Aber ob diese Legenden überhaupt in eine Argonautendichtung vor Apollonios aufgenommen waren, ist mehr als zweifelhaft;[15] von einem vorhomerischen Epos zu schweigen. Und gerade von den kyzikenischen Riesen vom Bärenberg ist bezeugt, daß die Aufschüttung des Hafens erst von Apollonios ihnen angedichtet worden ist.[16] Sie gehören zu den Heraklesgeschichten und also zum spätesten Stratum der Argonautika.[17]

Wie ist danach die Namensgleichheit der beiden Quellen zu beurteilen? Griechisch ist der Name nicht, das war ja der Grund, seine Erklärung in der Lokalität bei Kyzikos zu suchen. Es ist aber nicht einmal ein Eigenname: «artáke» ist, nach der Mitteilung bei Hesych, armenisch und heißt nichts anderes als «Quelle».[18] Wer hier mit den «Armeniern» gemeint sei, ist schwer zu entscheiden; die sprachlichen Zusammenhänge weisen auf das Thrakische,[19] und thrakische Stämme sind an den Südküsten des Pontos und der Propontis vor der griechischen Kolonisation dieser Gebiete ansässig gewesen.[20] Daß aber anatolische Griechen im Kolonialland Quellen so benannten, wie sie eben bei den Einheimischen hießen, ist nicht weiter verwunderlich. Die bei Kyzikos möchte wohl die Wasserversorgung der ersten Siedlung gesichert haben, sie hat der alten, noch heute ‹Erdek› benannten Stadtgründung Artake, am Westrand der Halbinsel, den Namen gegeben; aber ein Ort in Bithynien hieß ebenso. Wenn nun eine jonische Märchengeschichte den Brunnen vor der Stadt der ‹Laistrygones› «Artakiē» nannte, so ist in diesem Namen – wie in all den anderen der Erzählung – eher eine Spur ihrer thrakischen Herkunft zu finden, als die Anlehnung an eine einzelne historische Lokalität.

Die Irrfahrt der Argo

Aber von dieser Einzelheit aus ist ein eingewurzelter Glaube wie der an das vorhomerische Argonautenepos noch nicht zu erschüttern. Ich muß auf das Ganze eingehen. – Es war der junge Karl Meuli, der 1921, mit seiner Schrift ‹Odyssee und Argonautika› der Hypothese neue Nahrung gab, indem er die odysseischen Abenteuer der Bücher 10 und 12 nicht nur auf einen älteren epischen Text zurückführte, sondern in diesem die ihrer Form nach ursprüngliche Erzählung zu erkennen glaubte. Er tat das auf einem Umweg – und das war das Eigene und methodisch Neue, das ihn mit Ludwig Radermacher verband: die vergleichende Märchenforschung. In der Argonautensage sah er den Typus des ‹Helfermärchens›. Der Märchenheld gewinnt die Hilfe kunstreicher Diener. Jeder der Diener versteht sich auf eine besondere Kunst, mit der sie jeweils dem Hauptshelden, auf dem Weg zur Bewältigung seiner Hauptaufgabe, besondere einzelne Gefahren bestehen helfen. So hat Meuli versucht, aus den verschiedenen überlieferten Argonautenkatalogen[21] eine Gruppe älterer Figuren auszumachen, die, wie es das Helfermärchen verlangt, ihre Funktion in der Geschichte hätten.

Nun gibt die Argonautenüberlieferung nicht viel dafür her. Man könnte Orpheus nennen, der sie heil an den Sirenen vorbeibringt. Allenfalls die Boreaden, die dem Phineus die Harpyien verjagen. In einigen Argonautengestalten glaubte Meuli noch Spuren einer besonderen Variation des Helfermärchens zu erkennen, der Geschichte von den hilfreichen Tieren: so in Lynkeus, dem Luchsäugigen. Aber weder von ihm noch anderen gibt es Argonautenabenteuer, die sie in dieser besonderen Rolle in Funktion treten lassen. Statt dessen die eine Helferin: Medea. Den fast gänzlichen Mangel an Helferabenteuern hat sich Meuli damit erklärt, daß die ‹Liebesgeschichte› – die er für verhältnismäßig jung und novellistisch ansah – die Taten der kunstreichen Diener verdrängt hätte. Das heißt doch wohl, die Dinge auf den Kopf stellen: die Hilfe der zu gewinnenden Prinzessin gehört zum märchenhaften Kern der Jasonsage. Die ‹Helfer› gerade sind das Sekundäre.

Die breite Zustimmung, mit der die These dennoch bis heute aufgenommen ist, rührt daher, daß Analytiker wie Unitarier sich gleichermaßen auf sie berufen konnten: die einen für die Scheidung des Textes nach Quellen, die anderen für die künstlerische Einheit des Epos. Nur Wilamowitz, mit seinem Geschmack für das Genialische dieses jugendlichen Zugriffs, schrieb damals: «eine Hypothese, die man doch nicht ernst nehmen darf, auch wenn man an der kecken Durchführung seine Freude hat».[22]

Alles Nötige dazu hat dann Radermacher gesagt:[23] Er hat die fehlende Beziehung der meisten Fahrtabenteuer zu Jasons Aufgabe im einzelnen nachgewiesen und damit fast die ganze Liste der Begleiter abgebaut. Er hat mit Recht gefragt, wie denn die Argo, die doch die «Schnelligkeit» im Namen trägt, sich so lang auf einzelnen Stationen aufhalten kann, anstatt das eine zu tun, was ihres Amtes im Märchen ist: die Klappfelsen zu durchfliegen, die das Wundertor zum Jenseits sind. Vor allem hat er gesehen, daß die Gewinnung des Vlieses mitsamt der Jungfrau ursprünglich von Jason allein geleistet war, und damit eine ‹Jasonis› erschlossen nach dem Muster bekannter Märchen von der Fahrt ins Sonnenland.[24]

Woher aber dann die Begleiter? Das ist Radermachers sehr begründete Frage. Er hat sie mit einer neuen Hypothese beantwortet, die das destruktive Ergebnis seiner Kritik zwar nicht beeinträchtigt, aber nun positiv in eine ganz unglückliche Richtung führt.[25] Das ursprüngliche Argonautengedicht soll eine Art von Gesellschaftsunternehmung einer Anzahl von Heroen noch ohne Jason erzählt haben. Man fuhr auf der Argo, einem «westlichen Aia» entgegen, durch die Meere des Westens, wobei jeder der Teilnehmer seine Geschichte bekam. Indessen wäre die alte Jasonsage, von der Fahrt ins Ostland Aia, nach der milesischen Kolonisation des Pontos nach Kolchis gelenkt worden und hätte in dieser Version die Argonautenfahrt des anderen Gedichts sich einverleibt. Damit wären schon in dem vorhomerischen Epos die zweierlei Schauplätze, Westen und Osten, miteinander in Widerspruch getreten und durch die neue Erfindung der Rückfahrt durch den Phasis[26] und über den Okeanos rundum ins westliche Mittelmeer verbunden worden.

Ist eine solche Analyse eines nicht vorhandenen und nur erschlossenen Textes schon an sich etwas Bedenkliches, so ist die Konstruktion auch selber mancherlei Einwänden offen. Ich rede nicht davon, daß die ‹Argonautenreise› zu einer Dublette der Jasonfahrt würde. Aber der Charakter eines solchen Gedichtes: Abenteuerfahrt einer Schar von Helden als Reisebericht von den Mirabilia mundi, ist als Genus der Frühzeit ganz unwahrscheinlich.[27] Und die ‹schnelle› Argo verlöre den letzten Rest von Sinn. Auf der anderen Seite: Jason ohne Argo. Dazu die Chronologie: die Lokalisierung der Jasonsage ins Schwarze Meer, des Sonnenlandes ‹Aia› in Kolchis, mit Recht erst nach der milesischen Kolonisation des Pontos (im siebenten Jahrhundert) angenommen, danach ihre Kontamination mit der ‹Argonautenfahrt› in den Westen zu einem berühmt werdenden Epos, das der Odyssee zur Vorlage wurde – wie weit, ins sechste Jahrhundert, müßten jene Odysseebücher hinabrücken?

Das ist gewiß nicht der Weg, um Jasons Begleiter, die Argonauten, zu erklären. Es muß aber klar sein, daß die Vielzahl der Begleiter und die Vielzahl der Abenteuer in Jasons Fall einander bedingen, das heißt, daß seine Fahrt zur Irrfahrt werden mußte.

Es ist hier weder möglich noch nötig, in die dunkle und verworrene Literaturgeschichte der Argonautensage ernstlich einzutreten. Sie hat, bis zu dem Argonautenepos des Apollonios von Rhodos im dritten Jahrhundert, radikalere Verwandlungen erfahren als andere Sagen, vor allem durch die Umlenkung der Rückfahrt von Aia: anstatt, wie es sich gehört, abermals durch die Klappfelsen der ‹Plankten› (das hieße in pontischer Lokalisierung: durch Bosporus und Dardanellen), vielmehr ostwärts durch den Phasisstrom und seinen vermeintlichen Ursprung aus dem Okeanos und weiter auf dem Ringstrom um die südliche Erdscheibe herum irgendwie ins Mittelmeer. Diese Version haben wir zum erstenmal ausführlich in der langen Erzählung Pindars in der vierten Pythischen Ode für den König Arkesilaos von Kyrene, aus dem Jahr 462. Sie ist aber in dieser Form ganz auf die mythische Legitimierung der Gründung dieser libyschen Kolonie im Jahr 630 ausgerichtet, kann also kaum vor dem sechsten Jahrhundert entstanden sein: vermutlich aus einer kyrenischen Lokallegende, nach der bereits dem mythischen Vorfahren des kyrenischen Herrschergeschlechts, Euphemos, die Ansiedlung in Libyen verheißen worden sei. Auf sie muß demnach auch zurückgehen, was von dieser libyschen Version bei ‹Hesiod› zu lesen war;[28] es handelte sich also um die nachhesiodischen ‹Kataloge›, wahrscheinlicher sogar um die noch etwas späteren sogenannten ‹Großen Eöen›. – Die einfachere Fahrt, vom Okeanos durch den Nil, kannte immerhin noch Hekataios (um 500).[29]

Es hat nicht an Widerspruch gegen diese absonderliche Erfindung gefehlt. Der Mythologe Herodoros, gegen Ende des fünften Jahrhunderts, bestand darauf, daß die Argonauten auf demselben Wege von Kolchis zurückgekehrt seien, auf dem sie gekommen waren, also durch den Bosporus.[30] Und hatte er nicht die beste Autorität für sich, Homer? Wo es doch stand: Argo durch die Plankten, «als sie von Aietes zurückfuhr»? Wie kann man Herodors Auskunft, die obendrein einzig dem Märchensinn entspricht, für eine Notlösung erklären, mit der er dem Problem der Westfahrt «kurzerhand ein Ende gemacht» hätte?[31]

Den Anstoß, die Argo im Mittelmeer herumirren zu lassen, haben überall lokale Interessen gegeben. Für die libysche Version liegt das auf der Hand. In Korinth, wo ein alter Kultbrauch, nach der ätiologischen Legende, an die erloschene Liebe Jasons zu Medea anknüpfte, verlegte man die Hochzeit der beiden in die korinthische Kolonie Korkyra/Korfu; so hatte es seinen Landsleuten wahrscheinlich der korinthische Dichter Eumelos in seinen ‹Korinthiaka› erzählt. Das traf sich mit der alten Lokalisierung der Klappfelsen in der Straße von Messina – wo man übrigens auch die Felsen der Skylla und Charybdis zeigte. Das rührt aber nicht von der Argonautensage her, sondern von der Odyssee: es gab ja eine sehr alte italische Odysseustradition, die mit der frühen Besiedelung Großgriechenlands begonnen haben wird,[32] und es war nur natürlich, daß man die Orte seiner Abenteuer, und also auch die ‹Plankten›, zwischen Sizilien und der Festlandsküste fand. Diese volkstümlichen Überlieferungen sind in der griechischen Vorstellung sehr hartnäckig festgehalten worden, und die wissenschaftlichere Homererklärung des Eratosthenes hatte es so schwer wie heute, dagegen aufzukommen. Aber die ‹Plankten›, einmal in der sizilischen Meerenge lokalisiert, mußten als das Abenteuer Jasons, fast notwendig die Argonautenfahrt nach sich ziehen. Apollonios war wohl der erste, der daraus Ernst gemacht hat. Und da er seinem von den Geographen belehrten Publikum die Fahrt ins Mittelmeer durch Phasis und Okeanos und Afrika wohl nicht mehr anbieten konnte, ließ er die Argo aus dem Schwarzmeer durch die Donaumündung, über ein kompliziertes System von Flußgabelungen der Donau und Rhone,[33] gleich in die Adria und endlich ins Tyrrhenische Meer gelangen. Und so passiert die Argo schließlich die Orte der odysseischen Abenteuer, von Kirke bis zu den Phäaken, in den Meeren Italiens.

Nicht, daß er sie dasselbe erleben ließe; er ist im Gegenteil bedacht, nichts Odysseisches zu wiederholen (oder, im Sinne der mythologischen Chronologie: ‹vorwegzunehmen›). Auf manches, wie auf Skylla und Charybdis oder die Sonnenrinder auf Thrinakia, wird nur im Vorbeifahren hingewiesen. Aber die Versetzung des ‹Östlichen› in den Westen ging nicht überall glatt vonstatten. Zwar was Kirke, die «Aiaische», betraf, hat er vorgesorgt: ihr Bruder Aietes hatte schon davon gesprochen, wie ihr Vater Helios sie einst im Sonnenwagen fern an die tyrsenische Küste gebracht hatte.[34] Aber das Planktenabenteuer war nun einmal erzählt und unwiderruflich, mit Jasons Durchquerung der Schlagfelsen auf der Hinfahrt, am Bosporus festgelegt.[35] Apollonios half sich mit einer hübschen Variation: nur jene waren eigentliche Schlag- und Klappfelsen – nämlich ‹Plegaden›, wie er sie nun deutlicher nannte: als das Abenteuer Jasons, von dem die Odyssee zu rühmen gewußt hatte –, die «Plankten» hingegen wurden zu gefährlichen, in den Wogen auf- und untertauchenden Klippen in der Meerenge von Messina, zwischen denen die Argo, jetzt von Thetis und ihren reizend beflissenen, kniehoch geschürzten Schwestern abermals hindurchgelenkt, ja schließlich, wie ein Ball von spielenden Mädchen – auch sie «die Hemden herab auf die Hüften gewickelt» – von Hand zu Hand geworfen, hoch durch die Luft über Klippen und Gischt getragen wird.[36]

Man hätte dem hellenistischen Dichter seine Erfindung, was sie doch war, ruhig lassen dürfen. Statt dessen wird, seit Karl Roberts ‹Heldensage› und länger, die Unterscheidung von «Plankten» und «Plegaden» dem Apollonios nachgesprochen und an die Odyssee herangetragen. Waren die Plankten der Odyssee eigentlich – wie angeblich bei Apollonios – schwimmende, blitzschnell hin- und herfahrende Felsen, die es nicht zu durchqueren, sondern zu umfahren gelte?[37] Hatte die Odyssee zwei alte Jasonabenteuer durcheinandergebracht, das eine von der Hinfahrt, das andere von der Rückfahrt? Waren die «Irrfelsen» («Plankten») – wie vielleicht bei Apollonios – dem Phänomen der Liparischen Inseln mit ihren Vulkanen im Norden Siziliens abgesehen und also Zeugnis für die ursprüngliche Westfahrt der Argo? Und erst durch die Vermengung mit Jasons Ostfahrt auch in die Schilderung der Odyssee geraten? Eine Wirrnis von Fragen, die allein aus der Annahme entspringt, Apollonios folge hier alter Überlieferung. – Aber an den Plankten haben sich die Interpreten zuviel den Kopf zerbrochen. «Dort kommen selbst die Tauben nicht vorbei, die die Ambrosia dem Vater Zeus bringen, sondern stets rafft von ihnen eine der schroffe Fels hinweg» (12.62 ff.): das Wegraffen des «Letzten» kennt man vom zuschlagenden Jenseitstor des Märchens, sei es ein Kleidzipfel, ein Stück vom Schwanz, von der Ferse, vom Steuerruder oder die letzte der Tauben.[38] An den Klappfelsen gibt es also in der Odyssee keinen Zweifel. Apollonios aber hat, mit seinen neuen Plankten, die der Odyssee weder richtig noch falsch verstanden – er hat sie ja, an früherer Stelle, beim Durchfahren des Bosporus bis in den Taubenflug nachgebildet –: er hat variiert. Variieren mußte er um so mehr, als der Ort der Plankten, in der Straße von Messina, in der populären Vorstellung schon gegeben war.[39]

Nichts kann deutlicher sein, als daß Apollonios, bei der Aufnahme der odysseischen Abenteuer in sein Jasongedicht, auf der Odyssee fußt. Eine Überlieferung aus einem vorhomerischen Argonautenepos mit Abenteuern im Westen, über ein halbes Jahrtausend hin latent geblieben, hat es nicht gegeben. Schon die sinnwidrige Umlenkung der Rückfahrt über den Okeanos ließ sich nicht weiter als bis ins sechste Jahrhundert zurückverfolgen, und ihre Motivation war erkennbar; der Grund für die noch künstlichere Fahrt durch die Donau ist ebenso offensichtlich: es waren die neuen Abenteuer Jasons auf den Spuren der Odyssee. Sie sind seine Erfindung.

Die Argonauten

Was also bleibt von der ‹Argonautenfahrt› zuletzt übrig? Ihre Teilnehmer, um derentwillen sie postuliert wurde und von denen Meuli für sein Helfermärchen noch immerhin ein knappes Dutzend ausgemacht hatte, sind zusammengeschrunden auf ganz wenige, ungewisse. Radermacher denkt an Kanthos, an Ankaios den Steuermann; aber brauchte das Wunderschiff einen?[40] (Bei Apollonios gibt es gleich fünf.) Abenteuer oder signifikante Taten, die an diesen Figuren hingen, gibt es keine. Nur Euphemos zeichnet sich aus bei dem Abenteuer in der Libyschen Wüste;[41] doch er gehört, als mythischer Ahn der Kyrenäer, so deutlich in die kyrenische Gründungsgeschichte, daß er um ihretwillen zum Argonauten geworden scheint.

Ein Abenteuer freilich wird man der Jasonsage nicht nehmen: die Begegnung mit Phineus. In der geographisch fixierten Erzählung des Apollonios ist sie am Bosporos gedacht. Der blinde Seher, von den Harpyien qualvoll heimgesucht, zeigt den hilfreichen Argonauten die Durchfahrt durch die ‹Blauen Felsen› an. Man möchte sagen, ohne Phineus sei die Jasongeschichte von der Fahrt ins Sonnenreich nicht zu erzählen: die Funktion des märchenhaften Ratgebers ist deutlich genug, um darin die Struktur der einfachen Geschichte zu erkennen. An Phineus aber hingen die Boreaden; denn darin besteht die Erlösung für Phineus, daß die beiden Söhne des Sturmwinds ihm die abscheulichen Flügeldämonen von seinem Eßtisch verjagen. Die Verfolgung der Harpyien ist seit etwa 600 v. Chr. ein häufiges Thema archaischer Vasenbilder. Die ausdrückliche Beziehung auf die Phineusgeschichte läßt sich auf einigen erkennen; noch nicht ihr Zusammenhang mit Jason. Und tatsächlich scheint die Geschichte ursprünglich für sich gestanden zu haben, als eine argivisch-arkadische Überlieferung, wo Phineus, aus dem Geschlecht des Inachos, eigentlich zu Hause ist.[42] Die argivische Lokalisierung liegt auch noch der hesiodeischen Erzählung von der Verfolgung der Harpyien zugrunde: sie stand im dritten Buch der Frauenkataloge, in der Deszendenz des Pelasgos,[43] völlig getrennt von der Jasongeschichte, die im ersten oder zweiten Buch zu lesen war. Anstatt ein argonautisches Phineusabenteuer zu bezeugen, bezeugen die Kataloge das Gegenteil. Irgendwann aber ist Phineus, ziemlich künstlich, zum Thraker gemacht und in den pontischen Raum versetzt worden; sichtlich um dort die Rolle im Jasonmythos zu übernehmen. Die Boreaden hat er, mitsamt seiner Geschichte, nach sich gezogen.[44]

Für diesen neuen Zusammenhang ist jüngst das bislang früheste Zeugnis bekannt geworden: ein korinthischer Mischkrug von etwa 575 v. Chr. mit einer überraschend erzählerischen Darstellung der Phineusgeschichte.[45] Namensbeischriften erlauben die Identifizierung der dargestellten Figuren. Auf einem Sessel, vor einem mit Speisen bestellten Tisch, der würdig gekleidete Phineus. Von links rückwärts an ihn herantretend Jason, der seine beiden Hände ihm vor die Augen legt. Im Hintergrund Phineus' Gemahlin. Von rechts aber auf Phineus zuschreitend die beiden gewaffneten Zeussöhne Kastor und Polydeukes, der eine des Königs Hand ergreifend. Auf der anderen Seite des Gefäßes waren die beiden Boreassöhne Zetes und Kalais in der Verfolgung der Harpyien dargestellt. Daß freilich die beiden göttlichen Brüderpaare schon Begleiter Jasons auf der Argo waren, geht daraus nicht hervor; mythologisch schickt sich die Seereise für beide wenig, sie stellen sich sonst durch die Lüfte eilend als Helfer ein.[46]

Es sind aber dieselben zwei Paare, welche Pindar dann unter den zehn Göttersöhnen aufzählt, die sich zur Argofahrt einfanden. Die übrigen sind: Herakles, der Sohn des Zeus, die Hermessöhne Echion und Erytos, Poseidons Söhne Euphemos und Periklymenos und endlich Orpheus.[47] Dieser älteste Argonautenkatalog, wie alt ist er?

Die Frage muß hier vor allem in Bezug auf Orpheus interessieren, weil er zu den ganz wenigen zählt, die ihre Funktion auf der Argonautenfahrt in einem eigentlichen Argoabenteuer haben, und dies in dem Abenteuer mit den Sirenen – dem einzigen Odyssee-Abenteuer in argonautischer Version.[48] Wo es um die Priorität der Argonautensage vor der Odyssee geht, muß daher notwendig ‹Orpheus vor den Sirenen› – als konkurrierend mit ‹Odysseus vor den Sirenen› – eine entscheidende Bedeutung bekommen. Apollonios hat die Geschichte nicht erfunden, sie kannte schon der vorher erwähnte Herodor am Ende des fünften Jahrhunderts.[49] Aber auch Pindar war nicht der erste, der Orpheus unter den Argonauten nannte; schon hundert Jahre früher war er als solcher, zusammen mit den Dioskuren und einem zweiten Sänger, am Sikyonierschatzhaus in Delphi dargestellt, das war im vierten Jahrzehnt des sechsten Jahrhunderts.[50] Ob er schon dort um der Sirenen willen zum Argonautenkreis zählte, wissen wir nicht; aber ganz unwahrscheinlich dünkt es, daß er mit diesem Abenteuer in vorhomerische Zeit hinaufreiche. Oder sollen wir ernstlich glauben, daß sein Übertönen des «Jungferngetöns», das Betäuben der Schifferohren, statt durch Wachs, mit dem Saitenspiel – in zwei Versen abgetan – gegenüber der Sirenenerzählung der Odyssee das «eigentlich Ursprünglichere» bewahrt hätte?[51] Eine Geschichte ist es so wenig wie die literarischen Reverenzen, die der alexandrinische Dichter den odysseischen Abenteuern mit Skylla und Charybdis auf Thrinakia und Scheria erweist – und selbst Kirke ist davon nicht ausgenommen.

Doch eine allgemeinere Erwägung kommt hinzu. Orpheus mag von alters ein mythischer Sänger, Thraker wie Lykurgos, gewesen sein, wir wissen es nicht. Die Orpheusmetope in Delphi ist selber das erste und älteste Zeugnis von seiner Existenz; das zweite, nach der Mitte des sechsten Jahrhunderts, seine Erwähnung bei dem Chordichter Ibykos.[52] Das ist aber eben die Zeit, in der, mit der sogenannten Orphik, auch die Gestalt des Orpheus zum erstenmal hervortrat.[53] Dichtungen entstanden unter seinem Namen, die mit Hesiods Theogonie wetteiferten, und seine Datierung vor Homer gehört zu den Ansprüchen der neuen Bewegung auf Uroffenbarung. Seine Verbindung mit

Apollon ist den Orphikern wichtig, er soll ihm seine Gesänge eingegeben haben.[54] Also auch sein Auftreten am delphischen Fries scheint von dieser neuen Berühmtheit zu rühren. Es gibt keinen Anhalt dafür, sie um zweihundert Jahre hinaufzurücken.

Die delphische Metope weist immerhin auf den argonautischen Zusammenhang: Orpheus auf dem Schiffsbug stehend; ihm zur Rechten, und wie er mit der Kithara, ein zweiter Sänger – ein dritter wahrscheinlich in der Bruchlücke zur Linken; das Ganze flankiert von den Dioskuren zu Pferde, neben oder vor dem Schiffe. Dargestellt scheint nicht der Augenblick der Sammlung und Einschiffung der Helden in Iolkos (dagegen sprechen die leeren Ruderlöcher[55]), das Bild hat einen repräsentativen Charakter. Die auffällige Frontaldarstellung aller Figuren, mit der diese Metope aus der Reihe der übrigen herausfällt, scheint ihr eine besondere Bedeutung zu verleihen. Auch die Mehrzahl der Kitharoden meint schwerlich, daß Orpheus auf der Argo noch Konkurrenten gehabt habe; und selbst wenn auf der zerstörten Nachbarmetope noch weitere Argonauten zu sehen waren, so bleibt doch hier die fast sakrale Konzentration auf die Musik. Einer Beziehung auf die Bedeutung der Kitharodik für Delphi wird man kaum widerstehen. Schon nach Pindar hat Orpheus seine Kunst von Apollon erhalten. Es darf aber auch an den musischen Agon erinnert werden, der seit alters, und einzig unter den panhellenischen Spielen, zu den Pythischen Wettkämpfen gehörte. Die delphische Kultlegende führte ihn auf den mythischen Agon zurück, den Apollon selber nach seinem Sieg über den Drachen Python stiftete. Gymnische Wettkämpfe traten hinzu, und im Gründungswettkampf sollen die Dioskuren gesiegt haben: Kastor im Wettlauf, Polydeukes im Faustkampf. Man kennt sie aus der Argonautentradition, mitsamt den Siegern in anderen Sportarten: Kalais und Zetes, Peleus, Telamon und Herakles.[56]

Die Sieger im *musischen* Uragon der Legende sind nicht überliefert; aus anderer Quelle kennen wir immerhin den delphischen Kitharoden und Sohn Apollons, Philammon.[57] Er könnte sehr wohl auf der Metope der Zweite neben Orpheus gewesen sein.[58] Und so wäre – was ja die Mehrzahl der Sänger bereits nahelegt – das Dargestellte ein Agon, ein Wettkampf?

Das erklärt allerdings noch nicht die argonautische Szene. Nun hat es aber einen anderen, weit berühmteren mythischen Wettkampf gegeben, der sich offenbar in der Kultlegende spiegelt: die ‹Leichenspiele für Pelias›. Sie wurden nach der Mordtat Medeas und der verführten Peliastöchter zur Sühnung von seinem Sohn Akastos, unter Beteiligung der Argonauten, veranstaltet. Von ihnen hat, unter diesem Titel, ein großes Chorlied des Stesichoros erzählt,[59] der in der ersten Hälfte des sechsten Jahrhunderts lebte: die beiden Dioskuren traten da auf mit ihren göttlichen Pferden – sicher um zu siegen. Die erhaltenen Reste sind äußerst spärlich, zum Glück aber ist die Erzählung vortrefflich in der Vasenmalerei des sechsten Jahrhunderts bezeugt, und die gewissenhaften Namensbeischriften der Figuren erlauben uns den Vergleich mit den Argonautenkatalogen. Da sehen wir denn wieder Kastor und Polydeukes im Wagenrennen, Peleus im Ringkampf.[60] Und zahlreiche andere, die später auch als Argonauten erscheinen. Doch außer diesen gibt es eine ganze Anzahl von Namen, die in keiner Argonautenliste sich finden: Pheres, den Bruder des Pelias, Kapaneus, einen der Sieben gegen Theben, Melanion, aus der Kalydonischen Eberjagd, Sieger im Freierwettkampf mit Atalante; und ein halbes Dutzend mehr. An den Leichenspielen für Pelias scheinen also in dem alten Gedicht keineswegs nur die Argonauten teilgenommen zu haben, es war die Menge der Helden aus anderen berühmten Sagen erschienen. Tatsächlich schließen sich in der bildlichen Überlieferung die Leichenspiele für Pelias teils an die Rückkehr der Argonauten, teils an die Kalydonische Jagd oder an den Zug der Sieben gegen Theben an; wie denn auch gerade in der delphischen Metopenreihe, neben dem Argobild, der Kalydonische Eber und die Dioskuren bei ihrem Viehraub mit Idas und Lynkeus (den späteren Argonauten) zu sehen waren. Kein Zweifel, daß alle diese Heroen ihren eigentlichen, erzählerischen und also ursprünglichen Platz in jenen Geschichten haben. Die Leichenspiele für Pelias aber vereinigten sie alle. Der literarische, nicht eigentlich mythische Charakter dieser berühmt gewordenen Spiele wird darin deutlich.

Aus den Leichenspielen möchte sich nun mancher Name erklären, der im Argonautenkreis befremdet: Akastos (der Sohn von Jasons Todfeind Pelias), Admetos (dessen Bruder), Amphiaraos (der beim Kampf um Theben Gefallene), Peleus; und wer weiß, wie viele noch? Vielleicht Meleager, dessen Jünglingstod bei der Eberjagd seine Beteiligung am Argonautenzug schier ausschloß (Apollonios macht ihn darum zum Knaben[61]); vielleicht Herakles: der auf der Kypselos-Lade als Kampfrichter der Leichenspiele fungierte. Und daß sich die große Zahl von Argonauten in hellenistischer Zeit aus den Teilnehmern der Leichenspiele für Pelias rekrutiert hat, dafür gibt es ein deutliches Anzeichen. Der kanonisierte Katalog der sogenannten Apollodorischen mythographischen ‹Bibliothek› führt unter 44 Heldennamen auch Atalante auf, die in dem argonautischen Männerkreis gewißlich nichts zu suchen hat. Sie nahm aber, nach dem Zeugnis eines attischen Kessels von ca. 570,[62] als Ringerin im Zweikampf mit Peleus an den Leichenspielen teil.[63] (Und dieser Ringkampf scheint wieder dem sehr alten Mythos von dem Ringkampf des Peleus mit der Meeresgöttin Thetis nachgebildet.)

Zurück zu Orpheus. Sein Name findet sich noch nicht auf den Vasenbildern der Leichenspiele. Doch einen musischen Agon gab es auch dort: einen Flötenwettkampf sah man auf der Kypselos-Lade, und einen Flötenspieler zeigt auch der attische Kessel. Nach allem läßt sich die Argo-Metope am ehesten verstehen aus diesem Moment der Leichenspiele für Pelias, mit denen die Argogeschichte endete, und ihrer neuen delphischen Beziehung auf die Pythischen Wettkämpfe. Mit dieser möchte Orpheus hinzugetreten sein. Dioskuren und Orpheus scheinen gewählt, um den gymnischen und den musischen Agon mythisch zu repräsentieren.

Literarisierung

Alle diese bildlichen Zeugnisse rühren aus einem sehr kurzen Zeitraum, um 570 bis 560 v. Chr. Das Gedicht des Stesichoros dürfte ungefähr in dieselbe Zeit gehören. Solch ein plötzliches vielfaches Interesse läßt auf die Wirkung eines besonderen erzählerischen Werkes schließen, dessen Auftreten nicht zu lange zurücklag. Schwerlich war es Stesichoros selber: es waren ja immer ausgewählte Episoden und Szenen aus *epischen* Zusammenhängen, die er in seine chorischen Erzählungen umsetzte. Also doch ein Epos. Und gerade als Schluß der Argosage verweisen die Leichenspiele auf Episch-Literarisches, so sehr erinnern sie an die Leichenspiele für Patroklos am Ende der Ilias.

Wir denken also an die Zeit um 600, nicht viel später und kaum erheblich früher, in der diese literarische Version, die Jason die halbgöttlichen Begleiter gab, geschaffen wurde. Es ist derselbe Zeitraum, in den die libysche Umgestaltung der Rückfahrt der Argo führte, nach der Gründung von Kyrene im Jahr 630. Ob für beides ein und dasselbe Werk, Ein Autor verantwortlich war, ist gegenüber der zeitlichen Koinzidenz weniger wichtig. Pindar, der beides bringt, scheint dafür zu sprechen. Mit dem einen waren die ‹Argonauten› geschaffen – noch nicht eben viele –; das andere schuf, mit der umwegigen Reise, die Möglichkeit neuer Abenteuer, – die odysseischen, bei Apollonios, sollte man davon noch ganz ausschließen. Beides aber hängt miteinander zusammen und deutet gleichermaßen auf einen Prozeß der Episierung der alten Sage.

Aber ist nicht doch zuletzt die Odyssee selber Beweis genug, daß es schon im achten Jahrhundert ein Argonautenepos gab? Was sie beweist, ist das Abenteuer der Klappfelsen, und zwar auf der Rückfahrt. Das Motiv, seinem Märchensinne nach, verlangt, daß hier der Held mit seinem Raube aus dem fremden Zauberreich sich rettet; das schließt, zwischen Flucht und Rettung, eine Weltreise und damit alle

Abenteuer aus, zu denen erst die Rückfahrt über den Okeanos oder durch Ister und Rhodanus die Gelegenheit schuf. Abenteuer auf der Hinfahrt, Umwege und Aufenthalte, bei denen sich dieser oder jener der Teilnehmer auszeichnen konnte, sind eh schon ausgeschlossen, die Natur des Wunderschiffes verbietet sie. Wozu also die Gefährten? Aber nichts deutet auch darauf hin, daß die Argo beim Durchfahren der Plankten mit einer Schar von Heroen bemannt gewesen sei. Was die Odyssee beweist, ist Radermachers ‹Jasonis›. Von einem allbekannten Epos zu reden, ist schon zuviel; berühmt war die Sage.[64]

Aber woher dann die Gefährten? Die Antwort kann nicht schwer sein, wenn man sich erinnert, wie aus einfachen Geschichten in der heroischen Epik des achten und siebenten Jahrhunderts Gesamtunternehmungen geworden sind, an denen die Heroen der griechischen Stämme beteiligt wurden. Wie aus dem Meleagermärchen die Kalydonische Jagd, aus dem Zweikampf der Ödipussöhne der Zug der Sieben gegen Theben, aus dem Bogenkampf des Herakles mit Eurytos die ‹Oichalias Halosis› geworden, wie schließlich aus dem Raub der Helena die Ilias erwachsen ist, so aus Jasons Fahrt nach Aia der Argonautenzug. Die Argonauten sind das Resultat der Episierung und Panhellenisierung des Mythos. Der Prozeß, seit der ersten Kolonisierung Anatoliens um die Jahrtausendwende im Gange, hat sich über mehrere Jahrhunderte erstreckt, wobei die nationelle Aneignung und Umbildung der verschiedenen Sagen früher oder später erfolgt ist. Die Beteiligung jonischer Sängerschulen, und gerade Milets, an diesen Umbildungen der Sage ist mit großer Wahrscheinlichkeit erschlossen worden.[65] Die Frage ist, wann dies mit der Jasonsage geschehen ist.

Aus der verlorenen archaischen Epik, die sich mit den Argonautika befaßten, bieten sich verschiedene Namen an. Was sich aus dem Strom der Versionen von Dichtern und Mythographen einigermaßen heraushebt, sind die ‹Korinthiaka› des Eumelos, den eine unglaubwürdige Überlieferung ins achte Jahrhundert datiert. Es darf für sicher gelten, daß er ein älteres Argonautenepos voraus- und fortsetzte, das in Ionien entstanden ist, und mit großer Wahrscheinlichkeit in Milet. In diesem war das Land Aia bereits in Kolchis lokalisiert. Das kann, bei der merklichen milesischen Prägung der Sage, nicht wohl geschehen sein, ehe das Pontosgebiet in das konzentrierte Interesse der milesischen Kolonisationsbewegung eintrat.[66] Schwache Spuren deuten auf erste Handelsniederlassungen gegen Ende des achten Jahrhunderts, die offenbar von dem sogenannten Kimmeriersturm weggefegt worden sind. Erst danach beginnen die Städtegründungen: in der ersten Hälfte des siebenten Jahrhunderts an der Propontis, seit der Mitte des Jahrhunderts am Pontos.[67]

Die Odyssee bezeugt die Jasonsage noch auf der Stufe der einfachen Geschichte. Sie zeigt keine Spur der historischen Lokalisierung der Argofahrt im Schwarzen Meer: Aia ist noch nicht Kolchis geworden und die Plankten nicht die Blauen Felsen des Bosporus. Dem Schluß ist kaum auszuweichen, daß die Aneignung der Sage durch Milet und ihre Beziehung auf den geographischen Raum seiner Kolonisation derselbe Vorgang ist, mit dem auch die jonischen Stammesheroen und Inhaber der lokalen Kulte der Pflanzstädte in die Jasonsage hereingezogen worden sind. Milet dürfte der Ort gewesen sein, wo mit dem Argonautenepos auch die Argonautensage entstanden ist. Wenn wir dafür das siebente Jahrhundert vermuten, gehen wir sicher nicht zu weit herunter. Eumelos und die Hesiodea müssen folgen.

«Im hehren Argonautenkreise War jeder brav nach seiner eignen Weise ...», erläutert Chiron dem Faust die heroische Vorwelt als Gesellschaft erlesener Individualitäten. Und doch, einen Mythos, als Geschichte, ergibt ihre Gesellschaft nicht. Die ‹Argonauten› sind, sagengeschichtlich, ein spätes Produkt – mag auch Goethe den schönsten Sinn daraus gezogen haben.

Für die Odyssee ergibt sich daraus, daß die Abenteuer der Bücher 10 und 12, von den Lästrygonen bis Thrinakia, nicht der Argonautensage entstammen. Sie dürften zum eigensten Bestand der Odysseusgeschichten gehören. Das geht ja schon aus der Art hervor, wie Apollonios sie verarbeitet. Tatsächlich ist von keinem unter ihnen in der reichen poetischen und mythographischen Überlieferung als von einem Abenteuer der Argo eine Spur geblieben. Wie wäre dieser Befund zu erklären, nähme man das umgekehrte Verhältnis an? Der Nachahmer – die Odyssee – müßte das Original so gründlich verdrängt haben, daß keine Version der Argonautensage es mehr wagte, etwas für sich zu vindizieren, was doch ihr Eigentum gewesen wäre.

Aber damit wird nur um so deutlicher, daß die Odyssee mit der Erinnerung ihrer Prophetin an die Argo die Beziehung der Odysseus-Abenteuer zur Jasonsage nicht bezeugt, sondern *herstellt*. ‹Hier war es, wo Jason, mit Heras Hilfe, das Abenteuer um sein Leben bestand!› Das ist alles andere als naiv. Es ist das erste Mal, daß Dichtung mythistorisch sich auf Vergangenheit bezieht, um die Magie des Ortes aufscheinen zu lassen. Das gibt es erst wieder in ganz reflektierter Dichtung – letztes Beispiel die Prophetin der Klassischen Walpurgisnacht, mit dem gleichen Verweischarakter für den neuen Helden:

> Hier hab ich einst den Orpheus eingeschwärzt,
> Benutz' es besser! frisch! beherzt!

XIV. Kapitel

MILIEU

Der Schweinehof

Odysseus, von den märchenhaften Schiffern zur Heimatinsel gebracht, begibt sich, anstatt geradeswegs nach Hause, zuerst zu dem Gehöft seines alten Hirten Eumaios. Es liegt nicht am Wege, vielmehr am Ende der Insel, und zur Stadt ist es weit (24.150, 17.25). Er soll dort – nach der Anweisung der Göttin – «warten und nach allem sich erkundigen», während sie selber nach Sparta sich begeben und Telemachos heimrufen wird (13.404–416). Der Zweck dieser Zwischenstation ist also klar, der Dichter wird Vater und Sohn bei dem Schweinehirten zusammenführen. Das wiederum hängt notwendig mit seinem epischen Entwurf der Doppelhandlung zusammen: in den Eumaiosbüchern vereinigen sich die beiden Handlungsstränge der ‹Odyssee› und der ‹Telemachie›.

Betrachtet man allerdings diese Zweisträngigkeit als das Resultat einer Bearbeitung, den ursprünglichen Text als bloße Odysseuserzählung, die der Reise Telemachs noch entbehrte, so verliert – möchte man meinen – der Umweg seinen Sinn. Denn was Athene ihm anbefiehlt, ist wohl nicht Sinn genug: erkundigen mochte er sich auch anderwärts, vor allem bei der Göttin selber, die ihm das Nötigste von den Zuständen im Haus bereits angedeutet hat (13.375 ff.). Vor allem aber würde das Warten, ohne den Unerwarteten, zu einem ziellosen Verweilen.

Tatsächlich breiten sich die Szenen auf dem Schweinehof mit ungewöhnlichem Behagen aus. Sie scheinen um ihrer selbst willen zu stehen, sich selbst in der Schilderung des einfachen Lebens, des ‹Biotischen› zu genießen: wie ein Vorklang bukolischer Idyllen, worin später eine höfisch-städtische Gesellschaft, im Widerschein einer höchst artifiziellen Dichtung, sich zu spiegeln liebte. Freilich unterscheidet auch eben dies die hellenistische Gesellschaft Alexandriens von dem Publikum des Odysseedichters: ihr reflektiertes Verhältnis zu dem Kunstcharakter der Hirtenwelt,[1] als der poetischen Fiktion eines Naturdaseins, worin die eigene Steigerung erotischer Geselligkeit sich selber fühlt – Leben im Übergang zu Kunst.[2] Die Eumaioserzählung ist zugleich naiver und realistischer. Auch fehlt die theokritische Spannung zwischen Stadt und Land. Aber nirgends wie hier tritt der Dichter aus der Sphäre des Heroischen so weit heraus, daß das untere

Dasein der Gesellschaft die Szenerie und ihre Figuren vollständig bestimmt. War es eine andre Hand, schon ein anderer Geist, der jene Szenen schuf? Man glaubt, die Stimme einer zeitgenössischen Erfahrung zu hören und einer fast persönlichen Neigung.

Und doch scheint der Dichter auch hier der Spur des Märchens zu folgen. In dem Grimm'schen Märchen ‹Der König vom goldenen Berg›[3] ist es der junge Sohn eines verarmten Kaufmanns, der mit abenteuerlicher Fahrt ins Jenseits die Prinzessin vom Goldenen Berg gewinnt und als Unerkannter zu seinen Eltern heimkehrt. Auch in der dort verschobenen Abfolge der Motive erkennt man leicht die charakteristischen Momente jenes Schemas wieder, dem die Erzählungen von Sindbad bis zu Heinrich dem Löwen folgen: Schiffbruch, Fahrt auf einem «abwärtsfließenden Gewässer», Landung an unbekanntem Ufer, am Land ein «schönes Schloß», Gewinnung der «schönen Königstochter», Heimkehr als Unerkannter; und in eigentümlicher Verdoppelung der Jenseitsreise: unerkannte Ankunft beim Hochzeitsmahl, Tötung der Gäste mitsamt dem neuen Gemahl, Erlangung der Königsherrschaft. In dieser Erzählung wird der zu den Eltern zurückkehrende Held am Stadttor, wegen seiner prächtigen Kleidung, von der Wache abgewiesen – wie Heinrich der Löwe vor seiner Burg. Er begibt sich zu einem Schäfer auf dem nahen Berge, kleidet sich in einen alten Schäferrock und findet nun, als «armer, dürftiger Schäfer» um ein Essen bittend, Einlaß zu Hause. Mit diesem Umweg vor der eigentlichen Heimkehr steht das Grimm'sche Märchen nicht alleine: eine Anzahl russischer Märchen enthalten das gleiche Element, welches als ‹erste Einkehr bei einem Dienstmann› faßbar ist.[4] Und eben dort findet die ‹Verwandlung› des Helden statt, in der er in sein Haus oder vor die Prinzessin treten wird. Man darf also schließen, daß der Odysseedichter auch bei der Erfindung der Eumaiosszene sich auf dem Boden der Überlieferung befindet. Die ursprüngliche Einheit des Stoffes, auf dem der epische Entwurf gründet, beweist sich auch an dieser Stelle. Aber was ist aus dem Überlieferten geworden!

Es braucht nicht noch einmal von der allgemeineren Verwandlung die Rede zu sein, die mit der Transposition des Märchens in die großepische Form vor sich geht: statt der pragmatischen Erzählweise der einfachen Geschichten entfaltete Szenen von sinnlich-anschaulicher Präsenz; statt der Figuren in einem abstrakten Handlungsablauf Personen und Charaktere in Situationen und inneren Konstellationen. In dieser Kunst ist der Odysseedichter bereits der Erbe der Ilias. Doch hat sie bei ihm etwas Besonderes und nur ihm Eigenes. Schon die Weise der Anschaulichkeit unterscheidet sich von allem, was die Ilias an Wirklichkeit zur Darstellung bringt. Iliadische Szenen bestehen aus Personen, ihren Reden und Taten gegeneinander. Dinge gehen in die

Szene ein in dem Maße, als sie Anteil am Geschehen und Tun der Personen haben. Lokalitäten gewinnen Bedeutung als Orte des Geschehens: Achills Kriegshütte, wenn Agamemnons Bittgesandte ihn aufsuchen; die Lagermauer samt Graben und Zugängen, wenn die Fliehenden oder Bestürmenden sie zu nehmen versuchen; die troische Burg mit den fünfzig Gemächern der Priamossöhne, als Hektor nach seiner Mutter und dem Bruder Paris eilt; die Gasse zum Tor, wenn Andromache, rasend vor Angst um Hektor, sie hinunterrennt; das Skäische Tor, wenn Apoll den stürmenden Patroklos zurückstößt oder wenn vom Turm die Alten aufs Schlachtfeld schauen. Und auch was sie sehen, ist kein Gesamtes, sondern einzelne Helden der lagernden Griechen. Nie zeigt sich Landschaft, selbst dann nicht, wenn Hera Zeus auf dem Idagipfel heimsucht und auf blumiger Wiese sein Lager teilt. Was wie eine Andeutung von Landschaftlichem scheinen mag: die Fichte, in deren Zweigen der Schlafgott über dem Liebeslager wacht, eine Tamariske, daran Achill seine Lanze lehnt, ein Stück Uferböschung, in die sie hineinfährt, der Feigenbaum an der Stelle, wo Trojas Mauer am gefährdetsten ist, sind wie die vereinzelten Requisiten in einer Figurenszene attischer Vasenbilder. So auch das Grabmal des Ilos in der Ebene, der Brunnen vor der Stadt, wo im Frieden die Mädchen Wasser holten: Wegmarken in der Bewegung der Kämpfenden. Vergebens, sich aus den Hinweisen auf links und rechts in der Schlacht, auf die Flußläufe des Skamander und Simoeis so etwas wie eine Topographie zu gewinnen.

Etwas anderes ist es doch, wenn die Phäaken mit dem schlafenden Odysseus in den kleinen Phorkyshafen einfahren: den windgeschützten, mit seinen zwei vorspringenden, zur See hin schroff, zur Bucht hin sanft abfallenden Klippen, dem flachen Strand und dem Ölbaum am inneren Ende der Bucht; nahebei die Nymphenhöhle mit ihrer eigentümlichen Gestalt und allem, was sie birgt: wie zusammenhängend, ein Ganzes bildend ist das beschrieben! (13.96–112) Und darüberhin der waldige Gipfel des Neriton: das ist der ‹Blick›, den die Göttin, den Nebel zerstreuend, als Tableau vor ihrem geretteten Schützling öffnet, ehe sich die beiden am Stamm des heiligen Baumes niedersetzen (13.344–52). Wie dann Odysseus von dort den unebnen Pfad zwischen Felsen hinauf zu dem waldigen Platz steigt, wo das Gehöft des Schweinehirten liegt, ein ansehnlicher Bau an überschauender Stelle: der Blick für das Landschaftliche ist keine andere Qualität der Dichtung als die, mit der auch der Schweinehof als ein Ganzes gesehen wird: seine hohe, rundum laufende, schöne Mauer aus gebrochenen Steinen und – nach außen hin und in regelmäßigen Abständen – schweren Eichenpfosten,[5] oben abgedeckt mit dem stachlichten Geäst vom wilden Birnbaum; auf der Innenseite die zwölf aneinanderschließenden Schweinekofen, groß genug, um je fünfzig Mutterschweine mitsamt ihren Ferkeln zu fassen. Man darf sich ruhig die Ausmaße vor Augen führen. Und die Weite des Hofraumes wird zur Szene, wenn auf dem Vorplatz seiner Hütte Eumaios sitzt, beschäftigt mit dem Zuschneiden einer Ledersohle für seine Sandalen, und beim plötzlichen Aufspringen und Gebell der Hunde, die den Bettler draußen gesehen haben, ihnen nachrennt zum Hoftor und mit Steinwürfen sie auseinander jagt (14.1–36).

Iliadische Szenen sind groß durch die gestalthafte, metopenartige Gegeneinanderstellung zweier oder weniger Figuren, profiliert im Medium antithetischer Reden. Als Situationen erstrecken sie sich weniger in einen sinnlichen Hintergrund als in Vergangenheit und Zukunft, die, vornehmlich in den Reden selber, als Erinnerung oder Ahnung dem epischen Augenblick seine zeitliche Tiefe verleihen. Man denke an die Streitreden des ersten Buchs, die Auseinandersetzungen Hektors mit Paris, Helena und Andromache im sechsten, das Ringen der Gesandten mit Achill im neunten, der Mutter Thetis im 18. oder die Klagen Priamos' und Hekabes, Andromaches und Helenas im 22. und im letzten Buch der Ilias: überall die Geschlossenheit der Konfiguration, in die sich jeweils ein Schicksal sammelt. In der Odyssee tritt das Mythische und Plastische der Dialoge zurück, sie gewinnen mehr den Charakter des Gesprächs, und auch das Ambiente, vom Pragmatischen der Handlung weiter abgelöst, gewinnt einen Zug ins Malerische: es läßt ein Ganzes und Zuständliches erblicken, das, als ‹Sinn an sich›, für sich selber steht und zum ‹Idyll› hin tendiert.

‹Idyllisch› sei hier nicht in dem eingeschränkten Sinne gesagt, der es auf das Kleinleben der Schäferei festlegt. Es meint nichts Inhaltliches, sondern den Erzählstil, der den Szenen der Odyssee eigentümlich ist. Man trifft auf ihn gleich zu Anfang, wenn Athene, in Mentors Gestalt, ins Hoftor tritt: im Hof die Freier, auf Rindshäute gelagert, beim Brettspiel, bedient von den Schenken; Telemach, aus ihrer Mitte, stracks dem Fremden entgegeneilend und ihn ins Haus führend, wo er vom Lärm draußen unbehelligt ist; dann die hereinströmenden Freier, Platznehmen an der Tafel, Gesang und Tanz; das abseitige leise Gespräch des jungen Hausherrn mit dem Gast. Odysseisch ist das Bildartige, der Anblickscharakter der Hofszene, das Räumliche, das Gegliederte von Außen und Innen, von Gesprächsszene und Hintergrund. Das wird sich vielfältig wiederholen, bei der Fußwaschung, bei der Erkennung der Gatten. Allgemein wird man eine neue Art von Anschaulichkeit bemerken, die Wahrnehmung eines größeren Ganzen, in dem zugleich ein bestimmter gesellschaftlicher Bereich, ein Weltbezirk, eine Daseinsform zur Erscheinung kommt.

Der landschaftliche Raum

‹Idyllisch› ist auch die Welt des Eumaios nicht im landläufigen Sinne, nicht Glück des Landlebens. Auch Laertes im Obstgarten ist so nicht gemeint, vielmehr als Minderung des Lebens, als Leiden (24.226–57). Bukolisches klingt eher an in der Schilderung der Höhle des Zyklopen und seiner Käserei (9.181 ff., 216 ff.). Aber dies Idyll ist trügerisch, es steht vor dem Hintergrund eines größeren, bedrohlichen Bildes von Roheit und Barbarei, eher anthropologisch als mythisch (9.106–15), und weitet sich am Ende ins Landschaftliche einer Szenerie der Wildnis, die in räumlichen Dimensionen gesehen wird: das Schiff bereits auf Hörweite entfernt, der blinde Riese am Ufer, die Kuppe eines Berges den Fliehenden nachwerfend (9.473–86).

Reiner ist das Idyll der Grotte der Kalypso, wie es von Hermes auf Ogygia angetroffen wird (5.59–74): weithin über die Insel der Duft von Zedernholz, der vom Herdfeuer im Innern der Grotte herrührt; ringsum frischer Wald: Erle, Pappel und wohlriechende Zypresse; darin nistende Vögel: Falken, Habichte, Seeraben; die Grotte umwachsen von einem Weinstock voller Reben. Man würde das Neuartige, das Stimmungsvolle überhören, wenn man hier nur das Märchenwunder, das am Stoff haftende Überlieferte wahrnähme. Es ist so real, wie eine ideale Landschaft nur sein kann. Und nur die Vierzahl der Quellen, nach vier Richtungen durch weiche Wiesen von Veilchen und Eppich strömend, erinnert noch an das mythische Vorbild eines Gartens Eden. Sonst sind wir hier schon nah bei Sapphos Aphroditehain, und die Stimmung theokritischer Idylle klingt voraus.

Das Idyllische ist hier freilich von anderem Timbre als beim Hofe des Eumaios. Doch nicht weil es Märchenzauber ist – den Unterschied zeigt ein Vergleich mit dem Haus der Kirke, das noch viel mehr vom Hexenhaus des Märchens hat. Das Bezaubernde ist von anderer Art, eine tiefe, im menschlichen Wesen verborgene Versuchung des Unmöglichen: Unsterblichkeit. «Ihn unsterblich zu machen und alterlos für immer» – der Zauber des Ortes ist derselbe, mit dem die liebende Nymphe den Schiffbrüchigen festhält: Schönheit, Göttereinsamkeit, Abgeschiedenheit von allem Menschlichen. Götterlust und Melancholie durchdringen einander, die Stimmung des Idylls ist nicht vollständig ohne das ergänzende Bild, das in die Szene eingeblendet wird: Odysseus auf den Strandklippen sitzend, einsam wie die Göttin, Tag um Tag in Tränen aufs Meer hinausschauend (5.82).

Sieht man vom Unvertauschbaren ab – vom ‹Ogygischen› hier, vom ‹Bukolischen› dort –, so wird man in der Weise, wie beidemal Landschaft als Szenerie epischer Situationen gesehen wird, ein Gleiches erkennen, die Handschrift dieses Dichters. Landschaft, Behausung und die darin Hausenden kommen hier zum erstenmal zu einem Ganzen zusammen. Das gilt auch für die Höhle des Zyklopen. Aber schon das Polyphemabenteuer zeigte, daß das ‹Kleinbild› (‹eidyllion›) nicht die Fülle des Landschaftlichen ausmacht, das in der Odyssee sich auftut. Wilde, abweisende Natur ist auch der Anblick der Phäakenküste, der sich dem schiffbrüchigen Odysseus darbietet: die gewaltige Meeresbrandung – zuerst nur gehört –, die Steilküste, der Wellenschlag, der den Schwimmer auf die rauhen Klippen wirft und zurückreißt, endlich die gesuchte flache Uferstelle der Flußmündung und das bergende Dickicht (5.392–493). Etwas Vergleichbares wird man in der Ilias vergeblich suchen. Nicht, daß Natur in ihrer elementaren Unzugänglichkeit noch nicht empfunden wurde; längst trug das Meer, der Äther das Beiwort der Öde, ‹atrýgetos›. Aber die epische Sprache ließ sich noch nicht an zur Beschreibung solcher großräumiger Anblicke. Was der epische Ausdruck in der Odyssee an mythischer Gedrängtheit einbüßt, gewinnt er an Impression und Realismus.

Nun ist der Blick für das Landschaftliche in dieser Rettungsgeschichte kein anderer als bei der folgenden Schilderung des Waschplatzes am Fluß mit der Begegnung der Nausikaa: auch hier die räumlich gegliederte Szenerie, die neue Sinnlichkeit der Wahrnehmung eines Ganzen. Die weitere Erzählung aber von dem Gang zur Stadt (6.255–322, 7.39–45, 81 ff., 133 ff.) läßt den Blick für das Räumliche im Großen noch mehr hervortreten: der Fahrweg vom Flußlauf über die Felder und, kurz vor der Stadt, an dem Pappelhain der Athene, mit Brunnen und Wiese, vorbei, wo Nausikaas Vater sein Landgut hat; dann die hohe Stadtmauer, die schmale Einfahrt, der doppelte Hafen, die längs der Straße an Land gezogenen Schiffe, am Ende der Markt mit dem Poseidontempel, wo man die Schiffsgerätschaften instand hält; dazu die begegnenden Phäaken, zwischen denen Odysseus ungesehen bis zum Haus des Alkinoos gelangt, vor dessen Garten er staunend anhält – ein Anhalten und Schauen vor dem Eintritt, gleich dem des Hermes vor der Grotte der Kalypso (7.133/4 = 5.75/6). Das ‹Stadtbild› verdankt sich der selben Sehweise, der sich das Landschaftliche öffnet.

Karl Reinhardt hat, wohl als erster, das Landschaftliche als eine der Entdeckungen des Odysseedichters hervorgehoben.[6] Er hat dabei auf den inneren Zusammenhang der Landschaftsschilderungen mit der Form der Ich-Erzählung hingewiesen, ihren Charakter als Erlebnisse eines Erzählenden. Ihr Auftreten in Odysseus' eigenen Berichten seiner Abenteuer (den sogenannten Apologen) lieferte auch die einleuchtende Erklärung für den entschieden unmythischen Charakter odysseischer Landschaften, für die Entbindung des Märchenhaft-Wunderbaren ins Realistische. Denn das mit Augen Gesehene nimmt teil an der Wirklichkeit des Berichtenden. Und auch da, wo der Dichter selber erzählt, bei der Rettung des Odysseus ans Phäakenufer, bei Hermes' Ankunft auf Ogygia, kann man einen Erlebenden benennen, dem der Anblick erscheint. Doch die Rückbeziehung des Landschaftlichen auf ein Subjekt – namentlich Odysseus selber – in der Weise des Erlebnisses und letztlich auf die Form der Ich-Erzählung («Ohne Ich-Erzählung keine Landschaft») faßt den Befund wohl zu eng.[7] Bei der Landung des schlafenden Odysseus im Phorkyshafen von Ithaka wäre der Erlebende schwer auszumachen; die Beschreibung des Lokals ist rein gegenständlich. Was überall auffällt, ist die im Vergleich zur Ilias geschärftere Wahrnehmung des landschaftlichen Raums. Sie kann sich bis zum Fernblick weiten. So erscheint dem fahrenden Odysseus vom Floß aus das Land der Phäaken in der Ferne «wie ein Schild im dunstigen Meer» (5.281). Da spricht sich ein selbsterfahrener optischer Eindruck aus. Ein andermal erblickt Amphinomos auf Ithaka, in der Runde der enttäuschten Freier, von seinem Platz vor der Hofmauer sich umwendend, das heimkehrende Schiff ihres Mordkommandos, wie es eben mit gerafften Segeln und von Hand gerudert in den Hafen einfährt (16.351 ff.). Ebenso berichtet Eumaios von seinem abendlichen Heimweg aufs Land: als er oberhalb der Stadt «am Hermeshügel» vorbeikam, habe er drunten im Sund das Schiff, von Bewaffneten starrend, in den Hafen einlaufen sehen (16.471 ff.). Hier ist jedesmal bemerkenswert, wie zum «Blick» auf ein Stück Landschaft ein Standort gehört, von dem aus ein Gegenstand in der Landschaft erblickt wird; eine Relation, die dem Anblick etwas wie Perspektive und eine neue Räumlichkeit verleiht. In der gleichen Richtung wirkt es, wenn ein Duft über die Insel Kalypsos Grotte ankündigt; wenn von der Brandung der Phäakenküste zuerst das Akustische wahrgenommen wird; wenn später den beiden Wandernden, Odysseus und Eumaios, aus dem Herrenhof zuerst die Musik der tafelnden Freier entgegenschlägt (17.261). Es ist das Auge und die Vorstellung des Erzählers selber, was sich gewandelt hat und die Dichtung für die Darstellung räumlicher Dimensionen erschließt.

Diese Wanderung zu zweit, der Weg vom Schweinehof zum Hof des Odysseus, der sich durch die erste Hälfte des 17. Buches erstreckt, ist zuletzt selber ein Stück räumlich erfahrener Landschaft. Sie gleicht, als Erzählung, dem Gang des Odysseus auf Scheria: eingebettet in einen Kontext von landschaftlichem Raum, bewegt er sich, wie dort, zugleich im Medium der Zeit. Erinnert man sich der Ilias, wo ja gleichfalls die Kampfhandlungen in den Rahmen von Sonnenauf- und -untergang und der Wende zur Mittagsstunde eingebunden sind, wird man bemerken, daß Tageszeit in der Odyssee, gerade weil sie sich mit dem Geschehen inniger verbindet, als sinnliches Medium anfängt wahrgenommen zu werden: nicht mehr mythologisch als punktuell Wirkendes, sondern realistisch, als Qualität und Zustand des epischen Augenblicks.[8] Erzählt wird zuerst Telemachs Gang zur Stadt – die Mutter soll möglichst bald erfahren, daß er heil zurück ist –, danach auf gleichem Wege die Wanderung des Odysseus mit Eumaios, und zwar beides in der Weise gestaffelt, daß der junge Herr vor seinem Aufbruch in der Frühe noch Anweisung gibt für den Aufbruch der beiden Alten, die die Morgenkälte abwarten werden, bis der Tag sich erwärmt (17.23). Man vergleiche damit die Erzähltechnik, wie Nausikaa Odysseus anweist, im Athenaheiligtum zu warten, bis es dunkel wird, und selber zur Stadt vorausfährt. Auch die Staffelung – als narratives Verfahren der Art verwandt, wie die Heimkehrgeschichten ineinander verflochten wurden – verstärkt hier die räumlich-zeitliche Empfindung der Wegstrecke. Wenn die Erzählung zu Odysseus und Eumaios zurückspringt (17.182), ist «der Tag schon ziemlich fortgeschritten»[9] – also Vormittag: «gegen Abend wird es dir schnell zu kalt werden», mahnt der Hirte; Tageslauf und Länge des Weges stehen vor Augen. Der Weg ist mühsam. Nahe der Stadt erreichen sie den Brunnen, wo die Einwohner das Wasser holen: ein steinernes Becken, von drei namentlich genannten Bürgern der Vorzeit gebaut, rings mit Pappeln umgeben, darüber die Felsenquelle mit dem Altar der Nymphen, wo jeder Wandrer sein Opfer darbringt. An dieser Stelle holt Melantheus sie ein, der Ziegenhirt, der den Freiern gefällig ist. Der heilige Ort ist die Szenerie für den hier sich ereignenden Zwischenfall: die Beleidigung des Bettlers durch den ungetreuen Hirten und Eumaios' Gebet zu den Nymphen um Rückkehr seines Herrn –, es entspricht wieder dem Gebet des Odysseus im Athenaheiligtum vor dem Tor der Phäakenstadt.

Der vorauseilende Melanthios, der sich bei den Freiern zu Tisch setzt; das erneute Zurückspringen der Erzählung zu den beiden Wanderern, die den Hof erreichen; das scheinbare Staunen des Bettlers beim Anblick des Hauses des Odysseus; und noch einmal die Staffelung des Eintretens, indem der Hirte dem Bettler vorausgeht: das folgt der schon bekannten Manier. Die Begegnung aber mit dem Hunde Argos, die der Dichter hier vor die erste Begegnung mit den Freiern einschiebt, setzt als Abschluß der Wanderung, nach sozialer Höhenlage und ethischer Färbung, die Szenen auf dem Schweinehof fort. Auch der einstige Jagdhund des Odysseus ist ein Alter, ein Leidender: todschwach und verlaust liegt er auf dem Mist, vernachlässigt von den Knechten. Wie bei Eumaios geht es auch hier um Treue, um Verhalten des Geschöpfes zu seinem Herrn.[10] Aber der Knecht – wie überhaupt alle dem Odysseus begegnenden Menschen bis hin zu Penelope – wird von der Kreatur übertroffen: zwanzig Jahre und der Verfall des Alters haben nichts vermocht gegen die Sicherheit der Wahrnehmung, die auch im Bettler den Herrn erkennt. Und dem Tier geschieht das wirklich, was Odysseus in der Ferne als die Erfüllung seiner Sehnsucht sich wünschte: auch nur den Rauch seines Hauses wiederzusehen und zu sterben (1.58, 7.224), der Tod als Siegel der Treue.

Nimmt man alles zusammen: das Gehöft «am Ende des Lands», den langen steinigen Weg, die mühsam Wandernden, dann die benannten Lokalitäten am Nymphenbrunnen und am Hermeshügel, wo man auf den Sund hinunter sieht, so verschließt man sich schwer dem Eindruck, daß der Autor von dem Beschriebenen eine Anschauung – eine wirkliche oder imaginierte – hat. Es verbindet sich mit der Schilderung des Phorkyshafens und der Nymphenhöhle, des Felsenpfades durchs Gestrüpp bis zum Schweinehof zu einem landschaftlichen Ganzen, das einer Topographie nahekommt. Ist es die Topographie des wirklichen Ithaka? Hat der Dichter Ithaka gekannt? Wer sich die alte Dörpfeldsche Karte der Insel vornimmt und dazu die seither erforschten archäologischen Fundstellen einträgt, wird ohne Zwang die Wege und Lokale der epischen Erzählung in der Wirklichkeit festmachen.[11]

Ich halte das nicht für ausgeschlossen. Wenn die Vermutung zutrifft, daß Ithaka im achten Jahrhundert auf der Handelsroute von Euböa nach Italien die letzte Station vor der Überquerung des Jonischen Meers war[12] – wie es dies tatsächlich für den Taphierfürsten Mentes, alias Athene, gewesen ist, der von hier aus nach Temesa (am Tyrrhenischen Meer auf dem Wege zu dem euböischen Handelsplatz Pithekussai gelegen) überzusetzen vorgibt (1.184) –, dann kann es nicht für unwahrscheinlich gelten, daß der Dichter der Odyssee, die vorwiegend auf Ithaka spielt, von der Insel eigene Kenntnis hatte.[13] Die Hinweise des Epos auf Lokalitäten und Lageverhältnisse vor der Küste und auf dem Festland sprechen nicht dagegen.

Man muß sich ja auch vor Augen halten, daß vom Epos erwartet wurde, daß es Wirkliches und Geschehenes berichte. Der Dichter unterhielt nicht mit Erfundenem. Der Begriff der Fiktion, der die gegenwärtige Erzähltheorie beherrscht, ist für die Frühzeit nicht anwendbar. Aber auch die aristotelische Abgrenzung gegen die Historie: daß Poesie darstelle, «wie es wohl hätte sein dürfen»,[14] trifft hier nicht den Punkt. Der Dichter mochte Szenen ausmalen und Reden dichten, aber die Fakten beanspruchten Wahrheit, und die Zuhörer nahmen sie auf mit naivem pragmatischem Sinn. Es ist unwahrscheinlich, daß er ihnen mit einem Phantasiegebilde kommen konnte: auch für ein jonisches Publikum lag Ithaka längst nicht mehr am Rande der bekannten Welt.

Die Frage der Autopsie muß nicht entschieden werden; es geht hier um etwas anderes. Doch sie im Ernst stellen zu dürfen, weist schon alleine zurück auf den besonderen Erzählstil der Odyssee, der in ganz neuer Weise an der sinnlichen Wirklichkeit orientiert ist. Der Gang über Land suggeriert einen landschaftlichen Raum, der die Farben einer bestimmten Lebenswelt trägt. Es ist eine andere als die aristokratisch-städtische, die sich Odysseus bei seinem Gang aus der Wildnis zur Phäakenstadt als die Sphäre einer höheren Gesittung auftut; eine andere auch als der Zauberkreis, den der locus amoenus vor Kalypsos Grotte dem Hermes ankündigt. Die beiden Wanderer auf Ithaka, den Schweinestall in der Obhut der Knechte und der Hunde zurücklassend, langsam den mühsamen Pfad schleichend, der Bettler im schäbigen Kleid, auf den Stock gestützt und vom Hirten geführt, das Nymphenheiligtum mit dem Brunnen, der Streit mit dem Rinderhirten, der Misthaufen vor dem Tor, von dem die Knechte die Feldereien des Herrenguts düngen: alles atmet rurale Stimmung. Auch dieser Gang über Land, wie vorher Odysseus' Aufstieg von der Bucht zum Gehöft, gehört zur Hirtenwelt des Eumaios. Man denkt voraus an Theokrits Thalysiengedicht, die Wanderung der zwei Hirten auf der Insel Kos aus der Stadt zum ländlichen Heiligtum. Und Nymphenbrunnen und baumumstandene Altäre bleiben bis in die Spätantike der Inbegriff von ‹Land›.

Milieu

Es erscheint mithin als etwas Spezifisches und Odysseisches, daß dem Blick auf landschaftliche Räume zugleich ein Atmosphärisches, ein Stück Wirklichkeit als Daseinsbereich sich zeigt. Es erwächst aus dem Landschaftlichen, ist aber das, worauf die Landschaft vorbereitet: das Milieu.

‹Milieu›, als literarischer Begriff, verbindet sich uns mit dem naturalistischen Roman des neunzehnten Jahrhunderts. So, wie er in theoretischen Schriften der Zeit aus der provokativen Übertragung naturwissenschaftlicher Thesen – von der Umweltbedingtheit der animalischen Gattungen – auf die Darstellung der Gesellschaft und ihrer Typen Geltung gewonnen hat,[15] scheint er wenig geeignet, um ein Phänomen des alten Epos zu beschreiben. Sieht man aber von allem Programmatischen ab und nimmt ihn rein als literarische Qualität, dann erschließt er selbst mit seiner soziologischen und historischen Perspektive etwas Wesentliches an der Odyssee.

Es ist vor allem der Blick auf eine gesellschaftliche Gruppe und ihre Verhaltensart – das was man früher ‹les meurs› nannte –, der sich am ‹Milieu›, als dem Ganzen aus Charakteren, Umständen und Lebensraum, interessiert. Und wie im Epos ist die moderne Milieuliteratur zuerst aus dem Interesse an den unteren Ständen hervorgegangen. Um Berechtigung und Grenzen der Anwendung des Milieubegriffs zu ermessen, sei ein Beispiel zitiert – man kann den Versuch fast mit jedem Romananfang bei Balzac oder Zola machen. Ich greife heraus: ‹Thérèse Raquin›, Zolas Frühwerk, mit dem er 1867 die Pariser Presse choquierte:[16]

> Wenn man von den Seineufern aus die Guénégaud-Straße hinuntergeht, so stößt man auf die Brücken-Passage, eine Art engen, dunklen Häuserflurs, der von der Mazarin-Straße nach der Seine-Straße führt. Dieser Durchgang ist dreißig Schritte lang und höchstens zwei Schritte breit; er ist gepflastert mit gelblichen, abgetretenen, losgekitteten Fliesen, welche unaufhörlich eine scharf dünstende Nässe ausschwitzen. Die rechtwinklig geschnittenen Glasscheiben, die den Gang überdachen, starren vor Schmutz... Zur Linken höhlen sich dunkle, niedrige, verfallene Kaufläden, aus denen ein kalter Kellerhauch aufsteigt ... [Dort] befand sich vor einigen Jahren ein Laden, dessen flaschengrünes Holzwerk aus allen seinen Fugen Feuchtigkeit schwitzte. Ein langes schmales Brett trug in schwarzen Lettern die Aufschrift: SCHNITTWAREN, und auf einer der Scheiben in der Tür stand mit roten Buchstaben ein Frauenname geschrieben: THERESE RAQUIN. Rechts und links sprangen tiefe, mit blauem Papier ausgeschlagene Schaufenster zurück.

Damit sind wir bei dem personalen Zentrum des Milieus. Der Rest des Kapitels läßt den Leser hinter dem Schaufenster, noch namenlos, «das bleiche und ernste Profil einer jungen Frau erkennen... Dieses Profil tauchte unbestimmt aus den Schatten auf, die den Laden erfüllten... Still und unbeweglich stand es stundenlang zwischen zwei Hauben, in welche die feuchten Leisten rostige Streifen gefressen hatten». Es ist die Person, die anderthalb Jahre später, mit ihrem Liebhaber, an ihrem Gatten und Ziehbruder zur Mörderin werden sollte.

Zu diesen Menschen stellt die eingangs geschilderte Szenerie mit ihrer spezifischen ‹couleur locale› – schon hier der Vergleich «wie eine Mörderhöhle» – den Lebensraum in dem genauen Sinne dar, wie etwa Balzac und Taine sich den Begriff aus der Naturwissenschaft angeeignet und ins Soziale übertragen haben: als die materielle Umwelt, von der Wachstum und Veränderung eines Lebewesens, einer Spezies bestimmt sind. Die Physiognomie des Lokals, das Lichtlose, Faulige, kehrt wieder in dem Bleichen, Frostigen und Kränklichen der Gesichter.

Man braucht sich nicht bei den besonderen Zügen des modernen Naturalismus, und zumal wo er auf der Determination der Schicksale durch das Milieu insistiert, aufzuhalten, um den Abstand von der odysseischen Erzählung wahrzunehmen. Und wollte man mit dem Begriff sich der Ilias nähern, so würde er allenfalls auf den mythisch-historischen Lebensraum hinführen, der das Ganze des Epos trägt, worin das Heroische mit frühgriechischer Polismentalität verschmilzt; er bedeutet nichts für das Gepräge der Szenen und den literarischen Stil. In der Odyssee jedoch ist das Milieuhafte ein Element der Szene, manche ist davon ganz durchdrungen, und auf seine Empfindung hin wird vom Dichter erzählt. Mit dem Gang zum Schweinehirten tritt Odysseus in eine Sphäre ein, eine andere als die heroische, in der die Heimkehrsage des Trojahelden sich bewegt.

An wechselnden und sich überlagernden Sphären ist die Odyssee reich, vor den heroischen Hintergrund tritt das Märchenhafte der Irrfahrten, das Gesellige der Phäakenbücher, das Patriarchalisch-Großbäuerliche der ithakesischen Szenen, das Aristokratisch-Intime bei Telemachs Besuchen auf den festländischen Adelssitzen; von der Jenseitssphäre der Nekyia hier zu schweigen. Es sind teils engere und weitere Kreise des Raums, teils Ebnen des Sozialen, in denen odysseische Welterfahrung sich organisiert. Die Eumaiossphäre ist die unterste in der gesellschaftlichen Schichtung, die des Knechts und des Bettlers, antipodisch zum Iliasheldentum des Odysseus. Sie fehlt nicht gänzlich in der Ilias, mindestens in der Schildbeschreibung bei der Waffenschmiede für Achill gehören Feldarbeit der Bauern und Viehzucht der Hirten mit zu dem Universum von Welt, das in das Schildrund eingefangen wird; und in den Gleichnissen sind sie gegenwärtig. Doch in der Erzählung tritt dieser Bereich, sofern er überhaupt in den Blick kommt, unter die heroische Perspektive.

Sehr anders in der Odyssee. In den Eumaiosbüchern breitet sich die Welt der Dienenden als eigener Daseinsbereich aus. Aus dem Landschaftlichen hervorgehend, tritt er zuerst ins Bild mit der Beschreibung des Gehöfts und seiner Bewohner, schon hier mit einem Blick auch auf die Arbeit der Hirten an den entfernteren Weideplätzen der Insel, am Rabenfelsen und an der Quelle Arethusa (13.408) – auch die Namen gehören zum ‹Realismus› –; dann aber, sich entfaltend in Aktion und Gespräch des Eumaios mit dem Ankömmling, als Geschichte und Schicksal.

Zum Milieu gehört das Unkomfortable, zugleich Gediegene des einfachen Lebens: das dicht aufgeschüttete Laub, das der Sauhirt dem Fremden zum Niedersitzen herrichtet, mit dem drüber gebreiteten Fell einer Wildziege: «seiner eigenen Matratze», wie es gleich heißt. Denn dem Äußeren des Lebensraumes entspricht ein Inneres, Persönliches, das im Verhalten sich äußert: Ambiente und Charakter machen erst zusammen das aus, was wir als Milieu empfinden. Dem

Dürftigen entspricht das Unbedürftige, dem Schlichten, Kunstlosen das Kunstlose, Gutmütige, Treuherzige, dann auch wieder Skeptische und Realistische; überhaupt eine ganze Geistesart, von der Verhalten und Rede des Hirten geprägt sind.

In den Dienst der Milieuschilderung tritt selbst das Wetter: die stürmische Winternacht und der Dauerregen und der frierende Bettler – es ist das einzige Mal, daß in eine homerische Szene Jahreszeit hineinspielt. Hirtenleben ist hartes Leben. Und auch die hintersinnige Erzählung des Odysseus, sein ‹Ainos› (14.457–522), mit dem er den Schweinehirten veranlaßt, ihm ein wärmeres Lager mit Schaf- und Ziegenfellen und einer großen dicken Decke zu richten, gehört doch wohl zum ‹bäurischen Diskurs›, so wie Hesiods Geschichte vom Habicht und der Nachtigall.[17] Indessen sucht Eumaios, im Windmantel und kräftig bewaffnet, sein Lager draußen bei den Schweinen, immer besorgt um den Besitz seines Herrn.

Die Sprechweise des Hirten setzt sich durch im Medium einer traditionellen höhergestimmten Sprache, darum weniger in der Diktion als in der emotionalen Folge der Gedanken. Sogleich mit dem zweiten Satz seiner Anrede ist er bei seinem persönlichsten Leid:

> O Alter, da hätten dich ja um ein Haar die Hunde auf der Stelle zerrissen, und hättest Schande über mich gebracht! Und dabei haben die Götter mir doch schon sonst Schmerzen und Kummer gegeben: denn um meinen göttergleichen Herrn jammernd und trauernd sitze ich da und ziehe die fetten Eber für andere auf zum Verzehren – derweilen der wohl nach Speise verlangend bei fremden Menschen umherirrt ... (14.37–43)

Zum Beschränkten des Lebensraums gehört das Eingeschränkte des Blickfelds, aus dem heraus die Welt der Großen, das Heroisch-Politische gesehen wird:

> Ja der hätte mich liebend umsorgt und mir Besitz gegeben, wie es ein freundlicher Herr seinem Knechte gibt, der viel für ihn gearbeitet hat: Haus und Land und Ehefrau ... Aber verdorben ist er. So hätte die Sippschaft der Helena verderben sollen, auf die Knie nieder, nachdem sie so vielen Männern die Knie gelöst hat! – denn auch der ist um der Ehre Agamemnons willen nach Troja gegangen ... Und damit band er sich den Gürtel um und ging zu den Schweinekofen, wo die Ferkel sich drängten. (14.62–71)

Wie anders sah sich das von oben her an in Telemachs Gesprächen an den Fürstenhöfen: als Nestor um die gefallenen Helden trauerte (3.108 ff.); als Menelaos sich ausdachte, was er nach glücklicher

Heimkehr für seinen alten Kriegsgefährten Odysseus getan hätte: um ihn bei sich zu haben, hätte er eine ganze Stadt für ihn evakuiert! (4.171 ff.) – Doch stehen die Eumaiosszenen, mit ihrer Perspektive von unten, in der Odyssee nicht alleine. Im 20. Buch, das als ganzes die poetische Funktion eines letzten Anhaltens vor dem Strafgericht hat, gibt der Dichter, um einem Donnerzeichen aus heiterem Himmel die glückliche Vorbedeutung für Odysseus zu verleihen, einer Sklavin das Wort – sie ist von zwölf Weibern, die nachts Korn gemahlen haben, die schwächste und arbeitet, während sich die andern alle schon schlafen gelegt haben, bis ins Morgengrauen:

> Zeus Vater, ... gewaltig hast du gedonnert, und keine Wolke ist irgendwo: jemandem zeigst du ein Wunder! Erfülle denn auch mir Armseliger das Wort, das ich sage: Möchten die Freier heute zum letzten Mal in Odysseus' Hause tafeln, die mir, beim Mehlmachen, mit herzschmerzender Ermattung die Knie gelöst haben! (20.112–119)

Nicht, daß die Sklavenexistenz als solche in Frage gezogen würde; was in dem Gebet der leidenden Magd verklagt wird, ist die Frechheit der jungen Adeligen. Aber das, was dabei momentan zur Sprache kommt, ist etwas bislang Ungehörtes: das Dasein an der unteren Grenze menschlichen Schicksals. In den Eumaiosbüchern ist es zur epischen Szene entfaltet. Und zwar entfaltet es sich, in Rede und Gegenrede, als das Dasein von Leidenden. Leiden ist das erste Wort des Hirten: Leid um den verschollenen Herrn, Leiden unterm fremden Dienst.

> Denn beständig in Furcht zu sein, ist das Anteil der Knechte, wenn die jungen Herrn regieren. (14.59 f.)

Und viel erlebtes Leid setzt er bei dem Fremden voraus (14.47). Der braucht sein Elend nicht erst mitzuteilen, es ist augenfällig, und als Bettler wird er sogleich eingeschätzt. Nach seinem kurzen Dank und Segenswunsch die nüchtern-abwehrende Entgegnung des Hirten:

> Fremdling, es schickt sich mir nicht, auch wenn ein Elenderer käme als du, einen Fremden nicht zu ehren: von Zeus sind alle Fremden und Bettler. Gering ist die Gabe und gerngegeben, bei unsereins ... (14.56 ff.)

Die Rede neigt zur Sentenz, zur Volksweisheit. Zwei Schicksale, des Knechts und des Bettlers, scheinen hier, in der Sphäre des Leidens, zu konvergieren. Der Name aber für den Ursprung alles Schicksals ist Zeus; mit dem Schicksal wird nicht gerechtet. Das heißt nicht, daß nicht heftige Klage geführt wird über die Freier. – Dreimal hebt Eumaios, jedesmal zu längerer Rede, an. In der dritten – dem Fremden ist das Essen bereitet, er hat sich ihm gegenüber gesetzt – da bricht es aus ihm heraus, ein lange Aufgestautes. Die Unterrichtung des Odysseus über die heillosen Zustände im Herrenhaus ist ja die erste dramaturgische Funktion dieser Einkehr des Verschollenen bei dem Hirten. Sie tritt zugleich in den Dienst der Milieuschilderung, indem alles Verhalten der Herrschaft aus der Perspektive des Knechts beschrieben wird. An den Freiern empört vor allem, daß sie die Herden seines Herrn um die besten Stücke dezimieren, – und wie reich war nicht der Herr: so wie nicht zwanzig hier zusammen! Er zählt auf: alle die Rinder-, Schaf-, Schweine- und Ziegenherden, auf Ithaka und auf dem gegenüberliegenden Festland, neunundfünfzig an der Zahl – das macht an die dreitausend Stück Vieh, die Jungen nicht eingerechnet. Fast fühlt man sich an die Inventare der Linear-B-Tafeln von Pylos erinnert; aber die Beredsamkeit des Hirten ist Ethopoiie, und damit Folie für das lange Schweigen des Gastes. Der sitzt, wartet, hört, – ist es doch das Seinige, wovon des Hirten Schilderung sich so weit ins Detail ergeht. Auch hier ist der poetische Takt im Bemessen der erzählerischen Längen bemerkenswert.

> Der aber aß emsig sein Fleisch und trank den Wein, gierig und schweigend: doch den Freiern bereitete er Böses. Aber als er gespeist und sein Herz gesättigt hatte, ... (14.109–114)

Jetzt endlich fängt auch der Fremde zu reden an. – Daß eine Rede mit Schweigen, langem Schweigen beantwortet wird, gibt es öfter in Ilias und Odyssee: das wird dann einfach vom Dichter ausgesprochen. Hier aber schiebt sich vor das Brechen des Schweigens das gierige Essen, welches, was darunter vor sich geht, verdeckt, eine beredte Emsigkeit. Das ist dieselbe Handschrift, die den Empfang des Hermes bei Kalypso beschrieben hatte: auch da schiebt sich zwischen Frage und Antwort die Mahlzeit. Kein Wort über die Peinlichkeit des Auftrags, den er der Nymphe von Zeus zu überbringen hat, das bleibt verdeckt unter dem Intervall des Essens:

> Aber als er gespeist und sein Herz mit Essen gesättigt hatte, da endlich entgegnete er ihr:
> Du fragst mich – Göttin den Gott – nach meinem Kommen: ich will es dir offen sagen ... (5.87–98)

Ungern sei er gekommen – wer flöge freiwillig so weit übers endlose Wasser? Aber Zeus ... In der vorgeblichen Begründung noch einmal verdeckt, geht das Unterschwellige ganz in die Haltung des Zögerns ein; bis es endlich herauskommt: «Zeus sagt, bei dir sei ein Mann, der jammervollste von allen ...»

Auch das Schweigen des Odysseus verdeckt etwas. Es ist angedeutet in seinem Sinnen über die Freier. Womit er jetzt beginnt, das rührt an das Geheimnis seiner Person, – ganz ähnlich wie bei den Phäaken seine Aufforderung an den Sänger, vom Hölzernen Pferd zu erzählen. Wer war der reiche und mächtige Mann, von dem du sprichst? Du sagst, er sei Agamemnons wegen umgekommen: vielleicht kenne ich ihn? – Aber die erzählerischen Formen des Zwiegesprächs, Mißtrauen und Beteuerung, führen hier so wenig wie in dem späteren Gespräch mit Penelope (19.257, 306,313) zur Lüftung des Incognito, nur zur Bekundung einer ungewöhnlichen Liebe. Eumaios:

> Nein dem haben gewiß schon die Hunde und schnellen Vögel die Haut von den Knochen gerissen, und das Leben hat ihn verlassen. Oder ihn haben im Meer die Fische gefressen, und seine Knochen liegen am Strand im tiefen Sand begraben. So ist der dort verdorben, und hat Kummer all den Seinen hinterlassen, am meisten aber mir: Nie mehr werde ich einen so milden Herrn finden, auch nicht wenn ich wieder heim ins Haus des Vaters und der Mutter käme, wo ich geboren wurde und sie mich aufzogen. Und um die traure ich jetzt nicht mehr so sehr, ob ich gleich wünschte, sie mit Augen wiederzusehen im Vaterland: sondern die Sehnsucht erfüllt mich nach Odysseus, dem dahingegangenen. Den scheue ich mich, Fremder, obschon er nicht da ist, mit Namen zu nennen, denn übermaßen war er lieb zu mir und sorgenden Herzens; ich nenne ihn aber meinen Vertrauten, ob er gleich fern ist. (14.133–47)

Ein Übermaß von Innigkeit, zwischen Knecht und Herrn, das da herausbricht und – nach der geradezu exzessiven Toterklärung – das Ausmaß von Verzweiflung annimmt. Die Innigkeit und Sehnsucht stellt sich noch über eine andere, familiäre – nach Eltern und Heimat –, mit der, hier zum erstenmal, auf eine Vorgeschichte gedeutet wird. Auch über dem Bewohner des Gehöfts liegt, für den Hörer, ein Geheimnis, das sich erst am nächsten Tage, im vertrauten Gespräch mit dem Bettler, lüften wird: seine Lebensgeschichte.

Es ist nicht bedeutungslos, daß gerade der moderne Milieuroman die Form der nachgeholten Vorgeschichte entwickelt hat. Sie kann von der Hauptperson selber oder vom Autor erzählt werden. So läßt auch Zolas Erzählung, nach dem ersten Kapitel, im zweiten die Lebensgeschichte der Mutter Raquin folgen, als eine Sequenz von Rückzügen aus anfänglichem Wohlstand bis in den Laden in der düsteren Gasse; in dieser Geschichte wiederum nachgeholt die Adoption der kleinen Thérèse, ihrer Nichte, aus dunkler Abkunft von einer algerischen Schönheit, ihr Heranwachsen an der Seite des kränklichen Stiefbruders im ungesunden Milieu. Auf das Inhaltliche kommt weiter nichts an, nur auf die Funktion der Herkunfts- und Lebensgeschichte: sie vertieft den Moment der Erzählung in die Vergangenheit hinein. Es ist die Person selber in ihrem Gewordensein, die auf die Umstände, Umwelt und Zeitverhältnisse zurückweist, welche ihr Schicksal bedingen und dem erzählten Moment – das bleiche Profil hinterm Ladenfenster, auch dies noch ein Rätsel – nun seine zeitliche Dimension verleihen. Nicht der Lebensraum allein, erst die Person mit ihrer Lebensgeschichte machen das Milieu als ein historisches Ganzes aus.

Die Vorgeschichte der Thérèse Raquin ist wohl mit der Lebensgeschichte vergleichbar, die Eumaios von sich erzählt (15.361–484). Auch diese läßt hinter der epischen Situation ein Schicksal aufscheinen. Sie wird auf zwei Berichte verteilt – in derselben erzählerischen Technik, mit der im 3. und 4. Buch die Heimkehrgeschichten, in den Phäakenbüchern die Abenteuer des Odysseus verteilt wurden –, und wird umso rätselhafter, wenn sie zuerst vom Ende her aufgezäumt wird. Er sei nämlich von der Mutter des Odysseus, zusammen mit dessen jüngster Schwester Ktimene, aufgezogen worden, in nahezu gleicher mütterlicher Fürsorge. Als die Tochter verheiratet wurde, habe ihn die Frau «nur umso mehr geliebt» und, mit schönen Kleidern ausgestattet, hier aufs Land geschickt. Doch die Herrin starb, vor Kummer um ihren Sohn, und auch Laertes wünscht sich nur noch den Tod. Solange die alte Herrschaft noch da war, habe er sich doch noch immer nach Odysseus erkundigen dürfen; aber von der jungen Herrin sei ja «kein freundliches Wort zu hören ... Und die Knechte sehnen sich doch so danach, vor der Herrin zu reden und nach allem zu fragen, und zu essen und zu trinken und dann auch etwas mit sich aufs Land zu nehmen, dergleichen den Knechten doch immer das Herz erwärmt» (15.352–379).

Schon dies ist eine Leidensgeschichte. Sie wird es erst recht durch den nachgeholten Teil der Vorgeschichte, die nun endlich das Rätsel der Herkunft aufklärt. Eumaios ist ein Königssohn! Sein Vater Ktesios (das heißt ‹der Wohlhabende›) herrschte über eine glückliche Insel, wo er in behüteter Kindheit aufwuchs, bis eines Tages phönizische Handelsleute erschienen. Mit ihnen bricht in das scheinbar Zeitlose, fast Märchenhafte die geschichtliche Umwelt und Realität ein. Die Kindsmagd selber erweist sich als Phönizierin, und was folgt, ist Flucht und Entführung des Kindes, zuletzt Verkauf des verwaisten Knaben an Laertes auf Ithaka.

Daß Eumaios einst Königssohn war, ist zwar bedeutsam für die Fallhöhe seines Schicksals; es beeinträchtigt aber nicht die Geschlossenheit des Milieus in den Eumaiosbüchern. Es ist nicht erfunden, um auch dem Knecht den episch-heroischen Rang zu verleihen. Auch dient es nicht dazu, daß der in niedrige Gestalt Verbannte in seiner wahren Königsnatur hervorträte. Eumaios bleibt der Knecht. Sein Adel wird etwas anderes: wird Mitleiden, Treue, Widerstand gegen das Böse, zuletzt auch Mut und Kraft mit der Waffe, mit einem Wort: ‹areté›, die ‹Gutheit› des Dienenden, eine Qualität des Menschlichen. Das Gespräch endet mit dem wechselseitigen Ausdruck der Sympathie:

> Möchtest du doch, Eumaios, Vater Zeus so lieb sein wie mir: wo du mich, so wie ich einer bin, mit Wohltaten beschenkst! (14.440)

Von Eumaios' Seite, verhüllter in die sprödere Sprache seiner Frömmigkeit, in dem einen Wort der Anrede:

> Iß, du Erstaunlicher von einem Fremdling! und genieße das da, was eben vorhanden ist. Der Gott mag das eine geben, anderes versagen, nach seiner Willkür; denn er vermag alles. (14.443)

Es kann nicht verwundern, daß die Qualitäten des Eumaios in der sittlichen Welt dieses Epos hoch angeschrieben werden. Auffällig aber ist die Teilnahme des Dichters an seiner Figur und, was sie nach sich zieht, ihrem Lebensraum. Eumaios ist die einzige Gestalt, die er mit der dichterischen Anrede der Apostrophe auszeichnet:

> Ihm antwortend entgegnetest du, Sauhüter Eumaios: ...

(so etwa nach Voß). Der Formelvers begegnet zum erstenmal 14.55, also gleich zu Anfang, und zieht sich, gelegentlich mit anderen Formeln wechselnd, durch die folgenden Bücher. Die Auszeichnung ist umso auffälliger, als sie an die Stelle des traditionellen ‹schmückenden Beiworts› die gemeine Berufsbezeichnung setzt. In anderer, ebenso häufiger Formel heißt es gar «der göttliche Sauhirt»: ein Attribut, das sonst nur den Heroen gegeben wird. Man hat gemeint, «göttlich» sei der Sauhirt geworden um des Versmaßes willen;[18] aber nichts nötigte den Dichter, diesen zweiten Formelvers einzuführen. Was man also durchaus nicht meinen kann: daß der Dichter nicht gewußt hätte, was er sagt. Es war ihm nicht weniger bewußt, als die Übertragung der episch-heroischen Apostrophe, mit der der Iliasdichter seine Helden gelegentlich anspricht, auf Eumaios. Sie hat in der Ilias stets eine unverkennbare emphatische Kraft, am auffälligsten, wo sie Patroklos gilt. Sie tritt überhaupt erst auf – und nun gehäuft – in der tragischen Zuspitzung auf Patroklos' Tod im 16. Buch:

> Da nun erschien dir, Patroklos, das Ende des Lebens. (Il. 16.787)

Der antike Erklärer hatte Recht, der daraus die besondere Teilnahme des Dichters hörte. Nur ist diese Teilnahme in der Ilias keine subjektive des Verfassers, sondern traditionelles Mittel des Pathos, um die

Teilnahme der Zuhörer zu erregen. Der Odysseedichter übernimmt die letzte der Apostrophen an den sterbenden Patroklos weitgehend wörtlich:

> Ihm, ermattend, entgegnetest du, Pferdlenker Patroklos: ...
> (Il. 16.843)
> Ihm antwortend entgegnetest du, Sauhüter Eumaios: ...

Gewiß verliert der Vers, zur Formel verwandelt, das heroische Pathos. Doch gewinnt er dafür ein neues, das der Dichter nun, und doch höchst überraschend, für den «Sauhirten» provoziert.

Geschichtliches

Das ist, gegenüber der Ilias, etwas entschieden Neues. Umso fraglicher ist, wie man es beschreiben darf. Man fühlt sich an das neue und besondere Interesse erinnert, das im 18. Jahrhundert die höfische und bürgerliche Gesellschaft an den sozialen Zuständen und Verhaltensweisen der unteren Klassen, überhaupt am Alltäglichen und Niederen faßte. Die genreartigen Szenen und Charakterschilderungen dieser Literatur waren die unmittelbaren Vorläufer des Milieuromans. Man mag auch an die Theokritischen ‹Idyllen› denken, an die Bilder städtisch-kleinbürgerlichen Lebens und die ländliche Szenerie der bukolischen Kunstwelt, und auf ein entsprechendes Interesse der höfisch-großstädtischen Gesellschaft Alexandriens schließen. In beiden Fällen taucht der Realismus auf als literarischer Stil, von dem auch die Eumaiosszenen geprägt sind. Realismus ist das Neue der Epoche. Er wird bald nach der Odyssee, bei Archilochos, eine gesellschaftliche und provokative Form annehmen, wenn er seine Verachtung gegen den langen, eitlen und gespreizt dahergehenden Feldherrn in der Lockenfrisur ausspricht und dagegen stellt, wie er ihn sich wünscht: klein und säbelbeinig, fest auf den Füßen und voller Herz ...[19] Das ist im Grunde schon ein Protest gegen das Heroische, gegen das leer gewordene ‹Homerische›. Andeutungen davon wird man schon in der Odyssee finden.

Und doch unterscheidet sich dieser Realismus von dem späteren durch das Fehlen der gesellschaftlichen Distanz, aus der der hellenistische wie der neuzeitliche Autor seiner Leserschaft einen fremden Lebensbereich nahe zu bringen versucht. Nicht nur durch die agrarische Gesellschafts- und Wirtschaftsstruktur, die noch auf lang hin das griechische Leben auch der Städte bestimmte, war das ‹Land› jedem Bürger, auch den wohlhabendsten, vertraut und alltäglich nah; das Bewußtsein der Klassenscheidung selber war im archaischen Griechenland nicht das einer statischen Ständeordnung. Soweit wir überhaupt in den gesellschaftlichen Zustand der frühen Jahrhunderte einen Einblick haben, war das Jahrhundert der Odyssee eine unruhige und von heftigen Verschiebungen gekennzeichnete Epoche. Sie setzt ein, bald nach 800, mit der Auswanderung starker Gruppen aus griechischen Städten, verursacht durch eine wie auch immer zu erklärende und bis in die klassische Zeit beständig akzelerierende Bevölkerungszunahme. Der Grund war wohl zumeist, wie es Hesiod von seinem Vater erzählt,[20] die schiere Armut, es ging um die Gewinnung von neuem Acker- und Weideland, das für jeden einzelnen Bürger die Existenzgrundlage war und blieb und seinen Wohlstand ausmachte. Hesiods Vater war vom Kleinasiatischen Ionien ins Mutterland gewichen, nach Böotien, das war um 750. Aber die eigentliche Kolonisation, die damals die ganze griechische Welt, auch die Städte des Mutterlands ergriff, richtete sich, ob friedlich oder gewaltsam, vornehmlich auf die schwach besiedelten oder von unzivilisierten Völkern bewohnten Küstenstriche des nördlichen Mittelmeers – die orientalischen Kulturländer verboten sich für die Landnahme von selber.

Etwas anderes kam hinzu, die Berührung mit den Phöniziern.[21] Sie beherrschten, seit dem Untergang der mykenischen Macht, in den dunklen Jahrhunderten – die man sich, besonders nach den Funden von Lefkandi auf Euböa,[22] ja nicht zu dunkel und dürftig vorstellen darf – den Mittelmeerhandel, sie hatten im zehnten Jahrhundert Kition auf Zypern besiedelt, bald danach Karthago und jenseits von Gibraltar Gades (Cadiz) und Tartessos gegründet und brachten nach Kreta und Griechenland ihre Waren. Selbst Hesiods Bauer trinkt zur Brotzeit auf dem Felde zu unserem Erstaunen phönizischen Wein.[23] Der Zusammenhang verlief vor allem über Zypern, von wo man besonders die unentbehrlichen Metalle bezog. Die durch den Kontakt mit dem Orient wachsenden Bedürfnisse und das Wachsen der Bevölkerung bedingten und steigerten einander wechselseitig.

Seit dem Ende des neunten Jahrhunderts gab es dann auch griechische Handelsplätze in der Levante: al-Mina an der Orontesmündung, Tarsos in Kilikien, ein halbes Jahrhundert später Pithekussai auf Ischia; hier für den Handel mit Etrurien, dort mit Mesopotamien. Umgang und Konkurrenz mit den Phöniziern scheinen eher friedlich gewesen zu sein; an vielen Orten wohnten sie mit ihnen in Symbiose. Im Laufe des achten Jahrhunderts übernahmen sie ihre Schrift. Das Unruhige und Auflösende der Epoche schlägt sich, gegen Ende des achten Jahrhunderts, nieder in dem sogenannten orientalisierenden Stil griechischer Vasenmalerlei, der den strengen geometrischen ablöst. Damals sind die Griechen zu einem Volk von Seefahrern geworden.

Das darf man sich nicht als ein sicheres Geschäft denken. Hesiods Horror vor der Seefahrt ist keine bäuerische Idiosynkrasie, er steckt ihm vermutlich vom Vater her in den Knochen. Das Gefährliche der Mittelmeerfahrten, ob zu Handel oder Auswanderung und selbst zum bloßen Fischfang, gehört zum Bewußtsein der Zeit, und von den katastrophalen Untergängen, die ganze Mannschaften aus einer Bürgerschaft rissen, zeugen Archilochos' Elegien[24] ebenso wie die Wracks überladener Transporter, die heute am Meeresgrund gefunden werden. Es forderte und beförderte einen eigenen Abenteurergeist, und mancher Desperado verlegte sich schlechthin auf den Seeraub, nämlich blitzschnelle Überfälle auf fremde Küsten, um von Weideplätzen das Vieh zu entführen (14.85 ff.)

Alles kam zusammen, um in den statischen Zustand der dunklen Jahrhunderte eine epochale Mobilität, ja Instabilität zu bringen. Denn in dies unheroische Bild gehört endlich auch die Piraterie. Ihre krasse geschichtliche Realität überhören wir leicht – aber gewiß nicht der homerische Hörer – in dem erhöhenden Erzählstil des Epos, wo alles, ob Rinder- oder Frauenraub, ins Heroische und Mythisch-Vergangene eingebunden erscheint. Wie erhaben klingt uns Nausikaas Empfang durch «die Alte von Apeira», die ihr auf ihrem Zimmer ein Feuer anzündet, «die Kammerfrau Eurymedusa, die einst von Apeira die beiderseits geschweiften Schiffe gebracht hatten: man hatte sie dem Alkinoos als Ehrengabe auserlesen» (7.8 ff.). Wenn aber Odysseus den Hirten nach seinem Lebensschicksal fragt, klingt es nur anfangs nach dem Schicksal Trojas:

> Sage mir, wurde die Stadt eurer Männer, die breitstraßige, zerstört, worin dein Vater und die ehrwürdige Mutter wohnten? Oder haben dich, als du bei den Schafen oder Rindern alleine warst, feindliche Männer auf Schiffen ergriffen und an das Haus dieses Mannes verkauft, und der zahlte entsprechenden Preis? (15.384 ff.)

Schon Stadtzerstörungen und Verschleppungen der Gefangenen werden wie eine alltägliche Möglichkeit behandelt; das andere ist vollends unheroisch: Menschenraub und Sklavenhandel. Beides spielt in den Lebensgeschichten, die Odysseus und Eumaios einander erzählen, eine erhebliche Rolle, und auf den ersten Blick kann es scheinen, daß an der Piraterie vor allem die Phönizier beteiligt sind. Es scheint ins Bild dieses Volkes zu passen, da ihrer mehrere als Halunken, als «geriebene» Kerle bezeichnet werden. Sie kommen mit massenhaftem Tand nach Syriē – irgendwo im Westen des Mittelmeers –, und tatsächlich ist es eine phönizische Sklavin, die mit ihnen Komplott machte und den kleinen Eumaios bei ihrer Flucht mitgehen ließ und gleich drei kostbare Becher, unter den Rock gesteckt, dazu (15.415 ff., 459–70).

Schurkisch ist auch die Beseitigung ihrer Leiche, und den übrigbleibenden Buben werden sie, gegen Bezahlung, auf Ithaka an Laertes los, für den solcher Erwerb nichts Ungewöhnliches scheint (seine Sklavin stammt aus Sizilien). Aber weder Menschenraub noch Seeraub war der Zweck der phönizischen Händler. Aus Phönizien geraubt war vielmehr die Magd, nämlich von Taphiern, jenem griechischen Küstenvolk im Norden Ithakas, von wo auch Athene als ‹Mentes› und väterlicher Gastfreund Telemachs nach Ithaka zu kommen vorgibt. Von Taphiern hat Eumaios selber sich einen Sklaven gekauft, und als Seeräuber erscheinen diese in einer Scheltrede Penelopes (16.426). Ein ‹Gauner› ist allerdings auch, in Odysseus' Lebenserzählung, der Phönizier in Ägypten, der ihn beredet, mit in seine Heimat zu kommen, und bei nächster Gelegenheit ihn teuer als Sklaven zu verkaufen plant. Aber mit einer Mannschaft von Seeräubern, seinen kretischen Landsleuten, will Odysseus selber nach Ägypten gefahren sein, und gleich geht es dort an den Menschenraub. Ein andermal seien es Thesproter (vom heutigen Albanien) gewesen, die ihn auf der Fahrt beraubten und als Sklaven verkaufen wollten (14.340 ff.) – dieselben Thesproter, die Penelope auch wieder als Verbündete der Ithakesier nennt. Und gerade von den ‹edlen Phöniziern›, die er auf Kreta bittet, ihn nach Pylos oder Elis zu bringen, versichert er, daß sie, vom Sturm nach Ithaka verschlagen, ihn «nicht betrügen wollten», vielmehr schlafend mit all seiner Habe an den Strand gesetzt hätten, ehe sie nach Sidon weiterfuhren.

Es ist auch eher unwahrscheinlich, daß bei den Phöniziern, als altem Kulturvolk, die Piraterie zum gewohnten Gewerbe gehörte. Überall wo Seeherrschaften sich etablieren, sind sie bestrebt, die Seeräuberei zu unterbinden; Thukydides berichtet es von der kretischen ‹Thalassokratie› des Minos. In der Odyssee sind es vorwiegend griechische Stämme, die als Piraten, Menschenräuber und Sklavenhändler auftraten. Man fragt sich ja längst, womit denn wohl die Griechen – in dem Bild, das wir uns heute von dem griechischen Überseehandel der Frühzeit machen können – gehandelt haben? Bei solchem eignen Bedarf an Rohstoffen und Nahrungsmitteln kommen Metalle und Überschüsse aus eigenen Ernten nur in sehr engen Grenzen als Exportartikel in Betracht. Eine beträchtliche Rolle spielt schon im achten Jahrhundert die Töpferproduktion, auch das Kunstgewerbe wie Elfenbeinschnitzerei (wozu aber das Material wieder aus dem Orient kam). Doch eine wahrhaft begehrte Ware müssen Sklaven gewesen sein. Daß die Griechen dabei weitgehend als Lieferanten fungierten, bezeugt, wenn auch erst aus der Perserzeit stammend, eine Passage bei dem Propheten Hesekiel, wo die Völker aufgezählt werden, mit denen die Stadt Tyrus in Handelsverbindungen stand: da erscheint Iawan,

d. i. Ionien (der orientalische Name für Griechenland überhaupt) mit seinen Tauschwaren für tyrische Produkte: es sind Sklaven und Bronzegeräte.[25] Der Wert einer Sklavin wird in der Ilias auf vier Rinder geschätzt (23.705); wie hoch dann erst Sklaven.

Das alles ist nicht neu. Thukydides beschreibt es, wenigstens für die Seeräuberei, als die Plage der Frühzeit und bis in seine Gegenwart.[26] Er erklärt es auch einleuchtend aus der griechischen Siedlungs- und Lebensweise an den Küsten und auf den Inseln und dem halbbarbarischen Zustand vieler griechischer Stämme. Daß dabei karische und phönizische Bevölkerung von den ägäischen Inseln sich hervorgetan haben soll, ändert nichts an dem griechischen Befund. Denn nun muß man sehen, daß bereits in der Ilias Menschenraub und Menschenhandel als gebräuchlich erscheint, wieder verdeckt unter dem heroischen Schein des Kriegerischen. Nicht nur daß Achill den jungen Lykaon, Priamos' Sohn, bei friedlicher Arbeit im Weinberg überfällt und nach Lemnos – übrigens sehr teuer – verkauft (Il. 21.35 ff., 23.741 ff.); auch die große Weinlieferung an das Heer vor Troja wird mit Erz, Eisen, Leder, Rindern und Sklaven bezahlt (Il. 7.467–75). Das Wort ‹andrapoda›, ‹Menschenbeiniges›, begegnet hier zum erstenmal für die versklavten Kriegsgefangenen.

Andererseits gibt es in der Ilias kein Anzeichen für Piraterie. Das mag zum Teil am Stoffe liegen. Krieg und Verschleppung der Besiegten scheint die ursprüngliche Resource der Sklavenhaltung gewesen zu sein, wie im alten Orient. Dagegen Überfall zur See und Menschenraub auf eigene Faust kennzeichnen das Klima der Odyssee: sie sind ihrem Publikum etwas so Gewohntes, daß die fast schon formelhafte Frage an unbekannte Ankömmlinge lauten konnte:

> Fremde, wer seid ihr? Woher befahrt ihr die Wasserstraßen? Zu irgendeinem Geschäft? oder treibt euch nur so umher wie Seeräuber übers Wasser, die da umherstreunend ihr Leben aufs Spiel setzen und anderen Menschen Übles antun?
>
> (Menelaos 3.71, Polyphem 9.252)

– eine ‹Formel› übrigens, die schwerlich ‹traditionell›, schwerlich älter als die Odyssee war. – Gern wird man glauben, daß bei den gebildeten Stämmen Griechenlands das Geschäft nicht als ehrbar galt; man war Abnehmer. Eumaios spricht von dem Unwesen mit dem ganzen religiösen Abscheu und vertraut auf die Strafe der Götter (14.83 ff.). Die Naivität der Ilias scheint vorbei. Schwer zu sagen, ob hier Eumaios als Betroffener redet, oder der Dichter und das empfindlichere Leidensbewußtsein der Epoche.

Es unterscheidet die Odyssee von der Ilias, daß sie in solchem Maße ein historisches Zeitkolorit trägt. Auch das teilt sie mit dem modernen

Milieuroman, dem das historische Element in der Zeichnung bestimmter Gesellschaftszustände wesentlich ist. In der Welt des Eumaios tritt die zeitgenössische Realität am breitesten in die epische Erzählung ein. Es ist die Realität eines unerhörten Wechsels und einer beständigen Gefährdung. Freiheit und Sklaverei, die für griechisches Denken geradezu Mensch und Nicht-Mensch unterschieden, lagen nah beieinander, der Sklavenstand war keine statische Unterschicht, sondern rekrutierte sich aus Hoch und Niedrig durch Unterwerfung und Raub. So erscheinen die Klassen weniger durch eine stabile Ständeordnung geschieden als durch das Schicksal. Nicht vom ererbten Sklavenstand spricht Eumaios, sondern vom Schicksalstag der Versklavung: «Denn die Hälfte seines Wertes nimmt Zeus von dem Manne, wenn der Tag der Knechtschaft ihn ergreift» (17.322).

Erst auf diesem Hintergrund bekommen die Eumaiosbücher die Dimension, daß in dem Milieu des Schweinehirten sich ein Schicksal versammelt. Hierin ist Odysseus dem Knechte nah, in der Erfahrung des Unglücks. Insofern ist das Bettlerkleid des Odysseus nicht nur Maske, es stellt, nach dem Phäakengewande und dem Schein des Glücks, in dem er auf Ithaka landete, die Wahrheit der Situation wieder her. Wie denn auch seine ‹Lügengeschichte› genau so endet wie seine Rettung ans Ufer von Scheria (14.351 ff.). Als Gestrandeter trifft er auf den, der vom Leben geschlagen wurde. Und in der Gleichheit des Schicksals verstehn sie einander in gleicher ‹Sympatheia›, im Mitleiden. Eumaios:

> Ah du Unglücklicher von einem Fremdling! du hast mir arg das Herz aufgeregt mit deinen Erzählungen, was du alles erlitten hast. . . . (14.361 f.)

Es sind dieselben Worte, mit denen Odysseus am nächsten Tage auf die Erzählung des Eumaios antwortet (15.486 f.). Das eine verweist auf das andere, erst aus beiden zusammen tritt das Schicksal des Leidenden als Thema hervor. Die Erfahrung des Leidens und des Mitleidens möchte es zuletzt sein, was uns die außerordentliche Teilnahme des Dichters an der Gestalt des Eumaios und seiner Lebenssphäre begreiflich macht.

XV. Kapitel

FIKTION

Lügengeschichten

«Vieles Gelogne erfand er,[1] erzählend, was Wirklichem gleichsah»: mit diesem Kommentar beschließt der Erzähler den ersten Bericht des unerkannten Bettlers von seinen Lebensschicksalen, als er am späten Abend mit Penelope alleine ist (19.203). Er hatte sich ihrer Frage: «Wer und woher bist du?» ein erstesmal entzogen mit einem großen Lobpreis der Königin und ihres glücklichen Volkes: das lenkte sie in der Tat zunächst von ihrer Frage ab, indem es sie zum Widerspruch und zur Schilderung ihrer eigenen verzweiflungsvollen Lage provozierte. Aber der nun doch wiederholten Frage kann er nicht mehr ausweichen. «Ehrwürdiges Weib des Odysseus, du willst nicht ablassen nach meiner Herkunft zu fragen? Nun, so sage ich dir's ...» (19.167)

Damit ist die Geschichte von vorneherein mit der Spannung des Verbergens und Enthüllens geladen. Was er erzählt, ist eine Lügengeschichte, mit der der Unerkannte sich vor der Gattin verborgen hält und dennoch Wahres ihr vermitteln will: sichere Kunde von Odysseus. Sie muß umso wahrer wirken, je beiläufiger sie in eine wahrscheinliche Erzählung eingeflochten wird. Er stamme aus Kreta – Kreta wird sachkundig-zeitgenössisch beschrieben, mit seinen neunzig Städten, fünf verschiedenen Völkern und der gemischten Sprache – so kennt es der Dichter und sein Publikum. In Knossos, der großen Stadt, herrschte Minos, der Vertraute des Zeus und Vater Deukalions – die Zuhörer wissen es aus der Ilias, aus Idomeneus' Herausforderungsrede an Deiphobos (Il. 13.450/52): «Und Deukalion hat mich gezeugt!» hatte er stolz gerufen, und jetzt hätten die Schiffe ihn hergebracht den Troern zum Verderben. «Und Deukalion hat mich gezeugt und Idomeneus», erzählt der angebliche Kreter; aber Idomeneus, sein älterer Bruder, sei zu Schiffe mit den Atriden nach Ilios gefahren. Er selber heiße Aithon. So wird in die iliadischen Realien die Glaubwürdigkeit der Lüge eingebettet. (19.181)

«Dort habe ich den Odysseus gesehn» – kaum begonnen, da springt die Erzählung schon heraus, um Zeugnis zu geben von Odysseus. Es sind angeblich Erinnerungen aus jener Zeit, als auch Penelope ihn zuletzt gesehen hat. Auch Odysseus, erzählt er, sei wie die Atriden, auf der Fahrt nach Troja vom Sturm verschlagen, in Kreta gelandet. Gleich habe er nach Idomeneus gefragt, aber der sei schon vor zehn oder elf Tagen abgefahren. So habe denn er Odysseus in seinem Haus bewirtet.

Die Lüge, um sich zu beglaubigen, verlangt das reale Detail. Zum Realen gehört das Mythistorische, die Einbindung in die epische Generationsfolge, in das Faktische des Zugs gegen Troja. Und die Wahrheitsprobe, als Penelope nach dem Kleid fragt, das Odysseus damals anhatte, besteht der Fremde – wie nicht anders zu erwarten – glänzend, indem er auch noch die goldene Spange an seinem Mantel mit der charakteristischen Tierkampfszene genauestens zu beschreiben weiß – auch die Zuhörer werden von Art und Typus des Schmuckstücks, zu dem sich in Gewandfibeln des spätgeometrischen Stils Vergleichbares findet, aus eigener Kenntnis eine Vorstellung gehabt haben.[1] Ja er weiß sogar noch den Namen von Odysseus' Herold.

Der so Vorbereiteten darf er nun auch mit seiner Freudenbotschaft kommen: Odysseus lebt, ja er wird ganz bald zurückkehren! In Thesprotien, auf dem gegenüberliegenden Festland, hat er selber aus dem Munde des Thesproterkönigs Pheidon von ihm gehört: aus einem Schiffbruch vor Thrinakia sei er allein lebend übrig geblieben und habe sich auf dem Kielbalken ans Land der Phäaken gerettet. Die Phäaken wollten ihn heimbringen, aber er, schlau wie er ist, zog es vor, erst noch im Thesproterland Schätze zu sammeln. Er hätte ihn selber wohl noch getroffen, und das Schiff liege für ihn schon fahrbereit, aber er habe dann schon eine frühere Gelegenheit eines Transports nach Dulichion benutzt.

Wie sich in dieser Geschichte Wahrheit und Lüge mischen, weist es auf eine doppelte Zweideutigkeit, die sich auch in dem eingangs zitierten Vers finden läßt. «Erlogenes, das Wirklichem gleichsieht», das gilt von den materialen Erfindungen, die notorisch falsch sind, aber durch ihre Realität einen höchsten Grad von ‹Wahrscheinlichkeit› bekommen. Ja die Lügenrede, als Typus, zeichnet sich vor der wahren Rede durch ihre Beredsamkeit im realen Detail aus und verrät sich eben dadurch dem Zuhörer – man denke an Klytaimnestras Lügenrede in Aeschylus' ‹Agamemnon›. Zu diesem Realen gehört hier die Herkunftsgeschichte des «Aithon», die Begegnung und Bewirtung des Odysseus auf Kreta, ebenso dessen Heimwanderung von den Phäaken über die «weite Erde» und Aufenthalt bei dem Thesproterkönig Pheidon, und das bereitstehende Schiff. Dies alles klingt täuschend wirklich. Aber «Erlogenes, das dem Wirklichen glich», bedeutet ja auch: unter der Hülle des Trugs die Wahrheit zu sagen. Wahr ist: Odysseus ist nah! Zum Wahren gehört entschieden, was von Thrinakia gesagt wird, das Vergehen an den Sonnenrindern, der Schiffbruch, der Untergang der Gefährten, die Rettung ans Phäakenland. (Die ‹ursprüngliche› Folge der Abenteuergeschichte, nämlich mit Überspringung der

Kalypso und ohne die Verdoppelung des Schiffbruchs, wird hier in der Lügengeschichte bezeugt. Und es kann keine Rede davon sein, daß Odysseus' Abenteuer, weil sie hier in der Lügengeschichte auftauchen, die Qualität des Phantastischen und Erfundenen bekämen.) Wahr ist auch, daß die Phäaken ihn reich beschenkt haben und heimbringen – «wollten», sagt er: So dünn wird hier die Hülle der Täuschung. Und wenn schließlich der Lügenerzähler gar weiß, daß Odysseus überlege, ob er «offen oder heimlich» heimkehren solle (19.299), so zeigt er sich in die innerste Entscheidung des Helden eingeweiht (vgl. 11.120, 455). ‹Erlogen› ist nur noch die Einkleidung.

Und doch heißt es: «Vieles Erlogene erfand er ...», das klingt nach einer Fülle von Phantasiegeschichten. Unwillkürlich füllt der Zuhörer das hier für Penelope Erzählte mit der Menge des Erfundenen auf, das er aus Odysseus' früherer Lügenerzählung bei Eumaios kennt. Tatsächlich ist die Erzählung hier Fragment, sie erfüllt nicht was sie verspricht, nämlich die Erzählung der Leiden und Irrfahrten über «viele Städte der Menschen» (19.170). Sie läßt überhaupt offen, wie der Erzähler zum Irrfahrer wurde und nach Thesprotien kam, und bricht seine dortigen Erlebnisse ab, ohne zu berichten, wie er denn, anstatt nach Dulichion, nach Ithaka geraten sei. Das alles wird ersetzt durch den allgemeinen Satz: «Viele Lügen erzählt er ...»

Erzähltechnisch hat das seinen Grund eben darin, daß er seine Lebensgeschichte schon mehrfach erzählt hat – zuerst Athene, dann dem Eumaios, ferner dem Freier Antinoos, er wird sie zuletzt noch einmal dem Vater Laertes erzählen, also insgesamt fünfmal –, und zwar in Varianten, abgestimmt jedesmal auf das Gegenüber und die Gesprächssituation. So ist vor allem auch der zweierlei Zweck und Gebrauch der Lüge – für wahr gehalten zu werden, und die Wahrheit anzudeuten – in den Wiederholungen oder Variationen je verschieden gewichtet. Im Grunde aber ist es Eine Geschichte, und ihre Variationen – zum Beispiel daß er sich dreimal mit verschiedenen Namen nennt[2] – weisen zurück auf ihren Erfindungscharakter und die Funktion als Lüge. Doch gibt es genug des Übereinstimmenden, es zeigt sich in der Wiederholung der Grundmotive und ganzer Textpassagen. Die ausführlichste Fassung, auf die hin die anderen gleichsam zu ergänzen sind, ist die Erzählung vor Eumaios. Sie ist voll von ‹Geschichten›, von Piratenstücken, Wechsel von Land zu Land, von Glücks- und Unglücksfällen und abenteuerlichen Rettungen. Da liest man am Ende auch bereits dieselbe Thesprotergeschichte, die dem ungläubigen Schweinehirten die baldige Heimkehr seines Herrn verbürgen soll. Auf diesen Zweck allein wird später die Erzählung vor Penelope konzentriert: die Bezeugung des Wissens und die Verheißung der Rückkehr. Dem Eumaios aber mußte der Lügenerzähler auch sein Auftauchen auf der Insel plausibel machen, und so fuhr er fort: Die thesprotische Schiffsmannschaft seien Schurken gewesen, man habe ihn ausgeraubt und in diese Lumpen gesteckt, die er jetzt an ihm sehe. Wie dann jene, vor Ithaka, ihn gefesselt im Schiff zurückließen, um am Strand das Abendessen einzunehmen; wie er sich befreite und schwimmend das Ufer erreichte, sich im Dickicht versteckte und schließlich zu dem Gehöft des Hirten fand: das spiegelt, im Stil der Räubergeschichte, genau seine Rettung auf Scheria.

Erst mit diesem Schluß und letzten Abenteuer wird, was mit der Geburt als kretischer Bastardsohn begann, zu dem Ganzen einer Lebensgeschichte. Und was in der Version vor Penelope um des erzählerischen Zweckes willen zurückgedrängt wird: das Abenteuerliche und die Buntheit der Erlebnisse, kennzeichnet hier die Geschichte von Anfang bis Ende. Als Abenteuererzählung in eigener Person stellt sie sich neben die Irrfahrtenerzählung des Odysseus, als deren Double im realistischen Gewand sie sich auch durch eine Reihe wörtlicher Wiederholungen erweist.[3]

Der lügende Odysseus

Man möchte sagen, die Lügengeschichten sind eine literarische Erfindung des Odysseedichters, eine Transposition der Irrfahrtenerzählung ins Realistische und Zeitgenössische – womit er die Qualitäten von Wahrheit und Lüge merkwürdig vertauscht: das Erlogene hat den Schein des Wirklichen, während das Wahre das Phantastische ist. Hat erst er den Abenteuererzähler zum Lügenerzähler gemacht? Aber die Situation der Lügenerzählungen verweist doch auch wieder auf ein Moment in der Struktur des Odysseusmärchens zurück: der Langverschollene, in Gefahren Heimkehrende hatte sich zu verbergen, zu verstellen. Verstellung und Verhüllung des Incognito ist ihr Zweck, auch in jeder ihrer Variationen. Wirklich jeder? Die Erzählung bei Eumaios ist, wie gesagt, nicht die erste Lügengeschichte des Odysseus, schon bei der Landung auf Ithaka im 13. Buch wird Athene mit einer ähnlichen bedient (13.256–86). Vorgebildet ist dort vor allem schon die Herkunft aus Kreta, die Teilnahme am Trojanischen Krieg, der Mord aus dem Hinterhalt und die versehentliche Landung auf Ithaka. Aber es gibt hier – natürlicherweise, da Odysseus inmitten seiner Phäakenschätze angetroffen wird – noch nicht den Widerspruch des äußeren Scheins, Odysseus hat noch nicht, wie vor Eumaios, seinen Bettlerzustand zu erklären. Warum also lügt Odysseus? Die Notwendigkeit, sich zu verstellen, ergibt sich erst aus dem, was ihm danach die Göttin von den Verhältnissen in seinem Hause eröffnen wird.

Das Lügenerzählen scheint sich verselbständigt zu haben, wie am Ende noch einmal vor Laertes. Athene in ihrer Antwort nimmt denn auch die Verstellung als einen Charakterzug des Odysseus: als den, um dessentwillen er der Göttin gerade so ausnehmend lieb sei. Und freilich, er hätte die Verstellung nicht nötig gehabt, wenn er gewußt hätte, daß er zu seiner Schutzgöttin redet. Denn auch sie hat sich verstellt. Ohne die Verstellung der Göttin wäre die Verstellung des Odysseus nicht möglich. Und es gibt für sie keinen anderen Grund als die Absicht des Dichters, eine Situation herbeizuführen, in der Odysseus der Göttin unnötigerweise mit einer Lügengeschichte aufwartet. Man sieht, die Szene des 13. Buchs ist nicht die ursprüngliche Situation, in der die Lügenerzählung in der Geschichte von Odysseus verwurzelt ist. Das ist vielmehr eine Situation wie die bei Eumaios oder vor den Freiern.

Aber die Göttin scheint es noch anders zu wissen: «Du Arger, Schlauer, du Unersättlicher an Listen, so wolltest du nicht einmal jetzt in deinem Heimatland mit Täuschungen und hinterlistigen Reden aufhören, die dir von Grund aus lieb sind!» «Nicht einmal in der Heimat» – in die fernen Länder also, in die Abenteuer, sind wir verwiesen, um Odysseus bei seinen beliebten Täuschungsreden anzutreffen. Man mag sich diese als Vorsichtsmaßnahme des Listenreichen denken, wenn er wieder einmal – wie es ihm jetzt erscheint – in ein fremdes Land verschlagen ist. Aber nur ein einziges Mal in den Abenteuern finden wir eine solche Trugrede, diese allerdings von einer Art, wie sie aufs genaueste zu der alten Odysseusgestalt zu gehören scheint: die Niemand-Geschichte, mit der er den Zyklopen hintergeht (9.366). Hier also ist das Motiv der Trugrede bereits in den Abenteuern der Irrfahrt verwurzelt, in der märchenhaften Grundfigur der Polyphemgeschichte. Das Niemand-Märchen erfüllte sich darin, daß der erlogene Name den Helden vor der Wut der Riesenbrüder rettet («Wenn denn ‹Niemand› dir Gewalt antut ...», 9.410): da ist er der wahre Lügenheld.

Im Epos ist das noch dahin vertieft, daß ein Orakel den Zyklopen vor Odysseus gewarnt habe. Die Geschichte stellt sich damit in eine Reihe mit dem Kirke-Abenteuer, denn auch Kirke war vorausgesagt, daß einst Odysseus ihren Zauber brechen werde. Hier hängt also an der Odysseusgestalt die fast mythische Rolle des Überwinders roher magischer Gewalten, vergleichbar mit dem Rätsellöser Ödipus. Sie war gewiß ursprünglich auch in dem Abenteuer der Sirenen enthalten, deren Selbstmord aus Verzweiflung über den, der ihnen widersteht, im Epos zwecks anderer Sinngebung unterdrückt wird.[4] Polyphem, Kirke und Sirenen sind die drei Abenteuer, die in der ‹Dialektik der Aufklärung› Odysseus als den Prototyp des Aufklärers kennzeichnen.[5] Sofern aber, wie im Polyphemabenteuer, die Kraft des Geistes sich in der Klugheit der ‹Niemand›-Lüge bewährt, ist darin bereits die Verstellung des Odysseus in den Lügengeschichten angelegt. «Niemand ist mein Name»: die Antwort auf die Frage des Zyklopen nach seinem «berühmten Namen» klingt der vor Penelope voraus: «Mein berühmter Name ist Aithon»; noch die Namensvarianten der Lügengeschichten erscheinen als epische Transformationen der Märchenlüge.

Die Niemandslüge freilich ist noch keine Lebensgeschichte. Damit aus dem Namenstrug eigne Geschichte würde, bedurfte es des Musters der Irrfahrtenerzählung, deren Reihung von Märchenabenteuern, von Unglücksfällen und Rettungen, sich in den Lügengeschichten und ihrem neuen Element des Historischen abspiegelt als Lebensgeschichte eines gleichsam zeitgenössischen Erzählers. Zu dem Schein des Wirklichen gehört jetzt auch die Anbindung der Lebensgeschichte an den Zug gegen Troja, der als das mythisch Verbürgte den Wahrheitszusammenhang der Lügengeschichten mit der epischen Wirklichkeit herstellt. Aber so war es schon in der Rede des Odysseus zu dem Zyklopen, wo dem Namenstrug die wahrheitsgetreue ‹historische› Selbstvorstellung vorausgeht:

> Wir kommen von Troja, vom Sturm verschlagene Achäer, und wollen nach Hause ... Leute des Atriden Agamemnon sind wir, dessen Ruhm jetzt der größte unter dem Himmel ist: eine so gewaltige Stadt hat er zerstört... (9.259 ff.)

Während hier aber das Heroische in einen ironischen Kontrast zu dem Märchengraus gerät, rückt es in den Lügengeschichten mit deren Realismen zusammen auf eine gleiche Ebene biographischer Wirklichkeit.

Exotik

Diese spezifische Realität der Lügenabenteuer verlangte nun offenbar auch ein Lokal, das nicht wie der mythologische Raum der Märchenabenteuer jenseits der erfahrenen Welt läge, aber andererseits fern genug, um die Erlebnisse des Erzählers mit der Wahrscheinlichkeit des Exotischen zu umgeben: eine Zone von der gleichen realistischen Wirklichkeit wie die bekannte Welt, aber mit dem Spielraum des Unbekannten. Sie heißt Ägypten. Ägypten, mit dem alten Namen seines Stromes ‹Aigyptos› benannt, den er bei Homer noch führt, tritt erst in der zweiten Hälfte des siebenten Jahrhunderts, nach der Gründung von Naukratis im Nildelta durch milesische Siedler, für die Griechen in ein geschichtlicheres Licht. Es scheint ihnen vorher kaum bekannt gewesen zu sein: auch die ersten Ankömmlinge, nach Herodot jonische und karische Piraten, waren nur vom Sturm nach Ägypten verschlagen und wurden von Psammetichos I. als Söldner in seinem Kampf um die ägyptische Oberherrschaft eingestellt.[6] Immerhin kennt um 700 Hesiod den Nil bei Namen, und ägyptische Exportstükke, schon aus dem zehnten bis zum achten Jahrhundert, fanden sich an griechischen Stätten, von Samos über Euböa bis Ischia.[7] Umgekehrt sind keinerlei griechische Waren dieser Jahrhunderte aus ägyptischem Boden aufgetaucht. Es scheint, daß die Griechen von dem Nillande nur passive und durch fremden Handel vermittelte Kunde hatten.

Die Vermittelnden waren höchstwahrscheinlich die Phönizier, die den Mittelmeerhandel vor allem auf der südlichen Route betrieben und seit Jahrhunderten auch mit Ägypten in Handelsverbindung standen. Aus dem elften Jahrhundert wissen wir von der Reise des Unamun,[8] eines hohen Beamten des Königs von Theben (Karnak), nach Phönizien, mit dem Auftrag, von dem König von Byblos eine große Ladung Zypressenstämme für den Neubau des Amon-Festschiffes einzuhandeln. Unter seinen ägyptischen Tauschwaren werden, neben Gold- und Silber-Krügen, auch «fünfhundert (Ballen) feines Papier» aufgezählt, dazu «fünfhundert Stricke», gewiß aus dem gleichen Material, – noch in der Odyssee wird beim Freiermord das Hoftor mit einem «Schiffstau aus Byblos» gesichert (21.390 ff.). Denn die Handelsfahrten der Phönizier ihrerseits erstreckten sich auch nach Griechenland, und es ist anzunehmen, daß über diesen Weg die Griechen schon früh mit jenen ägyptischen Produkten bekannt geworden sind.

So kann es auch nicht befremden, daß schon der Iliasdichter Achilleus von dem sagenhaft reichen «Ägyptischen Theben», dem «hunderttorigen», sprechen läßt: der alten Metropole der Ramessidenzeit am oberen Nil (Il. 9.381 ff.).[9] Wie alt dieses rhapsodische Wissen war, läßt sich kaum sagen; auch zu Homers Zeit war Theben noch berühmt vom alten Glanz seiner Tempel und Königsgräber, nachdem es sich im elften Jahrhundert als ein eigener Gottesstaat konstituiert hatte. Doch war die Reichsmacht, zumal im Deltagebiet, seit der Jahrtausendwende in viele einzelne Stadtstaaten und Pharaonenherrschaften zerfallen und mehr und mehr fremden Angriffen ausgesetzt. Auch für Ägypten war das achte Jahrhundert eine Zeit der Bedrohung, der Unruhe und Unsicherheit.

Hiernach mag man sich die Verhältnisse ins Geschichtliche übersetzen, unter denen die Odyssee ihre Personen mit einem exotischen Land in Berührung kommen läßt, von dem man nur vom Hörensagen wußte. Ein Piratenraubzug war es, mit dem Odysseus das Land betrat. Der ägyptische «König», der mit seinen Leuten ihnen entgegentritt, ist offenbar einer jener lokalen Pharaonen, die im Nildelta ihre Herrschaften aufgemacht haben. Ägypten war auch schon das Lokal für die Irrfahrt des Menelaos, so fern, daß Rückkehr kaum zu erhoffen ist (3.319). Der Raum der Abenteuer beginnt, für Menelaos wie für den Lügenerzähler, mit dem Verlassen Kretas und öffnet sich mit dem Betreten des Nillandes. Libyen und Phönizien bilden, zusammen mit den sagenhaften Äthiopern und Erembern, den Umkreis und werden zum Ort ebenso praktischer Geschäfte wie der realen Wunder. Das «Ägyptische Theben», das reiche, ist nun die Stadt, wo Menelaos auf seinen Wanderungen einen gewissen Polybos besuchte, dessen Gemahlin Alkandre Helena den fahrbaren Silberkorb geschenkt hat, worin sie jetzt ihr Spinngarn aufbewahrt (4.125 ff.). Andere Wunderdinge erinnern bereits an die Mirabilien der jonischen Geographie.[10] Derselbe geographische Bereich wird in den Lügengeschichten zum Schauplatz erfundener Geschichten mit dem Reiz des Wirklichen. Die Erlebnisse, mit ihrer Reihung von Gefahren, glaubhaften Zufällen, Unglück und Rettungen, die die Teilnahme umso mehr aufregen, da sie dem Erzähler selber begegnet scheinen und ein ganzes, persönliches Lebensschicksal nahebringen, sind von der Art, die man geneigt ist romanhaft zu nennen.

Dichtungstheorie

Von hier aus gesehen, gewinnt das Wort von den «Lügen, die wie Wirklichkeit klangen», – noch über die besondere epische Situation hinaus, in der es die Verstellung des Odysseus kennzeichnet – eine mögliche allgemeinere Bedeutung für die Gattung derartiger Geschichten.

Es ist, spätestens hier, notwendig zu erinnern, daß das griechische Wort, das wir mit ‹Lügen›, ‹Erlogenes›, ‹Erfundenes› oder ‹Erdichtetes› übersetzen, für sich selber keinen moralischen Ton an sich hat und nicht die Rückbeziehung auf ein ‹lügendes› Subjekt impliziert. ‹pseudos›, ‹pseudés› ist das objektiv Falsche, nicht-Wirkliche,[11] und nur sofern einer es sagt, kann es den Sinn des Betruges annehmen. Das zugehörige Verbum heißt eher ‹trügen› als ‹betrügen› – «die Erwartung trügt»; im Passiv eher ‹sich irren›, ‹sich täuschen›. Auch im älteren Deutsch, wie noch heute in manchen Dialekten, hat ‹lügen› nicht durchaus den verwerflichen Sinn; «der lügt» heißt: ‹er erzählt Geschichten, er phantasiert›. Das ist im Folgenden festzuhalten.

Hesiod hat den Odysseevers fast wörtlich seinen Musen in den Mund gelegt, als sie ihn am Helikon aus seinem Hirtendasein zum Dichter beriefen:

Wir wissen viel Erlogenes zu sagen, das dem Wirklichen gleicht.
(Theogonie, Vers 27)

Was in der Odyssee die Kunst der Verstellung des Listenreichen rühmte, wird hier zur Bestimmung der Kunst des Dichters überhaupt. Freilich fügen sie sogleich hinzu:

Wir wissen aber, wenn wir wollen, Wahres zu singen.

Kein Zweifel – die Folge der beiden Sätze erlaubt nur diese Gewichtung[12] – daß Hesiod auf das Zweite verpflichtet wird. Aber ebenso deutlich scheint es, daß auch das erste eine Möglichkeit, wenn nicht sogar ein Charakteristikum von Dichtung benennt. Die Musen stehen ein für beides, und nur wenn sie «wollen», verkünden sie Wahrheit. Der Wahrheitsauftrag, das heißt von Hesiods Seite der Anspruch auf Wahrheit, ist das Besondere und Auszeichnende, mit dem er sein Gedicht empfiehlt. Von den Musen als den Wissenden erhält er die Gabe, «das Seiende, Künftige und einstmals Gewesene» zu rühmen (Theog. 32 und 38).

Nun hat der epische Dichter sich seit jeher als den von der Muse Begabten gesehen, der zumal das einst Gewesene und Geschehene weiß. Wenn er ins Detail geht, ruft er ihren besonderen Beistand an, so für die Aufzählung all der einzelnen Kontingente der griechischen Stämme beim Aufmarsch gegen Troja: «denn Ihr wißt alles» (Il. 2.485). Nämlich weil sie als Göttinnen «bei allem zugegen» waren. Odysseus preist den Sänger Demodokos, daß er von den Taten und Leiden der Achäer vor Troja gesungen habe «als sei er dabeigewesen» (8.491), und er selber wird von dem Phäakenkönig für seine Abenteuererzählung bewundert, weil er nicht «Lügen» wie einer der zahllosen Schwindler, sondern «wie ein Sänger so kundig» erzählt habe (11.368). Wenn in diesen Reden von der Musenkunst auch schon das Moment des ‹Als ob› enthalten ist, so meint es doch gerade ihre Wahrheit. Epischer Gesang, Wissen und Wahrheit gehören auf eine unbefragte Weise zusammen, und die ‹Lügen› der Schwindler sind das Unmusische. Daß für Hesiod auch die «Lügen» zur Sängerkunst zählen, das ist entschieden neu.

Freilich behalten sie vom homerischen Begriff der Musenkunst die Qualität, daß sie «dem Wirklichen gleichen». Das hatte Homer, für die bildende Kunst, bereits in der Schildbeschreibung der Ilias ausgesprochen, indem er zum Ruhm des Kunstwerks gelegentlich seinen Nachbildcharakter hervorhebt: eine Schlacht «als ob von lebendigen Menschen», eine Ackerfurche, die «aussah wie gepflügt, und war doch aus Gold» (Il. 18.539, 548). Hesiod sieht deutlicher das Moment der Erfindung, es löst sich ihm aus der Nachbildfunktion der Kunst ab als Merkmal des dichterischen Schaffens. Daß er das Erfinden im Auge hat, beweist das Zitat von der Lügenerzählung des Odysseus. Es beweist eben auch, daß Hesiod dergleichen Erfindungen von sich weist. Aber der nahe Anschluß an homerische Äußerungen über das Wesen der Kunst warnt doch davor, hier eine generelle Polemik gegen die homerische Dichtung zu hören.

Etwas anderes kommt hinzu. Schon in Alkinoos' Lob für Odysseus erscheint die Wahrheit seiner Erzählung beglaubigt auch durch ihre «Schönheit» und den «edlen Sinn» des Erzählers (11.367). Wo Hesiod die Wirkung des Worts als Gabe der Musen preist, da ist es die «Süße» und «Sanftheit» des «Überredens», womit ein von den Musen begnadeter König «alsbald» einen Rechtsstreit «auf kundige Weise» schlichtet (Theog. 80–93). Er hat dabei die Alkinoosrede im Sinn, das beweist die prägnante Wiederholung des Worts «kundig» (‹epistamenōs›).[13] Sein zweites Beispiel ist das Lied, mit dem der Sänger ein von frischem Leid gequältes Herz «alsbald» ablenkt und seinen Kummer vergessen macht (Theog. 96–103); und das Lied, das solches Wunder bewirkt, preist «die Ruhmestaten der früheren Menschen» und «die seligen Götter» – es sind die beiden Themen Hesiods und Homers, und es ist unwahrscheinlich, daß er sich eine ganz andere Heldendichtung denkt als die homerische. Aber weder solches ‹Ablenken› noch das ‹Überreden› rücken ihm auf die Seite der Lüge, es sind Wirkungen der wahren Musenkunst, in die das Erfinden mit eingeht, und «Schönheit» und «Gesinnung» sind davon nicht zu trennen. Das Moment der Erfindung wird man in Hesiods eigener Dichtung dort erkennen, wo er einen Mythos zweimal auf zweierlei Weise erzählt, z. B. die Prometheusgeschichte. Damit tritt das Pragmatische der Geschichte zurück, und die ‹Version›, die Weise, beim Zuhörer zu wirken, bekommt ein eigenes Gewicht. Hauptsache ist: die «Wahrheit zu verkünden», die Macht des Zeus. Sie ist es, was die Musen vor dem Göttervater «mit ihrem Gesang verbürgen» (Theog. 39), und auch sein Göttergedicht soll vor allem «Zeus erfreuen» (Theog. 49–51), das ist seine Wahrheit. Vor dieser Aufgabe mochte ihn freilich mancherlei in epischer Dichtung ‹erfunden› und ‹erlogen› dünken, so wenn Zeus in der Ilias dem Betrug der Hera oder der Täuschung der Ate erliegt. Wie dergleichen ‹in Wahrheit› zu erzählen wäre, lehrt gerade seine Version des Prometheusmythos: Zeus tat nur so, als durchschaute er nicht den Betrug. «So läßt sich der Sinn des Zeus nicht betrügen noch hintergehn» (Theog. 613, nach Od. 5.103 f.).

Hundert Jahre später steht es schon fest: «Vieles lügen die Sänger», das Wort Solons, das als geflügeltes Wort die Dichterkritik der folgenden Jahrhunderte begleitet und noch Nietzsches, zwar hintergründigeres und zweideutiges, Verhältnis zu Kunst und Wahrheit formuliert:

«und die Dichter lügen zuviel».[14] Bei dem Aufklärer Xenophanes wird es schlicht und moralisch, wenn er Homer, und Hesiod nicht minder, beschuldigt, den Göttern Laster zugeschrieben zu haben, die bei den Menschen verworfen sind.[15] Philosophischer, oder ‹wissenschaftstheoretischer›, wird die Kritik bei Heraklit, der offenbar in einem eigenen Abschnitt seiner Schrift die Möglichkeit des Wissens untersuchte.[16] Zum erstenmal bestreitet Heraklit den Wert der Tradition als Erkenntnis.[17] Der Unwert der alten Dichtung aber wird ihm manifest in ihrem Unwissen von dem wahren Verhältnis der Erscheinungen. Homer z. B. sei im tiefen Irrtum, wenn er den ‹Streit› aus der Welt wünschte (da ja «alles nach dem Gesetz des Streites in die Erscheinung trete»).[18] Hierbei spielt es für Heraklit offensichtlich keine Rolle, daß diese Verwünschung des Streites bei Homer in einer Rede Achills steht (Il. 18.107), also nach unsrem Urteil nicht ohne weiteres als die Ansicht Homers gelten dürfte. Dies ist ein eigentümliches Merkmal archaischer Rezeption von Dichtung: die fehlende Unterscheidung der Äußerungen des Dichters von denen seiner Personen.[19] Alles Gedichtete wird als Behauptung genommen, und wird damit der Überführung als Irrtum oder Lüge ausgesetzt.

Eben dies, in Beziehung auf die Lügen des Odysseus, findet sich nun bei Pindar.[20] Odysseus' Ruhm, meint er, sei «allerdings größer geworden als seine Erlebnisse durch die süßen Verse Homers, weil von seinen Erfindungen und seiner beschwingten Kunst etwas Erhabenes an ihm ist. Doch ‹Weisheit› (sophia) täuscht, verführend mit Worten». Der Satz scheint etwas Zweideutiges zu haben: Unmittelbar vorher war von den Dichtern, als den ‹Weisen› (sophoi) die sich nicht bestechen lassen, die Rede; unmittelbar danach von Odysseus, der durch seine geschickte Rede (bei dem Streit um Achills Waffen) den «mächtigen Aias» in den Selbstmord trieb. Wessen also sind die «Erfindungen» (griechisch ‹pseudea›, ‹Lügen›) und die «beschwingte Kunst» (‹machaná›, der Kunstgriff), wenn Pindar an anderer Stelle diesen Ausdruck gar von seiner eigenen Kunst gebraucht?[21] Wessen die täuschende «Weisheit», die die «blinde Menge» berückt – siehe Aias!? Ist das einer jener pindarischen ‹gleitenden Übergänge›, der unmerklich von den ‹Erfindungen› Homers zu den ‹Erfindungen› des Odysseus wechselt? Aber am Ende ist doch wieder der Dichter und seine Pflicht des wahren Rühmens gemeint. Die Kontroverse der Interpreten über diese Passage wird gegenstandslos, wenn man erkennt, daß zwischen den ‹Erfindungen› des Odysseus und der «süßen Kunst» Homers für Pindar kein Unterschied besteht. Odysseus' «Ruhm», der durch Homers Dichtung «größer geworden» sei, als seine «Erleidnisse» es verdienten, ist gewiß nicht der seiner Lügengeschichten, die er auf Ithaka erzählt, sondern der seiner Abenteuererzählung vor den

Phäaken, für die er von Alkinoos «wie ein Dichter» gepriesen wird. Nur von ihnen haftet Odysseus «etwas Erhabenes durch Homer» an. Es ist vielleicht das älteste Zeugnis für eine Auffassung der Abenteuergeschichten als homerischer Erfindung.

Man bemerke aber zugleich, wie bei Pindar, durch die Exemplifizierung der homerisch-odysseischen ‹sophia› – ‹Kunst›, ‹Weisheit›, ‹Schlauheit›? – mit dem Betrug an Aias, der Epiker als poetischer Geschichtenerfinder auch mit der mythischen Gestalt des ‹lügenden Odysseus› verschmilzt. Mit solchen Betrugsgeschichten erscheint Odysseus mehrfach in dem sogenannten Epischen Zyklus, von seiner Verstellung bei der Anwerbung zum Kriegszug, über seine Verleumdung des Palamedes, bis zu der Bettlerpatrouille in Troja; sie haben das ungünstige Bild von Odysseus' Charakter bestimmt, das die Auffassung des fünften Jahrhunderts beherrscht und auch für Pindars Urteil über seinen unverdienten Ruhm vorauszusetzen ist.

Es ist hiernach sehr wahrscheinlich, daß jenes Wort von den «Lügen, die der Wahrheit glichen», schon früh von seiner Beziehung auf die Lügengeschichten sich ablöste und gerade die Abenteuergeschichten mit ergriff, deren «Bezauberung» schon die Phäaken berückte (11.334); bald aber auch Geltung gewonnen hat für das ganze epische Erzählen, weil es mit seiner «Süße», das heißt dem Wohlklang der Verse und der Kunst der Nachahmung, den Hörer «verführt». Die Verallgemeinerung des Verdachts zieht sich von Hesiod über Solon zu den Aufklärern des sechsten Jahrhunderts: Xenophanes, der bereits von den «plasmata», «Erdichtungen», der früheren Dichter redet,[22] und Theagenes, der durch allegorische Deutung ihre ‹Wahrheit› rettet.[23]

Ins Positive gewendet wird diese Dichtungskritik zum erstenmal in der Sophistik. Gorgias behauptete – speziell von der Tragödie als Schauspiel, weil sie Vergangenes akustisch und optisch vergegenwärtigte – die wesentliche Täuschungsqualität der Dichtung, und erklärte dazu – mit der sophistischen Wendung ins Paradox –, daß hier «der Täuschende mehr im Recht sei als der Nicht-täuschende, und der Getäuschte mehr, als wer sich nicht täuschen lasse»[24] – das ist bereits die heute vielverhandelte ‹Legitimität der Fiktion›.[25] Im selben Sinne liest man in den ‹Dissoi logoi› (‹Zweierlei Aussagen›), in der tragischen Dichtung wie in der Malerei sei «der der beste, der am meisten vortäuscht, indem er es *dem Wirklichen gleichmacht*»: ‹hómoia tois alethinois poiéon›.[1]2[4]

Hier springt es in die Augen, wie die Dichtungsreflexion, über Hesiod, von jenem Odysseevers ihren Ausgang nimmt. Was ursprünglich die Geschicklichkeit des Lügens pries, wird zur Bestimmung von Dichtung. Die sophistische Argumentation ist im Keim bereits eine

Dichtungstheorie, indem sie den Grund legt für eine Auffassung von Dichtung als Fiktion.

Vorgearbeitet war diesem Schritt schon durch den Begriff, der das künstlerische Schaffen bezeichnete: ‹poiein›, ‹machen›; der Dichter als der ‹Macher›, ‹poietes›.[27] Das nimmt seinen Anfang in der Schildbeschreibung der Ilias, wo das handwerkliche ‹Herstellen› der ‹Darstellung› lebendiger Szenen durch den Künstlergott Hephaistos gilt, wenn er «Bilder macht» «als ob von lebendigen Menschen» (Il. 18.482, 539, 548). Doch dies ‹Als ob› zielt, wie jenes des Alkinoos (11.368), eher auf die Wahrheit des Gemachten als auf die Täuschung. Bei Pindar, ohne Beziehung auf Kunst, wird das ‹Gemachte› gleichbedeutend mit ‹erlogen›: Hippolyta verleumdete Peleus mit einer «falschen, erdichteten Rede».[28] ‹Dichten› hat stets den Klang von ‹erdichten›, und in der Dichtungstheorie meint der Begriff ‹Poiesis› weniger die Gestaltung als die ‹Erfindung›.[29]

Von Gorgias führt die Linie, über Platons Kritik der homerischen Dichtung als ‹Nachahmung› – und über die grundsätzlichere Verwerfung der Kunst als ‹täuschender Phantasmata›, nämlich Nachahmungen eines bereits Nachgeahmten (der Erscheinungen)[30] – zu dem Mimesis-Begriff des Aristoteles und seiner Rehabilitierung der Dichtung als unmittelbarer Nachahmung des Gesetzlichen: denn sie «zielt auf ein Allgemeines», das «Wahrscheinliche oder Notwendige», das heißt die innere Logik, «wie es wohl geschehen dürfte», und ist darum «philosophischer und ernsthafter als die Historie», die lediglich darstellt, «was geschah», das heißt, in seiner zufälligen Faktizität.[31] Die aristotelische Dichtungstheorie entspricht der Veränderung in der Auffassung des Mythos, der mit der griechischen Aufklärung seine Glaubwürdigkeit verloren hat und nur in soweit behält, als er Geschichte zu überliefern scheint (so für Thukydides), zugleich aber, bei Platon, als Wort und Begriff seine alte homerische Bedeutung der ernsten ‹Anrede› zurückgewinnt und zur sinnvermittelnden ‹wahren› Geschichte wird: ‹Mythos als Logos›.[32] Für Aristoteles dagegen ist der ‹Mythos› wieder die ‹fabula› der Dichtung, wobei ihre Fiktionalität mit ihrer Definition als Mimesis vorausgesetzt bleibt; er aber gewinnt der Dichtung den Anspruch auf eine Art von Wahrheit zurück. Von nun an *darf* Dichtung ‹Geschichten› erzählen.

Roman

Aristoteles trifft diese Bestimmungen, obschon im besonderen Hinblick auf die Tragödie, für Dichtung allgemein. Wieweit er sie auch für die Lyrik gelten lassen würde, darf hier unerörtert bleiben, jedenfalls gelten sie für Epos und Drama. Diese haben, im Unterschied zur Geschichtsschreibung, durch ihre besondere Art von Idealität und Allgemeinheit, das Recht, zu ‹erfinden›. Dabei legt er Wert darauf, Dichtung und Historiographie nicht durch ihre äußere Form – Vers und Prosa – gegeneinander abzugrenzen, wie es das Vulgärurteil tut:[33] Herodots Werk bliebe Historie, auch wenn es in Verse gebracht würde.[34] Den umgekehrten Fall spielt er nicht durch: Dichtung in Prosa – wie schwer dieser Schritt fällt, sieht man noch an dem Widerstand des George-Kreises, dem Romanschriftsteller den Titel des Dichters einzuräumen. Zudem gab es in klassischer Zeit kaum eine Prosa, die in Aristoteles' Sinn als ‹Poiesis›, ‹Erfindung›, gelten konnte. Die beiläufig erwähnten ‹Sokratischen Reden› stellt er mit dem Mimus zusammen, und also zur dramatischen Gattung.[35] Noch gab es nicht den Roman.

Umso bemerkenswerter ist, was Rudolf Borchardt, im spürbaren Widerspruch zur georgischen Observanz, in seinen Notizen zu Homer vermerkt.[36] «Die Buchform der Odyssee ist nicht eine beliebige. Sie ist die Form des Romans.» Und im weiteren konstatiert er «die aus dem Odysseebuche formgeschichtlich entsprungene Entwicklung des Romans». Er redet nicht ausdrücklich vom antiken Roman; worum es ihm geht, ist die Erfassung der modernen Gattungsform im Hinblick auf die Odyssee. Das Umgekehrte ist darin impliziert: die Durchleuchtung der Odyssee im Hinblick auf ihre Folgen.

An den Roman hat sich mancher, auch philologische Leser der Odyssee erinnert gefühlt und damit etwas gesehen, worin das vermutlich jüngere Epos sich von der Ilias unterscheidet. Literarhistorisch sind die Zusammenhänge des frühneuzeitlichen Romans mit dem antiken in einer Reihe gründlicher Untersuchungen nachgewiesen worden,[37] sodaß man getrost von einem Ursprung der neuen Gattung aus dem griechischen Roman der Kaiserzeit sprechen darf. (Die Zusammenhänge mit dem höfischen Roman sollen damit nicht übersehen werden.) Zumal das Vorbild der ‹Aithiopika› des Heliodor (3. Jhd. n. Chr.) – nach dem Erstdruck von 1534 in raschester Folge um die Jahrhundertmitte ins Französische, Deutsche, Spanische, Italienische und Englische übersetzt – spielte für die Entwicklung dieser neuen europäischen Unterhaltungsliteratur eine eminente Rolle. Von den alten Romanen lernte man nicht nur die Techniken der Handlungsführung, der Charakterdarstellung und Szenenschilderung, auch für die verschiedenen Möglichkeiten der Erzählerhaltung waren sie Muster: Erzählen als ‹allwissender› Autor, oder als von Selbsterlebtem in eigener Person, oder aus der Perspektive der Romanfiguren.

Eine Herleitung und Entwicklung des antiken Romans aus dem Epos dagegen, wie sie Borchardts Bemerkung anzudeuten scheint, wird heute mit Skepsis behandelt und in den neueren Abhandlungen bestritten.[38] In der Tat liegt zwischen dem Ende des alten Epos und dem Auftauchen der neuen Form mehr als ein halbes Jahrtausend, und über das hellenistische Epos führt kein Weg. Die frühesten Spuren des Romans reichen in das letzte vorchristliche Jahrhundert, die Gattung scheint plötzlich, ohne ersichtliche Vorläufer, als neue Erfindung aufzutauchen.[39]

Dazu kommt der Abstand des literarischen Ranges. Heutigem Geschmack scheinen die antiken Produkte die Hochschätzung nicht zu verdienen, die sie im siebzehnten und achtzehnten Jahrhundert genossen, und selbst Goethes Bewunderung für den Roman des Longus, ‹Daphnis und Chloe›, die er sich lebenslang bewahrte, fällt dem Philologen schwer sich anzueignen: die Gattung rückt ihm eher auf die Seite der Trivialliteratur. Dem scheint Recht zu geben, daß die antike Literaturtheorie den Roman ignoriert. War es der Lesestoff einer Unterschicht? Vor einer solchen Annahme warnt allein schon der Fund einer ansehnlichen Villa am Orontes in Syrien, aus der Zeit um 200 n. Chr., mit Mosaikbildern, die nach erhaltenen Papyrusfragmenten als Darstellungen aus zwei beliebten Romanen erkennbar sind; schwerlich las man diese mit vorgehaltener Hand. Überhaupt sind die aufgefundenen Papyrusreste von Romanen zahlreich genug, um auf eine breitere Leserschaft schließen zu lassen, und selbst Prachtausgaben hat es gegeben. Die häufigen literarischen Anspielungen der Texte rechneten mindestens auf Leser mit ordentlicher Schulbildung, also der Mittelklasse oder Oberschicht. Auch Sprache und Stil, obwohl bei den einzelnen Werken von verschiedener Qualität, nehmen an den Wandlungen der späthellenistischen Kunstprosa teil.

Dem Erbaulichen und seinen idealistischen Klischees sind wir ebenso entfremdet wie dem Schematismus der Handlungsführung. Aber diese Empfindlichkeit ist in der Neuzeit nicht älter als das achtzehnte Jahrhundert, als von England her ein differenzierterer Anspruch an psychologische und gesellschaftliche Wirklichkeit aufkam. Man wird darum, auch was den Vergleich mit dem Epos betrifft, das Werturteil zurückstellen müssen und an die historischen Veränderungen auch des höheren Geschmacks sich erinnern.

Was sich damals, gegenüber Homer, entschieden verändert hatte, ist die Gesellschaft, und es scheint eben die gemischte großstädtische Gesellschaft der hellenistischen Monarchien, und vollends des römischen Kaiserreichs, gewesen zu sein, in der die neue Gattung einem neuen Bedürfnis entsprach.[40] Der Epiker hatte zu dem Kollektiv gesprochen, öffentlich bei öffentlicher oder geselliger Gelegenheit, als Stimme des kollektiven Bewußtseins, und was er erzählte, war die Überlieferung, der allen gemeinsame Mythos. Der Roman ist von vornherein Leseliteratur, der Romanschreiber eine individuelle Person, ein Einzelner, so wie sein Leser der Einzelne ist, vielleicht der vorlesende Hausvater im engsten Kreis des bürgerlichen Hauses. Das Individuum, orientierungslos in einer amorph gewordenen Kultur und unbeteiligt an der Macht, sucht sein Glück im Privaten, in der Rettung aus unüberschaubaren Bedrohungen. Der späthellenistische Roman erzählt von Privatpersonen und dem glücklichen Ausgang ihrer Schicksale. Ein vergleichbarer Vorgang der Privatisierung des Lesens scheint die Entwicklung des Romans von der Renaissance ins achtzehnte Jahrhundert zu begleiten.[41]

Mit dem alten Epos hat der Roman das gemein, daß in ihm eine geschlossene Welt sich darstellt. Doch während in der epischen Welt das Selbstverständnis einer Epoche als ein Allgemeines sich ins Heroische der Vergangenheit projiziert, ist die Romanwelt Produkt eines Fluchtbedürfnisses, des Rückzugs aus der geschichtlichen Realität und aus dem Öffentlichen ins Ideal im Persönlichen: Liebe, Ehe, Tugend, geschlechtliche Reinheit, Tapferkeit und Treue in Gefahren, am Ende das Glück im Privaten. Es ist die Gedankenwelt des Lesers. In dieser ist der antike Roman dem Märchen verwandt, das gleichfalls als der Entwurf einer Gegenwelt verstanden werden kann: einer Welt, in der es ‹stimmt›; die in Unordnung geraten muß, damit das ‹Richtige› sich wiederherstellt und die Weltordnung des Märchens sich beglaubigt.[42]

Der Zusammenhang des Romans mit dem homerischen Epos ist aber nicht schon mit dem Fehlen einer kontinuierlichen Entwicklung erledigt. Gattungen leben wieder auf über den Hiat von Jahrhunderten, ja über ein Jahrtausend, wie der Roman selber in seiner byzantinischen Umgestaltung und seiner Renaissance in der Neuzeit beweist. Im Altertum erscheint er ohne Vorgeschichte; und man mag sagen, daß die Frage nach dem Ursprung überhaupt einem historischen Denken angehört, das in dem Nachweis der Entwicklung schon das Phänomen selber erklärt zu haben meinte. An ihrer Stelle ist darum in jüngerer Zeit die Beobachtung von Verwandtschaften mit anderen Gattungen getreten, die bei der Geburt des Romans Pate gestanden haben: aus deren Elementen das neue Gebilde hervorgegangen ist. Den ersten Anspruch scheint hier die Geschichtsschreibung zu haben, die mit ihren Beschreibungen fremder Länder, Völker und Sitten einen nachweislichen Einfluß auf mehrere Romanautoren gehabt hat. Anschauliches und dramatisches Nacherzählen geschichtlicher Vergangenheit, Darstellung in Szenen und Dialogen, die Einlage von Geschichten mit redenden Personen sind literarische Mittel, deren sich auch der Romanschreiber bedient, und die schon in der Historiographie ein Element des Fiktiven bedeuten. Aber gerade in diesen

Darstellungsmitteln ist die Geschichtsschreibung selber Erbin des Epos. Und Beziehungen, die hier zum Roman bestehen, scheinen mir andere Gründe zu haben als die der Gattungsverwandtschaft. Sie sind vielmehr in dem Erzählungscharakter des Romans selber zu suchen, das heißt in seiner epischen Natur.

Sonderbarerweise ist, unter den verschiedenen Ursprungshypothesen zum Roman, niemals das Märchen in Betracht gezogen worden – partielle ‹Einflüsse› in späteren Romanen ausgenommen. Dabei liegt die strukturale Ähnlichkeit auf der Hand. Märchenhaft ist das Grundmuster: Entführung der Braut, Suche und Abenteuer, Wiederfinden, Wiederherstellen des richtigen Weltverhältnisses in Glück, Reichtum, Macht. Mit dem Märchen teilt der Roman die prinzipielle Scheidung in Gut und Böse, Helfer und Widersacher – gelegentliche Differenzierungen verdanken sich der Transformation der ‹einfachen Form› ins Literarische, der Anreicherung mit psychologischer Wirklichkeit. Im Märchen fände man auch die spezifische Fiktionalität vorgebildet, die seiner Wunsch- und Gegenwelt eigen ist; es ist ursprünglich und wesentlich fiktiv. Unter den erzählenden Formen der Dichtung hat nur noch der Roman diesen Charakter der Fiktion. Sie ist dem Roman gleichsam angeboren – anders als dem Epos und der Tragödie, welche mythische Ereignisse behandelten, die erst mit dem Gang der Geistesgeschichte ins Fiktive entrückten. Und unbeschadet der Teilnahme, mit der der Leser sich in das Romangeschehen wie in Wirkliches hineinziehen läßt, beruht der Roman auf dem stillschweigenden Kontrakt zwischen Autor und Leser, daß er sich auf den Erfindungscharakter einlasse. Sollte es nicht sein, daß der Roman im Märchen seinen eigentlichen Vorläufer hat? Und es hätte keiner ‹Entdeckung der Fiktionalität› (durch die Sophisten, durch Aristoteles) bedurft – sie wäre Erbstück des Märchens?

Damit hat es aber eine Schwierigkeit. Es hat im alten Orient gewiß ein Märchen- und Geschichtenerzählen gegeben, das sich und den Zuhörer ganz ursprünglich am Erfundenen erfreute. Bei den Griechen aber scheint es das eigentliche Märchen, mit seiner Zeit- und Ortlosigkeit, seinen namenlosen Figuren ohne Umwelt, nicht gegeben zu haben, es wurde ihnen unwillkürlich zum Mythos, zur Geschichte bestimmter Personen der Vergangenheit, und damit zur Überlieferung. Wo wir auf Märchen stoßen, gewinnen wir sie aus der Analyse der Mythologie oder anekdotischer Historie. Durch die Historisierung des Märchens nimmt es teil an dem Wirklichkeitsstatus des Überlieferten. Es gab – wenn wir von der Parabel absehen – nicht die fiktive Erzählung als solche; das Märchen wurde episch.

Müssen wir uns also bescheiden bei dem Ursprung des Romans aus dem Nichts? Es gibt doch ein Vermittelndes, eben das Epos. Die Reminiszenzen und formalen Anregungen aus dem alten Epos sind augenscheinlich und immer bemerkt worden. Sie bleiben aber nicht partiell, in der Weise der Anspielung oder des Einflusses, sie sind von grundsätzlicherer Art. In dem ältesten ganz erhaltenen Roman – er wird in das Jahrhundert um die Zeitenwende datiert – mit dem Titel ‹Die Liebesgeschichte von Chaireas und Kallirrhoë›,[43] dessen Verfasser Chariton von Aphrodisias (in Kleinasien) sich als Sekretär des Redners Athenagoras vorstellt, ist die beständige Präsenz Homers offensichtlich. Sie bekundet sich nicht nur in der Kette der eingestreuten Homerzitate – vorwiegend aus der Odyssee –, sondern auch in Vergleichungen und Anspielungen auf homerische Szenen, wodurch die Romanhandlung überhaupt vor den Hintergrund des Epos gerückt wird. So zum Beispiel Kallirrhoë als ‹Schutzflehende›[44] vor dem edlen Dionysios in Milet, sich berufend auf den Edelmut des Alkinoos, «den wir doch alle bewundern und lieben» – man hört, wie in dieses ‹wir› die gebildete Leserschaft des Romans mit eingeschlossen ist. Oder am Ende die erste Liebesnacht des wiedervereinigten Paares, mit Chaireas' Erzählung seiner Abenteuer – so wie Odysseus sie der Penelope erzählte (23.310–343) –, besiegelt mit dem Vers der odysseischen Wiedervereinigung (23.296): «Und begaben sich froh zu dem Brauch des altvertrauten Lagers.«

Das Vorbild des Epos wirkt weit in die Struktur der Erzählung, am sichtbarsten in der Parallelführung zweier Handlungsstränge, die als gleichzeitige zu verstehen sind. Auch hier steht das Beispiel der Odyssee im Vordergrund – und keine andere Gattung, wie Geschichtsschreibung oder Biographie, kommt als Vorbild in Frage. Mancher der Romane bedient sich des Verfahrens, mit dem der Odysseedichter die Schwierigkeit der zeitlichen Verflechtung zweier Handlungen löste, indem er den kontinuierlichen Fortgang der einen parzellierte und suspendierte, während er der anderen folgte, so daß aus dem vorgestellten Zugleich ein erzählbares Nacheinander wurde. So entsprach es möglicherweise einem archaischen Zeitbewußtsein. Chariton macht, ein einziges und zum ersten Mal, Gebrauch von der Möglichkeit des Rückgreifens in der Zeit, als er die Erzählung von Kallirrhoes Schicksalen abbricht und die des Chaireas, von dem Zeitpunkt an, da sie getrennt wurden, nachholt. Der Abbruch, mitten im dritten Buch, geschieht mit einer Vorandeutung des weiteren Verlaufs: «Doch davon will ich etwas später erzählen; zunächst will ich berichten, was sich während derselben Zeit in Syrakus abgespielt hatte»; in dieser Erzählergeste bekundet sich, wenn auch individueller und willkürlicher, dieselbe auktoriale Freiheit, die im Epos in den Musenanrufen und in den kommentierenden Vor- und Rückblicken des Erzählers angelegt ist. Doch schon im Epos lösen sich solche Vor- und Rückgriffe in der

Zeit von der Auktorisierung durch die Musen und der Sinndeutung des Moments ab, treten als eigene Geschichten unter die Erzählerfreiheit des Dichters: in der Ilias (singulär in seiner Art, am Anfang des zwölften Buchs) der historische Vorausblick, weit über das Ende des Trojanischen Kriegs, auf die künftige Vernichtung der achäischen Lagermauer; in der Odyssee die nachgeholte Jugendgeschichte von der Narbe.

Heliodor, der für den Anfang seines Romans, sehr bewußt, den Effekt des homerischen «medias in res» benutzt, indem er vor den Leser eine komplexe Szene wie ein vollkommenes Bühnenrätsel stellt – das sich erst durch die Aufhellung der Vorgeschichte um die Mitte des langen Romans lösen wird –, verwendet für den Rückgriff in der Zeit eine andere Erzähltechnik: er läßt jene früheren Ereignisse, Anfang und Verwicklung der Geschichte, von Personen des Romans berichten. Hier ist es mit Händen zu greifen, wie er als Erzähler, im Aufbau und in den narrativen Mitteln, auf den Spuren des Odysseedichters geht.

Viel einzelnes wäre noch zu bemerken[45] – am bedeutendsten ist das Ganze. Die antiken Romane bilden eine Gattung, die nicht allein durch ihre literarische Form definiert ist, sondern wesentlich durch ihren Inhalt. Man wird es auch heute kaum besser sagen als mit den Worten des Johannes Jablonski (1721): «Roman. Eine ertichtete doch wahrscheinliche geschichte, die mit mancherlay unvermutheten zufällen erfüllet, und durch allerhand liebes-händel und ritterlichen thaten untermischt, endlich einen fröhlichen ausschlag gewinnet».[46] Nur, daß die Liebesgeschichte in Wahrheit das Gerüst darstellt, worin die Abenteuergeschichten sich ausbreiten; in diesen beiden Stoffanteilen variiert die Einheit der Gattung mehr zum einen oder zum andern. Ein jung verheiratetes Paar – später das Paar zweier Liebenden – wird durch gewaltsame Zufälle auseinandergerissen und in ferne Länder verschlagen, eines sucht das andere, sie geraten in gefährliche Abenteuer, haben von Land zu Land getrieben Unglücksfälle und Anfechtungen zu bestehen, halten einander wechselseitig für tot oder untreu, und finden am Ende sich wieder: glücklicher Ausgang nach einer Kette von Leiden. Es ist nicht schwer, in diesem Schema die Odyssee wiederzuerkennen. Kein Zweifel, die Odyssee ließ sich auch lesen als Liebesroman. Kirke, Kalypso, Nausikaa – auf der anderen Seite die Freier um Penelope; das Thema der Treue über alle Bedrängnisse und Verzweiflungen hinweg, auf Odysseus' Seite die Beharrlichkeit des Dulders; am Ende die Wiedervereinigung der Liebenden in dem, was hellenistische Literarkritik das ‹Ziel der Odyssee› nannte,[47] das eheliche Lager: es ist sehr wahrscheinlich, daß im Hellenismus die Odyssee in diesem sentimentalen Sinne rezipiert wurde. Und es gibt Anzeichen dafür, daß sie gleichsam zur Romanlektüre gehörte: Die antiken Romantexte wurden gern mit Szenenbildern, meist wohl routinierten einfachen Zeichnungen, illustriert. Sie dienten vermutlich dem Bedürfnis der naiveren und weniger literaten Leserschaft und bezeugen damit die Popularität dieser Literatur. Die Reste einer so illustrierten Papyrusrolle fanden sich von der Odyssee mit Zwischentextzeichnungen zu der Bestrafung des bösen Hirten Melanthios im Freierkampf.[48]

Diese Annäherung der Odyssee, in der hellenistischen Rezeption, an den Roman hat ihren offenbaren Grund in der Grundstruktur des Epos, welche die Geschichte von den getrennten und wiedervereinigten Gatten ist. Wenn man den Blick nicht auf Einflüsse und Anleihen, sondern auf das Grundmuster richtet, wird man in der Odyssee das Vorbild der neuen Gattung nicht verkennen.[49]

Es gab mehr und anderes, was in der Odyssee dem Zeitbedürfnis entgegenkam. Im vorigen Kapitel war von den geschichtlichen Verhältnissen die Rede, die als zeitgenössischer Hintergrund des Epos in den Lebensgeschichten des Eumaios und des Bettlers Odysseus sich spiegeln: die Unsicherheit der Meere, die Bedrohtheit der Existenz in dem Jahrhundert der kolonisatorischen Expansion. Wir wissen genug von den Verhältnissen der östlichen Mittelmeerwelt in den letzten Jahrhunderten v. Chr., um zu ermessen, was äußere Gefahren zu dem Lebensgefühl der Zeit beitrugen. Mit der gewaltigen Ausdehnung der griechischen Zivilisation im Hellenismus und der nochmals wachsenden Bevölkerung war der Verkehr frequenter geworden, aber kaum sicherer. Die Seeräuberei, mit Kreta als Zentrum, war erneut zu ungeheuerlichen Ausmaßen angewachsen und wurde geradezu zur politischen Plage. Dabei war Menschenraub und Sklavenhandel mit eine Quelle für den wachsenden wirtschaftlichen Bedarf der großen Städte.

Es läßt sich leicht denken, mit was für Ohren die Leser der Romane die Geschichten der Odyssee hörten. Es waren Lebensgeschichten unter der Macht der Fortuna. Diese Göttin des Glücks, griechisch ‹Tyche›, beherrscht die verschlungenen Wege und verworrenen Schicksale der Romanhelden. Das Wort hatte mehr und mehr seinen altgriechischen Sinn des ‹glücklichen Gelingens› vertauscht in einen Begriff des undurchschaubaren Zufalls. Als Gottheit auch kultisch verehrt, rückt Tyche fast an die oberste Stelle und läßt die traditionellen olympischen Götter verblassen. Sucht man in den Geschichten des Odysseus nach dem, was ihre Stelle einnimmt, so ist es der Name des Zeus. Zeus hat in der Odyssee zumeist, wie durchaus in der Ilias, seine mythische Personalität, auch wo er allgemeiner und nicht in eigentlicher mythologischer Rolle wirkt: als Hüter des Rechts und zumal des Gastrechts, als Rächer menschlicher Vermessenheit. Als der Herr der Schicksale «gibt» er auch alles Gute und Schlimme, nach seiner allmächtigen Willkür, selbst die plötzlichen Sinnesänderungen der Menschen. Und freilich ‹weiß› der Mensch den Willen des Zeus so wenig, als er seiner ‹Gaben› mächtig ist. In dieser personalen Weise wirkt Zeus auch in den Abenteuererzählungen des Odysseus. Doch in den Lebensgeschichten, die er auf Ithaka erzählt, tendiert die Gestalt des Zeus dahin, etwas Unbestimmtes zu werden, eine unberechenbare und unpersönliche Macht, die dem Zufall gleicht, bis zu dem Grade, daß sie dem Gedanken einer gerechten Lenkung geradezu widerspricht. Schon Eumaios redet von Seeräubern, «denen Zeus Beute verleiht» (14.86. Der Dichter weiß, was er damit sagt, indem er gleich hinzufügt, daß «sie Furcht vor göttlicher Vergeltung befällt»). ‹Zeus› rückt hier nah an den namenlosen Begriff des ‹Daimon›, der aber, ob «böse» oder «freundlich», stets an den einzelnen Menschen engagiert ist. Der analoge Begriff für ‹Zeus› wäre in der Tat der blinde Zufall, Tyche.

Damit sind wir bei den Lügengeschichten. Mit Liebesgeschichten freilich, wie sie die Struktur der Romane bilden, haben sie nichts zu tun. Umso mehr mit ihrem Charakter als Abenteuerromane. Denn sie spiegeln die Märchenabenteuer des Odysseus in der Umwelt der zeitgenössischen Wirklichkeit und vermitteln sie damit an die reale Sphäre, in der der Roman spielt. Es scheint nicht unmöglich, hieran auch jene Sonderform des antiken Romans anzuknüpfen, die man, zur Unterscheidung von den idealisierenden Liebesromanen, die komisch-realistische nennt: Petrons ‹Satyricon› und Lukians Eselsroman, mitsamt seiner Neubearbeitung durch Apuleius.[50] Hier bleibt von der rahmenden Liebesgeschichte nur noch das Erotische, das sich nun durch die Kette der Abenteuer zieht. Entsprechend hat der Held seinen ernsthaften Charakter in den des Abenteurers vertauscht. Die Gattung des Schelmenromans hat hier ihre Wurzel. Aber eben den Charakter des Abenteurers nimmt Odysseus in den Lügengeschichten an. Es ist jener Zug, der schon in dem Zyklopenabenteuer hervortrat, als Odysseus mutwillig und gegen die Warnung der Gefährten sich in das Abenteuer mit dem Unhold einließ. Aber in der Lügengeschichte wird seine Verwegenheit bedenklicher: ein Draufgängertum, das sich in Hinterhalt, Totschlag und Piratenüberfällen bewährt. «So einer war ich...; doch Arbeit war nicht meine Sache...» (14.216–226). Und wie er vor dem Ägypterkönig sein Leben rettet, ist alles andere als heroisch. Hier scheint der ‹Schelm› bereits angelegt, und der Realismus bekommt das Entlarvende, das das Element des Komischen und der Parodie ist.

Indessen haben die Lügengeschichten für die Entwicklung und Verzweigung der Gattung eine generellere Bedeutung. Dabei ist immer festzuhalten, daß, in der hellenistischen Wirkungsgeschichte der

Odyssee, die Abenteuererzählungen mit den Lügengeschichten, und beides zusammen mit der Grundstruktur der Odysseusgeschichte von Trennung, Irrfahrt und Wiederfinden, zu einem Ganzen verschmolzen. In den Lügengeschichten scheint, außer den Motiven von Handel und Piraterie, Schiffbruch und gewaltsamen Wechselfällen, von Glück und Unglück, auch der mittelmeerische Horizont und das Exotische vorgebildet, das den geographischen Raum der Romanschicksale ausmacht. Ägypten zwar und Syrien sind längst nicht mehr exotisch, sie sind zu Zentren der hellenistischen Welt geworden, und um über die Grenzen des Alltäglichen hinaus dem Abenteuerlichen und Unerhörten Raum zu schaffen, mußten Historie und Ethnographie helfen, die Romanhelden nach Babylon oder Äthiopien zu führen. Es fällt aber doch auf, in welchem Maße die Abenteuer der Liebenden an die Schauplätze der Lügengeschichten, Ägypten und Phönizien, gebunden bleiben, als den Raum der glaubhaften Schicksale und ‹realen Wunder›.

Aus der Verschmelzung der Lügengeschichten mit den Abenteuern der Irrfahrt möchte nun auch auf jene Variation des Romans ein Licht fallen, worin die Abenteuer weit über die alte Ökumene hinaus bis ins Phantastische reichen. Der Einfluß der historisch-ethnographischen Literatur ist hier, wo es um Stoff für unendliche Erlebnisse in barbarischen und exotischen Weltgegenden ging, augenfällig. Doch muß man vorsichtig abgrenzen. Unter dem Titel ‹Reiseberichte› sind die verschiedenartigen Texte nicht zusammenzufassen. Die Historiographie des vierten und dritten Jahrhunderts v. Chr. hat, im Anschluß an Herodot, die Beschreibung von exotischen Ländern, ihren Merkwürdigkeiten und Bräuchen bis ins Fabulöse entwickelt, wobei der Historiker sich auf Erzählungen der Einheimischen, oder sogar auf Autopsie berief, (so Ktesias zu Anfang des vierten Jahrhunderts). Es waren keine ‹Erlebnisse› wie im Roman, sondern Berichte: es fehlt ihnen der durchgehende Handlungsfaden ebenso wie der Erlebende. Von anderer Art sind kulturphilosophische Texte – sichtlich nach dem Muster von Platons Atlantis – mit den utopischen Beschreibungen ferner Inseln oder des transozeanischen Festlands und ihrer idealen Staats- und Gesellschaftsformen (bei Theopomp, Euemeros, Hekataios von Abdera): sie haben, obschon im Gewande der Ethnographie, den Charakter säkularisierter Offenbarung. Aber auch da werden die Sonderbarkeiten der Ferne beglaubigt, wenn nicht als glaubwürdige Mythen, so als authentische Berichte, die der Autor von seinen Forschungsreisen mitgebracht hat. Einzig ein gewisser Iambulos kleidete seine Utopie in die Form des Selbsterlebten:[51] Jugendgeschichte, Handelsreise nach Arabien, Raubüberfall und Verschleppung nach Äthiopien, Bekanntschaft mit dem dortigen Sühneritual einer Verschickung zu der utopischen Insel (was dann als selbsterlittenes dargestellt wird), Heimkehr nach sieben Jahren über Indien und Niederschrift des Erlebten. Man sieht: was sonst dem Historiker in fremden Ländern erzählt wird, gibt er für Autopsie. Das unterscheidet ihn letzten Endes noch nicht von den Historikern. Und das Ich des Historikers ist ein grundsätzlich anderes als der Ich-Erzähler des Romans: im Roman gehört das erzählende Ich mit zur Fiktion.[52]

Wenn die Geschichte des Iambulos in eigener Person erzählt war (das Referat Diodors läßt keine Nuancen erkennen), wäre sie allerdings die früheste Abenteuererzählung in dieser Form. Doch auf der Insel erlebt er keinerlei Abenteuer; und das Abenteuer der Verschleppung dient sichtlich nur dazu, seine Bekanntschaft mit dem äthiopischen Brauch und sein Wissen von der ozeanischen Insel zu begründen. Immerhin hat er ihre phantastische Fruchtbarkeit bereits in der später beliebten Weise des Romans mit dem Zitat zweier Odysseeverse aus der Schilderung des Gartens des Alkinoos illustriert (7.120 f.). Und so konnte er später, zusammen mit dem genannten Ktesias, von Lukian exemplarisch als Erzähler einer Schwindelgeschichte zitiert werden.[53] Es dauert aber doch noch geraume Zeit, bis, für unsere Kenntnis, der erste Roman als Ich-Erzählung des Helden erzählt wird: ‹Die Wunder jenseits von Thule› des Antonius Diogenes (vermutlich um 100 n. Chr.). Antonius begnügte sich nicht mit Abenteuern seiner drei Helden – eines Geschwisterpaars und des Erzählers selber – in den Ländern des Mittelmeers, er führte den einen (wie einen Historiker) auf ‹Erkundungsreise› durch den Pontos nach Osten bis zum Sonnenaufgang (wie Jason oder Odysseus), die anderen beiden, aus Tyrus, zu den barbarischen Völkern des Nordens – bei den Kimmeriern sogar in die Unterwelt – und alle drei endlich zur Insel Thule. Erst das letzte, nämlich (wie bei Homer) das 24ste Buch erzählte von Erlebnissen «jenseits von Thule»: von Menschen unter dem Nordpol, bei denen die Nächte einen Monat, ja ein Jahr lang dauern (entsprechend den kurzen Nächten bei den Lästrygonen); endlich von einem äußersten Ort, wo der Erzähler ganz nah dem Monde war (dies offenbar nach der Hyperboreischen Insel des Hekataios). Obschon dieser lange Roman von unzähligen dergleichen Abenteuern, oder richtiger: Wunderdingen, voll gewesen sein muß (wir kennen ihn nur aus dem Exzerpt des belesenen byzantinischen Patriarchen Photios),[54] ist das Gesetz der Gattung doch stark genug, um nicht nur das Geschwisterpaar gewaltsam zu trennen und nach je eigenen Abenteuern einander wiederfinden zu lassen, sondern auch die Schwester auf Thule zur Geliebten des Ich-Erzählers zu machen und jedes auf getrennten Wegen nach Tyrus zu führen zur endlichen Wiedervereinigung. So werden die an sich unzusammenhängenden Mirabilien zuletzt doch zu Abenteuern und Erlebnissen in einer Liebesgeschichte.

Wir erkennen aus der knappen Inhaltsangabe des Photios nicht den Ton, in dem der Autor von all diesen ‹Wundern› sprach. Aber allein schon der Titel – ‹Apista›, also genauer: ‹Unglaublichkeiten› – zeigt an, daß dem Leser hier kein Glaube mehr abverlangt wurde. Die Erfindungen sind nicht mehr bloß von der Art des Fiktiven der Romanerzählung überhaupt, welche dem Gesetz des Wahrscheinlichen folgt, sondern Phantastereien. Wundergeschichte und Ich-Form der Erzählung gehören hier zusammen. Im Hintergrund stehen die Abenteuer des Odysseus, deren Ich-Erzählung bereits der späteren Rezeption bedeutete, daß für ihre Wahrheit nicht der Dichter bürgt: die Abenteuer waren längst zu ‹Lügengeschichten› geworden. Antonius aber rückt seine Wunder, durch eine komplizierteste Technik der Verschachtelung – immer neue Icherzählung in der Icherzählung –, in immer fernere Prospekte des Unwirklichen. Und das nicht weniger komplizierte Verfahren der auktorialen Beglaubigung – nämlich der Übermittlung der authentischen Ich-Erzählung über Niederschriften, Grabfund, Abschrift bis in die Hände des Autors – rückt das Ganze nur umso mehr in den Bereich des Fiktionalen.

Von nun an gibt es eine ganze Reihe von Abenteuerromanen in der Ich-Form. Achilleus Tatios, in ‹Leukippe und Kleitophon› (ca. 150/200 n. Chr.), wendet sie noch einmal für den traditionellen Romaninhalt der ‹getrennten Liebenden› an: die von Kleitophon erzählten Abenteuer bleiben, trotz manchen beschreibenden Exkursen, streng auf die Geschichte der Suche nach der Geliebten bezogen, halten sich auch im traditionellen Rahmen der bekannten Ökumene. Lukians ‹Eselsroman› dagegen, obschon im höchsten Maß erotisch, sprengt das idealistische Schema von Suche und Wiedervereinigung, die Abenteuer des verhexten Liebhabers werden zur Suche nach dem Zaubermittel der Erlösung von der Eselsgestalt. Schon hier erwächst die Zauberei auf dem Boden eines dezidierten Realismus, der die poetische Erfindung zur amüsanten Fiktion werden läßt. Er wird vollends zum Grund der Phantastereien, die seinen zweiten Abenteuerroman ‹Wahre Geschichte› füllen.

Die Wahrheit der ‹Wahren Geschichte› besteht in dem Eingeständnis des Autors, daß er lügt. (Der stillschweigende ‹Kontrakt mit dem Leser› wird offengelegt.) Aus diesem realistischen Blickpunkt wird ihm eine ganze Literatur zur unaufrichtigen Lüge. Gelogen hat Ktesias, gelogen Iambulos, «und viele andre mehr», die um des Vergnügens der Leser willen von ihren angeblichen Reisen erzählen, von der Begegnung mit Riesentieren, mit wilden Menschen und seltsamen Lebensweisen. Zu den vielen anderen zählte er wahrscheinlich auch Antonius Diogenes, dessen Mondabenteuer er mit seiner Luftreise zum Mond übertrumpft. Der «Urheber und Lehrmeister» aller solcher

Aufschneidereien aber sei «für sie» der homerische Odysseus mit seinen Schwindeleien vor den Phäaken.

Die Nennung des «Lehrmeisters Odysseus» ist doch wohl mehr als eine polemische Denunziation jener Schwindelschriftsteller von Homer bis Antonius. Er selber stellt sich ja in ihre Reihe und wetteifert mit ihnen im Lügen. Er ist selber Adept des Odysseus. Und zwar, da er bewußt und eingestandenermaßen lügt, der wahre Schüler des Lügenerzählers. Aber das Vorbild der Odyssee ist in der Gattung von Anfang an zu offenbar, um nicht in dem literarischen Selbstverständnis der Romanschreiber präsent gewesen zu sein: Odysseus nicht nur als Figur des Irrfahrers, nicht nur als das Muster in der Geschichte der getrennten und wiedervereinten Gatten, sondern als Erzähler. Und zwar als der Erzähler erfundener Geschichten. Dazu mußte erst der Erfinder der Lügengeschichten in den Erzähler der Abenteuer eingegangen sein. Wobei eine merkwürdige Vertauschung stattfand: der Lügenerzähler wurde zum Initiator der ‹wahrscheinlichen› Fiktion, die «aussieht wie Wirklichkeit», während der Erzähler der Abenteuer, dem Alkinoos die Wahrheit attestiert, zum «Urheber» der phantastischen Erzählung wird. Man faßt hier etwas, das in keine antike Literaturtheorie eingegangen ist, eine nie formulierte Theorie des Romans: die Begründung der Fiktionalität der Gattung durch ihren Archegeten Odysseus.

XVI. Kapitel

DAS UNVORHERGESEHENE

Spannung ist nicht ursprünglich das Element des Epischen. Im Gegenteil, der epische Dichter tut alles, um «die Zuhörer zu beruhigen»,[1] sie auf das Kommende und auf den Ausgang seines Gedichts vorzubereiten, ja er nimmt das Ende mit offenen Worten vorweg, indem er sich selber als Erzähler einmischt oder eine seiner Personen, seien es Ahnende oder Seher oder der allwissende Gott, die Zukunft enthüllen läßt. Die Ilias ist voll davon, es reicht von den zahlreichen Apostrophen: «Der Tor, er sollte nicht dem Tod entrinnen», über ahnungsvolles Vorauswissen, wie Hektors «Kommen wird der Tag, wann die heilige Ilios untergeht», bis zu den programmatischen Willenskundgebungen des allwissenden Zeus. Ja, der eigentlichen tragischen Peripetie seiner Geschichte, dem Tod des Patroklos, nimmt der Epiker den Effekt der Überraschung, indem er die allererste Knotung des Handlungsfadens schon im elften Buch kommentiert: «Das war ihm der Anfang des Unheils» (Il. 11.604). Freilich wird durch solches Voraussagen eine Spannung anderer Art, nämlich in der Situation selber, erzeugt, indem diese mit der ganzen Bedeutung des Kommenden aufgeladen wird.

Doch verfügt der Iliasdichter auch über Formen des Vorbereitens, die weniger ausdrücklich sind; die den Hörer gar nicht merken lassen, daß er auf etwas vorbereitet wird. Das ist die Art der beiläufigen Einführung des Patroklos im ersten Buch (Il. 1.307), der kaum merklichen Andeutungen von Vertrautheit Achills mit dem Gefolgsmann im neunten bis zu dem Incipit tragoedia im elften und dem für den Hörer schon so bedrohlich klingenden Ruf Achills vom Schiffsbug her: «Göttlicher Menoitiossohn, geliebter meines Herzens! jetzt ...» (Il. 11.608). Wie hier von weit her das Verhängnis angesponnen wird, zeigt die Kunst des Vorbereitens bereits auf der höchsten Stufe. – Die Weise, wie der Waffentausch im Gespräch mit Nestor (Il. 11.798) eingeführt, durch die Patroklie hin und bis zum Tode Hektors (Il. 22.322 ff.) durchgeführt wird, zeigt dieselbe Kunst der Entwicklung aus unmerklichen Anfängen.

In der Odyssee gibt es Vergleichbares. Von den Kleidern des Odysseus war schon die Rede. Als Kalypso ihn zur Floßreise prächtig einkleidete, wer hätte daran gedacht, daß sie ihn beim Schiffbruch fast in die Tiefe ziehen würden; daß er, um sich zu retten, Wrack und Kleider den Wogen würde hingeben müssen. Aber ohne den Verlust der Kleider nicht die neue Einkleidung durch Nausikaa, nicht der Auftritt vor der Königin in den geborgten Kleidern. Auch hier wird der Hörer erst vom Ende her gewahr, von wie weither das Ganze vorbereitet wurde.

Doch gerade hier kommt etwas anderes hinzu, das Moment der Überraschung. Es kommt zustande durch die Art, wie auf die Königin selber vorbereitet wurde. Denn zweimal wurde Arete als diejenige eingeführt, von deren Wohlwollen Odysseus' Schicksal abhängen wird. Auf die Erwartung ihrer Gunstbezeigung scheint die ganze Vorbereitung zu zielen. Es kommt anders. Es gehört zu den eigensten Erzählformen der Odyssee, daß etwas anders kommt, als man denkt. Man muß das unterscheiden von jenen Überraschungen, auf die keine Geschichte verzichten kann, weil sie sonst keine Geschichte wäre. Hier handelt es sich nicht ums Pragmatische, sondern um die Erzählform. Der Hörer wird vom Erzähler selber in eine Erwartung gesetzt, in der er sich alsbald getäuscht sieht durch das Unerwartete. Wie dergleichen in der Ilias fehlt, gehört es offenbar einer reiferen Stufe des Erzählens an und nähert sie bereits dem Roman.

Von dem ‹Unvorhergesehenen› bei Aretes Reaktion im Anblick von Odysseus' Kleidern soll nicht noch einmal die Rede sein. Doch lehrt der Vergleich mit ähnlichen Fällen, daß man es mit einer spezifischen dichterischen Form zu tun hat. Das eklatanteste Beispiel ist der ‹dritte Tag› bei den Phäaken. Es ist damit die Verlängerung von Odysseus' Aufenthalt auf Scheria gemeint, der vom Dichter zunächst auf zwei Tage angelegt scheint. Odysseus, am Abend seiner Ankunft am Hof des Alkinoos, bittet den König, «mit dem Morgengrauen» heimgebracht zu werden (7.222), «und alle stimmten zu». Alkinoos verspricht ihm das Geleite «für morgen»: dann werde er, im Schiffe schlafend, nach Hause gelangen. Daß die Abfahrt damit stillschweigend, entgegen Odysseus' Bitte, auf den Abend festgesetzt wird, bedeutet noch keinen Bruch der Leseerwartung: die Wunderschiffe fahren nur bei ‹Nacht und Nebel› (8.562). Zugleich wird damit Raum geschaffen für die festlichen Veranstaltungen des kommenden Tages. Endlich das Abschiedsmahl findet ganz unter der Erwartung der abendlichen Abfahrt statt: das Schiff liegt fahrbereit, die Gastgeschenke sind gebracht, Nausikaa hat ihr letztes Lebewohl gesagt. Was dann eintritt, das alles Planen über den Haufen wirft, so daß man die Nacht verstreichen läßt und Odysseus bis zum Abend des nächsten Tages warten muß: die alle ergreifende Bezauberung von Odysseus' Erzählungen, die ihn selber ergreift und die Abfahrt vergessen läßt – das braucht nicht noch einmal erläutert zu werden (siehe Kap. IX). Es hängt zusammen mit der langen und gegen alle Wahrscheinlichkeit hinausgezögerten Namensnennung: also einer bewußten erzählerischen Form. Schwerlich werden noch die Manipulationen überzeugend sein, mit denen eine frühere Kritik sich des unerwarteten dritten Tages zu entledigen versuchte, weil sie meinte, auf dem ‹morgen› bestehen zu müssen.[2] Vielmehr wird man auf einige Züge achten, mit denen der Dichter bereits die Verschiebung vorbereitet: mit der Anweisung an die Schiffsmannschaft (die ja sonst vergeblich auf ihren Passagier gewartet hätte), nach Zurichtung des Schiffes auszusteigen und zum Mahl ins Königshaus zu kommen (8.38); mit der Verpakkung und Verschnürung der Gastgeschenke in einer großen Truhe, in der sie nun wohlverwahrt bis zur Beladung des Schiffes stehen bleiben können (8.424–448; 13.10). Nicht daß diese erzählerischen Vorbereitungen die spätere Wendung erwarten ließen: aber sie machen sie möglich. Die Wirkung, die Wendung, die Verschiebung auf den anderen Tag ist das schlechthin Unvorhergesehene.

Der Dichter hat sich noch einmal an bedeutender Stelle dieses Mittels bedient, in der Vorbereitung des Kampfes mit den Freiern. Die einfache Geschichte von der Heimkehr des Verschollenen hatte kein Geschäft damit, wie es dazu kam, daß der Unerkannte bei der Bogenprobe sich enthüllte und über die Nebenbuhler Herr wurde: die Koinzidenz von Freierwahl und Heimkehr war das im Märchen Gegebene. Aber das Epos, in seinen entfalteten Situationen des Incognito, zumal wenn es den Sohn mit ins Geheimnis zog und am Kampf beteiligen wollte, konnte nicht umhin, den Rückkehrer sagen zu lassen, wie er sich das Ganze eigentlich dachte. Es mußte Odysseus irgendwie vorausplanen lassen. Denn mit der Gelegenheit der Bogenprobe konnte er nicht rechnen.

Der Plan ist denn auch das erste, das er, noch auf dem Hof des Schweinehirten, im vertraulichen Gespräch mit dem eben wiedergefundenen Sohn beredet (16.281–298). Er klingt detailliert und realistisch. Zunächst läßt er sich von Telemach die Zahl der Freier vorrechnen: es sind einhundertundacht! Zu gegebener Zeit wird er dem Sohn einen Wink geben, dann soll er die Kampfrüstungen aus dem Saal entfernen und hinten in die Kammer schaffen. – Vorausgesetzt ist die Sitte, die wir durch Alkaios, hundert Jahre später, aus Lesbos kennen: die Rüstungen der Großfamilie oder Genossenschaft wurden im Herrenhaus an den Wänden des Männersaals hängend aufbewahrt.[3] Durch die Entfernung der Waffen sollen die Freier wehrlos werden. Für die eigene Wappnung wird vorgesorgt mit der Anweisung, zwei Rüstungen für sie beide – Speer, Schwert und Schild – im Saal zurückzulassen: auf die würden sie damit im gegebenen Augenblick losstürzen und sie ergreifen.

Sollte der Plan je zur Ausführung kommen? Nämlich nach der Absicht des Dichters? Tatsächlich wird der Freiermord, im 22. Buch, nach den ersten Pfeilschüssen des Odysseus in einen langen und schweren Kampf mit Lanze und Schwert sich verwandeln, aber unter sehr anderen Umständen. Die zwei Rüstungen sind *nicht* im Saal zurückgeblieben, und Odysseus und Telemach haben sie sich, angesichts des heftigeren Widerstands der Freier, erst aus der Rüstungskammer zu verschaffen. Diese Situation kommt zustande durch die befremdliche Weise, wie der im Gehöft des Eumaios gefaßte Plan am nächsten Tage ausgeführt wird.[4]

Odysseus ist inzwischen zu Hause angelangt. Es ist Abend geworden. Die Freier sind heimgegangen, und der fremde Bettler ist von der Königin zu einem abendlichen Gespräch in den großen Saal bestellt. Er findet sich zu Anfang des 19. Buches mit dem Sohn allein:

> Schnell sprach er zu Telemach die geflügelten Worte: Telemachos, jetzt gilt es, die Kampfwaffen nach drinnen zu schaffen, allesamt, und wenn die Freier sie vermissen sollten und dich fragen, mußt du sie mit sanften Worten bereden ...

Er habe sie aus dem Rauch entfernt, da sie mit der Zeit unansehnlich geworden seien; auch habe er Sorge, daß sie in der Trunkenheit sich damit verletzen könnten. – Von den zwei im Saal zurückzulassenden Rüstungen ist keine Rede mehr. Hat Odysseus den Plan geändert?

Der heimliche ‹Wink› für den Sohn ist allerdings überflüssig geworden. Dafür kommt Neues hinzu: die Sklavinnen, die noch die Tische abräumen, müssen ausgesperrt, Eurykleia halbwegs ins Vertrauen gezogen werden. Sie zeigt Verständnis für Telemachs vorgebliche Sorge um die Rüstungen; aber wer soll ihm draußen leuchten? Denn es ist schon finster. «Dieser Fremde hier», entgegnet Telemach barsch. Sie verstummt und gehorcht. Und alles ist sehr eilig. «Die beiden sprangen auf, Odysseus und sein strahlender Sohn»; und damit gleich beide tragen können, übernimmt das Voranleuchten Athene mit goldener Lampe. Das Werk ist getan, Telemach geht zu Bett, und schon erscheint Penelope.

Die zwei Rüstungen aber, die für sie vorgesehen waren, wurden weder vom Dichter, noch von Odysseus vergessen. Denn auf nichts anderes bezieht es sich, wenn er befiehlt, «die Waffen allesamt» wegzuschaffen: er läßt ausdrücklich keine zurück. Umso fragwürdiger freilich wird sein Plan. Hat er überhaupt einen? Im Gang der weiteren Ereignisse ist alles stimmig: Wenn es zum Morden kommt, mit dem ersten Bogenschuß auf Antinoos, hängen keine Rüstungen an den Wänden; erschreckt und vergebens blicken die Freier hin (22.23–25). Hier dürfen keine Waffen, auch nicht eine einzige, erreichbar sein. Aber stimmig ist dies alles erst, nachdem Penelopes Bogenprobe Odysseus den Bogen in die Hand gespielt hat. Planen konnte er das nicht.

Wie soll man sich den Widerspruch zwischen Plan und Ausführung, zwischen Odysseus' erster Anweisung an Telemach und der zweiten, erklären? Ich sehe von jenen Erklärungen ab, die in jeder der beiden die Spur einer verschiedenen Handlungsführung sehen wollen. Sie gehen von dem irrigen Postulat aus, daß mit der Ankündigung die Durchführung übereinstimmen müßte. Wir sind bei der Beurteilung alter Literatur leicht in der Suche nach Quellen befangen, schauen schneller nach künstlichen Auswegen, ehe wir uns in dem Text genügend umgesehen haben. Da ist zuerst zu bemerken, daß der Plan, den Odysseus mit seinem Sohn ausmacht, die furchtbare Aufgabe, wie gewagt auch immer, als irgendwie möglich erscheinen läßt. Dem dienen die realen Details: der heimliche Wink für Telemach rechnet mit der Behinderung einer offenen Verständigung zwischen Vater und Sohn, denn wer weiß, ob zu einer solchen Gelegenheit sein wird? (Von der schon hier folgenden Anweisung für eine Ausrede vor den Freiern sogleich.) Das Konkreteste ist die Zurücklassung der beiden Rüstungen: hier wird der Zuhörer in die Erwartung eines bestimmten Verlaufs gesetzt. Aber wie soll es gelingen? Odysseus: ‹Athene und Zeus werden helfen!›

Das Vertrauen in die Götter tritt in die Lücke, die das Vorausplanen notwendig lassen muß. Man hat in diesem von Odysseus bekundeten Gottvertrauen eine erzieherische Absicht des Vaters erblickt, den eigentlichen Sinn seines gewagten Planes.[5] Daran ist etwas Richtiges. Telemachos hatte gleich anfangs gewarnt: zwei gegen solche Übermacht! Mußte man sich nicht nach Helfern umsehen? Und schon da hatte Odysseus entgegnet: er möge bedenken, «ob nicht Athene, zusammen mit Vater Zeus, uns genug sein werde» (16.260). Und Telemach hatte lebhaft zugestimmt: «Vortreffliche Beschützer wahrhaftig sind diese Beiden!»

Sie zwei also, Vater und Sohn ganz alleine, werden das Wagnis unternehmen. Odysseus weist Telemach an, tiefes Schweigen gegen jedermann zu wahren. Noch einmal erwägt er, ob der eine oder andere Getreue noch «geprüft» werden sollte – das wird verworfen: es dauerte zu lang.

So dient denn das Vertrauen in die Götter dazu, jede menschliche Bundesgenossenschaft auszuschließen und das abenteuerliche Vorhaben von Vater und Sohn gegen eine fünfzigfache Übermacht für möglich erscheinen zu lassen. Die Erörterung und Anweisung all des realen Details gibt dem Plan einen kräftigen Zug von Realismus – in der Ilias gibt es kein derartiges Gespräch –, und es ist diese Realität, die den Zuhörer auf die Erwartung des Fortgangs einstimmt. Und Odysseus hält an diesem Plan fest. Seine Anweisung zur Ausführung zu Beginn des 19. Buches setzt in ihrer Kürze den Plan durchaus voraus:

«Jetzt müssen die Waffen hinein – allesamt ...» Die Frage, die der Leser sich stellen mag: warum jetzt ‹allesamt›, wird verdrängt und verdeckt von neuem Detail: «Und sollten die Freier dich fragen, so antworte: ...» Gleich zwei Ausreden legt er ihm in den Mund. (Es ist klar, daß die Anweisung für «sämtliche» Rüstungen – so wie für die zweierlei Ausreden – im 16. Buch ebenso unpassend ist wie hier notwendig; und daß wir der Entscheidung der alexandrinischen Philologen folgen sollten, sie an der früheren Stelle, 16.286–294, zu tilgen.) Auch diese Ausreden lassen den Zuhörer auf den Moment warten, wo sie gebraucht werden.

Daß dieser Moment nicht eintritt – die Freier bemerken einfach das Fehlen der Rüstungen nicht –, ist das letzte, woran man Anstoß nehmen dürfte. Es verstieße gegen den erzählerischen Takt, eine solche vorweggenommene Erwartung auch noch folgen zu lassen. Anders steht es mit der Unstimmigkeit, die durch das Übergehen der zwei Rüstungen zustande kommt. Der Widersinn, daß nun kein auch nur denkbarer Plan mehr übrig bleibt, soll nicht weggeredet werden. Aber man mag sich ausdenken, was man will, der Dichter, der nun die Situation vorbereiten mußte, die für den Freiermord erforderlich war, ohne doch die gänzlich neue Situation vorwegzunehmen, die durch Odysseus' Bewaffnung mit dem Bogen eintreten wird, konnte kaum anders verfahren. Dafür tritt jetzt der Schein einer noch präziseren Vorbereitung auf den Ernstfall ein: mit den verschiedenen Vorschlägen, dem Mißtrauen der Freier zu begegnen. Es ist wieder die besondere Seite des odysseischen Realismus, die in solchem Bedenken von Eventualitäten hervortritt. Mit dem Aussprechen ist es aber auch bereits getan: jede wiederholende Befolgung der hübschen Ausreden bliebe hinter der Wirkung zurück, die sie jetzt in Odysseus' Rede beim Zuhörer haben.

Und so verfährt er auch weiterhin mit dem Plan. Als Penelope ihren Entschluß zur Freierwahl mittels der Bogenprobe dem Bettler mitteilt, ahnt der Hörer, daß es anders kommen wird, als geplant. Odysseus bestärkt sie aufs lebhafteste: «Schiebe jetzt diesen Wettkampf im Haus nicht länger auf!» (19.584) – denkt er dabei schon an die neue Mordwaffe? Weiß er schon, wie aus dem Wettkampf die blutige Rache entspringen soll? Der Hörer erfährt es nicht. Schlaflos sinnt darüber Odysseus selber in der folgenden Nacht: «Wie er Hand an die Freier legen sollte, ein Einzelner gegen so viele» (20.29) – der Hergang des Planes bleibt am Ende so dunkel wie am Anfang. Und wenn Athene endlich ihm zuspricht, auf ihren Beistand zu vertrauen, so ist es noch einmal dies Motiv, das es dem Erzähler erlaubt, das Unvorhersehbare noch durch das ganze zwanzigste Buch hin, das letzte große Ritardando, aufzuheben. Noch an seinem Ende steht Telemachos unter den drohenden Freiern und blickt schweigend zu dem Vater hin, immer darauf wartend, wann er wohl den Angriff beginnen werde (20.385): er rechnet noch immer mit dem erstentworfenen Plan. Nur die Göttin weiß, was geschehen wird: sie ist es, die Penelope «eingab», die hohe Treppe zur Kammer hinaufzusteigen, um Odysseus' Bogen und Schießscheiben zu holen: für «den Wettkampf und Anfang des Mordens» (21.4). Hier also endlich die Voraussage für den Hörer (der dahinter das iliadische «das war ihm der Anfang des Unheils» hören mochte). In der gleichen auktorialen Weise wird alsbald, bei der Vorbereitung des Wettschießens, von Antinoos gesagt, daß er das erste Opfer des Bogens sein werde (21.98). Aber erst nach Odysseus' Meisterschuß, mit dem Auflegen des zweiten Pfeils, wird es offenbar, daß die Bogenprobe Odysseus die Mordwaffe in die Hand gespielt hat. Der Schuß auf Antinoos ist das wahrhaft Unvorhergesehene,[6] um dessentwillen das ganze Planen geschehen mußte. – Man sage nicht, der Zuhörer wisse diesen Ausgang doch von vorneherein. Hier geht es um die Formen des Erzählens, und Dichtung wird allemal gelesen wie zum erstenmal.

Aber nein, der Zuhörer hat doch nicht alles gewußt, der Dichter hält noch eine letzte Überraschung bereit. Daß dem Odysseus alsbald die Pfeile ausgehen und Telemachos schnell nach Nahkampfwaffen zur Rüstkammer laufen muß, mag, so wenig es in der Logik der Geschichte lag, noch zur Umgestaltung des Märchenhelden ins Hoplitenbild der Zeit gerechnet werden. Aber die neue Wappnung der beiden bringt die Freier auf die Spur, an welchen Ort auch die Waffen aus dem Saal gebracht sein mochten. Zufälle, Versäumnisse müssen helfen: ein nicht bedachtes Hintertreppchen; die Tür zur Rüstkammer, die Telemach vergessen hat wieder abzuschließen (22.126, 154). Und plötzlich steht ihnen die gesamte Gegnerschaft gerüstet und lanzenschwingend gegenüber (22.147). Erst jetzt wird es auch für Odysseus ein Kampf um Tod und Leben.

Man sieht leicht, wie der Odysseedichter durch diese Wendung auch *sein* Gedicht und seinen Helden, mit der so andersartigen Heimkehrgeschichte, auf die heroische Höhe der Ilias hat bringen wollen – es ist sicher nicht seine stärkste Seite. Aber die Heldentaten des Vaters und des Sohnes sind auch nicht das eigentliche Thema dieser Morderei – davon im XIX. Kapitel. Hier war nur auf das dramatische Mittel der Überraschung hinzuweisen, das den Dichter dieses Epos in ganz neuer Weise als Erzähler qualifiziert. Auch dies ist ein Moment, mit dem die Odyssee zum Roman hin tendiert, indem das Bedenken der Wirkung auf die Form zurückwirkt. Es wird noch ein letztesmal verwandt werden beim Wiedersehen mit dem Vater Laertes (24.226–321), der letzten in der langen Reihe der Erkennungsszenen. Was diese nicht als eine nur langweilige Wiederholung der vorausgehenden erscheinen läßt, ist, daß sie anders verläuft, als Odysseus sich gedacht hat. Er hat sich verrechnet.[7] Die Lügengeschichte, das «Erproben» (24.240), dies Spiel des Überlegenen mit dem Geprüften, wird nicht mehr ausgespielt, der alte Vater ist durch die Erzählung von seinem Sohn gleich so zu Tode erschüttert, daß bei seinem Anblick die Erschütterung auf den Lügenerzähler zurückschlägt: «und gleich schoß ihm durch die Nase der bittre Saft».

XVII. Kapitel

DIE KLUGE PENELOPE

Es ist ihr beständiges Beiwort: ‹períphrōn›, die ‹Kluge›. Sie teilt es, dreimal in der Odyssee, nur mit ihrer Dienerin Eurykleia. In der Tat scheint es von Penelope auf sie übertragen zu sein, die gewöhnlich mit dem spezifischeren (metrisch gleichwertigen) ‹philē trophos›, ‹die liebe Amme› benannt wird. Für Penelope ist es ebenso stereotyp wie charakteristisch; denn wo der Dichter aus rhythmischen Gründen ein anderes Beiwort für sie braucht, wählt er ein Wort von gleicher Bedeutung, ‹echéphrōn›. Im ersten Kapitel wurde postuliert, daß die traditionellen charakterisierenden Beiwörter auf bestimmte Geschichten verweisen, die traditionelle Geschichte eben dieser Person. Gab es eine solche von Penelope?

‹Klug› ist Penelope in der Geschichte ihrer List am Webstuhl: sie verstehe sich ‹ausnehmend auf Ränke›, wirft ihr Antinoos vor (2.88). Klug, wenn nicht wiederum listig, scheint sie sich gegen Odysseus vor der Erkennung zu verhalten, als sie den Fremden auf das Geheimnis prüft, das nur der Gatte weiß (23.177 ff.). Aber da ist es das Mißtrauen der Leidenden, Vielenttäuschten. Tatsächlich heißt ‹periphron› niemals ‹schlau›, sondern ‹verständig›, und darin liegt im Griechischen immer eine ethische Valeur von ‹Besonnenheit›. Das einzige Mal, wo das Wort in der Ilias gebraucht wird, gilt es der Frau des Diomedes: die Göttin Dione setzt den Fall seines Todes – wie würde dann die «verständige Adrastostochter schluchzend ihre Hausgenossen aus dem Schlaf wecken, aus Sehnsucht nach dem bräutlichen Gatten» (5.412 ff.) – eine Situation und Verhaltensweise, die aufs nächste der der Penelope gleicht. Wahrscheinlich hat der Odysseedichter von dieser einmaligen Iliasstelle – und nicht aus dem Vorrat der Formeln – sein Beiwort genommen und erst zur Formel erhoben.

Hiernach möchte es scheinen, daß Penelope die «verständige» heißt von ihrer Treue zu Odysseus. Die ‹Listen›, die zu ihrer Gestalt gehören, sind Mittel, ihre Treue zu bewahren, sind Teil ihrer ‹Verständigkeit›. Es ist ihr epischer Charakter. Das Wort umgreift den ganzen Komplex der weiblichen, nämlich einzig auf den Mann und sein Haus gerichteten Tugend. Darum ist sie die Sehnsüchtige, Trauernde und Sorgende durchaus durch das ganze Gedicht, zugleich die Zurückhaltende, auf Sitte und Ordnung Bedachte. Mit einer Ausnahme, wie es scheint. Es ist die Szene, die im IV. Kapitel aufgespart wurde, worin Penelope zu den Freiern von Odysseus' Abschiedsauftrag spricht

(18.158–303). Es ist nicht ihre Gewohnheit, sich unter die jungen Herren zu mischen, wenn sie im Männersaal oder draußen im Hof tafeln und spielen, sie hält sich im oberen Stockwerk auf ihrem Zimmer auf. Nur einmal vorher war sie die Treppe heruntergekommen, weil sie unter dem Gesang im Saale litt (1.330 ff. – es war ein Lied von der traurigen Heimfahrt der Achäer). Jetzt aber, ohne so deutlichen Anlaß, fällt ihr plötzlich ein, sich zu den Freiern zu begeben.

Die Umstände sind nicht gleichgültig. Odysseus ist, etwa zur Mittagszeit, als Bettler und begleitet von Eumaios im Hause angekommen und bittet bei den tafelnden Freiern reihum gehend um eine Gabe. Niemand außer dem Sohn weiß, wer er ist. Antinoos, aufgebracht über die Störung, schmeißt ihm seinen Fußschemel gegen die Schulter. Penelope, die in ihrem Zimmer von der Mißhandlung eines «armen Fremden» hört, läßt Eumaios zu sich kommen, damit er den Fremden zu ihr bestelle: «Geh, Eumaios» – sie wolle ihn, da er wahrscheinlich weit herumgekommen ist, nach Odysseus fragen. Der Schweinehirt kann ihr bereits sagen, daß es sich um einen Kreter handle, der behaupte, er sei ein alter Gastfreund des Odysseus. Das kann ihren Wunsch nur bestärken: «Geh, ruf ihn her ...», sagt sie zum zweitenmal. In diesem Augenblick hört sie Telemach drunten mächtig niesen, daß das Haus dröhnt, und indem sie auflacht – ein drittesmal «Geh! ...»

Wir werden dies dreimalige «Geh! Geh! Geh!» im Auge behalten. Der solchermaßen «Drängenden» aber (17.570) läßt der Bettler ausrichten: Nicht jetzt – er fürchte die Gewalttätigkeit der Freier; aber abends, wenn sie alleine wären, möge sie ihn am Herdfeuer erwarten. Und so kommt es nicht zu der ersten Begegnung der Gatten.

Ein Zwischenspiel schiebt sich ein. Ein andrer Bettler, ein ithakesischer aus der Stadt, den die Leute für Botengänge benutzen und deshalb ‹Iros›, die männliche Iris nennen, findet sich ein und sieht sich durch den Fremden aus seinem angestammten Recht bei den Freiern verdrängt. Es kommt zum Streit, die Freier hetzen die beiden zu einem Raufringkampf gegeneinander, Telemachos sichert dem Furcht heuchelnden Odysseus seinen Schutz zu, und in Kürze liegt Iros am Boden, auch den Freiern zum Vergnügen.

Dies also ist vorangegangen, als Penelope sich entschließt, nun ihrerseits hinunter zu den Freiern zu gehen. Was bewegt sie? Ein plötzlicher Einfall:

> Grundlos lachte sie auf und sprach und redet die Magd an:
> (18.158)

Sie habe plötzlich, was ihr früher nicht in den Sinn kam, den Wunsch, vor die Freier zu treten,[1] die sie doch verabscheue. Aber sie sollte wohl dem Sohn ein vernünftiges Wort sagen, daß er sich nicht in allem auf die übermütigen Freier einlasse ...[2] Eurynome, als Dienerin, bestärkt sie lebhaft in ihrer Absicht: Aber nicht so verweint, wie sie ist, zuerst solle sie sich waschen und schminken, man könne ja nicht immerzu trauern; und ihr Sohn sei ja nun auch schon erwachsen ... Sie nimmt also den Entschluß der Herrin als einen erfreulichen Sinneswandel, der sie einer neuen Heirat geneigter gemacht hätte.

Penelope freilich lehnt die kosmetischen Vorbereitungen ab; das Toilettemachen sei ihr vergangen, seitdem Odysseus fort ist. Aber zwei Mägde solle sie holen, die sie begleiten sollen ... Da, ganz zur Unzeit, überfällt sie ein Schlaf, und im Schlaf behandelt die Göttin Athene ihr Antlitz mit einer ambrosischen Salbe, wie Aphrodite sie gebraucht, wenn sie zum Tanz mit den Chariten geht. Vom lauten Schwatzen der eintretenden Mägde geweckt, steigt sie die Treppe hinab und steht, links und rechts die Dienerinnen, am Pfosten des Saals: das Kopftuch vor die Wangen gezogen, wie man es von Vasenbildern und Grabreliefs kennt, ein Gestus der anmutigen Keuschheit, der offenbar gerade die Ehefrauen charakterisiert. Der Erfolg aber:

> Und denen lösten sich auf der Stelle die Knie, von Verlangen wurde ihr Herz bezaubert, und alle begehrten sie, bei ihr im Bette zu liegen. (18.212 f.)

Ihr Wort richtet sie in der Tat zunächst an Telemach, und erst als Eurymachos ihr ein überschwengliches Kompliment macht, erwidert sie ihm mit jener abwehrenden Rede und der Geschichte von Odysseus' Abschiedsauftrag (s. o. S. 50), endend mit: «Die Nacht wird kommen, wann die verhaßte Heirat mir begegnet ...» Doch sie fährt fort:

> Aber eins trifft mir als arges Leid das Herz und Gemüt: So war es nicht früher die Art der Freier, die um eine edle Frau und Tochter eines reichen Mannes werben und miteinander wetteifern: die bringen selber Rinder und fette Schafe den Angehörigen des Mädchens zum Mahle und geben glänzende Geschenke; aber sie zehren nicht fremdes Gut unvergolten auf. (18.274–80)

Das Resultat dieser Schelte ist, daß die aufgerührten Freier die kostbarsten Schmucksachen herbeischaffen: Kleider mit goldnen Spangen, Ketten, Halsbänder und Ohrringe mit herrlichen Juwelen; und sie, mit den «überaus schönen Gaben» und gefolgt von den Mägden, die sie ihr nachtragen, begibt sich hinauf in ihr Zimmer.

Der Auftritt hat seit dem Altertum die Erklärer befremdet. Er schien der hoheitsvollen, tugendhaften, verständigen Penelope nicht würdig, und schon früh wurde ihr das «Absichtliche» ihres Verhaltens vorgeworfen.[3] Die Königin erniedrige sich «zu beinah dirnenhaften

Künsten», war das oft zitierte Urteil der Wissenschaft.[4] Mit verschiedenen Streichungen hat man abzuhelfen versucht.[5] Wohl wurde Penelope, in alter und neuer Zeit, auch in Schutz genommen; so daß man ihr Verhalten, im Rahmen weiblicher Koketterie und Geschicklichkeit, doch verstehen könne.[6] Doch darin sind sich alle einig: daß Penelope in ihrer Rede nicht die Wahrheit sagt.

So auch Karl Reinhardt. Er aber läßt die Szene als ganze unangetastet und blickt auf den Strukturwandel, den die einfachen erzählten Geschichten erfahren, wenn sie in den Stil des großen Epos verwandelt werden. Er erkennt in der Episode einen Rest der listigen Penelope, die sie in der Geschichte vom Webstuhl war, die sie aber im Epos sonst nicht mehr ist. Der ganze Auftritt wäre demnach eine Erfindung des Dichters, mit der er jene alte Geschichte von der List der Penelope in eine eigentliche epische Situation umgesetzt hätte. An die Stelle des Webstuhlmotivs wäre Penelopes Lügengeschichte vom Abschied des Odysseus getreten.

Nun ist aber der Auftritt als List der Penelope nicht so eindeutig geschildert, wie man es hiernach erwarten würde. Mußte ihre Rede, als Trugrede, sich nicht als solche anzeigen? Wie Trugreden aussehen, im Widerspiel von Verdecken und Verdecktem sich in der Sprache offenbaren, mag man an dem Monolog des sophokleischen Aias, an der Begrüßungsrede der äschyleischen Klytaimnestra ablesen. Im Epos verstellt sich Telemach bei der Bogenprobe mit seiner «albernen Freude», und selbst sein allzuberedter Reisebericht an die Mutter («Wir kamen nach Pylos ...») verdeckt mit der Fülle der rekapitulierten Erlebnisse und Erkundigungen das Entscheidende: daß Odysseus da ist! (17.108–149). Penelopes Rede verdeckt nichts; nichts deutet darauf, daß sie planvoll vorgeht, um die Freier hinters Licht zu führen. Freilich, die Freier sind die Betrogenen. Aber worin besteht der Betrug? Drei Verse, die auf ihre Rede folgen, scheinen das aufzuklären:

> Da freute sich der vielduldende göttliche Odysseus, weil sie denen Geschenke ablockte und ihr Herz mit sanften Worten bezauberte, während ihr Sinn nach anderem stand. (18.281–83)

Was ist das «andere», das sie im Sinn hat? Daß sie an eine neue Heirat in Wahrheit gar nicht denkt? Es trifft zu, daß dieselbe Wendung auch an anderer Stelle den Gegensatz zwischen Äußerem und Innerem bezeichnet: «Allen macht sie Hoffnung, schickt einem jeden Botschaften und macht ihm Versprechungen, während ihr Sinn nach anderem steht» (2.91 f. = 13.380 f.). Aber auch dort bedeutet das Wort nicht: etwas andres im Schilde führen, sondern: sich heftig etwas andres wünschen; es ist eine Bewegung des Gemüts, nicht des Intellekts. Sie wünscht sich Aufschub, sie wünscht sich Odysseus' Rückkehr. Das

Wort meint ihre Gesinnung.[7] Der Zwiespalt zwischen Gesinnung und äußerem Zwang ist in ihrer Rede an Eurymachos unverhohlen ausgesprochen, sie sieht nun keinen Aufschub mehr.

Die Freude des Odysseus kann sich also nicht darauf beziehen, daß es Penelope mit dem Gedanken an die neue Heirat nicht ernst wäre.[8] Woher sollte er das auch wissen? Die Erklärer, um das zu erklären, sind so weit gegangen, die Teile des Gedichts umzustellen: die Erkennung der Gatten vorauszuziehen, so daß die Freierepisode auf einem Komplott der beiden beruhen würde.[9] So wüßte er, daß sie nicht im Ernst redet. Aber es ist ihr Ernst: wenige Stunden später wird sie ihm, dem noch immer unerkannten Bettler, ihren Heiratsentschluß mitteilen (19.570 ff.), am nächsten Tag selber den Wettkampf veranstalten, um ihre endgültige Wahl zu treffen. Die Ankündigung der Wiederverheiratung könnte ihn beunruhigen: warum tut sie es nicht, hier so wenig wie dort? Denn auch am Ende des langen vertraulichen Zwiegesprächs, worin er zweimal mit den höchsten Beteuerungen die augenblicklich bevorstehende Rückkehr des Odysseus angesagt hat, ist seine freudige Bestärkung der Königin in ihrem Entschluß zur neuen Gattenwahl paradox. Aber er ist sich sicher: «Denn eher wird Odysseus kommen, eh diese auch nur den Bogen spannen» (19.585). So auch hier nach Penelopes Rede: sie kann ihn nicht beirren, nicht weil er eine schlaue Lüge darin erkennt, sondern weil er da ist und der Entscheidung zuvorkommen wird. Und kein Zweifel befällt ihn an der Treue seiner Frau: hat sie doch aufs heftigste ihren Widerwillen gegen die neue Heirat ausgedrückt! Das «andere», wonach ihr Sinn steht, ist kein geheimer Plan, sondern die Gesinnung ihres Herzens. Die Szene gehört, wie die spätere, zu den Situationen des ‹Incognito›.

Worauf also gründet sich die Freude des Odysseus? «Daß sie ihnen Geschenke entlockte», sagt der Text, und das ist in der Tat die einfache und objektive Pointe der Episode. Aber die Episode hat daneben noch einen anderen Sinn. Sie ist ja die erste Begegnung zwischen Penelope und Odysseus, und zwar eine nicht vorgesehene. Das Unvorhergesehene wird dadurch unterstrichen, daß Penelope den Bettler schon am früheren Nachmittag zu sich bestellt hatte: da war das Gespräch auf den späten Abend verschoben worden. Zwischen die nicht zustande gekommene und die verabredete Begegnung schiebt sich nun diese andere, die eine Begegnung halb ist, halb nicht ist: Denn während kein Wort zwischen den beiden gewechselt wird, Penelope nicht ahnt, daß in dem schweigend anwesenden Bettler sich Odysseus verbirgt, ist doch jedes ihrer Worte auf Odysseus bezogen, in ihrer Rede an Telemach nicht weniger als in der zweiten an Eurymachos, wie auch schon in ihrer Entgegnung an die Dienerin. Die Auseinandersetzung mit dem Sohn ist genau das, was Schadewaldt ein odysseisches ‹Über-Eck-Gespräch› genannte hat[10] (durch die Streichung zerstört er selber seine wichtige Beobachtung). Für den unbewußt gegenwärtigen Odysseus ist alles gesagt, was von Penelope hier gesprochen wird.

Und so auch alles, was geschieht. Hier, wo Odysseus sie zum erstenmal wiedersieht, soll sie nach dem Willen des Dichters dem Gemahl in allem Glanz erscheinen, in ihrer Überlegenheit über die Freier. Zugleich muß sie sich als die Treue, die Besonnene zeigen. Alles muß darum von ihrer Seite absichtslos geschehen. Von daher kommt das Schillernde und Zweideutige in ihr Verhalten, das durch keine Textanalyse zu beseitigen ist. Es ist keine Zweideutigkeit des Charakters; es ist das Widerspiel des Bewußten und des Unbewußten. Das wurde vorbereitet in dem Wunsch, den fremden Bettler zu sich zu bestellen: der in der dreifachen Steigerung geradezu etwas Leidenschaftliches annahm. Es ist in Penelope etwas am Werke, das sie treibt hinunterzugehn, dessen Grund sie nicht weiß: «Grundlos lachte sie auf...».

Und nun muß man den ganzen Auftritt von Anfang an mit geschärften Ohren noch einmal hören, so wie er von dem Dichter gemacht ist. Mit aller wünschbaren Deutlichkeit wird er damit eingeleitet, daß sein objektiver Zweck von dem subjektiven unterschieden wird. In beiden wird wieder ein Doppeltes unterschieden. «Daß sie die Gemüter der Freier weit aufschließe» und «daß sie noch kostbarer werde vor dem Gatten und dem Sohn», das ist die Absicht der Göttin; das heißt, der objektive Zweck der Szene ist die Entlockung der Brautgeschenke und die unausgesprochene Begegnung mit Odysseus. «Vor den Freiern zu erscheinen» und «dem Sohn ein mahnendes Wort zu sagen», ist die etwas unsicher vorgebrachte Absicht der Penelope. Das Mehrdeutige ist also vom Dichter gewußt und beabsichtigt. Er hat alles dafür getan, die bewußte Absicht der Aufreizung von Penelope wegzunehmen: die Toilette nimmt ihr die Göttin ab, und ihre Rede an Eurymachos ist so ernsthaft tadelnd wie die vorhergehende an Telemachos. In der Tat weicht der Charakter der Penelope hier nicht von ihrer sonst gezeigten Art ab: das Verschlagene und Kokette, das man nach dem Effekt der Episode erwarten möchte, wird im geringsten nicht hervorgekehrt, sie ist so hoheitsvoll und zurückhaltend, so ernst und treu wie je. Kurz sie ist nicht die Listige des Märchens, sondern die ‹Verständige› des Epos. Und fügte nicht der Dichter hinzu, weshalb Odysseus sich freute, wir würden allenfalls aus der Absicht der Göttin ahnen, daß die Geschichte auf eine Überlistung hinausläuft.

So liegt die Zweideutigkeit des Auftritts etwas komplizierter, als man es in dem einfachen Widerspiel von List und Schein fassen würde. Die Überlistung besteht im Objektiven und im faktischen Verlauf des Auftritts, sie ist die Pointe der einfachen Geschichte. In ihre Umrisse aber ist eine epische Situation hineingezeichnet, deren Gehalt die Überlistungsgeschichte übersteigt. Penelope erscheint vor Odysseus, die Königin vor dem Bettler, nach zwanzig Jahren zum ersten Mal: nicht als Trauernde, sondern im aphrodisischen gottgeschenkten Glanz und der Hoheit einer großen Frau. Was einmal List war, ist jetzt Überlegenheit, und die Märchentölpel werden zu Opfern königlicher Attrattiva. Aber auch das Wetteifern mit Geschenken bleibt dabei nicht was es war: gefordert als das Gehörige, das «einer edlen Frau und Tochter eines Reichen» geschuldet wird, werden sie herbeigeschafft nach dem Gesetz der Sitte:

> Die Geschenke, wer da von den Achäern gewillt ist solche herbeizubringen, nimm in Empfang: es schickt sich ja nicht, das Schenken zu verweigern, (18.286 f.)

antwortet Antinoos auf den Tadel der Königin. Was immer, zwischen Courtoisie oder Verdruß, man dieser Antwort abhören mag, es ist nicht die eines besinnungslos Betörten; und so fährt er denn auch, unter der Zustimmung aller Freier, gleich fort mit einer Drohung:

> Wir aber werden nicht an unsre Geschäfte gehn noch irgendwo anders hin, eh du nicht einen von den Achäern heiratest. (18.288 f.)

Auch die Freier, als die Verblendeten, behalten ihren epischen Charakter. Von Penelope aber wird auch zuletzt mit keinem Wort angedeutet, daß sie sich freut als über eine gelungene List: es würde in den Stil der epischen Penelope nicht mehr eingehen. Die Überlistung gerät damit in ein neues Widerspiel, zu welchem die Verschönung im Schlaf, als Erfindung des Dichters, die Voraussetzung schafft: Penelope will nicht betrügen, aber die Freier sind die Betrogenen. Dies Zweischichtige entsteht mit der Umwandlung des Märchens ins Epos.

Damit ist schon gesagt, daß die Geschichte doch wohl nicht erst dem Epos angehört. Als eine List der Penelope darf wohl auch die Entlockung der Geschenke gelten. Es steht nichts im Wege, sich vorzustellen, daß im Märchen die listige Penelope sich selber und mit aller Verführungsabsicht geschminkt hat, ehe sie vor die Freier trat. Das Märchen kümmert sich nicht um den Charakter, nur um Funktion und Fähigkeit seiner Figuren. Erst das Epos mußte, um des epischen Charakters willen, ihr die Absicht abnehmen: mit einem Eingriff, dem man die Künstlichkeit epischer Erfindung ansieht. Und was im Märchen lautet: «allen machte sie Hoffnungen», das wird, in große epische Rede umgesetzt, zu einer schmerzhaften Erinnerung des Verlorenen, dic aufhebt, was sie zu versprechen scheint: «die verhaßte Hochzeitsnacht». Noch das heftige Mißfallen an den schlechten Manieren der neuen Freier weist zurück auf den vermißten Einen.

Aber auch der schweigend zuschauende Odysseus gehört erst dem Epos an. Unmöglich, ihn im Märchen zu denken. Das Märchen kennt keine Situationen, nicht das Polyphone in der Bezogenheit der Personen aufeinander, wie es hier zwischen Penelope, Telemach und den Freiern, zwischen Penelope, den Freiern und Odysseus vielfältig und gleichzeitig spielt. Die Märchenkonfiguration verändert sich von Grund aus, wenn ein Drittes, Mitanwesendes hinzutritt, das heißt, wenn die Szene zur Situation wird.

Zuletzt muß man sich vorstellen, was im Epos fehlen würde, wenn die Episode des Penelope-Auftritts fehlte. Alle anderen Auftritte: beim Gesang des Phemios im ersten Buch, bei der Nachricht von Telemachs Reise im vierten, bei Telemachs Rückkehr und nach der Mißhandlung des Bettlers im siebzehnten, zeigen sie als die Trauernde, Bedrängte und Abwehrende, auch wohl als die Scheltende. Aber Penelope, um derentwillen Odysseus vor Kalypso die Unsterblichkeit ausschlägt, Penelope, deren königlichen Wert der Bettler preist, die herrliche Penelope würde fehlen.

XVIII. Kapitel

EPHEBIE

Und doch bleibt etwas unerklärt. Wohl erkennt Penelope, daß die neue Heirat ihr unweigerlich bevorsteht: «Kommen wird die Nacht der verhaßten Hochzeit...» Sie wiederholt es am Abend vor dem fremden Bettler. Was aber bewegt sie zu dem abrupten Entschluß, den sie ihm am Ende des Gesprächs eröffnet?

> Ein andres werd' ich dir sagen, und du nimm es in deinen Sinn:
> Dies ist denn der Morgen, der kommt, der unglückbedeutende,
> der von Odysseus' Haus mich scheiden wird. Jetzt nämlich werde
> ich den Wettkampf veranstalten... (19.570 ff.)

Und das, nachdem der Gast ihr eben mit einem heiligen Schwur versichert hat, daß noch «in diesem selben Jahr, wenn der Mond schwindet und der neue anhebt», Odysseus heimkehren werde! Daß die Oft-enttäuschte der Prophezeiung keinen Glauben schenkt, haben wir hinzunehmen: auch Eumaios glaubt nicht daran; das gehört ebenso zur Psychologie wie zur poetischen Gesetzlichkeit. Aber warum hat sie es so eilig? War der Termin – wenn sie sich schon dermaßen daran gebunden fühlte – so eng auf den Tag fixiert? Das gibt es zwar in den parallelen Geschichten – bei Boccaccio in Messer Torellos Auftrag: «ein Jahr, einen Monat und einen Tag». Demgegenüber scheint das Erwachsenwerden des Sohnes, selbst definiert mit dem Bartwuchs, doch eine gewisse Frist zu lassen. Was veranlaßt sie, mit dem morgigen Tag die Frist erfüllt zu sehen?

Nun zeigt es sich bald, daß eben der morgige Tag ein Festtag sein wird. Man erfährt nicht sogleich, welches Fest; doch schon am Vortage hatte Eumaios von Telemach den Auftrag bekommen, morgen früh schöne Opfertiere zu bringen (17.600). In der Nacht haben die Mägde schwer an den Mühlen arbeiten müssen für ein Festmahl der Freier. Am frühen Morgen ist Telemach zur Stadt gegangen, wo sich die Ithakesier versammeln. Indessen werden die Mägde von der Schaffnerin angewiesen, die Tische zu decken und das Geschirr zu reinigen und vom Brunnen frisches Wasser zu holen. Die Freier werden heute früher als gewöhnlich im Hause erwartet, denn es sei ja heute «ein allgemeiner Festtag»[1] (20.156). Die Hirten treffen ein mit Schweinen, Schafen und Ziegen, einem Rind vom Festland. Da kommen auch die Freier an – noch immer auf die Ermordung Telemachs sinnend. Sie machen sich ans Schlachten der Tiere, der Wein wird gemischt und das Mahl beginnt. Telemachos (dessen Rückkehr aus der Stadt nicht eigens erwähnt wird) sorgt für Bewirtung des Fremden – seines Vaters – und verlangt barsch von den verwunderten Freiern, daß sie Ruhe halten: dies sei «kein öffentliches Haus, sondern des Odysseus', der es für ihn erworben habe ...» An dieser Stelle schiebt der Dichter in nur drei Versen ein, was währenddessen in der Stadt geschieht:

> Herolde aber führten durch die Stadt die heilige Hekatombe der Götter, und die Achäer mit den langen Haarschöpfen sammelten sich in dem schattigen Hain des ferntreffenden Apollon.
> (20.276–78)

Sogleich setzt sich die Szene im Saale fort: dem Bettler wird die gleiche Fleischportion vorgesetzt, wie die Freier sie bekommen, «denn so hatte es Telemachos befohlen». Der in seiner Kürze befremdende Einschub, aus dem wir zum erstenmal lernen, daß das «allgemeine Fest» Apollon gilt, – hat er etwas mit der umrahmenden Szene, mit Telemachs hartem Auftreten zu tun?

Auf diesen Tag also hat Penelope die neue Gattenwahl durch die Bogenprobe festgesetzt. Tatsächlich kommt auf die Koinzidenz Antinoos zu sprechen, als die ersten Freier vergeblich den Bogen zu spannen versuchen:

> Eurymachos, es kann nicht gehen, du siehst es selber. Denn heute ist in der Gemeinde das heilige Fest des Gottes: wer möchte da den Bogen spannen? ... Aber morgen, ... nachdem wir dem Bogner Apollon geopfert haben, wollen wir uns an dem Bogen versuchen ... (21.257–68)

Ist dem homerischen Zuhörer auch erst aus diesen spät erfolgenden Hinweisen deutlich geworden, daß es sich um ein Apollonsfest handelt? Doch wohl nicht. Der Termin, wann Odysseus kommen werde, war von ihm schon am Vorabend der Herrin prophezeit worden: «wenn der Mond schwindet und der neue anhebt». Wie hier Monatsende und Monatsanfang verbunden sind, meint der Ausdruck nicht einen Zeitraum, sondern den Grenzpunkt der Monate, nämlich jenen Tag, der in der attischen Kalenderrechnung der «letzte und neue» hieß. Das Neumondsfest aber war seit alters und bei allen griechischen Stämmen Apollon geweiht, und so bedeutete für jeden Zuhörer die Terminbestimmung durch den Mondwechsel unmißverständlich und von vornherein das Apollonsfest.

Nun war aber, in Odysseus' Prophezeiung, der Tag der Rückkehr noch näher bestimmt, nämlich: «In diesem selbigen Jahr», zum Mondwechsel. Zugegeben, das Wort ‹lykábas›, das hier gemäß der Auffassung des Altertums als ‹Jahr› verstanden wird, ist nach Herkunft und Bedeutung undurchsichtig. Mit ‹Lykeios›, dem Beinamen Apollons, wird es doch zusammenhängen und könnte sehr wohl die Zeit um die Sonnenwende, wenn nicht gar den bestimmten Monat bezeichnen.[2] Deutlich ist, daß es das weitere, und zwar periodisch wiederkehrende Zeitmaß ist, der Mondwechsel die engere zeitliche Bestimmung. Neumond und Jahresumlauf erscheinen hier in Relation gesetzt. In klassischer Zeit rechnete man in Griechenland – wir wissen es so von Athen – das Jahr nicht nach dem Sonnenlauf (der Sonnenlauf bot keine sichtbaren Einschnitte), sondern nach den Mondzyklen, nahm aber insoweit auf das Sonnenjahr und die Jahreszeiten Rücksicht, als man das Kalenderjahr mit dem ersten Neumond nach Sommersonnenwende beginnen ließ.[3] Und da die zwölf natürlichen Monate (von 29½ Tagen) ca. elf Tage weniger ergeben als ein Sonnenjahr, ergänzte man sie von Zeit zu Zeit durch willkürliche Verdoppelung eines Monats, so daß man mit dem dreizehnten Neumond wieder ungefähr dieselbe Jahreszeit erreichte.[4] Es gibt keinen Grund zu zweifeln, daß eine derartige Regelung, wie unvollkommen auch immer, schon im achten Jahrhundert bestand: Hesiod kennt offenbar die Monate in bestimmter Beziehung zur Jahreszeit.[5] Bereits von 776 an zählte man die vierjährigen Olympiaden – möglicherweise eine erste periodische Regelung der Schaltmonate, die alsbald durch die achtjährige Periode, die Oktaëteris, ersetzt wurde.[6] Diese Regelungen setzen irgendeinen Ausgleich der natürlichen Monate mit den Jahreszeiten voraus, das heißt den praktischen Gebrauch eines lunaren Jahres. Und mehr ist nicht nötig, um die Terminangabe für Odysseus' Rückkehr zu verstehen: der Mondwechsel, von dem er spricht, kann nicht irgendeiner im Verlauf des Jahres sein, sondern nur der, der mit dem Jahreswechsel zusammenfällt.

Soviel ergibt sich aus der einfachen Aussage des Textes. Um freilich die angedeuteten Festgebräuche – Versammlung, Opferprozession, private Festmähler[7] – gemäß dem attischen Kalender zu fixieren, reichen unsere Informationen zumal über die ostgriechischen Städte nicht aus. Man muß mit einer großen Mannigfaltigkeit der Festordnungen und in der Zählung der Monatstage, selbst unter den jonischen Stämmen und Städten, rechnen. In der Odyssee ist der Tag des Mondwechsels der Apollonsfesttag, die ‹Noumenia›. In Athen geht der Tag des Mondwechsels, als der letzte des alten Monats, dem ‹Neumondstag›, dem ersten des neuen, voraus. Allerdings begann der Neumondstag, nach der kultischen Tagesrechnung, bereits am Vorabend, mit dem ersten Sichtbarwerden der Mondsichel in der Abenddämmerung; nur der bürgerliche Kalender zog den Abend zum Vortag, daher sein Name «der alte und neue».[8] Ob nach der Vorstellung der Odyssee mit diesem Tag der neue Monat begann oder der alte endete, läßt sich nicht mit Sicherheit sagen, obschon der offenbare Sinn des Neuanfangs für das erste spricht. Unsicher bleibt auch, ob für die Odyssee das Jahr mit dem Neumond nach der Sommer- oder Wintersonnenwende begann. Es ist keineswegs zwingend, daß in den jonischen Städten die attische Regelung des sommerlichen Jahresanfangs galt; im delischen Kalender begann das Jahr nach der Wintersonnenwende,[9] und manche Andeutungen in den Eumaiosbüchern deuten auf winterliche Jahreszeit («diese Nächte sind unermeßlich», 15.392[10]). Eine Orientierung nach dem delischen Apollon, der ja der eigentliche Kalendergott ist, wird sich gleich noch ergeben.

Aber damit wird es noch nicht verständlicher, weshalb Penelope ihre Freierwahl auf diesen Tag legt. Hat der Jahreswechsel, hat das Apollonsfest eine besondere Bewandtnis, die das nahelegt? Die gängige Erklärung weist auf Apoll als den Gott des Bogens hin, und daran erinnert in der Tat Antinoos, wenn er meint, an seinem Festtage könne das Bogenspannen nicht gelingen. Penelope müßte das bereits im Auge haben. Aber kann sie so sicher sein, daß der Tag nicht auch im umgekehrten Sinne günstig wäre? Wieviel an Vorauswissen und Mitwisserschaft müßte man ihr imputieren! – Die kultischen Zusammenhänge weisen in eine andere Richtung.

Apollon ist ein gemeingriechischer Gott, sein zweiter, bedeutendster Kultort, neben Delos, war Delphi. Der delphische Kalender begann das Jahr mit dem Monat ‹Apellaios› – der dem attischen Hekatombaión entspricht –, so genannt nach der jährlichen Stammesversammlung, ‹apella›, wie sie bei Lakonern und Nordwestgriechen hieß. Der Name verweist zugleich auf Apellon/Apollon als den Gott der Männerversammlung, und als solcher beschirmt er vor allem die Aufnahme der herangereiften Knaben in den Status der Erwachsenen: in der bündischen Organisation der Männergesellschaft ein Akt von zugleich kultischer und politischer Bedeutung.[11] Mit Apollon teilt diese Rolle, in anderer Hinsicht, seine Zwillingsschwester Artemis, die zumal für die Mädchen und ihren Eintritt in den Jungfrauenstand sorgt. Beide Geschwistergötter erscheinen als die Inkarnation des Epheben und der Jungfrau «an der Schwelle des Erwachsenseins».[12]

Im Ritual der Initiation ist mit dem Persönlichen stets das Öffentliche verbunden: Erneuerung der Gemeinschaft durch die Einweihung der Jungen.[13] Diese Doppelfunktion ist vor allem an dem Zyklus von Festen abzulesen, mit dem in Athen der Jahreswechsel vollzogen wurde. Auch hier heißt der erste Monat des Jahres, der Hekatombaión, nach dem Hekatombenopfer für Apollon, das am 7. des Monats, dem Geburtstag des Gottes, dargebracht wurde. Am 1., dem Neumondstag, traten die neuen Archonten ihre Ämter an. Doch die Feiern zur Erneuerung der städtischen Lebensordnung begannen schon gegen

Ende des alten Jahres: zu Anfang des letzten Monats, des Skirophorión, wurde das Arrhephorienfest mit einem geheimnisvollen Ritual begangen, in welchem die mythische Zeugung des Urkönigs Erichthonios kultisch wiederholt und mit dem Abstieg zweier ausgewählter Mädchen zur Grotte der Aglauros und zum Heiligtum des Eros und der Aphrodite die Initiation – stellvertretend für die athenischen Mädchen des Jahrgangs – in den Stand der Jungfrauen vollzogen wurde.[14] Der Ritus reicht offenbar ins elfte Jahrhundert zurück. Über die entsprechende Jünglingsweihe sind wir nicht ebenso unterrichtet, ihr ritueller Sinn ist in der antiken Überlieferung verdeckt unter dem amtlicheren Charakter der Inskription in die Ephebenlisten und der damit beginnenden zweijährigen militärischen Dienstzeit. Der Eid aber, den die Epheben abzulegen hatten, wurde geschworen im Heiligtum eben derselben Aglauros, der Kekropstochter, die in dem Initiationsritus der Mädchen die zentrale Rolle spielte. Und der Sinn der Jünglingsweihe und Männlichkeitsprobe hat sich gleichfalls aus sehr alter Zeit, nämlich aus dem zweiten Jahrtausend, in dem Ritus des ‹Apobaten›-Sprungs der bewaffneten Jünglinge vom fahrenden Kampfwagen beim Panathenäenfestzug bewahrt, wie er auf dem Cellafries des Parthenon dargestellt ist. Die Panathenäen, am letzten Tage des Apollonmonats Hekatombaión gefeiert, waren das eigentliche Geburtstagsfest der Göttin, das Wiedergeburtsfest ihrer Stadt. Es war zum Allgötterfest für Athena geworden. Aber unter den versammelten Göttern des Tempelfrieses sitzen Apollon und Artemis, mit Aphrodite und Eros, vornan und erwarten den ankommenden Festzug der männlichen und weiblichen Jugend. – Zuletzt gibt es, in der athenischen Institution der Ephebie, noch ein weiteres Ritual der Männlichkeitsprobe, das auf den Zusammenhang mit Apollon deutet, das ist das sogenannte ‹Rinderhochheben›: eine Wiederholung der mythischen Kraftprobe, die der junge Theseus bei dem im Bau befindlichen Tempel des Apollon Delphinios leistete, als die Dacharbeiter sich über das ‹heiratsfähige Mädchen› lustig machten und er daraufhin einen Stier ihnen übers Tempeldach warf – ein Akt, dessen Initiationscharakter unverkennbar ist.[15]

Was zum Vergleich dieser Riten mit dem Apollonsfest der Odyssee berechtigt, ist die weitgehende Gemeinsamkeit der Feste und der gesellschaftlichen Ordnung unter den jonischen Städten. Dazu ihr hohes Alter; denn die Gemeinsamkeit muß aus der Zeit stammen, bevor die Jonier, mit Ausnahme der Bewohner Attikas, um die Jahrtausendwende das griechische Mutterland verließen. Bedenkt man, wie dauerhaft sich in den athenischen Festen zum Jahreswechsel Ritus und Sinn aus dem Ende des zweiten Jahrtausends erhalten haben, ist es nicht unwahrscheinlich, daß die Odyssee auf gleichen religiösen Voraussetzungen beruht.

Für den homerischen Zuhörer aber dürfte das Apollonsfest nicht nur als Termin des Jahreswechsels erkennbar gewesen sein, man wird ihm auch das Verständnis seines gesellschaftlich-politischen Sinns zutrauen müssen: als des Tags des Eintritts in die Ephebie. Der Termin der Mannbarkeit richtete sich bei den Griechen nie nach dem individuellen Geburtstag, die Aufnahme in die Ephebie geschah kollektiv, als ein Gemeinschaftsakt des Jahrgangs.[16] Ob einer das gehörige Alter hatte, wurde von einer Kommission geprüft: nicht nach Geburtsakten (die es nicht gab), sondern nach der körperlichen Konstitution. Der Bartwuchs war dabei das wichtigste Kriterium: ‹die den Bart bekommen haben› war die Bezeichnung für die Zugelassenen.[17] Vollzogen aber wurde der Akt mit der gemeinsamen Aufnahme in die jährliche Ephebenliste.

Ich will hier einen Gedanken nicht unausgesprochen lassen – vielleicht nur ein Einfall, den ich nicht prüfen kann. Wir haben die große Anzahl der archaischen Jünglingsstatuen, die man früher ‹Apollines› nannte, aufrecht stehende junge Männer, bartlos und mit ungeschorenem Haar, auf der Höhe ihrer Jugend. Der Typus reicht, in der Form kleiner Votivfiguren aus Bronze, Ton oder Elfenbein, ins siebente, vielleicht bis ins neunte Jahrhundert zurück. In den Marmorjünglingen des sechsten Jahrhunderts erblickt man heute nicht Götter-, sondern Menschengestalten. Manche sind als Weihgaben gekennzeichnet, andere auf Grabstätten gefunden.[18]

Neben die Jünglingsbilder stellen sich, aus dem selben Zeitraum, die Gewandstatuen junger Mädchen im reifen Alter, zuerst in Jonien, dann zahlreich und in auffallend individueller Prägung als Votivgaben auf der athenischen Akropolis gefunden. Die Vermutung ist geäußert worden, daß es sich um Weihgeschenke von Familien handelt, deren Töchter als Arrhephoren den Initiationsritus vollziehen durften. Jedenfalls aus hellenistischer Zeit gibt es eine ganze Anzahl kleiner Statuenbasen, deren Inschriften eben diesen Grund der Dedikation an die Göttin bezeugen.[19] Danach möchte man annehmen, daß auch die Häufung der menschlichen Jünglingsstandbilder von Konkreterem zeugt als von der griechischen Ergriffenheit durch die Vision und Idee des Jünglings – «Inbegriff der Jugendblüte eines Volkes». Sie möchten sehr wohl Weihungen gelegentlich der Aufnahme in die Ephebie gewesen sein. Der Typus folgt dem Bild des Apollon ‹akersekómas›, des Jünglings mit dem ungeschorenen Haupthaar. ‹Apollines› sind es, sofern sie den Gott «bedeuten».[20] So könnte man sie als Dankgaben an den Gott verstehen, der den Knaben an die Schwelle der Mannbarkeit geführt hat. Dies wäre allerdings nur mit einer umfassenden Prüfung der Fundorte und Inschriften zu erhärten. Es bleibt aber das Phänomen, daß zugleich mit der Entfremdung und ‹Säkularisierung› des Initiationsritus im fünften Jahrhundert allmählich auch diese Jünglingsstatuen verschwunden sind.

Sieht man für das achte Jahrhundert von der Reduzierung der Initiation auf den Verwaltungsakt der Inskription zum Militärdienst ab, so bleibt die rituelle Bedeutung Apollons und des Apollonstags. Unter dieser Voraussetzung wird es aber verständlich, warum Penelope gerade mit diesem Tage den Termin gekommen sieht, an dem sie Odysseus' Abschiedsauftrag zu folgen hat: «das geht jetzt alles in Erfüllung» (18.271).

Man wird fragen, ob diese Beziehung Apollons auf die Jünglingsreife, wenn sie denn gemeint sei, im Gedicht nicht deutlicher ausgesprochen sein müßte. Nicht – meine ich – wenn sie als das Selbstverständliche im archaischen Bewußtsein stand. Aber es fehlt nicht einmal an ausdrücklichen Hinweisen. Vor dem abendlichen Gespräch mit Penelope wird Odysseus von der frechen Sklavin Melantho übel beschimpft; und er, nach maßvoller und ernster Warnung – «ihr Herr könnte wohl noch heimkommen!» –, beschließt seine Rede:

> Aber wenn der denn untergegangen ist und nicht mehr wiederkehrt: aber schon ist sein Sohn in dem Stande, und zwar dank Apollon... (19.85 f.)

Odysseus sagt das, wohlgemerkt, am Vorabend des Apollonsfests, kurz bevor er seine Rückkehr am Tag des Mondwechsels prophezeit, und es ist schwer zu denken, daß hier kein Zusammenhang bestünde. Es ist der Apollon Kouridios oder Kourotrophos, der die Knaben zur Mannbarkeit führt.[21]

Eine weitere Stelle ist nicht weniger beziehungsreich. Zu dem Seher Theoklymenos spricht Telemachos von seiner eigenen Lage und dem Ansehen, das der Freier Eurymachos jetzt auf Ithaka genießt: «Aber das weiß Zeus, ob er dem nicht noch vor der Hochzeit den Unheilstag bescheren wird.» Und da ist es eben ein Vogelzeichen Apollons (15.526), das den Seher zu folgender Deutung veranlaßt:

> Kein andres Geschlecht ist in der Gemeinde von Ithaka königlicher als das eure: ihr werdet immer die Macht behalten. (15.533)

Wie hier der Gott verheißungsvoll sich der Zukunft des Geschlechtes annimmt, ist er derselbe, der über Telemachs Eintritt in die männliche Lebenszeit waltet.

Wollten wir diesem Gott noch einmal seinen Kultnamen geben, so wäre es Apollon ‹Patrōos›, der für die Jonier über die Geschlechterordnung in ihren Altersstufen und zumal über die Aufnahme der Epheben in die Phratrien wacht; oder was dasselbe besagt: ‹Apollon Genetor›, der Gott der Generationenfolge. Einen Altar Apollons mit diesem Namen bezeugt Aristoteles auf Delos.[22] Aber die Odyssee selber erinnert an den delischen Apollonaltar, in Odysseus' großer Anrede an Nausikaa, als er sie seligpreist als künftige Braut:

> Auf Delos sah ich einst, am Altar Apollons, von der Palme einen solchen jungen Schößling emporwachsen... Und ganz ebenso staunte ich bei seinem Anblick, lange Zeit, ... wie ich dich, Weib, bewundre und staune... (6.162 ff.)

Die Rede von dem jungen Palmbaum mußte bisher als ein rein ästhetischer Vergleich erscheinen. Jetzt wird er um so viel bedeutender, als er realer wird. Denn daß hier die kultische Palme gemeint ist, an der die kreißende Leto mit dem Apollonknaben niederkam, sollte nicht bezweifelt werden.[23] Man blickt hier in historische Bedingungen der Odysseedichtung, die die in ihr intendierte Rolle Apollons im Licht des delischen Apollonkults erkennen lassen. Denn die Assoziationen, die Odysseus im Anblick Nausikaas an die delische Palme erinnern, sind eben dieselben, die von den fraglichen Zusammenhängen, von denen wir ausgingen, nahegelegt wurden, Jugendkraft, Schönheit und Mannbarkeit.

Am Ende aber erschließt sich doch noch ein Zusammenhang mit dem Bogner Apollon, dem ‹Klytotoxos›. Zu den Waffenübungen der athenischen Epheben gehörte in einem auszeichnenden Maße das Bogenschießen. Die Ausbildung an dieser Waffe steht in keinem praktischen Vergleich zu ihrem militärischen Gebrauch, sie muß traditionelle und rituale Wurzeln haben. Die Handhabung des sehr großen und schweren Bogens war eine ausgesprochene Kraftprobe. Bei der Bogenprobe der Odyssee nimmt, vor allen anderen, Telemachos – und er heißt hier «die heilige Kraft des Telemachos» – für sich das Recht in Anspruch, den Bogenschuß des Vaters zu versuchen:

> Wenn ich ihn spanne und das Eisen durchschieße, soll mir nicht, zu meinem Kummer, die Mutter dies Haus verlassen und mit einem andern gehn, indem ich zurückbliebe, im Stande schon, des Vaters Kampfpreise zu gewinnen. (21.114 ff.)

Dreimal versucht er den Bogen zu spannen, dreimal versagt ihm die Kraft: beim vierten Mal wäre es ihm gelungen – da winkt ihm der Vater ab... Ist das nicht ein Reflex der Jünglingsprobe, die er bestanden hätte, wenn nicht Odysseus sie sich vorbehalten müßte? Der Sohn aber erweist sich dem Vater gleich – am Apollonstag.

XIX. Kapitel

SCHICKSAL

Der Freiermord ist der Höhe- und Wendepunkt der Erzählung, und zugleich der problematischste. Die jungen Söhne des ithakesischen Adels und der umliegenden Inseln, eine ganze Generation, werden, ahnungslos im Saale eingesperrt, mehr oder weniger wehrlos niedergemacht, für ein Vergehen, das schwer zu benennen ist. Sie sind eben die Nebenbuhler um Penelope. Das Märchen hat kein Geschäft damit, seine Bösewichter zu quälen und einem scheußlichen Tod zu überantworten. Viel von solcher Märchenmentalität ist noch in der Odyssee – und hier erweist sich noch einmal, daß die Geschichte ein Märchen gewesen ist: um diesen Kontrast im happy end kam sie nicht herum. Das Strafgericht über die zwölf ‹ungetreuen› Mägde ist so abscheulich, daß es dem Leser graut, – der homerische Zuhörer wird anders empfunden haben. Immerhin, sie haben es mit den Freiern getrieben, das genügt. Odysseus hatte sie schon am Abend vorher beobachtet, wie sie ausgelassen miteinander lachten und aus dem Saal verschwanden, um mit den Freiern zu schlafen, und sich schon da überlegt, ob er sie gleich totschlagen sollte. Schließlich sind sie seine Sklavinnen, über die er absolut verfügt. Von dem Martertod des Melanthios zu schweigen (22.178–200, 474–77) – er hatte den eingeschlossenen Freiern heimlich Waffen herbeigeschafft; und freilich längst den unbekannten Bettler schwer beleidigt.

Das muß hingehen. Wir sind sicher keine guten Leser für dergleichen Dinge. Penelope selber, wenn sie die Haufen der übereinandergestürzten Leichen (über hundert) im Saal gesehen hätte, «hätte das Herz sich erwärmt» (23.47). Wir müssen uns mit dem ‹historischen Denken› helfen. Man sieht natürlich auch, daß, im Gedicht, die zarten Töne des Wiedersehens sich über solchen ‹Abgründen des Daseins› erheben. In gewisser Weise verfährt die Ilias ebenso, wenn sie Achill, ehe er sich des Priamos erbarmt, den Leichnam seines Sohnes am Kriegswagen über das Schlachtfeld schleifen und an dem Scheiterhaufen für Patroklos zwölf kriegsgefangene Troerjünglinge schlachten läßt (Il. 23.175). Und doch ist in Odysseus nichts von dem Abgründigen Achills, nichts von dem Widersprüchlichen der mächtigen Natur. In der Odyssee ist der Widerspruch keine Sache des Charakters, sondern der Kultur, in der höchste menschliche Bildung, wie sie in Alkinoos, Nausikaa, Eumaios zutage tritt, mit den Instinkten der Grausamkeit zusammenwurzelt.

Der Dichter hat sich Mühe gegeben, das Gemetzel an den wehrlosen Freiern auf die Höhe eines heroischen Kampfes zu heben, indem er für die Eingeschlossenen Waffen herbeischaffen läßt. Nirgends als hier ist es handgreiflicher und äußerlicher zu fassen, was die Episierung der Märchengeschichte mit sich brachte. Denn im Märchen verstand sich die Tötung des Bösewichts von selber und bedurfte nicht der Würde der großen Tat. Aber ebenso wenig brauchte sie die moralische Rechtfertigung. Erst auf der Stufe des Epos mußte das Schicksal der Freier als verdiente Strafe für ihre «Freveltaten» dargestellt werden. Prüfen wir sie genauer, so liegen sie auf verschiedenen Ebenen. Ihr Vergehen scheint schon damit anzufangen – so Odysseus' Anklage vor den Todesschüssen (22.35–41) –, daß sie überhaupt um die Königin freien, während der König noch am Leben ist. Damit werden sie zu Todfeinden des Odysseus im Sinne des Märchens. Der Vorwurf verliert dadurch an Kraft, daß Penelope selber, auch Telemachos, kaum noch Hoffnung auf seine Rückkehr haben. Aber die Werbung um die Gattin stellt sich um so mehr als der schärfste Angriff auf die Ehe dar. Schlimmer ist Odysseus' erster Vorwurf: daß sie, in der Meinung, er werde nicht mehr zurückkehren, seinen Besitz «abgeschoren» und mit den Mägden geschlafen haben. Das letztere offenbar, weil es gleichfalls ein Vergehen an Odysseus' Eigentum ist. Alles zusammen ein todeswürdiges Vergehen aus fehlender «Furcht vor den Göttern» und der «Rache der Menschen». Von dem Ärgsten, möchten wir meinen, dem versuchten Mord an Telemach, spricht er nicht.

Der Mordplan gegen Telemach gehört sicher zu den eigensten Erfindungen des Odysseedichters, womit er die Verworfenheit der Freier für das Gefühl der Zuhörer aufs höchste steigert. Der Plan wird gefaßt, als die Freier von Telemachs selbständigem Kundschaftsunternehmen erfahren (4.630–673); dieses wiederum von Telemachos beschlossen, nachdem er in der Versammlung der Ithakesier mit seiner Forderung, daß die Freier sein Haus verlassen, erfolglos geblieben war (2.212–256, 349–360). Einer von ihnen, Leiokritos, hatte sich so weit verstiegen, selbst dem Odysseus, wenn er heimkäme und sie verjagen wollte, ein schmähliches Ende vorauszusagen (2.246–251). An dieser Stelle, wo die Versammlung sich auflöst (2.257), ist ein gewisser logischer Bruch, vorbereitet dadurch, daß Telemachos, nach seiner erfolglosen Forderung, darum bittet, ihm ein Schiff für die Reise nach Pylos zur Verfügung zu stellen, ein Antrag, der scheinbar noch an die Freier gerichtet ist, aber natürlich nur von der Versammlung zu bewilligen wäre. Aus der Versammlung meldet sich Mentor, aber er unterstützt nur noch einmal Telemachs erste Forderung. Zu dem Antrag aber äußert sich der letzte Sprecher der Freier, Leiokritos: nicht ablehnend, vielmehr den Freunden Telemachs es überlassend, daß sie ihm die Fahrt ermöglichen – an deren Zustandekommen er freilich nicht glaubt. So bleibt das in der Schwebe.

Dieser Sachverhalt erscheint dann in Telemachs Gebet an die unbekannte Gottheit von «gestern» in der Form, daß die Ithakesier und die Freier seine Reise hintertreiben (2.262 ff.). Aber Antinoos, ins Haus des Odysseus zurückgekehrt, tröstet den verbitterten Telemach damit, daß er sein Schiff ja von den Ithakesiern bekommen werde. Und dies wird von dem aufgebrachten jungen Mann mit einer Todesdrohung beantwortet und der Ankündigung, daß er seine Nachforschung nun irgendwie zustande bringen werde, da sie ihm ja kein Schiff bewilligt hätten (2.301–321).

Diese unauffällige, und man muß sagen, erzählerisch sehr geschickte Verschiebung des Sachverhalts ist natürlich nötig, um Athene als die Besorgerin des Schiffs ins Spiel zu bringen. Von nun an aber haben die Freier berechtigten Grund zu der Befürchtung, daß Telemach ihnen nach dem Leben trachtet (2.145, 316, 325 ff.). So hat der Dichter, in wechselseitiger dramatischer und psychologischer Steigerung den schließlichen Plan zu Telemachs Ermordung schrittweise hervorgehen lassen. Hervorgegangen ist er aber letztlich aus der Weigerung der Freier, das Haus zu verlassen. Dieses Sich-Festsetzen in Odysseus' Besitz hat in Antinoos' öffentlicher Erklärung vor der Versammlung entschieden den Charakter der Erpressung Penelopes angenommen: «Wir gehen nicht eher auf unsere Güter, ehe sie nicht einen von den Achäern geheiratet hat» (2.127 f.).

Man könnte also von einer stufenweisen Verschuldung der Freier reden, die mit der Werbung um die vermeintliche Witwe, nach allen Regeln und mit Brautgeschenken (13.378, 15.18), begann, nach dreijähriger Schädigung der Wirtschaft (wie auch immer durch Penelopes Listen verlängert) einklagbar, und endlich durch den beabsichtigten Mord erst eigentlich todeswürdig wurde.[1] Nun ist es aber ganz unwahrscheinlich, daß nach frühgriechischem Rechtsdenken eine Tötungsabsicht, ohne daß sie zur Ausführung kam, wie Mord bewertet wurde; die Wiedergutmachungen, mit denen selbst ein geschehener Mord gesühnt werden konnte – Sühnegeld, Reinigung, Selbstverbannung – sprechen dagegen, und noch im attischen Recht war der folgenlose Versuch straffrei.[2] Es herrschte eben eine rein objektive Bewertung des verursachten Schadens. So ist es nur konsequent, daß Odysseus den Mordplan nicht erwähnt. Und nicht nur er, auch Halitherses, wo er die Schuld der Freier ihren Angehörigen vor Augen hält (24.459), beschränkt sich auf den «Verzehr des Besitzes» und die unterlassene ‹Achtung der Gattin eines Edelmanns›. Dieselben zwei Punkte sind es, mit denen Athene Odysseus die Tötung der Freier anbefiehlt: «die seit drei Jahren als Herren in deinem Hause gebieten und mit Brautgeschenken um deine Gattin freien» (13.376 ff.).

Es ist wahr, in der zweiten Götterversammlung, wo Athene über die Zustände auf Ithaka Klage führt: daß keiner von seinen Leuten mehr an Odysseus denke, beschließt sie ihre Rede (ohne dabei die Freier zu nennen): «Und jetzt wollen sie gar seinen geliebten Sohn umbringen» (5.18). Aber damit zeigt sie nur den Gipfel der Gefahr, die den Göttervater zum schleunigen Eingreifen veranlassen muß.

So wird gerade dasjenige Vergehen, das für unser Empfinden die Freier am schwersten belastet – und freilich auch in dem affektiven Urteil der Zuhörer als jeder Schandtat fähig erscheinen lassen soll –, in einer rechtlichen Kalkulation ihrer Schuld keine entscheidende Rolle spielen können. Was dagegen zu ihren Übergriffen erschwerend und entscheidend hinzukommt, ist etwas anderes: daß sie in der Volksversammlung das Vogelzeichen, die zwei Adler des Zeus, die auf Telemachos' Anrufung der Götter erscheinen, und die warnende Deutung des Sehers Halitherses beleidigend und hochmütig in den Wind schlagen: «Denn wir fürchten ganz und gar niemand, weder nun Telemach, so wortreich er ist, noch kümmert uns deine Weissagung, Alter...» (2.199–201). Damit tritt ihr Verhalten in die Dimension des Religiösen, wird Überhebung, Verblendung.

Das Motiv der nicht gehörten Warnung greift ersichtlich die Rede des Zeus auf, mit der das Epos bedeutungsvoll einsetzt:

> Nein doch! wie da die Sterblichen die Götter beschuldigen! Von uns her, sagen sie, rühre das Übel! Dabei schaffen sie doch selber durch eigene Überheblichkeiten, über ihr Anteil hinaus, sich Leiden. So auch Aigisthos, der über sein Anteil hinaus die erfreite Gattin des Atriden ehelichte und ihn bei der Heimkehr erschlug, obschon er sein jähes Verderben wußte, da wir es ihm vorausgesagt hatten, indem wir Hermes zu ihm schickten: er solle ihn nicht erschlagen und nicht seine Gattin freien. Denn von Orest werde ihm Vergeltung kommen für den Atriden, wenn er herangewachsen sei. So sagte Hermes, aber Aigisthos' Sinn vermochte er nicht zu bewegen, so wohl er ihm wollte. (1.32–43)

Die Warnung Ägisths ist erst von diesem Dichter in die Atridensage eingebracht worden. Wieviel Bedeutung für das Ganze er dieser Rede zumißt, geht aber auch daraus hervor, daß sie zugleich die Worte des Proömiums über die Gefährten des Odysseus aufgreift: «Durch ihre eigenen Überheblichkeiten nämlich gingen sie zugrunde.» Auch Odysseus' Gefährten, ehe sie sich an den Rindern des Sonnengottes vergriffen, waren gewarnt worden, und zwar, wie die Freier in der ithakesischen Versammlung, unter der Sanktionierung höchster religiöser Verpflichtung. Durch die vorausgegangene Warnung werden die «Leiden», in beiden Fällen und ausdrücklich, zu selbstverschuldeten.

Hierin scheint der Keim einer Theorie zu stecken, die Antwort auf das Problem, woher die Leiden in die Welt kommen. Nach altem homerischem Glauben kommt alles, die Güter wie die Übel, von den Göttern. Dieser Dichter scheint dem, was die Übel betrifft, zu widersprechen: an ihnen, das heißt an ihrem Unglück, sind die Menschen selber schuld,[3] so wie Aigisthos an seinem Tode, während Hermes, der ihn gewarnt hatte, ihm wohlwollte. Tatsächlich gibt es in der Ilias eine bemerkenswerte Rede Agamemnons, mit der er sich vor dem Heer für seine Kränkung des Achilleus ‹entschuldigt›: «Nicht ich bin schuld, sondern Zeus und die Moira und die im Dunkeln wandelnde Erinys, die mir in der Versammlung die grausame ‹Ate›, Verblendung, in den Sinn warfen.» (Il. 19.86 ff.)[4]

Gegen solche Beschuldigung der Götter insistiert die Zeusrede der Odyssee auf der Selbstverantwortung der Menschen. Ein moralischeres Bedürfnis scheint sich hier in einer Reflexion zu melden, die das Leiden aus dem genaueren Zusammenhang von Schuld und Strafe erklärt. Nun gibt es aber in der Odyssee Äußerungen genug, in denen die alte Auffassung bekundet wird, daß «der Gott bald Gutes, bald Schlimmes verleiht», daß er «eines gibt, anderes verweigert, was er eben in seinem Herzen mag: denn er kann alles» (4.237, 14.444); und oftmals schickt er ein Unglück, ohne daß der Gedanke einer Strafe sich damit verbinden ließe. Da scheint die alte, und durchaus nicht kritische, sondern religiöse Anschauung von der göttlichen Willkür zu herrschen. In dem Odysseeanfang dagegen würde ein jüngerer, ein aufgeklärterer und schon den theologischen Rationalismus vorbereitender Geist sich äußern, ein «dichtender Problematiker»,[5] der an der ‹homerischen Theologie› Anstoß nahm.

Zeus gibt den Vorwurf gegen die Götter an die Menschen zurück: sie schüfen sich selber Leiden «über das Geschick», «hyper moron». Der ‹Moros› ist ziemlich dasselbe wie ‹Moira›, Schicksal, und bedeutet das Anteil, das dem Menschen als einem Sterblichen gegeben ist, vornehmlich sein allgemeines Todesschicksal. Wenn die Menschen «über ihr Anteil hinaus» sich Leid schaffen, so meint das im besonderen den vorzeitigen Tod. Dabei muß man festhalten, daß Moira, nach altgriechischem Glauben, nicht ‹das Schicksal› als starre Notwendigkeit meint, nicht die Determination des einzelnen Lebenslaufs. Sie ist auch keine höchste göttliche Macht, die noch über den Göttern waltet – in der die Früheren gern bei den Griechen die Vorahnung einer Überwindung des Polytheismus sahen. Zeus kann sehr wohl erwägen, ob er sich seines geliebten, dem Tode (seinem «Anteil») verfallenen Sohnes Sarpedon nicht doch erbarmen sollte (Il. 16.431–443).[6] Das ‹Schicksal› kommt hier zustande durch eine göttliche Übereinkunft – ein andermal gar durch einen furchtbaren göttlichen Handel und Kompromiß (Il. 4.62 f.). Die Götter besorgen das Schicksal, weil dieses es ist, was Menschen von Göttern unterscheidet, sie sorgen für die Weltordnung, zu der die condition humaine gehört: weil der Moira «keiner entgeht, der einmal geboren ist» (Od. 24.29).

Dies letzte sagt im Hades der Odyssee Achilleus zu Agamemnon, mit dem verwunderten Bemerken, daß offenbar an ihn «die verderbliche Moira vor der Zeit herantreten sollte». Wir dürfen nicht fragen, wie in diesem ‹sollte› doch auch wieder eine Vorbestimmtheit gedacht wird, ein ‹Schicksal vor dem Schicksal›. Genug, daß der Gedanke des vorzeitigen Todes dort auf die Rede des Zeus und die menschliche Schuld zurückweist.

Es ist dort die Schuld des Ägisth. Der Tod des Meuchelmörders, antwortet Athene, war «nur allzu verdient». Und wie sie dem sogleich das unverdiente Leiden des Odysseus gegenüberstellt, wird der Zuhörer von Anfang an eingestimmt, den Tod der Freier als eine ebenso verdiente Strafe zu erwarten. Denn, da mit dem Exempel des Ägisth das Thema der Odyssee im ganzen intoniert wird, stellt es auch den Tod der Freier in den Zusammenhang von Schuld und Strafe als ein Thema der Odyssee. Sagen wir vorsichtiger: von Schuld und Leiden; denn die rein rechtliche Begründung ihrer Tötung hat sich als schwach, wenn nicht unhaltbar erwiesen. Viel gewichtiger erschien ihre Mißachtung des göttlichen Vogelzeichens und des deutenden Seherworts. Aber wenn wir nun diese religiöse Verschuldung mit ihrem Untergang verrechnen und versuchen, diesen als einen verdienten zu verstehen, so begegnen wir neuen Schwierigkeiten. Der Dichter hat sie uns selber bereitet, indem er die Schuld der Freier geflissentlich und vielfach abgestuft hat. Bei dem Mordplan, als triftigstem Grund der kollektiven Tötung, kann man sich darauf berufen, daß «alle zustimmten» (4.673).[7] Die Verwerflichkeit der Freier aber wird in so viel Graden, nach Charakter und Verhalten im Hause, differenziert – vom obersten Rädelsführer bis zum bescheidenen Mitläufer –, daß man darin mindestens eine erzählerische Absicht der Variation und Individualisierung erkennt, wie sie in geringerem Umfang auch bei den Gefährten der Abenteuer zu bemerken ist. Die Abstufung aber bemißt sich gerade auch nach dem religiösen Verhalten, also dem, was den gleichen Untergang aller zu begründen hätte.

Da ist zuerst Antinoos – über ihn braucht es nicht viele Worte. Er ist der schärfste Wortführer, der erste, der Odysseus handgreiflich beleidigt. Er verspricht sich das Königtum in Ithaka, stiftet den Anschlag auf Telemach an. Ein unangenehmer Charakter, schon vom Vater her, den Odysseus einmal vor der Wut des Volks gerettet hat; undankbar, rücksichtslos auch gegen das Gesinde. Penelope verabscheut ihn.[8]

Da ist Eurymachos, der angesehenste Edelmann in Ithaka, auch er Aspirant auf die Nachfolge des Odysseus. Er wartet mit den üppigsten Freiergaben auf. Als Kind hat er auf Odysseus' Schoß gesessen und wurde von ihm gefüttert. Ein Schmeichler und Heuchler, mit rechter Standesarroganz, gegen den Seher und den Bettler ebenso höhnisch als leicht beleidigt; versucht am Ende, alle Schuld auf Antinoos abzuwälzen.[9]

Da ist Ktesippos, verwöhnter Gutsherrnsohn von der Nachbarinsel, der mit plumpem Sarkasmus seine Brutalität an Odysseus ausläßt;[10] Eurynomos, der Bruder eines umgekommenen Gefährten des Odysseus, der es als einziger der verbliebenen Söhne des leidgebeugten Vaters mit den Freiern treibt;[11] Leiokritos, der die Götterzeichen verachtet, sich um nichts von der Tafel vertreiben lassen will und dem auftauchenden Odysseus den Tod androht.[12]

Amphimedon ist Gastfreund Agamemnons von damals, als er mit Menelaos zur Anwerbung des Odysseus nach Ithaka kam.[13] In der Unterwelt wird er ihm von dem Freiermord berichten.

Agelaos beschwichtigt nach allen Seiten, um ohne Ärger und Rechtsverletzung das Werben der Freier zum Erfolg zu führen.[14] Überhaupt sind die Beschwichtiger in der Überzahl, und die Entrüstung über Antinoos' Gewalttat ist allgemein:

> Und so sprach mancher von den stolzen Jungen: Antinoos, das war nicht recht, daß du nach dem armen Landstreicher geworfen hast. Unseliger! Wenn er nun vielleicht irgendein Gott vom Himmel ist! Auch Götter durchwandern ja, Fremden von anderswoher gleichend, in mancherlei Gestalt die Städte und beobachten Übermut und Wohlverhalten der Menschen. (17.481–87)

Die religiöse Vorstellung des heimlich prüfenden Gottes, die aufs Wort dem Mahadö der Goethischen Ballade gleicht,[15] wird hier als Warnung den Freiern selber in den Mund gelegt. So ahnungsvoll das Richtige wissend ist nicht einmal Eumaios.

Sodann die wichtige Figur des Amphinomos. Er kommt vom Festland, Penelope schätzt ihn am meisten, weil er «von guter Gesinnung» ist. Er distanziert sich von den Freiern, denkt leicht an das Wirken der Götter und lehnt seine Beteiligung an einem erneuten Anschlag gegen den Königssohn aus Gottesfurcht ab. Zweimal redet er den Freiern zum Guten, einmal mit Erfolg. Er ist der einzige, der den Bettler mit einem Segenswunsch ehrt, und nach Odysseus' ernster und wohlwollend warnender Rede geht er gesenkten Hauptes nachdenklich und mit bedrücktem Herzen durch den Saal, Schlimmes ahnend. «Aber auch so entging er nicht dem Tode» (18.155). Noch einmal sucht Odysseus Schutz vor Eurymachos zu seinen Knien – beim Kampf fällt er von Telemach bei dem Versuch, sich den Weg zum Ausgang freizukämpfen.[16]

Und da ist endlich der letzte, der sterben muß, Leiodes, der Opferschauer. Er saß beständig im hintersten Eck, unwillig über die Freier, denn «ihm allein waren ihre Anmaßlichkeiten verhaßt».[17] Von der allgemeinen Bewerbung um Penelope rückt er ab. Was der Dichter von ihm sagt, wird er selber in der Stunde der Angst sagen:

> Bei deinen Knien, Odysseus, fleh ich dich an: schone mich und hab' Erbarmen! Ich sage dir, ich habe keinem der Weiber im Hause etwas Mutwilliges gesagt oder getan, habe vielmehr auch die anderen Freier abzuhalten versucht, wenn einer dergleichen tat. Aber sie folgten mir nicht. Darum hat sie auch für ihren Mutwillen ein schmähliches Schicksal erreicht. Ich aber, der Opferschauer, der nichts getan hat, werde unter ihnen liegen, daß kein Dank bleibt für Wohlgetanes! (22.312–319)

Darauf Odysseus voll Zorn:

> Wenn du dich denn rühmst, bei diesen der Opferschauer zu sein, wirst du wohl manchesmal hier im Hause gebetet haben, daß die Erfüllung der Heimkehr mir fern bleiben, aber meine Gattin dir folgen und Kinder gebären möge. Drum wirst du dem schmerzenden Tode nicht entrinnen.

Und mit diesen Worten ergriff er das Schwert... Zwei werden, als unschuldig, auf Telemachs Fürsprache geschont: Phemios der Sänger und der Herold Medon.

Wozu diese Skala der Schuld? Überblickt man das Ganze, so ist darin wohl ein Mehrfaches. Man sieht die jungen Leute ziemlich deutlich in dem Konnex einer adligen Gesellschaft, in ihren Verhältnissen zu ihren Familien und zum Haus des Odysseus und in der verschiedenen Art ihrer Verstrickung. Ihr generelles Beiwort ist «die übermütigen», «hyperphialoi», aber das verurteilt sie noch nicht, es heißt eigentlich nur die «übermächtigen». Ihre Schilderung ist nicht durchgängig unsympathisch. Von einer persönlichen Belästigung Penelopes sind sie weit entfernt, und der wiederholte Vorwurf des «atimazein» heißt nur, daß sie die Königin nicht als Gattin des Odysseus ‹respektieren›.[18] Ihre lästige Anwesenheit im Hause betrachtet Eurymachos als einen noblen «Wettstreit um ihre, Penelopes, Vortrefflichkeit»: in der beständigen Erwartung ihrer Entscheidung gehen ihnen die Tage hin, ohne daß sie sich um andere, geringere Frauen bemühten, «die ihnen anstünden» (2.205–7). Dem bettelnden Odysseus erweisen sie anfangs die übliche «Barmherzigkeit» (17.367), und daß Telemach ihnen den Bettler und den finsteren Wahrsager, diese allzu penetranten, ins Haus bringt, finden sie eher gesellschaftlich dégoutant und werden ausfällig nur, wo sie sich selber in ihren noblen Beschäftigungen belästigt fühlen. Bei den allzu knabenhaften Offenheiten Telemachs wird ihnen zwar unheimlich, aber sein jugendlicher Ernst ist ihnen in ihrer vergnügten Runde eher komisch: da sind sie von erschreckender Harmlosigkeit. Aber selbst Antinoos kann etwas Weltmännisch-Joviales zeigen, wenn er den erregten Knaben gleichsam auf die Schulter klopfend beruhigt: Du Stürmischer, komm und setz dich her, iß und trink wie immer, du wirst ja dein Schiff bekommen (2.301 ff.).

Man hat von der Schwarzweißmalerei der Odyssee gesprochen, der allzu märchenhaften Scheidung in Gute und Böse. Aber wie in der Ilias keiner der Großen nicht auch seine Stunde der Schwäche hat, umgekehrt auch der unsympathische Agamemnon seine Aristie bekommt und selbst der weiche Paris Gelegenheit, sein Heldentum zu zeigen,[19] so entspringt auch die Differenzierung der Freier, untereinander und in den Personen selber, der homerischen Wahrnehmung des Wirklichen. In der Odyssee ist es ein Zug des ihr eigentümlichen Realismus. Es ist aber wiederum klar, daß diese Differenzierung erst auf der Stufe des reifen Epos möglich war; in der einfachen Geschichte haben die Freier auch nur eine einfache Rolle, die Funktion des Widersachers.

Im Ganzen bietet die Vielfalt der Charaktere das Bild einer jeunesse dorée von Nichtstuern, standesbeschränkt und arrogant, die schon anfängt, auch beim Volk den Rückhalt zu verlieren, und mit weiteren Übergriffen sogar riskieren würde, aus dem Land verjagt zu werden (16.375–382); also zugleich das Zeitbild einer gesellschaftlichen und politischen Krise.

Eine allgemeinere Lebenswahrheit scheint in der Verstrickung zu liegen: wie da so mancher vergleichsweise harmlose Charakter mit banalen Durchschnittsbedürfnissen aus mangelnder Besinnung in etwas hineingerät, das sie alle ‹ohne Ansehen der Person› in den Untergang reißt. Mitgegangen, mitgefangen. Odysseus' Rede an Amphinomos scheint das anzudeuten:

> Nicht mehr lange, denke ich, wird er (Odysseus) den Seinen und der väterlichen Erde fern bleiben, vielmehr ganz nahe ist er! Doch dich möge vorher der Daimon nach Hause herausführen, und mögest du jenem nicht begegnen: Denn ich ahne, nicht un-

blutig werden die Freier und jener auseinanderkommen, wenn er erst unter sein Dach getreten ist. (18.145–150)

Gerade so wird es sich abspielen: Amphinomos wird aus dem Hause herauszukommen versuchen – aber zu spät. Das bloße ‹Dabeigewesensein› wird ihm zum Schicksal. Hier steht im Grunde nicht mehr die Gerechtigkeit in Frage; der Dichter scheint auf etwas zu verweisen, wie es so eben geht, eine Lebenserfahrung: Das ist der Weltlauf...

Und doch bleibt ein Rest. Wird beim antiken Zuhörer das anfängliche Gefühl der Genugtuung bis zum Schluß durchgehalten haben? Bei Amphinomos vermeidet der Dichter die erneute Konfrontation mit Odysseus; bei dem letzten, Leiodes, ist die Unerbittlichkeit so schrill, daß schon die alten Erklärer damit Mühe hatten.[20] Es bleibt offen, ob der Hörer die Unterstellung, mit der Odysseus dem Gottesmann noch im Sprechen das Genick zerschlägt, glauben sollte oder nicht. Erinnert aber hat er sich bestimmt, daß mit dem wörtlich gleichen Vers in der Ilias der junge Lykaon sich dem rasenden Achill zu Füßen warf: «Bei deinen Knien, Achilleus, flehe ich dich an: verschone mich und hab' Erbarmen!» (Il. 21.74). Dort war die Verweigerung der Gnade ein Äußerstes der Rache, Vorklang schon der Schändung Hektors und des Zorns der Götter!

Wie dem auch sei, die Unverhältnismäßigkeit der Rache tritt gegen Ende kraß hervor, und eben dadurch, daß der Dichter für diese Opfer Sympathie erweckt hat. Der Widerspruch ist gewollt: «Aber auch so nicht entging er dem Tod» (18.155). Der auktoriale Einwurf erklärt nichts, er konstatiert: Auch er fiel in die massa perditorum.

Die religiöse Kategorie ist wohl angebracht. Was diese Opfer zu den Verlorenen stellt, ist keine moralische und keine juridische Schuld mehr, sondern: daß sie nicht ‹gehört› haben. Sie wandern mit in den Hades wie die Ungläubigen in Dantes Hölle. Aber was hat sie zu diesem Schicksal bestimmt? Nicht Penelope, nicht Telemach oder Eumaios erwächst aus ihrem Unglauben ein Verhängnis. Man kann entgegnen, daß diesen ihr Mißtrauen durch ihr Unbewußtes aufgewogen wird, das sie richtig führt und niemals auf die Bahn der Verblendung. Aber ihnen steht auch die Gottheit bei. Warum den Freiern solcher Beistand fehlt – denn die Warnung kann man noch weniger dafür nehmen als die Warnung Ägisths –, dafür gibt es keinen vernünftigen Grund. Der altgriechische Glaube hatte dafür nur die schlichte Erklärung: den ‹Haß der Götter›. Überall, wo ein unerklärliches Unglück über einen Menschen hereinbrach, hatte man diese zur Hand: «er wurde den Göttern verhaßt». So von Agamemnon, so vermutet es Eurykleia selbst von Odysseus (11.437, 19.364). Natürlich erzählte man sich Ursachen des Götterhasses: menschliche Übeltat, menschliche

Verblendung. Aber diese waren ihrerseits wieder Schickung der Götter, und ein berühmtes griechisches Wort sagte: ‹Wen der Gott verderben will, den schlägt er zuerst mit Blindheit.›[21] Letzlich sind Götterhaß und Götterliebe etwas Primäres, Unreduzierbares: die unbegreifliche göttliche Willkür. «Reize mich nicht, daß nicht im Zorn ich dich fahren lasse und dich ebenso hasse, wie jetzt ich maßlos dich liebte!» spricht Aphrodite zu Helena in der Ilias (3.414 f.).

Vom Götterhaß ist – mit einer Ausnahme – die Odyssee schon abgerückt; die Götter sind hier viel mehr als in der Ilias die guten Ratgeber.[22] Gott-verursachte Verblendung der Freier würde der Geschichte, wie sie im Märchen gegeben war, ihre Logik nehmen. Im Gegenteil, die Götter warnen sie – durch das Zeichen für Telemach –, und ihre Taubheit wird zur eigenen Schuld. Aber gerade ihr Nicht-hören-wollen, ihr Hochmut gegen die göttliche Warnung kennzeichnet sie als die Gott-verlassenen. Sie sind es von vornherein. Es profiliert sich am Ende gegen des Odysseus Gott-Geliebtheit, wenn Amphimedon im Hades von ihrem Untergang berichtet: wie «offensichtlich» da die göttliche Hilfe im Spiel war.

Odysseus' Helferin ist Athene: «die dir in allen Mühsalen beisteht und dich beschützt» (13.300 f.). In der mythischen Gestalt der Helfer- und Schutzgottheit – Hektor hat sie wie Achill, Jason wie Herakles – drückt sich dies ganz persönliche Verhältnis der Götterliebe aus. Es ist ein ursprüngliches, und keiner Befragung fähig. Auch das gehört zur göttlichen ‹Willkür›. Und ist es nicht wiederum schlechthin eine Erfahrung, daß Glück und Gelingen, Begabung und Begnadung dem Individuum auf rätselhafte Weise zuteil wird? Wohl fragt der Grieche nach Gründen, und er findet sie in der Frömmigkeit. Hektor, der gern der «Zeus-geliebte» genannt wird, ist ihm der «liebe Mann», weil er ihm «viele Rinderschenkel», auf dem Ida und in der Stadt, verbrannt hat (Il. 22.168 ff.); Odysseus, weil er, mehr als andere, heilige Opfer den Göttern dargebracht hat (Od. 1.60–67). Darin sind Ilias und Odyssee sich gleich. Wenn aber Athene ihm erklärt, warum sie ihn «im Unglück nicht verlassen kann», dann ist es nicht die Frömmigkeit, sondern «weil du gescheit bist und gut auffaßt und Verstand hast» (13.332). Sie hat sich über seine Lügengeschichte und seine mißtrauische Vorsicht gefreut: «Immer hast du eine solche Sinnesart in der Brust» – und das ist: die «Schlauheit und Gaunerei» (13.291). Aber darin «kennen wir uns beide aus: weil unter den Sterblichen allen du weitaus der Beste bist an Rat und Reden, ich aber unter allen Göttern berühmt bin durch Klugheit und Listen» (13.296 ff.). Die übertreibende Wendung ins Gaunerhafte gehört hier zum vertraulichen Ton zwischen Gott und Mensch («Da lächelte die Göttin, streichelte ihn mit der Hand und sprach...» 13.287), es gehört zu der erstaunlichen Intimität der Götternähe, in der sich die beiden in dem gleichen Charakter finden. Und was als Ursache der Göttergunst erscheint, ist diese selber.

Um ganz deutlich zu sein: Es geht nicht darum, daß hier anstelle frommer Opfer Klugheit und Listigkeit, als etwas Außermoralisches, die Liebe der Gottheit begründen – auch Odysseus' Frömmigkeit gehört zu seiner Klugheit. Aber Frömmigkeit und Götterliebe stehen nicht im kausalen Verhältnis zueinander, sie sind nur die beiden Seiten Eines Verhältnisses: der Gottgeliebtheit. Und um auf das Schicksal zurückzukommen: auch der Zusammenhang von ‹Tugend› und Glück, griechisch gesprochen: zwischen ‹Areté› (den Vorzügen der Person) und ‹Tyche› (Gelingen), ist kein moralischer, nicht einfach der zwischen Verdienst und Lohn, beides ist aufgehoben in der Erfahrung der Götterliebe. – Man wird Vergleichbares in der religiösen Erfahrung anderer Zeiten finden, im Alten Testament in der Geschichte von Kain und Abel; in der Theologie Luthers.

Nicht ohne weiteres gilt dasselbe auch für die Kehrseite, für Mißlingen und Unglück. «Und der Herr sah wohlgefällig auf Abel und sein Opfer, Kain aber und sein Opfer sah er nicht an.» Das ist die einfachste Formel für die Willkür Gottes. Und aus dem Entzug der Gottesliebe entspringt alles Böse: mag Gott den Verworfenen noch so streng jetzt in die Pflicht des rechten Handelns nehmen, er bleibt der Verworfene. Anders bei den Griechen; schon im Mythos werden zu Gottgehaßten oft die übermaßen Gottgeliebten, und der Ursprung der Umkehrung liegt zumeist in einer göttlich willkürlichen Öffnung der Grenze ins Übermenschliche, siehe Tantalos. Hier, in den schlimmen Schicksalen, kommt das spezifisch Menschliche herein, die prekäre Freiheit der Überhebung. Aber an dieser Grenze bewegt sich, für den archaischen Griechen, alle Größe.

Von so Großem ist in der Odyssee nicht die Rede. Sie hält sich diesseits jener Grenze, schreitet den Existenzraum eines Heimkehrers, eines Gatten, Vaters und Gemeindekönigs aus, den allerdings bis in den Bereich des Todes. Für die Grenze hat die Dichtung, gleich zu Anfang, ein schlichtes und ganz unspekulatives Bild bereit: die ausgeschlagene Unsterblichkeit, die die liebende Göttin dem Helden verleihen möchte. In dem nun begrenzteren Bereich des Menschlichen aber wird auch die Schuld der Freier eine menschliche. Ihr Verhalten ist nicht das von Frevlern, es ist nur ‹allzu-menschlich›, und auf Schritt und Tritt erkennt man darin das Verhalten des Durchschnittsmenschen. Die prekäre Grenze des Schuldhaften kommt nun in der übergänglichen Reihe ihres gemeinsamen Schicksals zutage. Auch für dies Fehlverhalten – das in den bemitleidenswerten Fällen schon an die aristotelische ‹hamartia›, den ‹Fehltritt› grenzt – gibt es eine einfache

Lebensregel: Die Dichtung hat sie in dem Götterschwank des Demodokosliedes (von den von Hephaist ertappten Ehebrechern Ares und Aphrodite) den lachenden Göttern in den Mund gelegt: «ouk aretā kaka érga», «Übeltaten führen zu nichts Gutem», – um diese Spruchweisheit herum ist die Geschichte erfunden. Sie projiziert ein bürgerliches Problem in den Olymp. Aber auch hier gilt, was die Ilias kennzeichnet: Was unter Göttern ein Götterspaß ist, ist unter Menschen blutiger Ernst.

Was mit dem allen nicht berührt und nicht erklärt ist, ist das Leiden der Gottgeliebten. Woher die Leiden des Odysseus? In dem reinen Verhältnis von Götterliebe und Glück scheinen sie keinen Platz zu haben. Hier kommt etwas anderes hinzu, was wiederum mit der Conditio humana zusammenhängt: Achilleus spricht davon in der Ilias zu dem leidgeschlagenen Priamos, als er ihm im Kriegszelt gegenübersitzt:

> Denn so haben es die Götter den elenden Menschen zugesponnen, daß sie im Kummer leben – sie selber aber sind leidlos. Denn zwei Fässer stehen auf dem Estrich des Zeus, mit Gaben, wie er sie gibt: schlimmen, das andre mit guten. Wem Zeus gemischt gibt, der donnerfrohe, dem begegnet bald Schlimmes, ein andermal Gutes. Wem er aber nur von den traurigen gibt, den bringt er zu Schanden ... (Il. 24.525 ff., nach Schadewaldt)

Das ungemischte Glück kann es nicht geben. Und um das Leidensanteil zu meiden, reicht jene Spruchweisheit nicht aus. Was aber die ‹Mischung› bedeutet, und ob es dennoch, in dem gemischten Leben, eine ‹Lebensregel› gibt, – von beidem muß noch im letzten Kapitel die Rede sein.

XX. Kapitel

DIE WEISHEIT DES HERZENS

Das Unbewußte

Es liegt in der Natur des Incognito, daß die Personen der Geschichte zu dem Unerkannten sich richtig oder falsch verhalten. Der Bettler wird beleidigt oder geehrt; so scheiden sich schon die Figuren des Märchens in Schlechte und Gute. Der unerkannte Held, an dem sie sich scheiden, wird zum heimlich Prüfenden, der «den Frevel der Menschen und ihre Rechtschaffenheit beobachtet» (17.485 ff.).

Auf der pragmatischen Stufe der einfachen Geschichte scheiden sich die Guten und die Schlechten einfach durch ihre Taten und Gesinnung, vornehmlich in Hinsicht auf den Helden. Dabei liegt das eigentlich Moralische dem Märchen fern: die wiedergewonnene Gattin, in letzter Minute an ihrer neuen Heirat verhindert, kann sehr wohl die Beschämte sein, ohne daß das happy end darum weniger glücklich wäre. Das Moment des Ausharrens, der Treue gehört schon einer höheren Stufe an.

Überhaupt ist es vornehmlich die Figur der Frau, an der sich die Geschichte differenziert. Wenn im Mahabharata die Prinzessin Draupadi gegen die Teilnahme des scheinbaren Mönchs am Freierwettbewerb protestiert – «ich nehme keinen Bettler zu meinem Herrn!» –, so ist das noch nicht als ein Fehlverhalten gemeint: sie spricht einfach das Wertmaß aus, das für die Zuhörer nicht weniger verbindlich ist als für sie selber. Das umgekehrte Verhalten der Königin in Wyssenherres ‹Heinrich-Gedicht› – sie läßt den «wilden Mann» mitsamt dem Löwen in das Schloß ein, bietet ihm selber den Trunk[1] – schafft auch nur die pragmatischen Bedingungen, damit es zur Erkennung kommt, und soll schwerlich auf den inneren Sinn der Gattin ein Licht werfen. Bei Penelope ist es doch anders: Wenn sie bei der Bogenprobe darauf besteht, daß der fremde Bettler sich an der Waffe des Odysseus versuchen darf, so ist dem ihr abendliches Gespräch mit dem Fremden vorausgegangen, und etwas Unsagbares ist im Spiel. «Wenn er den Bogen spannen wird, will ich ihn mit Mantel und Hemd, schönen Kleidern kleiden und ihm eine scharfe Lanze schenken.» Sie trifft das Rechte – und doch das Falsche: sie zieht ihn heran und schließt ihn, mit dem Bettlerlohn, zugleich aus. Was hat sie getrieben, gegen den Protest der Freier den Bettler zuzulassen?

Aber ihre Aufmerksamkeit für den Bettler war von vornherein ungewöhnlich. Man merkte es schon an dem Drängen, mit dem sie ihn zu sich bestellte. Zwar ist ihre besondere Fürsorge hinlänglich auch mit dem allgemeinen Gebot des Schicklichen und des Menschlichen begründet, ihr Interesse an dem Fremden mit ihrer Gewohnheit, jeden Fremden nach Odysseus zu fragen. Aber da gibt es Inclinationen und Allusionen der Rede, ein In-Beziehung-treten und Zur-Sprachebringen, das aus tieferem Grund kommt. Von der Art war ihr Tadel des Sohnes wegen der Behandlung des Fremden mit der folgenden Schelte der Freier für ihre schlechten Manieren der Brautwerbung; wobei sie von Odysseus redet, so als wüßte sie, daß er zugegen ist. Aber dies Verhalten ist nicht nur ihr eigen, auch Eumaios redet zu dem Unbekannten gleich in der anhänglichsten Weise von seinem Herrn. Davon ist genug gehandelt worden.[2] Man kann diese Formen von ihrer literarisch-technischen Seite betrachten, als Mittel, aufs Thema zu lenken. Aber sie haben in der Odyssee sichtlich auch den Charakter, in dem Sprechenden eine Neigung, einen Instinkt, eine Gedankennähe zu seinem Gegenüber zu bekunden. So lenkt der Dichter – oder der ‹Daimon›? – sogleich Menelaos' erste Rede auf Odysseus, auf Laertes und Penelope, und auf Telemach, mit dem er ahnungslos redet (4.112). Als ihm darauf, aus den Tränen des Jünglings, doch eine Ahnung kommt, zögert er noch, den Erschütterten zu fragen: Da nimmt die hereintretende Helena in anmutiger Unbefangenheit ihm und dem Besucher die Verlegenheit ab. Es gibt da eine Delikatesse der Schonung, eine zarte Kultur des Erratens, die von Menelaos bis Alkinoos reicht und vor dem Schweinehirten nicht Halt macht, die von dem sublimen Adel nicht nur des dichterischen Genies, sondern ebenso von der Kultur seiner Gesellschaft zeugt.

Man kann für dies innere Lenkende kein besseres Wort gebrauchen als das Unbewußte. Es schadet nichts, daß das Wort uns aus der Psychoanalyse geläufig und mit ihren Begriffen verbunden ist. Wenn die Seele, unbeschadet ihrer geschichtlichen Schicksale und ihres wechselnden Selbstverständnisses, in ihrer Substanz durch die Jahrtausende dieselbe geblieben ist, mögen wir uns auch für das so Entrückte den Belehrungen der Zeit offen halten. Die homerische Sprache, und wohl das Griechische überhaupt, hat für das Unbewußte keine Vokabel, wenn nicht das ‹Daimonion› des Sokrates. Fragen wir nach der Sache, so wird man sie von der Privation des Bewußtseins her suchen: nicht in der Geistesabwesenheit des Ohnmächtigen oder Gedankenversunkenen, für die Homer das Wort ‹allophronein› hat, ‹anderes denken›,[3] wohl aber in der Bewußtlosigkeit des Schlafenden.

In der Odyssee wird viel geschlafen, viel mehr als in der Ilias. Dabei ist abzusehen von dem regelmäßigen Schlaf, der dem Rhythmus von Tag und Nacht folgt. Bedeutsam ist nur solches Schlafen, das für die

Erzählung bedeutend ist. Meistens wird sehr gut geschlafen. Auch dies im Unterschied zur Ilias, wo Schlaf und Nacht nichts Gutes bergen. In der Mitte der Odyssee steht das Bild des schlafenden Odysseus, den das Wunderschiff in nächtlicher Fahrt zum Heimatland trägt. Es ist, sozusagen, der Urschlaf der Odyssee, der, der schon zum Odysseusmärchen gehörte. Aber was ist jetzt aus dem Märchenschlaf geworden!

> Sie drauf, rückwärts gebeugt, aufwarfen die See mit dem Ruder,
> Und alsbald fiel jenem ein tiefer Schlaf auf die Lider,
> Ohn' Erwachen, ganz süß, ganz nahe dem Tode gleichend.
> Aber das Schiff – wie wenn im Feld vierspännige Hengste
> Alle zugleich losstürzend und unter den Hieben der Peitsche
> Hochaufbäumend im Flug die Straße hinter sich legen,
> So erhob sich der Bug des Schiffs – nachdrängte die Welle,
> Groß und dunkelblau, des strömend wogenden Meeres.
> Sicher flog es dahin, immerfort, und auch nicht der Falke
> Hätte ihm Schritt gehalten, der flinkeste unter den Vögeln.
> So durchschnitt es im hurtigen Lauf die Wellen des Meeres,
> Mit sich führend den Mann, der Gedanken hegt wie die Götter:
> Der vordem viel Schmerzen erlitt in seinem Gemüte,
> Als er die Kriege der Männer und bitteren Wogen durchquerte –
> Da endlich schlief er in Ruhe, vergessen all seiner Leiden.
> (13.78–92)

Man kennt den Wunderschlaf, durch den der Begnadete in die Märchenwelt eintritt und in die alltägliche wieder zurückgelangt; als Symbol gleichbedeutend mit dem Brunnen oder dem Wasser, durch das man in eine andere Welt hinabtaucht. Wieviel davon schon im Phäakenmärchen vorgebildet gewesen sein mag: jetzt ist es mit neuer Bedeutung erfüllt. Was Zaubermittel war, Hiat zwischen zwei Welten, ist Schicksal der Seele geworden. Während sie schläft, besorgen ihr Geschick hilfreiche Geister, die den Unbewußten zum Ziel seiner Sehnsucht tragen. Was da am Werk ist, anstelle und für das wache Ich, spricht das Gleichnis aus. Während solche Kräfte, ihre Bahn ziehend, ihn tragen, ist er aufgehoben in der «unfehlbaren» Sicherheit des Wunderschiffes. Die todesgleiche Ruhe, auch sie ein Hiat, löscht das Erlebte aus in Vergessenheit – was bleibt, ist «der Mann mit den göttergleichen Gedanken», das innerste Selbst der Person. Schlaf ist Ende der Leiden: ein wahrer Heilschlaf – keine Entwicklung, in keiner Zeit zu messen, ein Augenblick: Metamorphose zu neuem, wachem Tun.

Will man ermessen, wie weit der Weg von dem Märchenschlaf ist, vergleiche man den, der Heinrich von Braunschweig bei der Heimkehr befällt. Ihm hatte der böse Geist der Unterwelt zugesagt, ihn und seinen Löwen, einen nach dem andern, vor sein Schloß zu tragen unter der Bedingung, daß er sich ihm «zu eigen gebe», wenn er ihn, beim Nachtransport des Löwen, eingeschlafen fände. Und so geschieht es.[4] Der Märchenschlaf ist hier tückisch und feindlich. Er ist es ebenso wie jener andere, der der Märchengeschichte des Odysseus angehört, in dem Abenteuer mit den Äoluswinden. «Neun Tage lang segelten wir, Tag und Nacht. Am zehnten erschien bereits das väterliche Land, und schon sahen wir die Feuer nahe. Da überfiel mich ein süßer Schlaf...» (10.28–31). Schon hier also der Schlaf auf der Heimfahrt nach Ithaka, Gegenbild des anderen, glücklicheren. In der Süße des Schlafs steckt hier seine Heimtücke. Zurückgetrieben zur Insel des Aiolos sucht Odysseus zum zweiten Mal die Gunst des Königs: «Arge Gesellen waren mein Unglück, und mit ihnen der Schlaf, der entsetzliche!» So verhängnisvoll kann wohl ein Schlaf in der Ilias sein, man denke an jenen, worin dem Agamemnon der «böse Traum» des Zeus kommt (Il. 2.6–41); in der Odyssee noch einmal in den Abenteuern: Odysseus' verhängnisvoller Schlaf auf der Sonneninsel (12.338). Außerhalb der Abenteuer wird man derlei nicht finden. Da ist der Schlaf wohltätig, lösend und tröstend.

So der Schlaf auf dem Wunderschiff. Odysseus schläft traumlos; kein Bild, keine Stimme sagt ihm, was geschieht, was geschehen soll. Der todgleiche Schlaf scheint seine Süße gerade in der Traumlosigkeit zu haben, – so wie Sokrates sich den Tod ausdenkt: ein Schlaf ohne Traum, süßer als alle Tage und Nächte des Lebens... Süß und traumlos, aber dem Leben näher, ist der Schlaf der Penelope vor ihrem Auftritt vor den Freiern, der ihre erste, unbewußte Begegnung mit Odysseus sein wird. Es ist ein «milder Schlummer», der sie «umfängt» und «ihr die Gelenke löst» (18.189, 201). Er steht, wie sich zeigte, zu dem ihr unbewußten Auftritt vor Odysseus in Beziehung: Für ihn verschönte sie die Göttin im Schlaf. Das Widerspiel von Bewußtsein und Unbewußtem, das die ganze Szene prägt, hat im Schlaf sein erzählerisches Symbol. Der Schlaf löst den Krampf des Leidens, der Penelopes waches Dasein beherrscht. Wenn aber auch sie ihn, im Aufwachen, mit dem Tod vergleicht, dann irrt sie:

> Möchte so milden Tod mir die keusche Artemis schicken,
> Jetzt gleich, daß ich nicht länger mit Weinen mein Leben verzehre
> Um den lieben Gemahl... (18.202 ff.)

Mit dem Erwachen tritt sie in die Täuschung zurück. Im Schlaf war sie klüger, ihr Unbewußtes handelte für sie – wenn wir so nennen dürfen, was griechisch und dichterisch heißen muß: Athene. Denn im Schlaf regt sich nicht – «schlecht und modern» – das ‹Untere›, nicht ihr Wunsch, vor den Freiern zu kokettieren; das unbewußt Wirkende ist ein ‹Oberes Leitendes›, das sich von je unseres wachen Daseins angenommen hat.

Das Verkennen des Erwachenden ist ja ein Topos aus der Odysseusgeschichte: Odysseus, auf Ithaka erwachend, ruft: «Weh mir, in was für ein Land bin ich wieder geraten!» – es ist der Ausruf des Vieldulders, des Helden der Irrfahrten, den immer neue Gefahren erwarten. Mit derselben bestürzten Rede verkennt er seine Lage, als er vom Geschrei der ballspielenden Mädchen auf Scheria erwacht, auch dort aus einem Schlaf, den ihm Athene geschickt hat, «ihn schnellstens aus der Ermattung von schlimmer Anstrengung zu befreien» (5.492, 6.119). So kommt jedesmal im Moment des Erwachens das Wachsein als Täuschung zur Sprache, während der Schläfer unbewußt seinem Glück entgegenschlief.

Wenn denn in der Odyssee, so anders als in der Ilias, über dem Schlaf die wohlwollende Gottheit waltet, ist es richtig, daß auch ihr Wissen und Wille im Schlaf zur Sprache kommt: in den Träumen. Auch die Träume der Odyssee unterscheiden sich bedeutsam von denen der Ilias, sie täuschen nicht wie der böse Traum Agamemnons, sind keine fordernden Schatten wie die Seele des Patroklos, keine Angstträume wie im Gleichnis des verfolgten Hektor.[5] Sie kommen dem Schlafenden als ein höheres Wissen, das ihm im Wachen nicht gegenwärtig ist. Sie kommen in vertrauter Gestalt, Schwester oder Freundin, von der Göttin geschickt oder die Göttin selber verbergend. Gerade das Erwachen des Odysseus durch das Ballspiel der Mädchen wird von Athene so bewirkt, daß sie in einem Traum Nausikaa mit den Mädchen zu dem Ort der Begegnung schickt. Was sie ihr aber im Traume sagt, sind verschwiegene Gedanken des Mädchens selber, solche, die es selbst dem Vater offen zu sagen scheut, die er doch freundlich errät. So läßt sich denn doch der Traum in unsere Denkweise übersetzen. Doch soll man nicht den kleinen Unterschied übersehen: Verstanden wird der Traum nicht aus der Subjektivität der Träumerin und ihren geheimen Wünschen, sondern als Erinnerung an ein Objektives, die nah bevorstehende Hochzeit – richtiger: Gattenwahl, denn noch ist Nausikaa umfreit.

Aber täuscht nicht doch Athene sie eigentlich? Wenn, wie wir es voraussetzen, der Traum der Nausikaa ein Wahrtraum ist, von der wohlwollenden Göttin der Jungfrau zugesprochen, dann müßte eigentlich Nausikaa jetzt ihrem Bräutigam entgegengeschickt werden. Aber die Göttin hat nicht dies im Sinn, sondern die «Heimkehr» des Odysseus (6.14). Die Wahrheit des Traums ist ganz darauf bezogen, daß dem Odysseus seine Lebensretterin begegnet. Und doch wird auf sublimere Weise der Traum auch im anderen Sinne wahr: indem Nausikaa dem begegnet, den sie sich zum Manne wünschen möchte. Hier sind wieder die epischen Verschiebungen über der Vorlage einer einfachen Geschichte spürbar.

Die Hauptträumerin aber ist natürlich wieder Penelope. In ihren Träumen tritt die Ahnung des Unbewußten als die Wahrheit gegen den Trug des Wachens ganz hervor. Wenn sie gejagt von Ängsten um den mordbedrohten Sohn – «wie ein Löwe geängstet in der Umzingelung der Männer» (4.791 f.) – endlich einschläft, erscheint ihr im Traum die fern verheiratete Schwester, um ihr zu sagen, daß sie getrost sein dürfe: «eine solche Geleiterin ist bei ihm, wie auch wohl andere sie sich zum Beistand wünschen: Pallas Athene, die um dich barmt...» (4.825) Sie darf es wohl sagen, denn Athene selber hat das Traumbild geschickt. Und doch sagt es ihr nicht mehr, als der Dichter will: nach Odysseus gefragt, weicht es aus und verschwindet. «Sie aber fuhr aus dem Schlaf, und es wurde ihr warm ums Herz, weil ein so deutlicher Traum sie heimgesucht hatte zur Stunde der Nacht.» Das Ungewisse der Wirkung ist Absicht, von dem Trostreichen des Traums kann über die Wallung des Augenblicks hinaus nichts in ihr waches Dasein hinüberreichen.

Diese beiden Träume geben sich kaum Mühe, die Sprache der Träume zu sprechen. Sie stehen den großen Lebensträumen um soviel nach, als sie auf keine Deutung angewiesen sind. Anders der Traum, den Penelope am Ende ihres langen, nächtlichen Zwiegesprächs dem unerkannten Odysseus erzählt. Eigentlich war ihr Gespräch schon einmal, nach den Berichten des Bettlers, zum Ende gekommen; Penelope war von dem Gehörten tief bewegt, und hatte es doch alles als Trug von sich gewiesen. Vor dem Schlafengehen, bei der Fußwaschung, war es dann fast doch zur Erkennung gekommen; aber Athene «hatte ihr den Sinn abgewendet» (19.479). Da beginnt Penelope noch einmal das Gespräch. Es ist wie ein Anhängsel, ein Nachgedanke. Trotz den Prophezeiungen des Fremden, daß Odysseus bald hier sein werde, erklärt ihm Penelope, warum sie der neuen Verheiratung sich nicht länger zu entziehen wisse. Nun habe sie einen Traum gehabt: Ihre Gänse, zwanzig an der Zahl, fraßen im Hof Weizenkörner; da kam ein Adler vom Gebirge und schlug die Gänse; er flog davon, und sie blieb weinend allein. Da kam der Adler zurückgeflogen, setzte sich auf das Dach und redete mit menschlicher Stimme: ‹Sei getrost, dies ist kein Traum, sondern Wirklichkeit; die Gänse sind die Freier, und ich, der Adler, bin dein Gemahl, der gekommen ist, alle Freier zu erschlagen!› Und Penelope wachte auf und sah im Gehöft ihre Gänse Weizen fressen wie zuvor (19.535–553).

Das letzte, täte es nicht schon die Rede des Adlers, stellt die Traumgleichung her, indem es die Bildaussage in die Wirklichkeit verlängert: da sind sie noch immer, die Fressenden. Der Traum ist viel getadelt worden: Er sei das Produkt eines unverständigen Kompilators, der nicht begriff, daß die Deutung des Traums erst Odysseus, der Gast, geben dürfe. Wo gäbe es Träume, die sich selber deuten? Ich denke, wenigstens dies kennt man aus eigener Traumerfahrung, daß eine Gestalt sich plötzlich in eine andere verwandelt, oder daß man weiß: Diese ist ‹eigentlich› der oder das! Aus griechischer Literatur gibt es immerhin für solche Traumverwandlungen ein Beispiel: den Traum der Klytaimnestra bei Stesichoros. »Ihr war, eine Schlange käme, das Haupt oben mit Blut besudelt. Aus der aber enthüllte sich der König, der Pleisthenide.»[6] Dies also wäre ein Traum, der sich selber deutet.[7] Danach bleibt allerdings Odysseus nicht viel zu deuten übrig. Um so wissender aber und gültiger ist der Traum selber.

Dieser Traum ist kein von Athene geschickter; er ist, würden wir sagen, reines Produkt des produktiven Traum-Ich. Für griechisches Denken ist er dennoch etwas Objektives: Er kommt, meint Penelope, aus den Toren der Träume, deren es zwei gibt: das elfenbeinerne, daraus die schimmernden nichtigen kommen, und das hürnene, das Tor der Wahrträume. «Aber nicht von dort, denke ich, ist mir der schlimme Traum gekommen – wahrlich, ersehnt wäre es mir und dem Sohn!» Sie irrt, als Wachende. Der Traum, indem er sich der Motive der Vogelzeichen bedient, rückt auch dadurch in die Nähe der Wahrzeichen, die von den Propheten der Odyssee, Halitherses, Helena, Theoklymenos, gedeutet werden.[8] In ihm redet die prophetische Seele. Es ist dasselbe Wissen, das ihr unbewußt von vorneherein eingegeben hat, den fremden Bettler zu sich zu ziehn, zu schützen und zu ehren, eine Weisheit des Herzens, die alle ‹Guten› dieses Gedichts lenkt, daß sie das ‹Richtige› tun und sagen, und die Penelope schließlich dazu bewegen wird, dem Bettler den Bogen in die Hand zu spielen.

Aber das ahnende Wissen, das Penelope am Abend noch verleugnet, bleibt im Schlafe wach. Man legt sich zur Nacht, Penelope im Oberstock, Odysseus in der Vorhalle. Er liegt schlaflos; er hört die frechen Weiber lachen, die sich mit den Freiern einlassen. Er denkt unablässig, wie er, als einzelner, die Freier überwinden möchte. Da tritt Athene zu ihm, spricht ihm Mut zu, er solle nur auf sie vertrauen, schafft ihm Schlaf und verschwindet. Schwerlich möchte einem Iliashelden mit so wenig Konkretem, mit so unbestimmtem Gottvertrauen geholfen gewesen sein.

Während er aber endlich einschläft, da wacht Penelope auf, setzt sich weinend im Bette aufrecht und beginnt, als ihr die Tränen nachlassen, eine große Klage: Gebet zu Artemis um schnellen Tod. Das traurigste mythische Exempel, von dem Ende der schönen Pandareostöchter – es scheint ihr besonders nahe zu gehn, da sie soeben (19.518–525) ihre Herzensqualen mit der Klage der Pandareostochter verglichen hatte[9] –, es ist ihr nicht zu schrecklich, um damit ihr Gebet zu bekräftigen: daß sie unter die Erde gelange und Odysseus wiedersehe, und nicht einem schlechten Mann zur Freude dienen müsse! Aber dies wäre noch zu ertragen, die Qual der Tage: Wenn aber auch die Nächte nicht Frieden und Vergessen bringen –, und nun sagt sie endlich, was sie aus dem Schlaf geweckt hat: «Denn diese Nacht schlief er wieder an meiner Seite, ihm ganz gleich, wie er war, als er mit dem Heere ging. Und es freute sich mein Herz, weil ich nicht dachte, daß es im Traum sei, sondern Wirklichkeit» (20.88–90).

«So sprach sie, und alsbald kam der goldenthronende Morgen. Und der Weinenden Stimme vernahm Odysseus...» So nah ist sie ihm. Noch trennt sie die Täuschung des Bewußtseins; aber das wissende Herz im Traum ist ihm voraus.

Ein unzeitiger Schlaf

Schlaf des Märchens – Schlaf des Epos: das eine durchdringt das andere und ist mit seiner naiven Zeichenkraft noch in der aufgeklärten Seelengeschichte der Dichtung präsent. Aber die Person hat sich verwandelt. Wenn zu dem Märchenhelden die Geister reden, hilfreich oder täuschend, so reden sie zu einem Subjekt ohne Tiefe, ohne Resonanz, das ihre Mitteilungen sogleich in Tat umsetzt. Die Träume des Epos reden zu der beunruhigten Seele. Der Schlaf ist nur die Kehrseite des schlaflosen Herzens, Unterbrechung der Angst, des Wartens, des Hoffens und Zweifelns und eines Sorgens, das zur Lebenssorge geworden ist. Der Schlaf ist täuschendes Vergessen – und doch ist er zuletzt der wahre «Löser der Sorgen des Herzens», «lyōn meledēmata thȳmou». Das Entscheidende läßt der Epiker seine Helden im Schlaf erlangen. Schlafend gelangt Odysseus zum Ziel seiner jahrelangen ‹Mühen›, im Schlaf wird Penelope die Erfüllung ihrer lebenslangen Hoffnung zuteil.

Es ist der lange Schlaf, aus dem sie nach der Vernichtung der Freier geweckt wird (23.1–10), auch dieser ein «süßer Schlaf, der mir umhüllend die Augenlider festhielt: denn noch nie bin ich in einen solchen Schlaf gesunken, seitdem Odysseus fortging, das Unglücks-Ilion zu sehen, das nicht zu nennende». Wie ist es zu diesem Schlaf gekommen?

Sie war es ja selber gewesen, die den Wettkampf veranstaltet hatte als «den Anfang des Mordens». Sie hat selber den Bogen gebracht, läßt Telemachos die zwölf ‹Beile› – und wir sagen jetzt: die zwölf doppelbeilförmigen Eisenplatten – hintereinander aufstellen und erläutert die Aufgabe. Es gilt, mit dem Pfeil alle zwölf zu durchschießen, und wer das leistet, dem wird sie folgen und dies Haus verlassen, «das bräutliche, gar schöne, voll von Lebengut, an das ich mich einst noch, denke ich, selbst im Traum erinnern werde» (21.78 f.).

Aber nicht einmal die schwere Waffe zu spannen ist einer der jungen Herren imstande. Da bittet sich den Bogen der Bettler aus, und die Königin, gegen den Protest der Freier, erlaubt ihm den Versuch: Wenn er die Probe bestünde, solle er einen neuen Anzug bekommen – ein Bettlerpreis für den Bettler. Für die Freier wäre der Preis – sie selber.

Die Erzählung, bis hierher, folgt dem verbreiteten Märchenmuster: Der unerkannt heimgekehrte Held steht den unrechtmäßigen Ansprüchen des falschen Helden gegenüber, ihm wird eine schwere Aufgabe gestellt – Prüfung auf Körperkraft, Geschicklichkeit oder Mut –, durch deren Bewältigung er als der einzig Rechtmäßige erkannt werden wird.[10] Der besondere Typus der Freierwahl durch eine Bogenprobe begegnet in mehreren indischen Erzählungen, die erstaunliche, je verschiedene Übereinstimmungen mit der Odyssee aufweisen.[11] Zum Typ scheint zu gehören: der Bogen von wunderbarer Herkunft und Stärke, die Ankündigung der Aufgabe, die eine heroische Kraft erfordert (z. B. sieben Baumstämme zu durchschießen), und die Vorstellung des Siegerpreises; Aufstellung der Zielscheiben, vergebliche Versuche der Konkurrenten, Auftritt des wahren Helden, der in niedriger Gewandung sich eingefunden hat, Protest gegen seine Beteiligung; der Held spannt den Bogen, prüft die Sehne, die einen wunderbaren Klang von sich gibt; er schießt, ohne sich von seinem Stuhl zu erheben, mit Leichtigkeit durch sämtliche Gegenstände hindurch, gewinnt die Braut und überwältigt die Widersacher. (Man wird leicht alle diese Elemente der Bogenprobe im 21. Buch der Odyssee wiederfinden.) Wie nun die Gewinnung der Prinzessin Gopa, in der Geschichte von der Hochzeit des Buddha, sich unmittelbar aus dem Sieg im Wettschießen ergibt, so ist Draupadi, im Mahabharata, selber als der Preis des Sieges beim Wettkampf zugegen. Dafür fehlt es auch aus dem griechischen Mythos nicht an Zeugnissen: Ein archaisches Vasenbild vom Bogenkampf des Herakles mit den Söhnen des Eurytos zeigt Herakles schießend, zwei Eurytiden bereits erschossen am Boden liegend; der Vater mit einem Sohn flehentlich auf Herakles zueilend, während neben dem pfeilgetroffenen Ziel Iole steht, der Preis des Sieges.[12] Wo nun, wie im Mahabharata, der Sieger verkleidet, als Unerkannter erschienen war, bekommt der Sieg die Funktion einer Enthüllung. Dies aber ist genau die Form der Odyssee: furchtbares

Erstaunen der Freier über den Bettler, dann plötzliche Erkenntnis, als dieser den Bogen auf sie richtet. Odysseus erweist sich als der rechtmäßige Besitzer des Bogens, die Freier erkennen den König – und die Gattin den Gatten.

Das Allerletzte aber geschieht im Epos nicht. Es ist das, was nach dem Märchenschema zu geschehen hätte. Was geschieht dagegen in der Odyssee? Bis zu dem Augenblick, da Penelope dem Bettler den Bogen geben will und, falls er ihn spannen kann, ihm Hemd und Mantel zum Lohn verspricht, ziemlich alles nach dem Märchenmuster. Sogar der Einspruch der Freier ist nicht ohne Beispiel: im Mahabharata kommt er von der Königstochter selber und aus dem Publikum. Aber plötzlich mischt sich Telemachos ein, heftig der Mutter widersprechend:

> ... Geh in deine Wohnung und besorge deine eigenen Sachen, Webstuhl und Spindel, und befiehl den Dienerinnen, ihrer Arbeit nachzugehn. Der Bogen ist Sache der Männer, allsamt, und vor allem meine: denn mein ist die Herrschaft im Hause! (21.350 ff.)

Die Verse sind ein ‹Zitat› aus der Ilias (s. o. Kap. II). Aber was will er denn? Will er dem Bettler, von dem er doch weiß, daß er der Vater ist, die Waffe nicht geben? Keineswegs: kaum ist die Mutter fort, wird er den Bogen Odysseus bringen lassen. Es scheint ihm nur darauf anzukommen, gegen die Mutter noch einmal männlich aufzutrumpfen. Die aber läßt sich wie eine Unmündige davonschicken:

> Betroffen ging sie zurück ins Haus: sie nahm sich das verständige Wort des Sohnes zu Herzen. Und in den Oberstock mit den Mägden hinaufgestiegen, weinte sie um Odysseus, den lieben Gemahl: bis ihr süßen Schlaf auf die Lider senkte die glanzäugige Athene.

Sie schläft. Während drunten die Entscheidung über ihre Heirat fallen soll, kann sie schlafen? Sie schläft, während im Saal der Kampf mit den Freiern tobt und einer nach dem anderen hingestreckt wird. Sie schläft fast zwei ganze Bücher lang. Und als sie aufwacht, ziemlich mühsam von Eurykleia am Anfang des 23. Buchs auf die Beine gebracht, ist alles vorbei, und Odysseus steht unter den Leichen, blutbesudelt, wie ein Löwe über geschlagenem Rind.

Ein Schlaf zur Unzeit – unzeitig wie der, der Penelope vor ihrem Auftritt vor den Freiern plötzlich befiel, und künstlich herbeigeführt wie jener. Künstlich ist die Motivierung, mit der die Mutter entfernt wird: es entbehrt der Wahrscheinlichkeit, daß sie, die die Probe aus eigener Befugnis veranstaltet, sich von dem Sohne fortschicken läßt. Und was soll der Einspruch gegen die Mutter, wenn er dasselbe vorhat wie sie? Wollte er ihr den Anblick der Schießerei ersparen? Der Dichter gibt sich keine Mühe, uns den Auftritt zu erklären. Im ersten Buch, wo ein ähnlicher Zwischenfall erzählt wird, ist das alles viel richtiger: Da will Penelope sich in eine Veranstaltung einmischen, die sie nicht veranlaßt hat, den Gesang im Männersaal, und Telemachos verweist es ihr – schon dort mit denselben Iliasversen, nur aber: «Das *Wort* ist Sache der Männer!» (1.356 ff.)

Das Unwahrscheinliche des Schlafs wird auch nicht dadurch wahrscheinlicher, daß Athene ihn bewirkt – wie oft muß der Analytiker den Einsatz des Götterapparates für die Flickarbeit des «Bearbeiters» beklagen! Und in der Tat, nichts kann deutlicher sein, als daß hier ein einfacher Verlauf unterbrochen wird. Das Abbrechen ist vergleichbar mit jener Stelle im 22. Buch der Ilias, wo Achill, nach dem Sieg über Hektor, die Achäer zum Sturm auf Troja aufruft (Il. 22.378–84) – die Fortsetzung könnte, nach allem, was vorhergeht, nur der Tod Achills im Skäischen Tor sein. Da unterbricht er sich plötzlich, im Gedanken an den unbestatteten Patroklos, und beginnt mit der Schändung von Hektors Leichnam; also das, was den Schluß unserer Ilias im 24. Buch vorbereitet, Priamos' Bittgang zu Achill und die Auslösung des Toten.[13]

Wenn das Abbrechen in der Ilias um dieses Schlusses willen geschieht: zu welchem Zweck geschieht es in der Odyssee? Die Entfernung der Penelope ist so gewaltsam, so sorglos ergreift der Dichter dafür ein Motiv aus anderem Zusammenhang, daß es schlechthin dazu auffordert, in Gedanken auch hier – wie in Ilias 22 – von der künstlichen Wendung abzusehn, die das Epos dadurch nimmt. Denn wäre es nicht viel überzeugender, Penelope dem Wettschießen beiwohnen zu lassen und so den Freiermord in die Erkennung des Gatten ohne Umschweife enden zu lassen? Aber bei diesem Umdenken wird man gewahr, daß man keine episch darstellbare Szene mehr denkt. Was man hier analytisch zurückgewänne, ist keine epische Vorstufe, sondern die einfache Geschichte. Die mochte erzählen, wie der Bettler vor der Königin den Bogen spannte und den Meisterschuß tat: ‹Da erkannten alle, daß es der König war; er aber schoß die Freier nieder, und die Königin umarmte den wiedergefundenen Gemahl.› So oder ähnlich. Das Vasenbild von Herakles' Freierkampf um Iole zeigt die Sage auf der Stufe der einfachen Geschichte: das Mädchen als Siegespreis zusammen mit den erschossenen Brüdern.

Die Umsetzung von Handlungselementen der einfachen Geschichte in geschilderte Situationen hat dem Epos, gegenüber dem Märchen, nicht nur Vorteile eingetragen. Es ist der Vorzug der einfachen Geschichte, daß sie pragmatisch, bündig, zielstrebig ihrem Ende zueilt. Das Märchen fragt nicht nach der Szenerie, es fragt nicht nach der anwesenden Königin und wie ihr bei dem Blutbad zumute ist. Enthüllung und Wiederfinden der Gatten ist eins. Sobald aber aus der einfachen Geschichte großes Epos wird; sobald die Momente der Geschichte in epische Szenen umgesetzt wurden, war die Anwesenheit der Königin unmöglich. Man stelle sich vor: während eines Freierkampfes von der Länge eines Buchs die schweigend zusehende Penelope... Und wie sollte daran die Erkennung der Gatten sich anschließen, die ja längst, mit dem ersten Bogenschuß, geschehen war? Die Erkennung durch die Freier und die Erkennung durch die Gattin mußten getrennt werden, damit jede sich in einer eigenen epischen Szene entfaltete. Dies war nicht nur durch die Breite epischen Stils erfordert; der Hauptgrund liegt in der anschaulichen Präsenz epischer Szenenschilderung, die die stumme Anwesenheit der Penelope nicht hätte ignorieren können. Das Epos wäre um die Szene des Wiederfindens gebracht, wenn sie nicht verschoben würde, koste es, was es wolle. Der Dichter hat es sich die Unwahrscheinlichkeit eines Augenblicks kosten lassen, er hat Penelope entfernt und sie in Schlaf versenkt, um sie erst wieder zu erwecken, nachdem der Freierkampf vorüber war.

Im Märchen hat Penelope sicher nicht geschlafen. Sie war ja die Veranstalterin, die Zeugin und der Preis des Wettschießens, für sie geschah die Enthüllung. Der Schlaf der Penelope wurde erfunden, als das Märchen zum Epos wurde. Was aber damit gewonnen wurde, war viel: indem die beiden Momente der Handlung voneinander getrennt wurden, wurde das Wiederfinden der Gatten frei, um sich in einer eigenen Szene zu entfalten; die Erkennung wurde frei zur Entfaltung des Seelischen.

XXI. Kapitel

WIEDERFINDEN

Verwirrung des Gefühls

Hermann Fränkel beschließt seine Kapitel über die homerische Dichtung mit einer Taxation der poetischen Qualitäten der Odyssee.[1] Es ist die Bilanz eines durchdrungenen Iliaslesers; und wer der Spur der großen Wiedererfahrungen des Altertums folgt, an der die Stichworte Einfalt und Größe, Ursprünglichkeit und Natur stehen, der wird sich vornehmlich an die Ilias halten. Der Odyssee ist dieser entschiedene Hinblick auf die Ilias nicht durchaus günstig. Fränkel beobachtet an den odysseischen Figuren, wie sie sich «in eigenartigen, labilen Verhältnissen bewegen», wie sie selber etwas Labiles an sich haben, ein Schwanken des Charakters. Das wird nicht unbedingt als eine Schwäche des dichterischen Könnens beurteilt, es zeigt sich als die Struktur des odysseischen Menschen, die sich gewandelt hat: dem jetzt in einer veränderten Umwelt ganz andere Tugenden abgefordert sind: Anpassung, Zurückhaltung und Mißtrauen, Lebenstüchtigkeit und Durchsetzung «mit allen geraden und krummen Mitteln». Aber wie in der Schätzung der Ilias die Vorzüge des homerischen Menschen, seiner Wertbegriffe und seiner Welt – die Einfachheit und Spontaneität der Person, die Einheit von Wollen und Tun – notwendig mit den Vorzügen der dichterischen Darstellung verschmelzen, so ist auch das poetische Urteil über die Odyssee schwer von der Welt und den Charakteren abzulösen, die sich in ihr darstellen. Dem an der Ilias orientierten Blick stellt sich die epische Kunst auf der Stufe der Odyssee im ganzen als «Ermüdungserscheinung» dar, um soviel schwächer, als das Zeitgenössische hinter der Kraft des Mythischen zurückbleibt, indem die Strenge der epischen Form nun dazu dienen muß, «um im nebelhaften Bezirk verschwimmender Möglichkeiten und dumpfer Gefühle zu lavieren».

Wenn an diesem Urteil nicht etwas Richtiges wäre, hätten wir nicht solche Mühe, das Schweigen der Arete oder das Verhalten der Penelope vor den Freiern zu verstehen. Da ist etwas Unbestimmtes und Unentschiedenes, etwas Mehrfaches, das sich überlagert, welches in den Situationen Bezüge schafft, die unausgesprochen bleiben und doch als unausgesprochene das neue Gewebe bilden, zu dem epische Erzählkunst hier geworden ist. Wir beobachten es aufs neue in der Erkennungsszene des vorletzten Buchs.

Das Wiederfinden der Gatten ist das Ziel der Odyssee. Die alten Kommentatoren haben es zu dem Vers 296 vermerkt, der im 23. Buch die Szene der Erkennung beschließt: «Sehnlich gelangten sie zu dem Brauche des alten Lagers.»[2] Die Fäden der Geschichte, die mit Odysseus' Abschied von Penelope getrennt wurden, hier endlich laufen sie zusammen.

Nicht immer ist dieser Moment als die Erfüllung der Geschichte angesehen worden. Aristoteles bringt den Kern der Odyssee auf ein knappes Schema, das damit endet, daß Odysseus «nach schweren Bedrängnissen heimkehrt, sich einigen zu erkennen gibt, über die Freier herfällt, selber heil übersteht und die Freier vernichtet: das ist das Eigentliche, das übrige sind episodische Ausgestaltungen.»[3] Er erkennt also im Freiermord das Ziel der Handlung, dem auch die vorausgehenden Erkennungen dienen. Von der Erkennung mit Penelope kein Wort. Und man mag sich ja fragen, ob das Ende im privaten Glück – so wie es den hellenistischen Romancier ansprach – schon das Ziel der Märchengeschichte war; ob ihre einfache Form nicht auf eine sachlichere Wiederherstellung des Königtums hinauslief. Tatsächlich ist der Bogenschuß die eigentliche und öffentliche Enthüllung des Incognito, und nur durch jene epische Maßnahme des unzeitigen Schlafs wird für Penelope die Enthüllung auf eine eigene Szene aufgespart, in der die innerlicheren Motive zum Klingen kommen.

Es brauchte wohl erst den literarischen Geschmack der Alexandriner, um dem Epos diese Töne abzuhören, die die Erkennungsszene als Ziel und Höhepunkt der Handlung erscheinen lassen. Es ist eine Szene voll labiler, schwankender und widersprüchlicher Zustände. Aber auch hier erst werden die Themen und Stimmen verschlungen, die das Gedicht von lang her vorbereitet hat und nach wiederholtem Annähern und Trennen in die Engführung des Wiederfindens münden läßt.

Von den ersten, sozusagen vorläufigen Begegnungen unterscheidet sich die letzte dadurch, daß mit dem Incognito nicht mehr gespielt wird. Hier gibt es keine Andeutungen mehr, keine Antizipationen, keine Gefahren, denen mit knapper Not ausgewichen wird, hier beginnt es sogleich mit dem Tableau: «Odysseus ist da!»

Daß aber aus der Enthüllung, aus dem einfachen Faktum der Fabel eine epische Szene werde, müssen die in ihr enthaltenen Momente als Vorgang sich entfalten: Verbergen und Offenbaren, Erkennen und Verkennen, Entstellung und Identität, Mißtrauen, Prüfung und Überführung. Das geschieht auf der ganzen Skala der wechselnden Töne und nach dem Muster einer Gesprächsführung, die für die Odyssee szenentypisch ist:[4] dem wiederholten Hinführen und Abbrechen, dem wechselnden Hindringen und Zurückbehalten, Beteuern und sich Sperren.

Mit dem ganzen Ärger der aus dem Schlaf Gerissenen verweist Penelope der alten Dienerin ihre Verrücktheit, als sie jubelnd hinauf in das Zimmer der Herrin gerannt kommt, um ihr die Ankunft des Gatten zu melden: «Was treibst du mit mir deinen Hohn, mit solcher irrsinnigen Rede, und weckst mich aus dem süßen Schlaf?» Noch nie habe sie so fest geschlafen, seitdem Odysseus fortzog, um das «Unheils-Ilion» aufzusuchen... So nennt sie gleich mit den ersten Worten auch den Grund ihres Lebensleids – wie das ebenso schon Menelaos und Eumaios, in anderer Weise auch Demodokos, vor dem unbekannten Gast getan hatten.[5] Auch der schmerzhafte Kontrast des Erwachens zu der Wohltat des Schlafs gehört zu den wiederkehrenden Motiven. Und doch hat Penelope nie weniger Ursache gehabt, das Glück des Schlafes gegen die Wirklichkeit zu preisen, als in diesem Augenblick.

Nach Eurykleias Beteuerung der plötzliche Umschlag: sie springt vor Freude aus dem Bett und fliegt der Alten um den Hals, und die Tränen stürzen ihr aus den Augen. Und während Eurykleia, das Unglaubliche zu beglaubigen, hastig den Hergang mitteilt: das Incognito des Odysseus, die Verständigung mit dem Sohn, das Strafgericht, die Reinigung des Saals – und nun solle sie mitkommen und mit Odysseus sich der Freude hingeben, nach so viel Leiden: denn «jetzt ist endlich der lange Wunsch in Erfüllung gegangen», – da sperrt sich Penelope gegen die Annahme der Wirklichkeit mit wachsendem Unglauben: «Es ist nicht wahr – ein Gott ist es gewesen, der die Freier schlug – Odysseus kommt nicht wieder» (23.62 ff.).

Es hilft nichts, daß Eurykleia zum Beweise von ihrer Erkennung der Narbe berichtet – «du kannst mich umbringen, wenn ich dich belüge» –, Penelope biegt ab:

> Liebes Mütterchen, es ist schwer für dich, die Ratschlüsse der auf ewig erzeugten Götter zu ergründen, so vielwissend du auch bist. Aber gleichwohl gehen wir zu meinem Sohn, daß ich die toten Freier sehe und den, der sie getötet hat. (23.81 ff.)

«Zu dem Sohn» will sie: dieselbe vordergründige Motivation wie bei ihrem Auftritt vor den Freiern. Der Hinweis auf die Gedanken der Götter aber verdeckt, was sie selber denkt. Will sie sagen: alles ist möglich? Ein Gott kann gekommen sein? Während sie mit der Dienerin hinabsteigt, scheint sie die Möglichkeit, daß Eurykleia die Wahrheit sagt, doch nicht so auszuschließen, wie sie vorgab: ihr Zweifel gilt jetzt nur dem Verhalten vor «dem Gatten»: ob sie ihn «von ferne befragen» oder gleich auf ihn zugehen, ihm Haupt und Hände fassen und küssen solle. «Befragen» ist, was man mit jedem fremden Ankömmling tut: sich erzählen lassen; noch nicht das prüfende Ausfragen. Ist es Entfremdung, ist es Furcht, die sich plötzlich einstellt? Wie es auch sei: «vieles bewegte sie in ihrem Herzen» (23.85 f.).

So betritt sie voll widerstreitender Regungen den Saal. Da sitzt Odysseus an der großen Säule neben dem Herd, mit gesenktem Blick wartend, ob seine Frau ihn anrede. Sie setzt sich gegenüber an die andere Wand des Saals, im Schein des Herdfeuers. Aber sie schweigt. «Benommenheit drang ihr ins Herz: mal glaubte sie beim Anblick ihn klar vor Augen zu sehen, dann wieder konnte sie ihn nicht erkennen in den schlechten Kleidern, die er am Leib hatte» (23.93–95). Das Schwanken von vorher setzt sich in die sinnliche Gegenwart des Gatten fort.

Goethe hatte sich im Tagebuch von 1807, am 13. Juli, nach der Lektüre des Kleistischen Amphitryon notiert, der Autor gehe «bei den Hauptpersonen auf die Verwirrung des Gefühls hinaus», und vermerkt dagegen, daß «der antike Sinn in Behandlung des Amphitryons auf Verwirrung der Sinne, auf den Zwiespalt der Sinne mit der Überzeugung» ging. Er hat dabei das Spielbare der Komödie im Auge, doch geht es ihm zuletzt um eine grundsätzliche Unterscheidung des Antiken und Modernen.[6] Die Täuschung der Sinne führt Kleists Alkmene in der Tat in eine Verwirrung des Gefühls, der Geliebte wird ihr zwiefältig, Gott und Mensch, und so tendiert das Spiel zur Tragödie. Penelopes Gefühl ist einfach, aber durch langes Leiden überlagert von Angst, Erstarrung und Mißtrauen. Die Verwechslung mit dem Gott, die es auch hier gibt, beirrt nicht die Eindeutigkeit ihres Gefühls, aber unter der Täuschung der Sinne verwirrt es sich mit den Empfindungen des Leidens so, daß sie verstummt.

Warum aber schweigt Odysseus? Provoziert er nicht fast, mit seinem Warten, seinem gesenkten Blick, das beiderseitige Verfehlen? Aber das ist es, was der Dichter will. Das Verhalten epischer Personen ist nicht zuerst auf das psychologisch Wahrscheinliche berechnet, sondern auf den erzählerischen Hergang: Odysseus wartet auf Penelopes erstes Wort, weil dieses Wort ausbleiben wird. Und doch fehlt das Psychologische nicht. Das hier Ausbleibende steht im Relief vor der spontanen und überschwenglichen Freude, mit der, nach dem Freiermord, die aus ihrer Kammer befreiten Mägde den Herrn begrüßt, ihm Kopf und Schultern und Hände geküßt hatten: Wie war er da von Rührung ergriffen, als er «sie alle wiedererkannte»! (22.498 ff.) Das war unmittelbar bevor Eurykleia ihn der Herrin meldete. Nicht darum geht es, seine Liebe zu bekunden, sondern als Heimkehrender sich ersehnt und geliebt zu wissen. Nun die Enttäuschung.

Die Enttäuschung kommt aber noch nicht durch ihn, sondern durch

Telemach zu Wort. Der mitanwesende Sohn vermittelt zwischen den Eltern. Er schilt die Mutter für ihre Härte: «Keine andere Frau würde mit so ausharrendem Sinn von ihrem Manne Abstand halten, der nach zwanzig Jahren heimkehrte. Du aber hast immer ein Herz härter als Stein!» (23.100 ff.).

Was der Sohn für Härte nimmt, ist etwas anderes. «Mein Kind, das Herz ist mir in der Brust benommen, ich vermag kein Wort zu sagen noch zu fragen, noch ihm ins Antlitz zu sehen.» Die beiden einander meidenden Blicke sind der schmerzlichste Ausdruck der Kluft. «Wenn es aber wirklich Odysseus ist: Wahrlich, wir werden einander erkennen, und besser: Wir haben Zeichen, die nur wir im geheimen wissen.» Die «Zeichen» sind von der Art wie nachher das Geheimnis der Bettstatt, oder auch Kleid und Schmuck des Odysseus, womit Penelope am Abend vorher den Fremden «auf die Probe stellte» (19.218). Als Absicht, ihn zu «erproben», nimmt auch Odysseus ihre Worte hier; lächelnd sagt er zu seinem Sohn: «Laß nur die Mutter hier im Haus mich auf die Probe stellen: bald wird sie sich besser besinnen. Jetzt, weil ich schmutzig bin und die schlechten Kleider am Leib habe, deswegen verweigert sie mir die Ehre und meint, ich sei es nicht. Wir aber wollen überlegen...» (23.113–117). Und damit beginnt eine Unterredung zwischen Odysseus und Telemach über andere, sachlichere Dinge, die die kritische Lage nach dem Freiermord betreffen.

Das Eigentümliche dieser Reden ist es, daß die beiden eigentlichen Gesprächspartner, Odysseus und Penelope, das füreinander Bestimmte nicht zueinander sprechen, sondern zu Telemachos als drittem. In der Form drückt sich aus, daß sie noch nicht zueinander finden – dasselbe wie in den einander meidenden Blicken. Diese Form des «Über-Eck-Gesprächs»[7] – wir beobachteten sie bei dem Schweigen der Arete und bei Penelopes Auftritt vor den Freiern – ist wie keine andere geeignet, die schwebenden Töne über dem Gesagten mit zum Klingen zu bringen. Die Härte des Aneinander-vorbei-redens kommt aber erst dadurch ganz zum Ausdruck, daß Odysseus mit seinem «Laß die Mutter nur...» Ernst macht und das Gespräch allein mit dem Sohn fortsetzt. Und da die Anwesenheit des Sohnes beim Wiedersehen der Eltern offensichtlich um dieser Szenenform willen eingeführt ist, werden wir wohl auch sagen müssen, daß sie ohne dies Gespräch mit dem Vater ihren sachlichen Grund verlöre.

Wir müssen hier einhalten. Das Gespräch scheint von der Szene mit Penelope ganz abzuführen, zu neuen Themen, neuen Begebnissen hin, um erst nach geraumer Zeit am selben Ort fortgesetzt zu werden. Odysseus spricht zu Telemach von der Gefahr, die ihnen von den Familien der Erschlagenen droht, und ordnet dafür folgendes an:

Man soll sich waschen und frische Kleider anziehen, der Vorsänger soll zum Reigentanz aufspielen, damit man draußen denke, es werde Hochzeit gefeiert – Hochzeit der Königin mit dem erwählten Freier –, und damit die Kunde des Blutbads sich nicht verbreite, ehe von draußen Hilfe geholt werde. Und so geschieht es, das Haus ertönt von heiterem Gesang und Tanz. Auch Odysseus wird gebadet und in festliches Gewand und Mantel gekleidet. Athene sorgt dafür, daß er größer und kräftiger und – nach der Verwandlung in die Bettlergestalt – wieder in seinem vollen, dunklen Haar erscheint.[8] So tritt er aus dem Bade und setzt sich wieder auf den Sessel im Saal, von dem er aufgestanden war, seiner Frau gegenüber (23.164f.).

Müssen wir nicht daran Anstoß nehmen, daß Penelope die ganze Zeit über dort gewesen sein soll? Daß Odysseus seine Frau sogleich mit einem Zornausbruch überfällt, indem er Telemachs Vorwurf gegen die Mutter wiederholt, anstatt ihr Zeit zu lassen, ihn in seinem wiederhergestellten Zustand zu erkennen? Und daß das nun fortgesetzte Gespräch unter dem Lärm des tanzenden Gesindes stattfindet? So wird fast einhellig gegen diese Abschweifung argumentiert; und man fand auch den Grund ihrer Einfügung: denn hier wird deutlich Odysseus' Gang aufs Land im letzten (für unecht gehaltenen) Buch und die Auseinandersetzung mit den Freierfamilien vorbereitet. Und wäre nicht alles viel richtiger und bündiger, wenn wir den Zwischenteil überpringen und auf Odysseus' Vorwurf: «Sie verachtet mich, weil ich schmutzig bin» (23.116) Penelope sogleich antworten lassen: «Du Unbegreiflicher! Ich bin keineswegs hochmütig...» (174)?[9]

Die Kritik scheint das Dichterische für sich zu haben, die einheitlichere Struktur des zusammengerückten Gesprächs; während in der komplizierteren Form, mit dem Zwischenteil, etwas bewußt Kompositorisches, das Disponieren und Vorbereiten der Handlung spürbar ist. Besonders schlüssig erscheint dabei Schadewaldts psychologische Verknüpfung der Antwort Penelopes mit Odysseus' Wort von der «Verachtung»: diese verstanden als ein Vorwurf, an den er selber nicht glaube; als ein bloßes «Reizwort», mit dem er Penelope aus ihrer Reserve hervorlocken will – darum das «Lächeln» des Odysseus. In der Tat ließ sich Penelopes Verhalten schwer ein Ausdruck der Verachtung entnehmen. Aber das griechische Wort ‹atimazein› – man muß hier sehr genau sein – heißt nicht eigentlich ‹entehren›, ‹verachten›, drückt keine positive Beleidigung aus, sondern das Unterlassen der Ehrung, also: «sie achtet meiner nicht.»[10] Hier ist keine Übertreibung, kein ‹Reizen› mit einem Vorwurf, an den Odysseus selber nicht glaubt; er sagt schlicht das, was der Fall ist. Worauf aber Penelope später ‹gereizt› antwortet, ist nicht dies, sondern die gereizten Worte des Odysseus, mit denen er das Gespräch von neuem beginnt: «daimoniē»,[11] «Du Unbegreifliche!»

Was würde denn fehlen, wenn der Zwischenteil fehlte? Vor allem die Rückverwandlung des Odysseus. Sie wird als Athenes Werk beschrieben und mit der Arbeit eines Gold- und Silberschmieds verglichen. Penelope nimmt allerdings scheinbar keine Notiz von der Veränderung. Aber das heißt nicht, daß nichts vorgegangen wäre. Gerade das Ausbleiben ihrer Reaktion ist es, warum dem Odysseus, im Gegensatz zu seiner erst bewiesenen Geduld, das Wort «Du Unbegreifliche!» entfährt, so daß er den Vorwurf des Sohnes wiederholt (168–170 = 100–102). Zorn und Enttäuschung sind so heftig, daß er sich von Penelope abwendet und der Alten befiehlt, ihm das Bett zu richten, damit er «sich denn alleine[12] schlafen lege».

Aber auch Penelope ist nicht dieselbe wie vorher:

> Du Unbegreiflicher (‹daimoniē›)! ich tue garnicht stolz und bin weder geringschätzig noch besonders verwundert: ich weiß sehr gut, wie du warest, als du von Ithaka an Bord des langrudrigen Schiffes gingst. Aber geh, Eurykleia, und mach ihm das Bett, das er selber gezimmert hat, draußen vor der Kammer...

Diejenigen, die Odysseus' vorausgehende Rede tilgen, ertragen es, daß Penelope ihn, ohne daß er daran denkt, und gleich zu Anfang ihres Gesprächs, zu Bett schickt. Aber die jetzt so redet, ist nicht mehr dieselbe, deren «Herz im Busen erstarrt» war. War sie anfangs sprachlos, ist sie jetzt beredt und ohne Scheu: jetzt ist sie die Prüfende, die Kluge, die nicht noch einmal einem Betrug erliegen will. «So sprach sie, ihren Gatten versuchend» (181). Von «Erregung» keine Spur. Affekt und Verstand, Betroffenheit und Überlegenheit sind zwischen den beiden, gegenüber dem Anfang, genau vertauscht. Oder was soll das heißen: «wie du warst?» Meint sie, die zwanzig Jahre sind freilich nicht spurlos an dir vorübergegangen? – was wiederum Bad und Verschönerung ausschließen würde? Aber nein, sie erklärt damit gerade, daß sie keinen Grund habe, über sein Aussehen erstaunt zu sein: sie weiß ja, wie er war! Dazu das «du», das «er selber»: kein Zweifel, daß sie ihn jetzt erkannt hat – und wodurch anders als durch das wiederherstellende Bad? Aber um so kränkender muß die Kühle ihrer Rede auf Odysseus wirken. Gerade die Berufung auf die Genauigkeit ihrer Erinnerung an jenen Abschied am Strand von Ithaka scheint die jetzige Entfremdung aufs bitterste zu fixieren. Die «Unbegreifliche» wird noch unbegreiflicher.

Fehlte also der Zwischenteil, so bliebe die Wandlung des «Lächelnden» (111) in den Zornigen, von der «Erstarrten» (105), zu der «Prüfenden» (181) uneinsichtig. Und wirklich könnte es eine Wandlung nicht geben, Penelope müßte von vorneherein die Schlau-Planende gewesen sein, als sie ihr Vertrauen in die geheimen Zeichen aussprach.

Dann wäre auch ihre behauptete «Benommenheit» (105–107) nicht ganz ernst zu nehmen. An die Stelle der sich überlagernden Gefühle träte schon zu Anfang das Spiel des Verstandes.[13]

Zum Vielschichtigen gehört allerdings auch, daß die beiden Verhaltensweisen der Penelope nicht durchaus als psychologische Verfassungen zu trennen sind. In der Benommenen ist auch die Verständige, die ihre Erkennungsbeweise hat; in dem Entrüsteten der Liebende, der zum einsamen Nachtlager sich gedrungen sieht. Vor allem ist in der Prüfenden auch noch die vom langen Leid Erstarrte, die ihr Erinnerungsbild – das einzig Wirkliche, das ihr in all den Jahren von Odysseus blieb – nicht gleich gegen die bestürzende Wirklichkeit eintauschen kann. Aus der Verwirrung wird die ausgehaltene Spannung der Gefühle. Man muß aber die Linien des Verhaltens erkennen, die der Dichter in den Dialog eingezeichnet hat: das eine führt zu dem lang hingehaltenen Schweigen und Nichtzueinanderfinden der Gatten, das andere zur Erkennung. Erst durch das Hinhalten wird die Sprachlosigkeit Penelopes poetisch wahrnehmbar.

Das Bad

Aber auch was positiv in dem Zwischenteil geschieht, hat einen Aussagesinn für sich selber. Zunächst noch einmal das Bad. Mit ganz merkwürdiger Sorglosigkeit hat sich die Kritik über den Umstand hinweggesetzt, daß Odysseus ungewaschen mit seiner Frau schlafen gehen soll.[14] Man denke sich: nach zwanzigjähriger Trennung, einem trojanischen Krieg und einer ganzen Odyssee von Irrfahrten als Bettler heimkehrend, besudelt jetzt mit dem Mordblut von hundert Freiern – und kein Bad? Das doch das erste ist, was ihm Nausikaa anbietet und was er nicht einmal unter den Wohltaten der Kirke zu erwähnen vergißt, das sollte hier übergangen werden? Die Philologie ist in dem Falle nicht zimperlich, und auch sonst ist sie wohl geneigt, in den Verrichtungen der Zivilisation ein Zeichen jüngerer Faktur zu sehen. Wir würden uns schließlich auch mit solchen Sitten abfinden, wenn die Dichtung hier das Wahrscheinliche einem höheren Zweck opferte. Aber gerade in diesem Fall ist das Bad des Odysseus ein Motiv, von lang her vorbereitet und mit keinem Mittel der Analyse zu entfernen. Hier die Stellen:

«Sie erkennt mich nicht an, weil ich so schmutzig bin und die wüsten Kleider anhabe»: Odysseus zu Telemach, Vers 115. Zwanzig Verse vorher: «Sie konnte ihn nicht erkennen, weil er so wüste Kleider anhatte.» Vorher, Vers 45, die Beschreibung, die Eurykleia der Penelope gibt: Odysseus inmitten der Leichen. So hatte sie ihn angetroffen, als sie, nach dem großen Morden von Telemach geholt, den Männersaal betrat (22.402): «Wie einen Löwen, der vom Fraß eines Rindes kommt, die ganze Brust und beide Lefzen voll Blut, ein entsetzlicher Anblick: so war Odysseus besudelt an Beinen und Armen.»

Warum begegnet Odysseus der Gattin in diesem Zustand? Eurykleia hatte ihn auf das Unschickliche aufmerksam gemacht, als er sie gehen ließ, ihm erstens Feuer zum Ausschwefeln des Saales zu bringen und alsdann Penelope zu holen (22.486): «Recht so, mein Kind», hatte sie geantwortet, «doch laß mich dir Mantel, Hemd und Kleider bringen, daß du nicht so in Lumpen im Saale stehst; es wäre nicht anständig.» Odysseus darauf: «Erst will ich jetzt das Feuer im Saal haben.» Womit Eurykleias Sorge für frische Kleider beiseitegeschoben ist; sie wird die Herrin holen, ohne dem Odysseus frische Kleider gebracht zu haben.

Nun ist der Befehl, Penelope zu holen, nur die endlich gegebene Erlaubnis, welche Eurykleia sich schon längst vorher erbeten, Odysseus ihr aber abgeschlagen hatte; und zwar geschah das in derselben Weise wie nachher bei ihrem Vorschlag, sich umzuziehen. Ihre Bitte ist da an den Bericht angehängt, den sie dem Odysseus über die treuen und untreuen Mägde zu geben hat (22.428): «Aber ich will jetzt hinaufgehen und deiner Gemahlin melden» – worauf Odysseus erwidert: «Nein, wecke sie noch nicht, schicke mir die Mägde her, die sich vergangen haben.» Und es folgt zunächst das Strafgericht der Mägde.

Die gleiche Struktur beider Gespräche – in denen jeweils als Vorschlag der Eurykleia etwas vorweggenommen und von Odysseus aufgeschoben wird – sichert das zweite Gespräch vor dem Eingriff einer Analyse, die das Motiv des Kleiderwechsels tilgen möchte.[15] In der Kunst der Vorbereitung – man erinnere sich an das Kleidermotiv bei der Rettung auf Scheria – ist die Odyssee nicht minder groß als in der Kunst des Retardierens. Künstlich und bedacht sind auch die Motive von lang her verflochten, die auf die Begegnung der Penelope mit Odysseus in seinem wildentstellten Zustand hinzielen. Sie sind vorwegnehmend und hineinverflochten in zwei retardierende Geschäfte – die Reinigung des Saales und die Hinrichtung der Mägde –, die sich verzögernd vor das Wiedersehen mit Penelope stellen. Aber gleich vom Ende des Freiermordes an hat die Dichtung nichts anderes im Auge als dieses Wiedersehen. Denn allein seiner Vorbereitung dient die vom Gleichnis erhöhte Schilderung des blutbespritzten Siegers und das doppelte Nein zu Eurykleias Vorschlägen.

Fragt man aber, warum Odysseus sich nicht umziehen und waschen will, so gibt es nur eine Antwort: weil es der Dichter so will; weil Odysseus in diesem Zustand seiner Gattin erscheinen soll; weil dieser Zustand die Bedingung ist für die Verkennung. Was aber so genau und planvoll erst in die Vorstellung gerufen worden ist, soll man glauben, daß das nachher einfach vergessen ist? Untergeht im Übermaß der Gefühle? Wo der Zuhörer sich der Erzählung ausliefert, darf der Dichter kühl disponieren. Erst mit dem Bad kommt das Motiv an sein Ziel, das Bad bringt den Umschwung zur Erkennung der Gatten.

Nun ist aber der badende und frischgekleidete Odysseus nur einer unter andern, auch Telemach und die Hirten sollen sich baden und mitsamt den Mägden frische Kleider anziehen, und dies zum Zwecke des Hochzeitstanzes. Die disparaten Verrichtungen des Zwischenteils hängen also enger zusammen als gewöhnlich angenommen. Und die Anordnung des Hochzeitstanzes dient nicht nur der Vorbereitung des letzten Gesangs, er hat auch für sich selber einen offenbaren Sinn. Gerade in dem, was man schwierig fand: daß das weitere Gespräch unter dem Lärm der Hochzeitsmusik zu denken ist, zeigt sich das von dem Dichter Beabsichtigte. Diese Dichtung hat einen strengen Sinn für Idealität – man kann es auch mythologische Richtigkeit nennen. Wie es ausgeschlossen ist, daß Penelope den gealterten Glatzkopf zurückempfängt; wie es unmöglich ist, daß die Feier des wiedervollzogenen ehelichen Lagers in Blut und Schmutz stattfindet: so soll, nach dem Willen der Dichtung, auch die Situation des Wiederfindens die vollkommene Reinheit des festlichen Vollzugs haben. Der Hochzeitstanz ist mehr als ein Trug: er wird im eigentlichen Sinn für Odysseus und Penelope getanzt, als festliche Wiederholung ihrer Hochzeit: Das Absichtliche dieser Beziehung wird deutlich, wo beides am Ende zusammengerückt ist:

> Die nun gelangten, sehnlich erwartend, zu dem Brauche des alten Lagers; Telemach aber und die beiden Hirten beendeten ihren Tanz und geboten auch den Mägden einzuhalten, und gingen ihrerseits schlafen in den schattigen Gemächern. (23.295–299)

Erkennung

Was sich nebenbei ergibt und doch so unentbehrlich ist: Telemachos ist entfernt worden, wenn das Gespräch unter den Gatten wieder anhebt. (Es gehört zu den mißlichen Konsequenzen der Analyse, daß dies Gespräch und die Wiedererkennung im Beisein des Sohnes stattfinden würde.) Es setzt, nach der Unterbrechung, ein mit der vollen Dissonanz: das unübersetzbare «daimonie», von Penelope gleich zurückgegeben, ist Ausdruck tiefer Befremdung. Aber mit Odysseus' gereiztem Abbruch: «Mütterchen, mach mir das Bett, damit ich denn allein mich schlafen lege», und Penelopes Echo-Replik, die nicht weniger besagt als: ‹das kannst du haben›, nimmt das Gespräch fast die Form des Zerwürfnisses an.

Aber eben hier flicht Penelope ihre List ein. Listen der Penelope gab es im Märchen, das Epos erinnert etliche Male an die mit dem Webstuhl. Aber diese jetzt ist von anderer Art; Penelope scheint mit dem Nieverlegenen zu wetteifern im Auf-die-Probe-stellen, das man von Odysseus kennt (14.459 u. ä.): «Ja, mach ihm sein eigenes Bett, Eurykleia – draußen vor der Kammer ...» Damit hat sie ihr «Zeichen» gesagt: das Bett, das kein Mensch außer ihnen beiden und der Zimmerzofe Aktoris gesehen hat (23.226). Wie wird Odysseus reagieren?

Nicht daß er sich ärgerte, weil ihm nun wirklich der separate Schlafplatz angewiesen wird. Er besteht die Probe. Er beweist sich mit dem Detail des Handwerklichen. Daß aber diese von ihm selbst gezimmerte, mit dem mächtig gewachsenen Ölbaumstamm, der das Gemach trägt, festverarbeitete Bettstatt abgesägt und aus dem Raum entfernt sein sollte – wer weiß, von welchem der Männer (23.203 f.) –, das empört ihn. Es wirft ein bedenkliches Licht selbst auf die Treue der Penelope. – Also nicht nur, weil Odysseus sich damit beweist, muß er so ausführlich bei den Einzelheiten seiner Schreinerarbeit verweilen: auch weil gerade die Prüfung noch einmal zu einer äußersten und erst im Hinhalten schmerzhaften Spannung und Entzweiung der Gatten führen soll, bevor die Erstarrung zwanzigjährigen Leidens sich in die Tränen des Wiederfindens löst:

> So sprach er: da lösten sich ihr Knie und Herz, und weinend eilte sie auf ihn zu, schlang ihre Arme um seinen Hals und küßte sein Haupt, und sprach zu ihm: Zürne mir nicht, Odysseus! (23.205 ff.)

Wieder tritt Rede und Erzählen ein für das Dauern einer nicht endenwollenden Umarmung. Und was löst sich nicht alles in dieser Umarmung! Klage um ein versagtes Leben in vereinter Jugend, die Verhärtung der Seele gegen die Enttäuschungen des allzu liebenden Herzens, zuletzt ein allzu lang aufgehobenes und fast verlorenes Glück. (23.210 ff.) Auch Odysseus weint, «während er die Gemahlin umfangen hält, die herzerquickende ...»:

> Wie aber Schiffbrüchigen sehnlich das Land erscheint, denen Poseidon das Schiff zerbrochen, und wenige nur sind, schwimmend ans feste Land, der Salzflut entronnen, und sehnlich betreten sie die Erde: so ersehnt war ihr der Gemahl, wie sie ihn anblickte, und ließ von seinem Halse noch ganz und gar nicht die weißen Arme. (23.232–240)

In dem maritimen Gleichnis, unmerklich von Odysseus zu Penelope überwechselnd, ist noch einmal der ganze Leidenshintergrund der

Irrfahrten und Katastrophen in den Augenblick des Glücks eingefangen, um am Ende sinnbildlich zu werden für Leiden und Rettung der Wartenden zu Hause. Und nicht sinnfälliger konnte die Ewigkeit dieses Augenblicks, die Aufhebung der Zeit im Zustand des Glücks beschrieben werden, als mit dem Mythos, wie Athene die Nacht anhält und Morgenröte am Okeanos ihre Rosse anzuspannen hindert.

Bedenkt man aber, was für Seelenzustände hier zum Gegenstand epischer Erzählung geworden sind, wird man vielleicht von einer Grenze sprechen dürfen, die nicht mehr zu überschreiten war, nicht von Ermüdung; einem Äußersten, das der heroischen Form abgerungen, im Altertum nie, und erst wieder, unter ganz anderen Voraussetzungen, im neuzeitlichen Roman, von Henry James und Virginia Woolf, erreicht worden ist. Da ist nichts Verschwommenes: alles bleibt in der Sachlichkeit und Anschaulichkeit des homerischen Stils und seiner unmittelbaren Äußerung des Inneren. Aber erst auf dieser Stufe, in der großen epischen Form der ‹Szene›, konnte die Wiedererkennung, als ein seelischer Vorgang, dargestellt werden mit all seinen widersprüchlichen Momenten von Verzweiflung und Hoffnung, von Erstarrung und Wärme, von Mißtrauen und Spontaneität, von Schlauheit und Einfalt, von Abwehr und Hingabe.

Und nun lese man die ganze Szene des Wiedersehens, vom Anfang des 23. Buchs bis zum lösenden Entschlafen im ehelichen Bett, Vers 343. Man lese sie mit genauer Aufmerksamkeit für die Ausdehnung der Teile: die lang einleitende Weckszene, die uns auf die zu überwindenden Widerstände in Penelope vorbereitet, die lang ausgehaltene Fermate des Wiederfindens, und dazwischen die eigentliche Erkennung – erst so, wie sie dasteht, dann in der angenommenen Verkürzung: das ist einfach viel zu kurz! Den Odysseus sehen, ins Bett schicken und an seiner Reaktion erkennen: das geht zu schnell. Es gibt Gesetze des Epischen, die verlangen eine gewisse Breite, und sie müßten erfüllt werden selbst um den Preis einer geringeren poetischen Dichte. Die Odyssee, das konnte nun immer wieder beobachtet werden, ist für die Ökonomie der Teile empfindlicher als die Ilias, ein bewußter Sinn für das Disponieren handhabt die Kunst des Erzählens. Davon zeugt zum letztenmal, nach der Wiedererkennung, das Gespräch der Gatten, worin sie das Gewesene wie das Künftige, all das, was sie getrennt voneinander erlitten haben und was noch bevorsteht und verheißen ist, einander mitteilen und mitteilend erst eigentlich wieder eins werden.

> Wenn denn also die Götter ein besseres Alter bescheren,
> Dann wahrhaftig ist Hoffnung auf Entkommen vom Unglück!
> (23.286 f.)

In dem Bettgespräch, nach der Liebesvereinigung, klingt das aus in einer Rekapitulation der ganzen Irrfahrten. Es bringt nichts, was nicht schon erzählt wäre;[16] aber kein noch so inhaltsschwerer Schluß könnte die Länge ersetzen, mit der der Epiker die Spannung des Wiedersehens ausatmen läßt.

XXII. Kapitel

LEBENSLÄUFE

Das Schicksal der Atriden

Daß die epische Literatur es mit Lebensläufen zu tun hat, ist uns aus dem Roman der Neuzeit geläufig. Nicht ebenso bei seinem Vorläufer, dem Heldenepos. Wohl gibt es Stoffe, zumal der mittelalterlichen Dichtung, die sich gerade darin der Romanform nähern, daß sie den Lebensschicksalen ihres Helden in langer Reihe folgen; so die Gedichte von Tristan, von Parzival, von Gregor. Das eigentliche Thema des alten Epos sind doch große Ereignisse der Vorzeit: sie mögen sich um Einen Helden konzentrieren, aber das Eine große sagenhafte Geschehen, um das sich die Zahl der Helden versammelt, ist wohl der ursprüngliche Stoff, der die Form des Epos prägt.

Das gilt jedenfalls für die Ilias, mag man ihr Thema in dem Kampf um Troja oder in dem engeren des Grolls des Achilleus erblicken. Die Odyssee hat nicht ein solches heroisches Ereignis zum Gegenstand. Sicher, die Ermordung der Freier ist mit allen Mitteln iliadischer Erzählung auf die Tonlage eines heroischen Kampfes gebracht, aber sie ist nur ein Moment in einer Heimkehrgeschichte, die eigentlich – man denke nur an die langen Jahre der Irrfahrten, die sie abschließt – eine Lebensgeschichte ist.

Wenn von Lebensläufen als einem Thema der Odyssee zu reden ist, so läßt sich das am besten erläutern, indem man sich an das Gespräch erinnert, das der lydische König Kroisos auf der Höhe seiner Macht mit dem athenischen Staatsmann Solon führte, und das uns Herodot im ersten Buch seiner Geschichte erzählt.[1] Kroisos, der sagenhaft Reiche, führte Solon in seine Schatzkammer und fragte ihn, wen er wohl für den glücklichsten aller Menschen ansehe. Solon antwortete: «Tellos von Athen.» – Tellos war irgendein athenischer Bürger, der tüchtige Söhne gehabt und die Geburt gesunder Enkel erlebt hatte und schließlich in einem Gefecht mit der Nachbarstadt Eleusis rühmlich gefallen war. Kroisos hatte alles andere als diese Antwort erwartet und fragte nun nach dem Zweitglücklichsten. Kleobis und Biton, sagte Solon. Das waren die beiden argivischen Brüder, die zum Herafest ihre Mutter zum Tempel zu fahren hatten und, weil die Ochsen nicht rechtzeitig vom Felde heimkamen, sich selber einspannten und den Wagen weit übers Land zum Tempel zogen. Die Mutter, glücklich über solche Söhne, erbat für sie von der Göttin das Schönste, das ein

Mensch erlangen kann. Und als die beiden im Tempel sich zum Schlaf gelegt hatten, wachten sie nicht wieder auf. – Das Zwillingsbild der beiden, das die Argiver ihnen nach Delphi stifteten, sieht man noch heute im dortigen Museum.

Als Kroisos darauf verwundert fragte, ob er denn *sein* Glück so gering einschätze, daß er ihn noch unter diese einfachen Leute stelle, da antwortet Solon ihm folgendes: «O Kroisos, in einem langen Leben muß einer vieles sehen und vieles leiden, und jeder Tag des Lebens bringt neue unverhoffte Wechselfälle. So ist der Mensch schlechthin nichts als Zufall. Darum kann ich auf das, was du mich fragst, nicht eher antworten, als bis ich erfahren habe, daß du dein Leben auch glücklich geendet hast. Vor dem Tode kann man von niemand sagen, daß er glücklich sei.»

Die Anekdote, so wie sie von Herodot erzählt worden ist, verrät schon den Geist des fünften Jahrhunderts, den Pessimismus der Tragödie, aus dem der alte Sophokles die Gesamtbilanz des Lebens zog:

Nie geboren sein, das gewinnt
In der Rechnung des Ganzen. Doch einmal gebor'n:
Baldigst zu kehren, woher es kam,
Ist ihm bei weitem das Nächste Beste.

(Ödipus auf Kolonos)[2]

Davon ist die Odyssee noch weit entfernt. Aber die Kroisosanekdote ist eine typische und eigentlich griechische Geschichte. Sie stellt die Frage nach dem menschlichen Glück; und sie beantwortet sie, indem sie das Leben im Ganzen ins Auge faßt. Glück und Unglück des Lebens, Gelingen oder Mißlingen, zeigen sich erst vom Ende her. Das Leben wird bewertet nicht einfach als Dasein, sondern als Lebenslauf. Vielleicht ist etwas Rationalistisches an dieser Geschichte – ist denn menschliches Glück zu errechnen aus der Summe des Lebens? Ist nicht Glück der Wert eines Augenblicks, der das Leiden, ja das Mißlingen eines ganzen Lebens aufwiegen muß? Aber der Grieche rechnet. Kroisos wird ja alsbald nach diesem Gespräch mit Solon aus seinem Übermenschentum ins tiefste Elend stürzen; auf dem Scheiterhaufen, vor seinem Besieger Kyros, wird er sich des Solonischen Wortes erinnern.

Der Grieche, zumal der archaischen Zeit, hatte eine ebenso lebhafte Empfindung für die Möglichkeit höchsten Glücks wie die Erfahrung von der Unsicherheit und Wechselhaftigkeit seines Daseins; er sieht das menschliche Wesen als etwas höchst Anfälliges, dem Zufall von Glück und Unglück Ausgesetztes. Übermenschliche Herrlichkeit und Sturz ins Elend liegen nah beieinander; es sind die Motive schon des alten Mythos. Und so bleibt der Umschlag des Glücks das immer wieder behandelte Thema altgriechischer Lebensphilosophie.

Nicht umsonst hat Herodot die Geschichte Solon in den Mund gelegt. Es gibt von ihm ein Gedicht, darin er das siebzigjährige Menschenleben nach zehn Heptaden gliedert und jeder ihr eigentümliches Teil am Ganzen des Lebens zuweist.[3] Er war einer der wenigen Griechen, die dem Alter einen eigenen und steigernden Wert beimessen konnten: «Alt werde ich in beständigem Lernen.» So daß er, in einer polemischen Apostrophe an Mimnermos, der sich den Tod mit sechzig Jahren gewünscht hatte, dem gängigen hellenischen Preis der Jugend entgegenreden durfte: «Achtzigjährig mag mich mein Todesanteil erreichen!» – Sein großes Gedicht an die Musen[4] aber kreist von Anfang bis Ende um die Erfahrung des Wechsels menschlichen Glücks, «olbos» – das vornehmlich frühgriechische Wort meint den Segen, der von den Göttern kommt und im weitesten Sinne die ‹Güter›, von der Gesundheit bis zum Reichtum, umfaßt, die das Wohlergehen des Menschen ausmachen. Und er sinnt, in einer langen Reihung von Beispielen, darüber nach, woher der unerwartete, und wie es scheint unverdiente, plötzliche Wechsel von Glück in Elend, und freilich auch aus Armut zu unverhofftem Segen rührt: da ja beides, nach altem und nun rationaler bedürftigem Glauben, von dem allmächtigen und allgerechten Zeus kommen muß. Er findet die Ursache in dem allen gemeinsamen blinden «Streben» nach Glück, das «keine sichtbare Grenze» hat.

> Wir Sterblichen sind so gesonnen, einerlei ob vornehm oder gering, daß wir dem nachtrachten, was ein jeder sich vorstellt, so lange bis ihn ein Mißgeschick trifft. Dann jammert er. Bis dahin aber gieren wir und laben uns an flüchtigen Hoffnungen ...
>
> (V. 33–36)

Weniger reflektiert, aber um so heftiger erfahren, kommt der Wechsel menschlichen Geschicks schon in den Gedichten des Archilochos zur Sprache. Man sieht da, wie die unmittelbare Erfahrung eines riskanten und gefährlichen Lebens unter den unruhigen Verhältnissen des siebenten Jahrhunderts in den dichterischen Ausdruck drängt. Das ‹Bald so – bald so›, ‹Bald dieser – bald jener› wird zur sprechendsten Formel dieser ‹lyrischen› Epoche. «Geschüttelt von ausweglosen Ängsten», spricht sich der ‹Mut›, das ‹Herz›, nur noch die Maxime zu: «Halte aus! Keinen Jubel im Glück, kein Gejammer im Unglück!»[5] Der Erkenntnis aber bleibt die Konstatierung des Gesetzes: «Erkenne, was für ein Wechsel über die Menschen herrscht!»[6]

Doch mit solcherlei Reflexionen kündigt sich das kommende Jahrhundert, die Zeit der alten Elegie, schon in der Odyssee an. Es geht dabei zuletzt um das Leben des Odysseus, des verschollenen, totgeglaubten. Aber das Gedankliche, das wir meinen, wird zuerst in einer anderen Geschichte intoniert. Es ist die Geschichte von dem Schicksal des Atridenhauses, von der Ermordung Agamemnons und der Rache des Orest. Wie ein dunkel kontrastierendes Thema aus der großen Heldensage begleitet sie die Handlung der Odyssee vom ersten bis zum letzten Buch. Mit der Odysseusgeschichte hat sie eigentlich nicht mehr zu tun, als daß auch sie eine Heimkehrergeschichte ist, auch sie zu den Liquidierungen des großen Krieges gehört. Aber der Dichter kommt immer wieder auf sie zu sprechen. Es sind vor allem drei Stellen, am Anfang, um die Mitte und am Ende des Epos, wo höchst nachdrücklich auf die Geschichte Bezug genommen wird. Gleich als ob nicht die Odyssee, sondern eine Orestie erzählt werden sollte, setzt das Gedicht schon in dem ersten gesprochenen Wort, der Rede des Göttervaters, mit dem Thema der Atridensage ein: der Rache Orests als des «Weitbekannten», der in aller Mund ist, um erst wie beiläufig, in der Form der Antithese, vom Tod des Ägisth auf sein eigentliches Thema zu lenken. Athene antwortet:

> Mit nur allzu verdientem Tod ist jener gefallen...
> Mir jedoch zerreißt es das Herz um den klugen Odysseus. (1.46 f.)

Was ein äußerlicher Vorwand der Anknüpfung erscheint, wird sich als bedeutende Beziehung erweisen. Denn auf die Atridengeschichte lenkt alsbald Athene selber auf Ithaka das Gespräch mit Telemach:

> Hast du nicht gehört...? (1.298)

Als dann Telemach den alten Nestor in Pylos besucht, redet auch dieser davon wie von dem Aktuellsten der heroischen Tagesereignisse:

> Von dem Atriden werdet ihr schon selber gehört haben. (3.193)

Ähnlich Menelaos in Sparta (4.94), der nun den Hergang vom Tode seines Bruders umständlich erzählt. Aber auch in den Erzählungen des Odysseus vor den Phäaken, in denen seine Unterwelts-Begegnungen mit den toten Helden von Troja den zentralen Platz einnehmen (im 11. Buch), kehrt die Geschichte wieder, indem der Schatten Agamemnons nun selber auftritt und dem Odysseus sein Schicksal berichtet. Dasselbe schließlich, mit verändertem Gesprächspartner und veränderten Akzenten, noch einmal am Ende des Epos in der zweiten Unterweltszene.

In diesen Berichten vom Tod des Agamemnon fällt zunächst etwas Gemeinsames auf, welches sie von anderen Versionen der Sage, vor allem der aus Aischylos bekannten, unterscheidet. Als der Mörder Agamemnons erscheint nicht Klytaimnestra, sondern Aigisthos, und an *ihm* wird von Orest der Mord gerächt, nicht an der Mutter. So bietet uns die Odyssee, als das älteste Zeugnis, eine Version dar, in der das Furchtbarste der Sage, der Gattenmord und der Muttermord, fehlt.

Die Version hat keine Nachfolge gefunden. Für alle späteren Dichter, Stesichoros und Pindar so gut wie die Tragiker, ist Orest der Muttermörder. Woher rührt die Differenz? Soll man sich denken, daß die Odyssee die alte und ursprüngliche Sagenform biete, die erst später, unter dem Einfluß einer uns unbekannten Dichtung, durch die Muttermord-Version verdrängt worden wäre? So hat Wilamowitz gedacht.[7] Er schloß auf ein Gedicht von hohem Alter aus dem Umkreis des delphischen Apollon, das die Blutrache zur unverbrüchlichen Pflicht machte. Um diese zu proklamieren, hätte es die alte Sage von Ägisths Mord an Agamemnon durch den Gattenmord und Muttermord radikalisiert: eine «Umformung der Heldensage im Sinne der delphischen Moral.»

Aber die Frage wird komplizierter, wenn sich zeigt, daß auch die Odyssee selber kein einheitliches Bild bietet. In der Rede des Zeus, wie auch in Athenes Gespräch mit Telemach, fällt von Klytaimnestra kein Wort. Auch Nestor spricht nur von der Mordtat Ägisths und von der Rache, die Orest an dem Mörder seines Vaters nahm. Zwar weiß die Dichtung von der Mitwisserschaft der Klytaimnestra (3.235), und auch ihr Tod zusammen mit Ägisth scheint erwähnt zu werden (wenn diese Verse echt sind, die in manchen antiken Ausgaben gefehlt haben, 3.309–10); aber von einer Mittäterschaft ist nicht die Rede, so wenig wie von der Rache des Sohnes an der Mutter. Ja Nestor unterstreicht sogar die «rechtschaffene Gesinnung» der «göttlichen Klytaimnestra» (3.266), die anfangs den Verführungen Ägisths widerstand und erst durch «Götterfügung» seinen Intrigen erlag.[8]

Nestors Erzählung wird ergänzt durch den ausführlichen Bericht des Menelaos. Zwar weiß auch er von der «List» seiner schlimmen Schwägerin (4.92); aber an der Mordtat selber scheint sie nicht beteiligt. Die schildert er so: Der Bruder war als einer der wenigen aus den Katastrophen der Heimfahrt heil davongekommen und ohne ihn in Argos gelandet, gerade an dem Ort der Küste, wo Aigisthos wohnte. Heilfroh über die Rettung betrat er den heimatlichen Boden. Aber ein bestochener Beobachter meldete dem Herrn die Ankunft des Königs, Aigisthos legte zwanzig Männer in seinem Hause in den Hinterhalt und schickte dem Agamemnon Pferde und Wagen entgegen mit der Einladung in sein Schloß. Und beim Mahl wurde Agamemnon mit allen seinen Leuten erschlagen «wie ein Stier an der Krippe». (4.512–535)

Es scheint also, als werde in diesen ersten Gesängen Klytaimnestra, wiewohl der Dichter ihre Rolle kennt, fast geflissentlich im Hintergrund gelassen, so daß auch Orestes' Tat sich einzig gegen Aigisthos richtet.

Anders sieht es in der Erzählung des Odysseus vor den Phäaken aus, in der Geschichte seiner Hadesfahrt und der Begegnung mit der Seele Agamemnons. Wie Agamemnon ihm seinen Tod schildert, stimmt er wörtlich mit Menelaos überein. Nun aber hört man doch von der schrecklichen Rolle, die Klytaimnestra dabei gespielt hat: Mit Ägisth vereint hat sie den Mord ausgeheckt, mit eigener Hand hat sie die Kassandra erschlagen, die mit gräßlichem Todesschrei über dem erstochenen Agamemnon hinstürzte.

Endlich steht Klytaimnestras Beteiligung am Gattenmord selber fest für die zweite Nekyia, die Totenszene im letzten Gesang. Agamemnon klagt vor Achill über seinen Tod «unter den Händen Ägisths und meines verworfenen Weibes». (24.97) Hier erst nähert sich das Epos der klassisch gewordenen Version, in der Klytaimnestra ganz allein die Tat vollbringt und Aigisthos zur Nebenfigur wird.

Wie lassen sich diese Unterschiede erklären? Haben wir es mit verschiedenen Formen der Sage zu tun? Mit verschiedenen Dichtern schon in der Odyssee? Eine pragmatisch denkende Philologie greift gern zu einer solchen Lösung, indem sie die Varianten auf verschiedene Quellen zurückführt. Oder darf man nach einem Sinn der Varianten fragen?

Nun unterscheiden sich die betreffenden Passagen der ersten Bücher, der sogenannten Telemachie, die jene für Klytaimnestra schonende Version repräsentieren,[9] von den übrigen Stellen auch darin, daß sie die Geschichte jedesmal bis zu der Rache des Orestes erzählen. Und das mit Grund. Allein um ihretwillen spricht Zeus von der Sache. Athene nicht anders. Auch Nestor gibt der Mordtat Ägisths gleich die Wendung, wie er mit dem Tode hat büßen müssen (3.195), und seine folgende Erzählung endet wieder mit der Rachetat Orests. Und selbst Menelaos, der die Prophezeiung des Proteus referiert – nämlich aus einer Zeit, als Aigisthos noch am Leben war –, soll auf die Rache seines Neffen Orestes hoffen (4.546).

Anders in den beiden Nekyien: dort hören wir nichts mehr von der Rache Orests, obschon sie da, im Zeitpunkt der erzählten Totengespräche, längst geschehen ist. Die Gründe dafür liegen also nicht im Pragmatischen, sondern sind poetischer Art.

Es ist nämlich deutlich und natürlich oft bemerkt worden, daß die Atridengeschichte in der Telemachie einem paradigmatischen Zweck dient.[10] Athenes Mahnrede an Telemach, sich der Freier der Mutter zu entledigen, gipfelt in dem leuchtenden Beispiel des Orestes, den er sich zum Vorbild nehmen soll (1.301). Orestes ist der Rächer des Vaters, der sich «Ruhm erwarb bei allen Menschen» (1.298). Mit unüberhörbarer Beziehung auf Telemach wendet Nestor die Tat Orests ins Allgemeine: «So ist es gut, wenn nach dem Tode der Mann noch einen Sohn hinterläßt...» (3.196). Mit der Atridensage also wird die große Gestalt des rächenden Sohnes aus weitbekanntem und altüberliefertem Mythos als Folie hinter die zwar auch überlieferte, aber nicht heroische, sondern aus dem Odysseusmärchen stammende Figur des Telemachos und seine neuerfundene Rolle in der Odyssee gestellt. Aber Vorbild konnte Orest nur sein, wenn er nicht der Muttermörder war. Hier schöpft der Dichter nicht aus einer anderen Quelle: der Muttermord wurde unterdrückt um des Zweckes willen.

Auf einen anderen Ton ist die Geschichte in der Unterweltepisode gestimmt, die Odysseus vor den Phäaken erzählt: elegisch, Klage um ein verlorenes Leben, worin auch die elegischen Generalisierungen, das Sententiöse nicht fehlt. Die Begegnung mit Agamemnons Seele wird unter allen übrigen Totenbegegnungen hervorgehoben durch ein vorhergehendes Intermezzo (11.328–384): Odysseus, in später Nacht, will seine Erzählung abbrechen – aber gerade jetzt ist es zu spannend, man kann nicht aufhören, man will mehr erfahren, und nun etwas Bestimmtes: Ob Odysseus drunten nicht auch den Helden von Troja begegnet sei? So kommt er auf den bewegendsten Teil seiner Hadeserlebnisse, die Begegnung mit Agamemnon, Achill und Aias (385–567). Denn was wird wohl Agamemnon, der nach siegreichem Krieg am Ziel ermordete, über sein Leben denken? Odysseus, der ja von Agamemnons Tod noch nichts weiß, kann sich für ihn kein anderes Ende denken als auf See, bei der Heimfahrt oder im Beutekampf um Rinderherden oder, noch heroischer, um Städte und Frauen – das alte Iliasthema. Aber ach, Frauen! Wie völlig verfehlt Odysseus die Wahrheit! Mit der eigenen Gattin Hilfe hat Ägisth ihn ermordet: «Und sie, die Hundsäugige, hat es nicht einmal über sich gebracht, da ich zum Hades hinabging, mir Augen und Mund zu schließen. So gibt es kein Zweites, das ärger und hündischer wäre als das Weib...» (11.425).

Tod durch das böse Weib ist das Thema (11.384): neben die Mörderin Klytaimnestra stellt sich die Schwester, Helena die Ehebrecherin: «um deretwillen wir in Scharen umgekommen sind» (11.438). Die beiden setzen bis in die Heldengespräche hinein den Katalog der mythischen Frauen fort, der sich an die Begegnung mit der Mutter Antikleia angeschlossen hatte – auch dies ein Katalog von Lebensläufen, Ruhm und Glück der Gottgeliebten durch die Reihe der Heroinen mehr und mehr zum Unglück und Verbrechen durchvariierend und so dem kommenden Thema präludierend. Sie alle werden von Klytaimnestra übertroffen.

Die Steigerung geschieht um eines Kontrastes willen: «Dir freilich, Odysseus, steht kein Tod von Weiberhand bevor, viel zu verständig und wohlmeinend ist ja Ikarios' Tochter, die kluge Penelope». (444 ff.) Und Agamemnon gedenkt des Tages, als sie in den Krieg zogen und die junge Frau des Odysseus zurückblieb, den kleinen Telemach an der Brust: «Der ja nun wohl unter den Männern sitzt, ein Gesegneter», ‹olbios› (450) – das bedeutungsvolle Wort fällt hier, obschon wir wissen, daß es noch viel bedarf, um es wahr zu machen. Agamemnon sieht voraus, wie Vater und Sohn sich umarmen werden – und wieder schweift sein Gedanke zu der furchtbaren Frau, die ihm auch das Wiedersehn mit dem Sohne verwehrt hat.

So läuft die Geschichte darauf hinaus, eine Folie abzugeben für Penelope. *Darum* wurde jetzt die Untat der Klytaimnestra in den Vordergrund gerückt. Und so wie die Treue sich gegen die Ungetreue abhebt, die «Verständige» gegen die «Entsetzliche», fängt auch Odysseus' Geschick an, aufzuleuchten vor dem Schicksal Agamemnons. Was ist aus dem großen Heerkönig geworden! Der einst so Großmächtige und Stolze, jetzt streckt er weinend nach Odysseus die Hände aus. So sieht sich der Iliasheld vom Tode her an! Und selbst als er zuletzt, in dem Gedanken an Telemach, nach seinem eigenen Sohn Orestes fragt – das letzte, das ihn trösten könnte –, muß ihm Odysseus die Antwort schuldig bleiben. Miteinander weinen ist am Ende alles, was bleibt (11.466).

Und wie steht es mit Odysseus, dem klugen Gemahl der «verständigen Penelope»? Immerhin ist auch er im Reich des Todes, aus dem noch kein Lebender zurückgekehrt ist, am fernsten Punkt seiner Irrfahrt, ungeheure Gefahren sind zu bestehen, und alles wird von seiner Schlauheit abhängen, daß er nicht am Ende doch noch ein gleiches Schicksal erleide wie Agamemnon. Dies wird in der Tat sein erster Gedanke sein in dem Augenblick, als er, eben den Irrfahrten entronnen, in dem vertraulichen, Überstandenes und Bevorstehendes bedenkenden Gespräch mit der Göttin von den Freiern erfährt:

> Oh! Da sollt' ich wohl gar des Atreussohns Agamemnon
> Elenden Untergang im eigenen Hause erleiden! (13.383)

Das Atridenthema also, in der Telemachie und in der Irrfahrtenerzählung breit ausgeführt, hier erklingt es noch einmal kurz auf der Höhe und Mitte des Epos. Überblicken auch wir von hier aus, was es bis dahin zu leisten hatte, so zeigt sich eine sinnvolle Veränderung in der Benutzung des Themas. In der Zeusrede des Anfangs gibt es mit dem Hinweis auf Aigisthos' Tod ein weit auf das Ende des Epos vorausweisendes und warnendes Exempel für die Freier. In den folgenden Büchern zeigt es dem Telemach ein Vorbild: Orest ist der Beneidete, dessen Ruhm im Liede dauern wird (3.204). Sogar Agamemnon wird gepriesen, daß er einen solchen Sohn hatte (3.196) – angesichts des allbekannten Mythos und seiner Schrecken, für den Sohn nicht minder als für den Vater, eine schon paradoxe Umkehrung des Sagensinnes. Dagegen Telemach: «Ein solches Glück – ‹olbos› – ist uns nicht beschieden» (3.208). Der Vater ist verschollen, er selber ohne Hoffnung. So beginnt die Odyssee, im Vergleich mit dem Atridenschicksal, mit einem abgrundtiefen Debet auf der Seite der Laertiaden.

Anders schon in der Nekyia. Da ist die Gestalt Agamemnons ganz vom Tod umdüstert, ohne daß ihr das geringste Licht erscheint. Und in demselben Maße, als die Glücksschale Agamemnons unter dem Verbrechen der Klytaimnestra sinkt, steigt des Odysseus Glück mit dem Wert der Penelope. So wägt der Dichter in der Nekyia die Schicksale, stellt das Leben seines Helden in den Kreis der Trojahelden – und es ergibt sich, daß von jenen keiner glücklich war.

Denn diesem Gegeneinander-Wägen der Lebensläufe dient auch die Begegnung mit Achill, dem Helden der Ilias. Auch er wie verändert! Wie anders schaut er jetzt, vom Tode her, das Leben an! Sein Wort in der Ilias: daß nichts auf der Welt das ‹Leben› aufzuwiegen vermöge (Il. 9.401), zur Bittgesandtschaft der Achäer aus tiefster Kränkung seiner Heldenehre gesprochen und nur aus der Umkehrung seines Heldentums zu verstehen, ein unachilleisches Wort –, hier wird es ins Extrem getrieben. Schien ihm dort einen Augenblick lang statt des frühen ruhmreichen Todes die Möglichkeit eines langen gefahrlosen Lebens an der Seite einer lieben Gattin und inmitten reicher Güter zu winken, so würde er jetzt, in der Unterwelt der Odyssee, das Leben wählen selbst um den Preis der Knechtschaft: «Lieber möchte ich als Taglöhner einem armen Manne frohnen, als Fürst der Toten sein.» (11.489) Und dies, nachdem Odysseus ihn begrüßt hatte als den «Glückseligsten» aller Menschen: habe er doch im Leben die «Ehre gleich den Göttern» gehabt, und jetzt im Tode – man erwartet das iliadische «den unsterblichen Ruhm». Der Ruhm ist allerdings das unbezweifelbare Positivum für Achill. Aber nichts davon hier. Statt dessen: «die Macht unter den Toten.» Warum? Weil sie das ganz Fragwürdige ist. Seine Antwort auf die Seligpreisung: «Verrede mir nicht den Tod!» Der Tod läßt sich nicht ‹verreden›.

Und doch fällt ihm in diese Trauer ein Trost. Wie Agamemnon, fragt auch er nach seinem Sohn, nach dessen Heldentum. Und nun braucht Odysseus freilich die Antwort nicht schuldig zu bleiben, da kann er erzählen: wie Neoptolemos durch Klugheit und Schönheit unter den Achäern hervorstach, wie er hochgeehrt und unversehrt und mit reicher Beute von Troja heimzog... Und Achill, stolz und glücklich, schreitet schweigend davon, zurück unter die Schatten.

Der dritte ist Aias, der Selbstmörder. Odysseus war nach der Sage schuld an seinem Tode; er sucht die Versöhnung, stellt ihn dem Achilleus gleich. Ein Makel haftet an der Odysseusgestalt von der Sage her; die Odyssee sucht zu reinigen. Aias antwortet nicht, er ist der nicht zu Tröstende. In der wiederholten Gebärde des schweigenden Abgangs welcher Gegensatz!

Drei Heldenschicksale also, in denen Leben und Tod sich je verschieden zueinander verhalten. Ihre Gegensätzlichkeit steht für eine Totalität, für die Gesamtheit iliadischer Heldenleben. Alle drei sind, an Odysseus' schließlichem Schicksal gemessen, unerfüllt. Aber allerdings, entschieden hat sich auch Odysseus' Schicksal noch nicht. Das zeigt sich gerade an der Frage nach den Söhnen. Denn auch Odysseus hatte, als erster, im Gespräch mit der Mutter, schon nach seinem Sohn gefragt und eine verheißende Antwort bekommen (11.184); wie dann auch Agamemnon vermutungsweise von dem Glück des Telemachos spricht. Wir wissen – so wie wir die Odyssee lesen – daß diese Verheißungen zwar auf das Ende hin Recht behalten, aber in einem starken Widerspruch zu der Situation stehen, in der sich Telemach augenblicklich befindet, dem Anschlag der Freier auf sein Leben. Wie mag alles ausgehen? Die erste Nekyia läßt etwas offen, und nicht nur den Ausgang; auch das Grundthema der Heldengespräche läßt etwas ausstehen: Wie würde, wenn Odysseus wirklich aus dem Totenreich heil heimkehrte, nach der Wiedergewinnung der von Nebenbuhlern bedrohten Frau und nach vollzogener Rache, die Gesamtbilanz seines Lebens, gegen Agamemnons gehalten, aussehen?

Nachdem die Atridengeschichte als paradigmatische und kontrastierende Parallele so bedeutend an den Anfang gesetzt, so bewußt im weiteren abgewandelt und durchgeführt worden ist, wäre es fast verwunderlich, wenn sie nicht am Ende noch einmal anklänge. Es kommt zur zweiten Nekyia, der vielgescholtenen, im letzten Buch. Sie ist keine Hadesfahrt wie die erste. Sie gründet auf nichts Sagenhaftem oder Märchenhaftem, ist reine Dichtererfindung. Die Wiederholung der ersten verbirgt sich nicht: dieselben Personen, die Gespräche um dasselbe Thema. Alles ist Rückblick, es fehlt die Spannung vom erstenmal: die Ungewißheit des Ausgangs, gegenübergestellt der traurigen Gewißheit dreier Heldenschicksale. Hier wird ein Fazit gezogen, vollendete Leben gegeneinander abgewogen. Es ist ein Schlußwort.

Die edelsten Iliasgestalten stehen beisammen: Achill mit den beiden Freunden Patroklos und Antilochos, dazu Aias, von dem es noch einmal heißt, er war der Beste nach Achill – auch das gehört jetzt zum Abwägen. Zu ihnen tritt Agamemnon mit den mitgemordeten Gefährten. Es beginnt das Totengespräch. Der Vergleich zwischen Achill und Agamemnon, der in der ersten Nekyia nicht gezogen wurde, wird jetzt ausdrücklich. Achill ihn anredend: «Atride, wir meinten, du warst über Maßen unter den Helden Zeus lieb all deine Tage, ... Und doch sollte auch an dich vorzeitig das Todesschicksal herantreten...» Darauf Agamemnon:

> Glückseliger Peleus-Sohn – ‹olbiē Pēleos hyiē› – gottgleicher Achilleus (24.36)

Man bemerke, wie die in der Ilias tödlich um ihren beiderseitigen Rang Verstrittenen hier miteinander in einen Wettstreit je um des Anderen Glück, des Anderen Gottgeliebtheit eintreten. Agamemnon preist Achill für seinen Tod, er erinnert an den Kampf um seinen Leichnam, an die Totenklage, zu der die göttliche Mutter – unerhörtes Wunder – selber mit allen Nereiden erschienen war und die neun Musen selber sangen; er spricht von der Leichenfeier, die achtzehn Tage dauerte, von der Verbrennung, der Beisetzung der Asche vereint mit den beiden Freunden, aber in innigster Vereinigung mit dem Freunde der Ilias, unter einem Grabhügel, der weit aufs Meer schaut. «Ja, du warst sehr geliebt von den Göttern. So hast du auch im Tode deinen Namen nicht verloren, sondern ewig bleibt dir bei allen Menschen der herrliche Ruhm. Aber ich...» Der Ruhm also, den die erste Nekyia verschwieg, wird jetzt hervorgehoben. Und umgekehrt: Achills Widerspruch in der ersten Nekyia unterbleibt hier, die Glücklichpreisung bleibt bestehen.

Es ist aufgefallen, daß der Tod Achills hier sehr ausführlich geschildert wird. Erzählt war er so etwa in der Aithiopis des Arktinos. Als Nacherzählung dieses Epos schien sich die auffällige Ausführlichkeit des Details zu erklären. Auf die umstrittene Chronologie braucht hier nicht eingegangen zu werden; die Odyssee kennt offenbar die Memnon-Sage, die in der Aithiopis erzählt war. Andererseits folgt sie in der Schilderung der Bestattung Achills sehr genau den Anweisungen in der Ilias, wo Achill, die letzte Bitte des Patroklos erfüllend, die Gebeine seines Freundes in einer für sie beide bestimmten goldenen Urne beisetzen und den Grabhügel flach aufschütten läßt, damit er nach seinem Tode hoch und breit errichtet würde (Il. 23.82–9, 243–8). Um die Beisetzung Achills – die ja nicht geringer erscheinen durfte als die Leichenfeier für Patroklos in der Ilias – mit den übrigen Feierlichkeiten und Ehrungen zu umgeben, brauchte der Odysseedichter nicht das Vorbild einer anderen Dichtung.

Was aber entscheidend ist: er hatte einen Zweck. Denn dies alles steht in Agamemnons Rede, um Ehre und Ruhm und Liebe als höchstes Glück auf Achilleus zu versammeln. Und nun folgt das, was in der Ilias fehlte und was unmittelbar aus der Fülle der Ehrungen hervorgeht: Achill wird selig gepriesen, obschon in der Ilias der Wert seines Lebens oftmals in Zweifel gezogen war. Das Epos schloß mit der tragischen Prophezeiung seines baldigen Todes; der Tod selber war nicht erzählt. Es blieb offen – und man darf davon absehen, ob das eine Frage ist, die der Iliasdichter überhaupt hätte stellen mögen –: ob die Summe dieses Achilleus-Lebens ein Gut oder ein Übel war, ein Glück oder ein Verfehlen. Und hier wird geantwortet: Ja, ein Gut! Zwar bist du früh gestorben, aber du bist glückselig, der Geliebte der Götter, und dein Ruhm wird nie vergehen! In dieser ausdrücklichen und thematischen Glücklichpreisung Achills, als des Helden der Ilias, ist die Huldigung an den Iliasdichter – des Odysseedichters an seinen Meister, Homer – unüberhörbar.[11]

Aber es bleibt nicht das letzte Wort. In das Gespräch treten die Freier ein, die Seelen der Erschlagenen. Sie treten ein in den heroischen Kreis der Iliashelden und bringen Kunde mit von Odysseus. Sie werden empfangen als Ebenbürtige. Was Amphimedon berichtet, ist ein Rückblick auf die Odyssee. Er berichtet von Odysseus' List, von der Bogenprobe und vom großen Morden. «Da war Götterbeistand offenbar!» (24.182) Es ist ein Leitgedanke der Odyssee: die Gottheit ist mit ihm.

Und nun, nach den Freiern, erhält noch einmal Agamemnon das Wort, derselbe, mit dessen Schicksal vom ersten Gesang an das Schicksal des Odysseus verglichen worden war:

> ‹Olbiē› – glückseliger Sohn des Laertes! Wahrhaftig zu großem Gedeihen (aretē) hast du dein Weib erworben!... Darum wird der Ruhm ihres Wertes (aretē) niemals vergehn, es werden Gesang den Irdischen die Unsterblichen stiften, lieblich der klugen Penelope. (24.192–98)

Der Gesang, auf den hier die Dichtung hinweist, ist die Dichtung selber. Wir müssen dies Bewußtsein des Dichters zusammensehn mit jener bewußten Huldigung für die Ilias. Die Apostrophe des toten Agamemnon an den lebendigen Odysseus ist das Schlußwort des Dichters. «Olbiē», «Glückseliger!», hatte Agamemnon den Achill angeredet, «olbiē» nennt er jetzt den Odysseus. Sie sind die zwei Glückseligen, der Iliasheld und der Held dieses Gesanges; aber Odysseus erhält das letzte Wort: über den Tragischen hinaus der Kluge, der die Gunst der Götter hat.

Erst in der zweiten Nekyia erfüllt der Atridenvergleich seinen Sinn nach allen Seiten. Er macht die Bilanz auf, er zeigt die Umkehrung von Soll und Haben der Lebensläufe. Er artikuliert vor allem die Umwertung, in der das Schicksal des Odysseus, aus dem Nachteil, in dem es sich anfangs befand, über die Begegnungen in der Unterwelt, in denen die Schicksale aneinander gemessen wurden, schließlich durch den glücklichen Ausgang sich in einen vollkommenen Gewinn verwandelt hat. Man wird bei so planvoller Durchführung eines Themas nicht mehr bereit sein, seine Variationen im einzelnen auf verschiedene Dichter oder die Differenzen verschiedener Quellen, also auf etwas Zufälliges und Äußeres zurückzuführen. Tatsächlich haben wir es in der Odyssee gar nicht mit verschiedenen Versionen der Atridensage zu tun, und ihrem Dichter war keine andere Form der Sage bekannt als dem Aischylos: die Variationen der Geschichte sind sein Werk.

Aber nun enthüllt das Atridenthema gerade durch seine Variationen, in seiner Umkehrung vom Anfang zum Ende, etwas vom Geist der Odyssee. Die Odyssee scheint das erste Epos, das unter einer Leitidee steht, hierin schon der Aeneis vergleichbar. Fast programmatisch klingt am Schluß das letzte Wort des Zeus an seine plötzlich ratlose Tochter, womit er nach der Tötung der Freier dem drohenden Bürgerkrieg ein Ende macht:

> Mein Kind, war dies nicht alles dein eigner Rat? ... Aber ich will dir sagen, wie es recht ist: Nachdem jetzt Odysseus die Freier hat büßen lassen, soll man feste Verträge beschwören und er soll immerdar König sein. Wir aber wollen den Tod der Söhne und Brüder vergessen machen, die Ithakesier sollen einander lieben wie zuvor, und Reichtum und Friede herrsche in Fülle.
>
> (24.478–86)

Zu der Leitidee des glücklichen Ausgangs gehört auch der Gedanke des milden und gerechten Königtums, das schon in der Ithakesierversammlung des zweiten Buches (2.234), so wie in dem Götterrat des fünften, an Odysseus gerühmt wird und in seiner Preisung der Penelope (19.109) wiederkehrt, wenn er sie einem gottesfürchtigen und gerechten König vergleicht, «unter dem die Völker gedeihen» (aretōsi) (19.109 ff.). «Reichtum und Friede», das ist das Schlußwort des höchsten Gottes, unter dem das Schicksal des Odysseus verstanden werden soll. In diesem ideellen Element der Odyssee verrät sich schon ein beträchtlicher innerer Abstand von der Ilias: gegen die ‹naive› Dichtung Homers ist diese bereits reflektiert, eine kunstvolle, geplante Dichtung gegen die gewachsene.

Ob ein Leben im Ganzen ein gelungenes, ob es glücklich ist, kann, nach Solon, erst vom Ende her entschieden werden. Das Ende freilich, Odysseus' Tod, wird in der Odyssee – wie in der Ilias Achilleus' Tod – nicht mehr erzählt, die Geschichte endet mit der Wiederherstellung der Königsherrschaft. Aber nun ist es merkwürdig, daß auch hier, an bedeutender Stelle, der Blick voraus auf den Ausgang und auf das Ende des Lebens gerichtet wird: in denselben Totengesprächen der Unterwelt, in denen nachher die Lebensläufe der Iliashelden gewogen werden. Dieser Blick in die Zukunft ist dem Seher Teiresias vorbehalten. (11.134 ff)

Um Teiresias zu befragen, mußte ja Odysseus in das Totenreich, und von ihm erhält er die Prophezeiung, die ihn vor dem sakralen Frevel an den heiligen Rindern des Sonnengottes warnt, die ihm auch die Zustände offenbart, die er zu Hause vorfinden wird. Sie endet aber schließlich mit der Verkündigung einer noch ferneren Zukunft, die ihm nach dem Sieg über die Freier bevorsteht: nach einem Sühneopfer für Poseidon und Dankopfer an alle Götter ein reiches Alter und zuletzt ein später milder Tod, umgeben von einem gesegneten, glücklichen Volke – ‹lāoi olbioi›.

Hier also, in dem Bild des guten Königs und des allgemeinen Glücks, wird das Odysseus-Leben, noch über die Handlung des Epos hinaus, bis zum Ende in den Blick genommen, unter dem es erst als ein Ganzes sichtbar werden und gegen die anderen Leben gewogen werden kann. Dadurch erhält es zugleich die religiöse Perspektive, die dem Seherwort eigen ist. So zeigt sich die Prophezeiung des Teiresias, als Verheißung des glücklichen Ausgangs, aufs engste mit den anderen Unterweltbegegnungen, den Heldengesprächen und dem Atridenthema, mit Anfang und Ende des Epos verknüpft.

Lebensläufe

Der glückliche Ausgang war schon mit der märchenhaften Geschichte gegeben, die der Odyssee zugrunde liegt: Abenteuer und Happy end. Aber es ist noch etwas anderes, wenn das Märchen gut ausgeht, oder ob ein Schicksal erzählt wird. Schon die Abenteuer des Odysseus, im Märchen um ihrer selbst willen erzählt und schlicht aneinandergereiht, sind so geordnet, daß sie zum Schicksal werden:[12] zu diesem Gewebe aus Leichtsinn und Fürsorge, Verwegenheit und Klugheit, aus Zufall, Glück, Verblendung, Schuld und Verhängnis. Schicksale sind auch die zahlreichen anderen Lebensläufe, in denen dieses Epos die Odysseusgeschichte spiegelt. Da ist die Prophezeiung des dereinstigen Lebensendes, die Menelaos von dem Gotte Proteus erhält: Entrückung und Unsterblichkeit auf den Seligen Inseln; auch dies eine Verheißung am fernen, hoffnungslosen Punkt seiner Irrfahrt, wunderbarer als die des Teiresias und um soviel mythologischer, als ihr an ‹Realismus› und ‹Biographie› abgeht.

Da ist Elpenor, der Jüngste der Gefährten, der die enttäuschte «Hoffnung» im Namen führt: «Kein sonderlicher Held im Kampf und nicht eben gefestigt in seinem Charakter» (10.552). Bei Kirke, in der Wärme der Nacht, hatte er sich aufs flache Dach niedergelegt, und aufgeschreckt vom Lärmen des Aufbruchs, schlaf- und weintrunken, vergaß er die Treppe zu nehmen, stürzte vom Haus und brach sich den Hals. In der Eile – man muß zum Hades – läßt man ihn liegen. Drunten ist die Seele des Toten die erste, der Odysseus begegnet. Wieviel Kameradschaft in der Ironie der Frage:

> Elpenor, wie kommst du daher? Warst du schneller zu Fuß als
> ich mit dem Schiffe? (11.57 f.)

Er erzählt sein Mißgeschick, bittet um Bestattung – die Ähnlichkeit mit der Bitte des toten Patroklos unterstreicht nur den Gegensatz: die Unerfülltheit eines verdienstlosen Lebens.[13] Auch einer von den «Toren», die «selber» schuld waren, wie die Freier, wie die anderen Gefährten; nur daß «Schuld» sich je etwas anders anhört.

Auf Odysseus' Seite liegt die Schuld am Lebensschicksal des Aias. Odysseus war in dem Streit um die Rüstung des gefallenen Achilleus als Sieger hervorgegangen, vor Aias, den die Demütigung in den Tod getrieben hatte. Odysseus erinnert selber daran:

> Hätt' ich doch nicht den Sieg um solchen Kampfpreis errungen!
> Dessenthalben ein solches Haupt die Erde bedeckt hat,
> Aias, der an Gestalt und Taten allen voranstand
> Nächst dem Peliden... (11.548 ff.)

Die Teilnahme des Odysseus an den Lebensschicksalen der Gefährten wächst bei Aias zum Mitleiden, fast zur Reue. Es ist mehr als «großmütig»,[14] es ist das Brüderliche im Wissen von dem Leiden des Menschen überhaupt – und das Wissen, daß es Dinge gibt, die nicht wieder gutzumachen sind. Man muß auch diesen Odysseus sehen, ja man muß sehen, wie die Dichtung ihm hier, entgegen dem überlieferten Charakter, Züge gibt, die ihn als verantwortlichen, als tief von den Leiden anderer berührten zeigen. Schon das Proömium setzt diese Akzente mit Odysseus' Sorge um die Heimkehr der Gefährten.

Sie sind ganz offenbar in der Begegnung mit Eumaios. Auch dessen Geschichte ist ein Lebenslauf, in dem sich anfängliches Glück in Leiden gekehrt hat. Aber mit dem Leiden wird keine Schuld bezahlt. Das genaue Verhältnis von Schuld und Strafe findet sich in der darin enthaltenen Geschichte von der ungetreuen Sklavin, einer Geschichte, die auf das Strafgericht über die ungetreuen Mägde des Odysseus vorausweist; wobei auch die geschlechtliche Zügellosigkeit als Verschuldung dieselbe Rolle spielt. Eumaios ist der einzige ganz unverschuldet Leidende. Und zu seinem Leiden gehört nun auch noch die Trauer um den Herrn, das Mitleiden mit der Herrschaft. Aber die Talion, die nicht zwischen Schuld und Leiden stattfindet, besteht bei Eumaios in dem Ausgleich von Leiden und Glück: denn Zeus – so kommentiert Odysseus dessen Lebensgeschichte – «hat dir wahrlich neben das Schlimme auch Gutes gestellt, da du nach all deinen Leiden in das Haus eines milden Mannes gekommen bist, der dir Essen und Trinken freundlich bietet, und hast ein gutes Leben. Ich dagegen irre umher durch die Städte der Menschen.» (15.488 ff.)

So stellt also Odysseus der Verrechnung von Leid und Glück im Lebensganzen des Hirten am Ende sein eigenes – unverrechnetes – Bettlerschicksal entgegen. Aber eines verweist doch auch wieder auf das andere. Nicht nur, daß es auch für Odysseus den Ausgleich der Leiden geben wird. Der König in Knechtsgestalt – das Motiv des Odysseusmärchens – erscheint in der Eumaiosgeschichte vor einem realistischen Hintergrund von fast historischen Farben, der auch die Welt der Bettler- und Lügengeschichten ist, die Odysseus von sich erzählt, das ganze Auf und Ab eines unruhigen zeitgenössischen Lebens. Die Umkehrung von Not in Glück, von Glück in Verderben ist zuletzt auch Thema dieser Lebensläufe, die, bei allem lügenhaften Kontrast, doch immer zugleich Variationen des Odysseus-Lebens sind. In diesen Lügengeschichten des Odysseus kommt mit dem Autobiographischen auch erst die Selbstbetrachtung und das Selbstbekenntnis, die religiöse Reflexion über den Lauf des Lebens und die Ursachen seines Auf- und Niedergangs zu Wort:

> So einer war ich im Kampf. Doch Arbeit war nicht meine Sache
> Noch die Sorge fürs Haus, davon prächtige Kinder gedeihen.
> (14.222)

Das Walten des Zeus, das er in allen Wechselfällen sieht, verweist doch auch immer zurück auf die Ursache: die Verwegenheit des Abenteurers.

Von den Variationen der Lügengeschichte war schon früher die Rede. Nicht von der, die er am nächsten Tage als Bettler vor den Freiern erzählt. Sie ist diesmal kürzer, aber pointierter:

> Auch ich nämlich habe einstmals ein Haus unter den Menschen als ein Gesegneter ‹olbios› bewohnt , ein reiches ... und vieltausend Knechte besaß ich und manches andre, davon Wohlleben und Reichtum kommt. Aber Zeus Kronion hat es vernichtet – er hat es wohl so gewollt. Er ließ mich mit Seeräubern nach Ägypten fahren, zu meinem Untergang ... (17.419 ff.)

Das Folgende ähnlich wie zu Eumaios. Aber die Verstrickung in den Frevel der Gefährten erscheint schuldhafter; nicht nur der Charakter, sondern Verblendung und Verbrechen werden Ursache der Wende des Glücks.

Und zum drittenmal erzählt er seine Geschichte: dem Amphinomos, dem einzigen unter den Freiern, der eigentlich gut war und doch, mit aller Warnung, nicht zu retten sein wird. Die Geschichte wird noch knapper, noch durchsichtiger, bricht ins Sentenziöse aus, während das Lügenhafte fast ganz zurücktritt:

> Auch ich nämlich sollte einst unter den Menschen ein Gesegneter sein («olbios»). Aber ich tat viel Überhebliches, meiner Kraft und Überlegenheit mich hingebend ... Darum weiche ganz und gar kein Mensch jemals vom Rechte ab ... (18.138 ff.)

Mit dem ganzen Ton dieser Rede scheint der maskierte Odysseus sich am meisten von dem ‹Abenteurer› zu entfernen, die Maske verschmilzt, bis fast zur Identität, mit der Person.

Dreimal dieselbe Geschichte, dreimal mit merklicher Variation, Steigerung – eine Umkehrung wäre nicht denkbar. Mehr und mehr sammelt sie sich auf ihren Sinn, aus dem Lebenslauf wird die Lehre gezogen, der ‹Bios› wird zur Warnung. Und indem der Anfang «Auch ich war einst ein Glücklicher» sich verwandelt in «Auch ich sollte einmal ein Glücklicher sein», wird das Schicksalsanteil hervorgekehrt, das dem Menschen gegeben ist und das er durch eigene Schuld verspielt.

Die Warnung aber ist das Motiv, das gleich im Anfang der Odyssee hervorgehoben wird, in jener Rede des Zeus, in der die Warnung an Aigisthos von fern her dem Strafgericht an den Freiern vorausklingt. Und eben hier steht auch die formulierte These des Göttervaters, daß die Menschen sich «über ihr Anteil hinaus» Unglück zuziehn durch ihre «eigenen Übeltaten».

Diese Motive sind also offenbar von dem Artridenparadigma nicht zu trennen und umspannen mit diesem das ganze Gedicht. Sie sind etwas, das den Geist und Sinn dieses Epos betrifft, und das sich in dem eigentümlichen Interesse seines Dichters an Glück und Unglück menschlicher Lebensläufe bekundet. Denn die Anteilnahme des Odysseus an den fremden Lebensschicksalen ist die Teilnahme des Dichters, projiziert in die Gestalt seines Helden. Es ist ein Thema der Odyssee: im Gegenbild anderer Schicksale Leiden und glückliches Ende ihres Helden erscheinen zu lassen, den Zusammenhang von Schuld und Unglück, von Glück, Klugheit und Götterliebe. Dies Thema ist das Eigentum dieses Dichters. Was davon schon in dem alten Odysseusmärchen enthalten war, geht über das Märchenhafte des Happy end nicht hinaus. Erst indem der neue Sinn die alte Geschichte durchdrang, wurde aus dem Märchen das große Epos.

Ursprung der Leiden

Aber noch haben wir keine Antwort auf die Frage, die am Ende unserer Reflexion über das Schicksal übrig blieb: Woher die Leiden des

Odysseus? Sie sind das Thema, mit dem das Epos einsetzt, sie breiten sich in den Erzählungen von den Abenteuern der Irrfahrt aus und finden, wie schon das Proömium betont, auch mit der Rettung auf Ithaka kein Ende. Sie reichen tatsächlich bis in den Moment des Wiederfindens und über das Ende des Epos hinaus, und so ist das ganze Gedicht eine Geschichte des Leidens.

Die Frage nach dem Ursprung der Leiden könnte zu theoretisch, zu systematisch scheinen. Sie waren ja in gewissem Maß das mit der Geschichte Gegebene, und der Dichter erzählt, auf der Folie der unglücklichen Schicksale, die glückliche Wendung im Schicksal *seines* Helden. Aber für seine Leiden hat er eine bestimmte und persönliche Erklärung, und hier nun doch einmal den ‹Haß der Gottheit›. Und dies gleich zweimal, in dem Zorn Poseidons und in der Erzürnung des Helios. Beides stammt nicht aus dem Märchen. Dabei wird der Zorn Poseidons zur eigentlichen Ursache der Irrfahrt; daß Odysseus schon vorher in die Irre fuhr, hat man als seinen Anteil an dem Schicksal der Trojaheimkehrer – das auch schon durch einen Zorn der Götter verursacht war – zu verstehen. Aber das Unverhältnismäßige zwischen dem Privatzorn des Poseidon und den zehnjährigen Leiden drängt sich dem Gefühl auf, und es soll gefühlt werden.

Im Grunde ist der Zorn des Poseidon nur das Instrument, um das primäre Faktum des Leidens für den Verstand verständlicher zu machen. Das Faktum benennt die Parabel von den zwei Fässern. Die Erklärung findet sich eher in der Geschichte der Pandareostöchter, an denen Penelopes Gedanken zweimal hängen (19.518 ff., 20.66). Als «die Götter» sie elternlos gemacht hatten, nahmen sich vier der mächtigsten Göttinnen der Kinder an: Aphrodite nährt sie mit Käse, Honig und süßem Wein, Hera gibt ihnen ungewöhnliche Schönheit und Verstand, Artemis den hohen Wuchs und Athene die Geschicklichkeit der Frauenarbeiten. Als nun Aphrodite auf den Olymp steigt, um für die Mädchen auch noch die Erfüllung der Ehe zu erbitten – bei Zeus, «der alles genau weiß: den Anteil sowie was nicht Anteil der sterblichen Menschen ist»[15] –, da rafften die Harpyien sie hinweg und überantworteten sie den Erinyen. Teilhaben und Nicht-teilhaben-können, ‹moira› und ‹ammoriē›, eins liegt im Begriff des andern. Daß die Menschen «nicht alles zusammen von den Göttern haben können», gehört schon zu den Weisheiten des alten Nestor (Il. 4.320),[16] in dem Fall: zum Alter auch noch die Jugend – es ist uns versagt. In der Geschichte der Pandareostöchter bleibt der Grund ihres frühen Todes nur scheinbar unausgesprochen: er liegt in dem ‹Nicht-Vergönnten›, der ‹ammoriē›. Zu den außerordentlichen Gaben der Göttinnen käme die Hochzeit als die ‹Erfüllung› (‹telos›) hinzu: eine Vollkommenheit, die dem Menschen versagt ist.

Die religiöse Sprache der Griechen hat hierfür ein Wort, das irreführend mit dem ‹Neid der Götter› übersetzt wird, den ‹phthonos›. Es heißt ‹Mißgunst› in dem rein negativen Sinn des ‹Nicht-vergönnens›. In der homerischen Sprache ist es die ‹agē›, das Zurückscheuen vor dem allzu Großen. Penelope sagt es in dem Augenblick des Wiederfindens: «Die Götter haben uns den Schmerz verliehen, die uns beiden nicht vergönnten (‹agasanto›), bei einander bleibend der Jugend zu genießen und zur Schwelle des Alters zu kommen.» (23.211)

So versteht man jetzt, was an dem Exempel der armen Pandareostöchter sie so bewegt. Es ist das Unglück der Gottgeliebten. Und wirklich ist in Penelopes Wort: «Die Götter vergönnten uns nicht...» dies menschliche Anteil ausgesprochen. Ein vereintes ganzes Leben bis ins Alter scheint ‹zu viel› des Glücks, ‹agan›, und mit dem «Schmerz», den Leiden der Trennung, haben die Götter die Grenze des Endlichen auch für den Gottgeliebten gesetzt, ‹agasanto›. – Die altgriechische Erfahrung klingt noch einmal nach in der frühen Klassik der Sturm- und Drangzeit:

> Alles geben die Götter, die unendlichen,
> Ihren Lieblingen ganz,
> Alle Freuden, die unendlichen,
> Alle Leiden, die unendlichen, ganz.

Trotzdem ist der Mensch nicht nur Spielball der Götter. Es gibt wohl, gegenüber dem Wechsel der menschlichen Dinge und der Unkalkulierbarkeit des Unglücks, ein Verhalten, das wenigstens nicht die Götter herausfordert, ein dem Menschen gemäßes Verhalten. Es findet sich am ehesten, als Maxime, in der kürzesten Variante, in der der Bettler seine Lebensgeschichte dem Amphinomos erzählt:

> Nichts Hinfälligeres ernährt die Erde als den Menschen, denn niemals, meint er, werde ihm hernach ein Übel widerfahren, solange die Götter ihm Gedeihen gewähren und seine Knie sich regen. Wenn dann aber die seligen Götter auch Trauriges bereiten, erträgt er auch das widerwillig in seinem ausdauernden Mut. Denn so ist der Sinn der irdischen Menschen, wie eben der Tag, den der Vater der Menschen und Götter heraufführt. Viel Anmaßliches tat ich, meiner Gewalt und Stärke mich überlassend, pochend auf meinen Vater und meine Brüder. Darum überschreite durchaus kein Mensch je das göttlich Gesetzte, sondern empfange in Schweigen die Gaben der Götter, was sie auch geben!
> (18.130–142)

Kein Homervers ist so früh und so oft zitiert worden, wie die beiden von dem ‹Sinn der Menschen› und dem wechselnden Wetter.[17] Und wenn wir aus der fast noch zeitgenössischen Wirkung einer Dichtung auf den Geist, in dem sie sich selbst verstand, schließen dürfen, können wir vertrauen, daß mit dem Thema des Wechsels – der Verhältnisse und der Schicksale – etwas von dem getroffen ist, was in der Intention ihres Autors lag. Wie da am Ende aus dem Lebenslauf die Maxime gezogen wird, verweist es auf den augenscheinlichen Zustand des Bettlers, der jetzt an den Tischen der Freier steht, und auf den Sturz aus einstigem Glück. Der Sturz lehrt die Doppelmaxime, die im Grunde Eine ist: sich nie überheben und schweigend annehmen, was die Götter schicken. Für das erste hat die Dichtung – es kommt nur in der Odyssee vor – das Wort «gottesfürchtig». Immer wieder auf seinen Irrfahrten ist es Odysseus' Sorge, er könnte zu Menschen kommen, die ‹nicht gottesfürchtig› sind, es sind die Frechen, Wilden, Übeltäter. Die einzigen aber, denen das Prädikat eigens zugesprochen wird, sind Odysseus selber und der gerechte edle König des glücklichen Landes, mit dem er Penelope preisend verglich. Götterliebe und Gottesfurcht gehören zusammen.

Das andere ist: still sein vor den Schickungen der Götter. Auch vor den glücklichsten. Nach der Tötung der Freier wird Eurykleia aus ihrer Kammer in den Saal gerufen. Sie erblickt Odysseus und die Freier in ihrem Blut und ist im Begriff laut aufzujauchzen. Da hält sie Odysseus ein:

> In deinem Herzen, Alte, freue dich, halt an dich und juble nicht! Es ist nicht fromm getan, über erschlagene Männer zu frohlocken. Diese hat das Schicksal der Götter bezwungen ... (22.411 ff.)

Das Wort ist geeignet, alles Erschrecken über den wütenden Odysseus aufzuwiegen. Es berührt den Kern der griechischen Religion. Es kehrt, als ganz ‹weltliche› Lebensregel, bei Archilochos wieder:

> Freue nicht am Freudigen dich und jammre übers Unglück nicht
> Allzu sehr! Erkenne, welch ein Wechsel über uns regiert![18]

Und wenn man an die Ursache von Odysseus' Leiden zurückdenkt, so hat es der Dichter sehr betont, wie triumphierend er dem Zyklopen nachrief, anstatt schweigend sich der Rettung zu freuen. Zur Verschuldung gegen Göttliches wird der Triumph dadurch, daß der Wilde seine Klage an den Gott weitergibt (erst der Odysseedichter hat Poseidon zum Vater des Zyklopen gemacht). Den Übermut konnte dann auch das Widderopfer für Zeus nicht gutmachen: «Der scherte sich nicht um das Opfer» (9.492–555). Erst dadurch wurde der Privatzorn Poseidons zum Zorn des Zeus, und der Gottgeliebte zum Verfolgten der Götter.

Fernere Perspektiven

Im Märchen, worin der glückliche Ausgang des Epos angelegt ist, wird nicht der Umschlag aus Leiden in Glück thematisiert. Wie der glückliche Ausgang, so verbürgen schon die Abenteuer die unverwüstliche Gesundheit und das nie versagende Glück des Märchenhelden. Man spricht vom Optimismus, vom Utopischen des Märchens: es ist eine Gebärde des Weltvertrauens. Und wenn die Märchenschlüsse gern in eine Formel münden, daß das Glück der Märchenhelden nun dauerte bis an ihr Lebensende, dann heißt das: wir dürfen vertrauen, daß es nie mehr anders kommt.

Die Prophezeiung des Teiresias enthielt zwar auch dies, aber dazu noch anderes. Odysseus muß nach dem Sieg über die Freier noch einmal auf beschwerliche Wanderschaft in die Ferne ziehen zur Versöhnung Poseidons. Nach dem Wiederfinden der Gatten und nach der Erzählung seiner Abenteuer eröffnet Odysseus dies der Penelope mit unzweideutigen Worten:

> Noch sind wir nicht ans Ende aller Kämpfe gelangt, sondern es wird noch nachher unermeßliche Mühsal geben ... Du wirst dich nicht freuen; und ich selber freue mich nicht, da er mir gebot, zu gar vielen Städten der Sterblichen zu wandern ...
>
> (23.248 f., 266 ff.)

Mit dem letzten: «zu vielen Städten der Menschen», schließt er das neue Abenteuer hörbar an das Proömium und die Leiden der Irrfahrten an. Der wörtliche Bericht von dem Auftrag des Sehers endet aber wiederum mit der Verheißung des glücklichen Alters.

Gewiß ist das Sachliche die Hauptsache: daß dann auch Poseidons Zorn besänftigt sein wird. Aber Penelope nimmt gerade das verheißene Alter auf:

> Wenn denn die Götter ein besseres Alter bescheren, dann ist Hoffnung, es werde Entrinnen sein aus den Übeln. (286 f.)

So wird noch der gegenwärtige Augenblick des Glücks von den Leiden durchtränkt, und zur Erfüllung wird das Alter. – Zu den vielen Motiven, die aus der Odyssee in der Elegie des 7. Jahrhunderts fortwirken und bei Solon sich sammeln, gehört vielleicht auch dieses: das Alter als Erfüllung. Nicht daß Solon bewußt an den Odysseeschluß anknüpfte; aber bedenkt man, wie bewußt er, im Widerspruch gegen das Wort eines anderen Dichters, für ein langes Leben plädierte, und wie deutlich der Odysseedichter das Schicksal des Odysseus gegen den frühen Tod Achills profiliert hat, so nimmt man bei Solon doch eine Mentalität wahr, die sich zuerst in der Odyssee Ausdruck verschaffte.

Der glückliche Ausgang hat aber noch eine weitere Perspektive. Von der Wiederherstellung der Königsherrschaft – auch dies im Märchen angelegt – war schon die Rede. Der Dichter hat sie zu einer eigenen Erzählung ausgebaut, die mit dem Besuch bei dem Vater und Großvater Laertes beginnt. Auf der Höhe des Kampfes mit den Vätern und Brüdern der Freier ruft der zuschauende Laertes:

> Welch ein Tag ist dieser für mich, ihr freundlichen Götter!
> Sohn und Sohnessohn wetteifern um den Manneswert! (aretē)
> (24.514)

Und alsbald wird er, von Athene erstarkt, den Anführer der Gegner erlegen.

Dies Zusammen der drei Generationen ist von lang her vorbereitet. Es ergibt sich aus einem Thema der Odyssee, das zuerst in der Telemachie angeschlagen wurde, am krassesten in Telemachs Bekundung seiner Ungewißheit, ob er der Sohn des Odysseus sei: «Die Mutter sagt, ich sei von ihm, aber ich weiß es nicht.» (1.214 f.) Schon da widerspricht ihm Athene mit dem Hinweis auf das Geschlecht: «Keineswegs haben die Götter dein Geschlecht für die Zukunft namenlos gemacht!» (1.222) Die Bedrohung der Geschlechtsfolge wird akut mit dem Mordplan der Freier: Eumaios spricht davon als einem Attentat gegen das Arkeisiadengeschlecht. Telemach, den «die Götter aufzogen wie einen jungen Baum», war seine Hoffnung: er möge einst «nicht geringer sein als sein Vater» (14.174–82). Wie gefährdet und zugleich ausersehen das Geschlecht ist, ersehen wir aus Telemachs Mitteilung an den noch unerkannten Odysseus: «Denn so hat Kronion unser Geschlecht immer nur auf einen gestellt» – und er erläutert ihm das Schicksal der Ein-Sohn-Folge seiner Ahnen von Arkeisios her, über Laertes und Odysseus bis zu ihm selber (16.118 ff.). Die deutlichste Verheißung aber hat kurz vorher schon Theoklymenos, der Seher, ausgesprochen, als er das Vogelzeichen für Telemachos deutete: «Königlicher als Euer Geschlecht ist kein andres in dem Volk von Ithaka, sondern Ihr werdet die Macht besitzen für immer.» (15.533 f.) Um dieser Verheißung willen scheint die Gestalt des Theoklymenos vornehmlich in das Epos eingeführt zu sein.

Unter diesem Gedanken betrachtet, gewinnt nun auch alles, was wir über Telemachs Eintritt in das männliche Lebensalter unter dem Zeichen Apollons ausmachen konnten, noch diese weitere Bedeutung: es ist die Sorge für die Kontinuität des Geschlechts. Apollon Patrōos ist ja der, dem die gentilizische Folge der Generationen anheimgegeben ist. Und wenn, wie hier, mit der Geschlechtsfolge die Erbfolge des Königtums verbunden ist, verbürgt sie die Dauer der Laertiadenherrschaft. «Du wirst sehn, mein Vater, wie ich mit diesem Mute deinem Geschlecht nicht Schande machen werde!» sagt Telemach in dem Augenblick, als sie sich zu dem letzten Gefecht rüsten.

Man erinnert sich, daß in der Ilias, nicht als ein das Ganze durchdringendes Thema, aber unmißverständlich, eine Prophezeiung der Rettung des Äneadengeschlechts aus dem Trojanischen Untergang eingefügt ist (Il. 20.302–8), und es ist deutlich, daß sie einem zu Homers Zeiten in der Troas herrschenden Fürstenhaus gilt, das sich von Äneas herleitete. Fast unumgänglich drängt sich der Schluß auf, daß auch hier die Dichtung auf etwas Zeitgenössisches zielt, einen Deszendenzanspruch eines Adelshauses, wie wir ihn von manchen jonischen Geschlechtern kennen, der für uns verschollen ist. Möglicherweise deuten sich hier Zusammenhänge an, die doch eine intimere Bekanntschaft des jonischen Dichters mit Ithaka vermuten lassen.

Doch würde es die Gewichte verschieben, wenn man in solchen politischen Beziehungen den Schlüssel für die Dichtung suchte. Das Thema des Überdauerns ist ein menschliches und hängt aufs engste mit der Geschichte des ausdauernden Odysseus zusammen, mit seinem Überleben, seiner Rettung aus der Irrfahrt durch die Kraft des ‹Ertragens›. Es ist der epische Odysseus. Auch er hat noch etwas von der Unverwüstlichkeit des Märchenhelden, und was im Märchen ein allgemeines Weltvertrauen war, ist hier Vertrauen in das Leben.

ANMERKUNGEN

Folgende Literatur wird in den Anmerkungen nur mit dem Verfasser-Nachnamen oder Kurztitel angeführt:

Alexander N. Afanasjew, (Narodnye russkie skazki, 1855–63. Die Numerierung hier nach den neueren russischen Ausgaben); dt.: Russische Volksmärchen, übers. von Sw. Geier (1985) I, II.

Walter Burkert, Die griechische Religion der archaischen und klassischen Epoche (1977).

Walter Burkert, Die orientalisierende Epoche in der griechischen Religion und Kultur, Sitz.ber. Heidelb. Ak. Wiss., Phil.-hist. Kl., Ber. 1 (1984).

A Companion to Homer, hrsg. von A. Wace/F. Stubbings (^{2}1963).

Hermann Diels (Hrsg.), Die Fragmente der Vorsokratiker, I–III, hrsg. v. Walther Kranz (^{5}1934). Zitiert nach Band, Kapitel-Nr., Testimonien (= A), Fragmenten (= B).

Hartmut Erbse, Beiträge zum Verständnis der Odyssee (1972).

Fragmenta Hesiodea, hrsg. von R. Merkelbach/M. L. West (1967).

Paul Friedländer, Kritische Untersuchungen zur Geschichte der Heldensage, Rhein. Mus. 69 (1914).

Alfred Heubeck, Die homerische Frage, Erträge der Forschung Bd. 27 (1974).

Uvo Hölscher, Untersuchungen zur Form der Odyssee – Szenenwechsel und gleichzeitige Handlungen, in: Hermes Einzelschr. 6 (1939).

Felix Jacoby, Die geistige Physiognomie der Odyssee, in: Die Antike 9 (1933) 159–194 (= F. J., Kl. philol. Schr. I (1960) 107–138.

Johannes Th. Kakridis, Homeric Researches (1949).

Adolf Kirchhoff, Die homerische Odyssee (^{2}1879).

Albin Lesky, Homeros, Pauly-Wissowa, Real-Encyclopädie der klass. Alt.wiss. (RE) Suppl. XI (1967) Sp. 687–846.

Enno Littmann (Hrsg.), Die Erzählungen aus den Tausend und ein Nächten (1922).

Karl Meuli, Odyssee und Argonautika (1921).

Denys Page, The Homeric Odyssey (1955).

Denys Page, Folktales in Homer's Odyssey (1972).

Denys Page (Hrsg.), Poetae Melici Graeci (1962).

Milman Parry, The Making of Homeric Verse. The Collected Papers of M. P., hrsg. von Adam Parry (1971).

Vladimir Propp, Morfologija skazki (1928, leicht veränd. ^{2}1969); Morphologie des Märchens, dt. von Christel Wendt, hrsg. von Karl Eisenmacher (1972). Französische Übers. von Sv. Todorov, die mir öfters am zuverlässigsten erscheint.

Ludwig Radermacher, Die Erzählungen der Odyssee, Sitz.ber. Österr. Ak. Wiss. Wien, Philos.-hist. Kl., Band 178, 1. Abh. (1915).

Ludwig Radermacher, Mythos und Sage bei den Griechen, 2. verb. Aufl. (1938).

Karl Reinhardt, Das Parisurteil, in: Von Werken und Formen (1948) 11–36 (= Tradition und Geist [1960] 16–36).
Karl Reinhardt, Homer und die Telemachie, ebd. 37–51 (= 37–46).
Karl Reinhardt, Die Abenteuer der Odyssee, ebd. 52–162 (= 47–124).
Karl Reinhardt, Die Ilias und ihr Dichter (1961).
Carl Robert, Die griechische Heldensage, I (1920), II (1921), III (1921–1926).
Wolfgang Schadewaldt, Neue Kriterien zur Odyssee-Analyse, Sitz.ber. Heidelb. Ak. Wiss., Phil.-hist. Kl., Abh. 2 (1959).
Wolfgang Schadewaldt, Homer, Die Odyssee, übers. in deutsche Prosa (1958).
Scholia vetera in Apollonium Rhodium, rec. C. Wendel (1935).
Hans Schwabl, Zur Selbständigkeit des Menschen bei Homer, in: Wiener St. 67 (1954) 46–64.
Peter Von der Mühll, Odyssee, Pauly-Wissowa, Real-Encyclopädie der klass. Alt. wiss. (RE) Suppl. VII (1940) 696–768.
Michael L. West (Hrsg.), Hesiod, Theogony, with Proleg. and Comm. (1966).
Michael L. West (Hrsg.), Iambi et Elegi Graeci, I und II (1971).
Ulrich von Wilamowitz-Moellendorff, Homerische Untersuchungen (1884).
Ulrich von Wilamowitz-Moellendorff, Die Heimkehr des Odysseus (1927).

Motto

Goethe, Maximen und Reflexionen

Einführung

1. John Brown, History of the Rise and Progress of Poetry (1764), zit. nach: Rudolf Sühnel, Homer und die englische Humanität (1958) 178.
2. G. S. Kirk, Objective Dating Criteria in Homer, in: Mus. Helv. 17 (1960) 189 ff.
3. J. Wiesner, Fahren und Reiten, in: Archaeologia Homerica, Kap. F (1968) 61 f., 95. Zum Fortdauern im Kult siehe Kap. XVIII, 255.
4. Es handelt sich um den Wandel der im Mykenischen noch erhaltenen Labiovelarsilben q^ua, q^ue, q^ui, q^uo (vor u ku geschrieben), die im Griechischen zu Gutturalen, Dentalen oder Labialen wurden: M. Ventris/J. Chadwick, Documents in Mycenaean Greek (^{2}1973) 45. Ob Βυβλιος in ku-p(i)-r/li-jo belegt, ist umstritten: Chadwick 558 Κυπριο-, O. Szemerényi, Class. Rev. 72 (1958) 60 Gublio.
5. 1.) Brit. Sch. at Athens: Excavations at Lefkandi, Euboea, 1964–1966, A preliminary Report, hrsg. von M. R. Popham und L. H. Sackett (1968); Publikation: ebd., Suppl. XI. Lefkandi I, II (1980). 2.) M. Popham/E. Touloupa/L. H. Sackett, The Hero of Lefkandi, in: Antiquity 56 (1982) 169–174. Taf. XXII–XXV; Archaeol. Reports 1981–1982, 15 ff., 1986/7, 12 ff.
6. Manfred Korfmann, Troy: Topography and Navigation, in: Troy and the Trojan War, A Symposium held at Bryn Mawr College, Oct. 1984 (1986) 1–16; ders., Besik Tepe: New Evidence for the Period of the Trojan Sixth and Seventh Settlements, ebd. 17–28; ders., Besik Tepe, Vorber. ü. d. Ergebn. d. Grabung v. 1983, Archäol. Anzeiger (1985) 157 ff.

7. Alfred Heubeck, Schrift, in: Archaeologia Homerica III Kap. X (1979), 109–116. W. Schadewaldt, Homer und sein Jahrhundert, in: Von Homers Welt und Werk (1944, [3]1959) 87–129. Für Datierung ins 7. Jh.: M. L. West, Hesiod, Theogony 46 f; W. Burkert, Das hunderttorige Theben (s. Anm. XV 9).
8. Dies scheint mir durch die Arbeiten von Fritz Krafft, Unters. zu Homer und Hesiod, in: Hypomnemata 6 (1963), und Heinz Neitzel, Homer-Rezeption bei Hesiod (1975), erwiesen. Vgl. u. Anm. XV 13.

I. Kapitel

1. Andreas Heusler, Lied und Epos in germanischer Sagendichtung (1905); ders., Nibelungensage und Nibelungenlied (1920, [5]1955). Zur Kritik des Heusler'schen Modells siehe W. Haug, in: Ztschr. f. Dt. Alt. u. Dt. Lit. 104 (1975) 273 ff.
2. Z. B. ‹Einzellied›, ‹Kurzepos›, ‹Idylle› etc.
3. Reinhardt, Parisurteil 11 ff (= 16 ff).
4. Reinhardt, Ilias 17 ff. Ilias und Patroklie, 29 ff. Patroklie und Achilleis. Widerspruch von H. Erbse, Ilias und ‹Patroklie›, Hermes 111 (1983) 1 ff.
5. Aristoteles, Poetik, Kap. 6,1450a4, 7,1450b26, 8,1451a16 ff, 17,1455b17 ff. Dort auch der Begriff der ‹einfachen Geschichten›, 9,1451b33, 10,1452a12 ff.
6. Vgl. G. S. Kirk, Myth (1970) 39 f.
7. M. Kommerell, Rezension von Jolles, Einfache Formen, in: Anz. f. Dt. Alt. u. Dt. Lit. 50 (1931) 165 ff.
8. André Jolles, Einfache Formen (1930, [5]1974). Dazu Kommerell 170 [s. vor. Anm.].
9. Hyginus, Fabulae, Nr. 171. Zu dem Alter dieser Version gut Pausanias X 31.4. Vgl. Kakridis, Researches 11 ff.
10. Die Betrachtungsweise hebt sich ab von jenen Erzähltheorien, die, anstatt von der Gestalt der Geschichte, von der Technik des Erzählens ausgehen: ‹Erfinden› als ein schrittweises Wählen unter je sich bietenden Möglichkeiten der Fortsetzung (Cl. Bremond, Le message narratif, dt. in: Lit.wiss. u. Ling., hrsg. von J. Ihwe III (1972) 177–217. Dies ‹atomistische› Prinzip gilt möglicherweise z. T. für die Erzählungen in Tausend und eine Nacht. Für die homerischen Epen wird es von der Theorie der ‹mündlichen (thematischen) Komposition› formuliert: Improvisation («minute-to-minute oral composition») aus dem Arsenal vorgeprägter Motive (‹Themen›, entsprechend den sprachlichen ‹Formeln›), G. S. Kirk, The songs of Homer (1962) 71–80.
11. Radermacher, Erzählungen.
12. Die kritische Untersuchung von Franz Hampl, ‹Mythos› – ‹Sage› – ‹Märchen›, in: Geschichte als kritische Wissenschaft II (1975) 1–50, ist an der Aufgabe des Historikers orientiert, das frühe Erzählgut der Völker auf seinen geschichtlichen Gehalt, seine ‹Wahrheit›, zu prüfen, und dient zur Grundlagenklärung für den folgenden Aufsatz: ‹Die Ilias ist kein Geschichtsbuch›. Die erfrischende Kälte der Kritik bringt erwünschte Nüchternheit in modisches Mythos-Gerede; im Sachlichen ist vieles einzuwenden: 1.) Die drei Gattungen rücken hier, nämlich gemessen an dem gemeinsamen Anspruch auf Glaubwürdigkeit – der nur für die «wirkliche Geschichtsschreibung» anzuerkennen sei (36) – zusammen unter

den Begriff der «geglaubten Tradition» (wobei zweierlei Begriffe von Tradition vermischt scheinen: geglaubte Geschichte und tradierte Geschichten). Lediglich das Märchen gewinnt, als sozial gesunkenes, nicht mehr geglaubtes Erzählgut, den Charakter einer eigenen Gattung. 2.) Die Theorie einer Entwicklung der Sage zum Märchen, S. 25. 3.) Das Postulat, wissenschaftliche Begriffe müßten sich eindeutig definieren lassen wie ‹Orchidee›, ‹Säugetier› etc.; die Forderung, sich «am allgemeinen Sprachgebrauch zu orientieren» (‹Mythos› als Luftgespinst). Betrachtungen der Strukturen fehlen. – Die Bedeutungsschwankungen im Gebrauch der Gattungsbegriffe (schon in den verschiedenen Sprachen) diskreditieren noch nicht ihre Tauglichkeit, um Sachverhalte zu unterscheiden. Ihre Konfundierung führt nur zu der, allerdings gemeinten, Einebnung aller Sachverhalte unter den Begriff der Historizität.
Klärend dagegen Walter Burkert, in: Jan Assmann / W. B. und Fr. Stolz, Funktionen und Leistungen des Mythos (1982) 63–65.

13. Volker Klotz, Weltordnung im Märchen, in: Neue Rundschau 81 (1970) 74. Dort auch Gutes zur Struktur.
14. Max Lüthi, Märchen (1962, [6]1976) 7 f.
15. Unnötig zu sagen, daß der Begriff im reinen Sinn gebraucht wird wie von Jacob Burckhardt in bezug auf Einheit und Bewußtsein einer Kultur.
16. Milman Parry, L'Épithète traditionnelle dans Homère (1928), in: Parry, 82, 86, 156. Parrys These wurde schon durch den Herausgeber Adam Parry stark modifiziert. Weiter führt W. Whallon, Formula, Character, and Context (1969) 14 ff.
17. ποδάρκης, ποδώκης, πόδας ὠκύς; selbst ὠκύς nur von Achill.
18. Dazu Schol.A Il. 24.257.
19. Für die Troilosgeschichte: Ulrich von Wilamowitz-Moellendorff, in: Hermes 34 (1899) 614.
20. Vgl. Wilamowitz, Heimkehr 183, 186.
21. Wilamowitz, Die Ilias und Homer (1916), Beilage 5: Odysseus und Penelope, 482–488; Heimkehr 186. Theoretischer: Rainer Friedrich, Stilwandel im homerischen Epos (1975) 130–141.
22. Reinhardt, Abenteuer, 52–162.
23. Radermacher, Erzählungen 47–51.
24. Iwan Iw. Tolstoi, Einige Märchenparallelen zur Heimkehr des Odysseus, in: Philologus 89 (1934) 261 ff.
25. Propp, Morphologie. Der dort öfters gebrauchte Begriff ‹Zaubermärchen› bedeutet keine Einschränkung der Gattung, sondern eine Präzisierung des weiteren Begriffs ‹skazka› (‹Geschichte›, ‹Erzählung›) auf das Wunderbare: «Märchen im eigentlichen Sinne des Wortes», Propp 9, 91, 98.

II. Kapitel

1. Siehe Heubeck, Hom. Frage 130 ff: «Die oral-poetry-Forschung»; dazu ausgewählte Forschungsbeiträge in: Homer, Tradition und Neuerung, hrsg. von Joachim Latacz (Wege der Forschung 463) (1979).
2. Aristoteles, Poetik, Kap. 4, 1449a11.

3. Siehe U. v. Wilamowitz-Moellendorff, Einleitung in die griechische Tragödie (1907) (= Herakles I, Kap. 1–4, 1889) 107.
4. Walter Haug, Schriftlichkeit und Reflexion, in: Schrift und Gedächtnis, Archäologie der Literarischen Kommunikation I, hrsg. von A. und J. Assmann (1983) 141 ff..
5. Zu dem Begriff, wie zu dem ganzen hier beschriebenen Phänomen, siehe: Max Kommerell, Gedanken über Gedichte (1943, [4]1985) 9 ff.
6. Wolfgang Rössler, Dichter und Gruppe – Eine Untersuchung zu den Bedingungen und zur hist. Funktion früher griech. Lyrik am Beispiel Alkaios (1980).
7. Oswin Murray, Early Greece (1980) 59 ff.
8. Siehe H. T. Wade-Gery, The Poet of the Iliad (1952) 5, 14.
9. Vergleichbares in anderen Künsten: der Wechsel von der Hofmusik zum öffentlichen Konzert, nicht als Ursache, sondern Folge der Entwicklung von der Suite zur Sinfonie; ähnlich die Umgestaltungen im Bühnenbau. (Faust II z. B. übersteigt entschieden die Möglichkeiten der damaligen Bühne.)
10. Das in Frage stehende Phänomen berührt sich mit dem Thema der stilkritischen und poetologischen Untersuchung von Rainer Friedrich, Stilwandel im homerischen Epos (1975), Teil IV, wo es aber vornehmlich um die Differenzen der Odyssee zur Ilias geht.
11. Jacob Burckhardt, Cicerone I (1879) 88.
12. Bernard Andreae, Odysseus – Archäologie des europäischen Menschenbildes (1982) 14 ff.
13. Die Grenzen der Parryschen Position von der ausschließlichen Traditionalität der Formeln beleuchtet Harald Patzer, Dichterische Kunst und poetisches Handwerk im Homerischen Epos, Sitz. Ber. der Wiss. Ges. Univ. Frankfurt 10 (1972). Zum Grundsätzlichen und zum ‹Zitat›-Charakter der Formeln Hans Schwabl, Zum Problem der traditionellen Kompositionsformen bei Homer, in: Wiener Stud. 99 (1986) 39–62.

III. Kapitel

1. Eine beachtliche Ausnahme macht Jenny Strauss Clay, The Wrath of Athena (1983) 39 ff. (deren Lösung ich jedoch nicht bestimme).
2. Siehe Hölscher, Untersuchungen 59.
3. Vgl. Fr. Klingner, Über die vier ersten Bücher der Odyssee, Ber. Verh. Sächs. Ak. Wiss., Phil.-hist. Kl. 96 (1944) 39 f.
4. Davon im IX. Kapitel.
5. Nämlich dreimal: 2.93–100, 19.139–156, 24.128–149.
6. Die beiden Herleitungen des Namens, von ihrer Tätigkeit als ‹Spinnerin›, also aus ihrer Geschichte, oder von dem Vogel ‹penelops› (Arist., hist. an. 593b23, Schol.Aristoph. 1302) brauchen einander nicht zu widersprechen. In dem russischen Märchen «Geh nach ich weiß nicht wo», dessen Gesamtstruktur auffällige Ähnlichkeiten mit der Odysseusgeschichte aufweist (A. Afanasjew, Nr. 212, I 490 ff.), erlegt der Schütze Fedot eine Waldtaube, die, zur schönen Jungfrau verwandelt, seine Frau wird. Sie läßt alsbald aus bunten Seiden einen herrlichen Teppich knüpfen. Man braucht nur anzunehmen, daß in dem volkstümlichen

Odysseusmärchen Penelope diese Vogelnatur hatte – wie im Meleagermärchen Alkyone, Il. 9.562, und überhaupt im Märchen häufig. Der Vogel ‹Penelops› hieß wahrscheinlich, aus welchem Grunde immer, ‹Faden- oder Häutchenspinner›.

7. Reinhardt, Parisurteil 14 ff. (= 18 ff.).
8. Siehe: Hölscher, Untersuchungen.
9. Afanasjew Nr. 212, I 500.

IV. Kapitel

1. Amélie Bosquet, La Normandie romanesque et merveilleuse: traditions, légendes et superstitions populaires de cette province (1845) 33 ff.
2. Ebd. 392 ff., 463.
3. Legende von Wroxhall Abbey, W. Cooke, Folk-Lore XIX (1908) 458.
4. Jakob und Wilhelm Grimm, Deutsche Sagen (1816/18, [4]1905) Nr. 439, nach der alten Reimchronik, Cod. Pal. 336, fol. 259–267.
5. Ebd. Nr. 523, nach dem alten Lied in: Sammlung von Minnesingern I 124, vgl. F. M. Böhme, Altdeutsches Liederbuch (1877) Nr. 6 u. 5.
6. Michel Wyssenherre, Von dem edeln Hern von Bruneczwigk, als er über mer fure [1474], hrsg. von E. Massmann, Denkmäler ... (1828); neue Ausg. W. Seehausen, M. W.'s Gedicht und die Sage von Heinrich dem Löwen (1913) (auch bei K. Hoppe, Die Sage von H. d. L. (1952) 85–99; Faksimile mit neuer Umschrift in: M. W., Eyn buoch von dem edeln hern von Bruneczwigk, hrsg. von Iris Dinckelacker/Wolfg. Häring, in: Litterae, Göppinger Beitr. z. Textgesch., Nr. 41 (1977). Die Heinrich-Sage geht auf die Herzog Ernst-Sage zurück: früheste Überl. niederrhein. Gedicht d. 12. Jh.s, danach latein. Prosafassung und das Bänkelsängerlied des 14. Jh.s (siehe: Karl Bartsch, Herzog Ernst (1869, [2]1969) CXVII, CXXXIV ff, CXLIIII ff.
7. Ernst Meier (Hrsg.), Deutsche Volksmärchen aus Schwaben (1852, [2]1971) Nr. 61, 213–215.
8. Caesarii Heisterbacensis Monachi ordinis Cisterciensis Dialogus miraculorum [um 1220], rec. Joseph Strange. (Nachdruck New York 1966), VIII Kap. 59, ‹De Gerardo milite›, 131 ff.
9. Giovanni Boccaccio, Il Decamerone, ‹Messer Torello›.
10. E. Bethe, Homer II 97.
11. Wilamowitz, Die Ilias und Homer (1916) 486.
12. Siehe Kap. X 130, XVII 248, XXI 288. Zu dem Terminus Schadewaldts siehe Anm. XXI 7.
13. Propp, 76, dazu 42 (Funktion X).
14. Ebd. 59 f. und 91 ff.

V. Kapitel

1. Dazu die Erwähnungen des Epeios, Zimmermanns des Hölzernen Pferdes, Il. 23.664 ff., 838 ff.
2. Gute Interpretationen von Øivind Andersen, Odysseus and the Wooden Horse, in: Symbolae Osloenses LII (1972) 5–18.

3. Parry 146–149 rechnet πτολίπορθος zu den generellen Epitheta, räumt aber ein, daß es zum spezifischen Epitheton werden kann, wenn es, wie in der Odyssee, nur von Odysseus gebraucht wird. So verfuhr der Odysseedichter offenbar öfter mit iliadischen Epitheta: siehe περίφρων, Kapitel XVII 243.
4. Andersen, Odysseus [s. Anm. 2] 13.
5. Reinhardt, Abenteuer 68 f., 150 f. (= 59, 117).
6. Wilamowitz, Ilias 493.
7. Lesky, RE, Suppl. XI, 116.
8. Robert, Heldensage III 1053; E. Wüst, Odysseus, in: RE 34, § 6 u. § 9, 1910–1913; Wilamowitz, Hom. Unters. 114, widerrufen Ilias 493, vgl. Heimkehr 189.
9. Z. B. μεγάθυμον.
10. Homeri Opera V, hrsg. von Allen, 103, 106; Apollod. Bibl. Epit. 3.3. Dazu W. Kullmann, Die Quellen der Ilias (1960) 103, Anm. 4, 248.
11. Propp, Funktion VIII 1.
12. Afanasjew Nr. 265, ‹Das weiße Entchen›, II 621.
13. Propp, Funktion II, VI 1.
14. Afanasjew, Nr. 131, ‹Frolka Bärenhäuter›, I 180; vgl. Propp, Funktion IX.
15. Siehe Kap. XII 165.
16. Kyprien, Proklos Chrestom., Homeri Op. V (Allen) 105.
17. Propp, Funktionen XV, XVI, XIX.
18. Afanasjew, Nr. 185, ‹Das Zauberpferd›, I 410.
19. Od. 4.214–264. Vgl. Andersen [s. o. Anm. 2] 8 mit Anm. 8, über die Beziehung zur Fußwaschungsszene.
20. Propp, Funktion XIV und XIX.
21. Afanasjew Nr. 185, I 405 ff., 409.
22. Denis Page, History and the Homeric Iliad 296 Anm. 19 (zu 257). Eine andere Erklärung bei Andersen [s. o. Anm. 2] 6 f. Das Magische betont W. F. J. Knight, Virgil's Troy, in: Cl. Philol. XXV (1930) 114 ff.
23. Plautus, Bacchides 954.
24. Ad. Erman, Die Literatur der Ägypter (1923) 216 ff.
25. E. Wüst, Odysseus, RE 34, Sp. 1920 f; Robert, Heldensage III 2.1, 1051.
26. Pausanias VIII 14.5 f.
27. Siehe die Diskussionsbeiträge: The Trojan War, in: Journ. Hell. Stud. 84 (1964) 1–20.
28. Sextus Empiricus, Adv. Math. I 267.
29. Propp, Funktionen XVII und XXVII (‹Kennzeichnung› – ‹Erkennung›).
30. Propp, Funktion XXIV, XXVII, XXX, XXXI.
31. Afanasjew Nr. 155, I 298 ff.
32. Siehe: Bernhard Schweitzer, Herakles (1922) 188 ff, mit zahlreichen europäischen Parallelen.
33. Propp, S. 119 f, Tabelle I.
34. Er taucht noch einmal, als Großvater mütterlicherseits, in der Ahnschaft Jasons in der Apollodorschen Bibliothek, I 9.16, auf. Die Mutter ‹Polymede› dürfte die Polymela des hesiodeischen Frauenkatalogs sein (Fragm. Hes. 38 M./W.). Wenn überhaupt der Großvater dort Autolykos hieß, so kann das die Erfindung des Verfassers sein, der den Namen der ‹viehreichen› Tochter vom Viehräuber-Vater herleitete (‹Auto-lykos› der ‹wahre Wolf›). Der gleiche Großvater würde

aber Odysseus und Jason zu Vettern machen, was der epischen Sagenchronologie widerspräche (nach der Autolykos in die Generation des Herakles, Sisyphos in die der Argonauten gehört).

35. Fragmenta Hes. 64 (M./W.).
36. Denn der Gründerheros von Sinope ist doch wohl ein anderer.
37. Zur Bedeutung von μῆλα siehe: Martin Schmidt, in: Glotta 57 (1979) 174ff.
38. Später erzählte man, Autolykos hatte sie gestohlen und dem Herakles übergeben.
39. 21.28f. schon im Altertum wahrscheinlich mißverstanden und auf eine Bewirtung bei Herakles bezogen. Die singuläre Formulierung: τράπεζαν τὴν ἥν οἱ παρέθηκεν mit dem folgenden ἔπειτα, legt diesen Sinn nahe: «und scheute nicht *den* Tisch, den *Iphitos* ihm vorgesetzt *hatte*, sondern tötete *danach selbst ihn*», d.h. den alten Gastfreund aufgrund der berühmten Bewirtung des Herakles durch Eurytos und seine Söhne. Darum V.27: «der ihn, der doch (von früher her) sein Gastfreund war, in seinem Hause ermordete». Vgl. Kap. XII 165 mit Anm. XII 7.
40. 21.13: als Iphitos «nach Lakedaimon kam» – so zu übersetzen nach Il. 11.116, Od. 12.106.
41. Schol.Od. 21.13; Schol.T Il. 5.544 (wo bei E. Maass p. 187.34 nach ἐτέλουν (absolut: «gehörten zu ...») zu interpungieren; mit δῶρα beginnt Zitat Il. 21.13–15, bis p. 188.2. Schol.B Il. 5.543 entsprechend zu korrigieren). Vgl. Schol.BT Il. 9.150. Siehe aber H. Erbse, Schol.Gr. in Homeri Il. (1971) ad l.
42. Daß der Version des Kreophylos eine ältere und abweichende Überlieferung vorausging, ist wahrscheinlich, s. XII 165. Vgl. W. Burkert, Die Leistung eines Kreophylos, in: Mus. Helv. 29 (1972) 74–85.
43. Pausanias IV 33.4, vgl. IV 2.2–3.
44. W. Burkert, Von Amenophis II zur Bogenprobe des Odysseus, in: Grazer Beitr. (1973) 69ff; siehe auch S. Laser, Sport und Spiel, in: Archaeologia Homerica, Kap. T (1987) 64ff, Abb. S. 67.
45. Nach W. Crooke, Folk-Lore 19 (1908) 154, ausführlich G. Germain, Genèse de l'Odyssée (1954) 18ff. Danach Page, Folktales 103–109, doch 110–113 eine andere Erklärung vorziehend («Kultäxte» mit Ring).
46. Argonautika I 88.
47. Propp, Funktion VIII, IX, X.
48. Propp, Funktion XI, XII.
49. Propp, Funktion XII (Ziffer 10), XIII (Ziffer 10).
50. Doch wohl das thesprotische Ephyra, später Kichyra, südöstlich von Korfu, oberhalb der Acheronmündung gelegen und mit dem Od. 2.328 als «fetter Boden» bezeichneten identisch (gegen Wilamowitz, Hom. Unters. 25f). Strabon VIII 324 nennt den thesprotischen Landstrich ein «gesegnetes Land» (obschon er sich, aus Gründen anderer mythologischer Zusammenhänge, für das thessalische Ephyra entscheidet). Nur das thesprotische ist «zu Schiff» zu erreichen, nur auf dieser Strecke liegt Taphos.
51. Franz Dirlmeier, Die Giftpfeile des Odysseus, Sitz.ber. Heidelb. Ak. Wiss., Phil.-hist. Kl. 1966, 2. Abh.
52. Sportliches Bogenschießen in den Kampfpausen auch Il. 2.775.
53. Pindar, Pythie 1.54.

54. Friedrich Marx, Philoktet-Hephaistos, in: N. Jb. f. d. Klass. Alt. 14 (1904) 673 ff.
55. Apollodor Bibl. Epit. 5.10; Lykophron 52, vgl. Robert, Heldensage III 2.1, 1217 f.
56. Sophokles, Philoktet 1056 ff.
57. B. Schweitzer, Herakles [s. Anm. 32].

VI. Kapitel

1. W. Schadewaldt, Der Prolog der Odyssee, in: Harvard Stud. in Cl. Phil. 63 (1958) 15 ff. Er bezieht sich nicht auf A. Heubecks treffende Beobachtungen zur «doppelsträngigen Überleitung» in: Der Odyssee-Dichter und die Ilias (1954) 40–54, die seiner Rekonstruktion der vermeintlich echten Prolog-Struktur im Grunde schon den Boden entzogen hatte.
2. Siehe Hölscher, Untersuchungen 27–29, 67 f. Die Prozedur zieht aber zwangsläufig weitere Tilgungen und hypothetische Ergänzungen nach sich (s. Schadewaldt, Odyssee 329). Ausführliche Kritik bei Klaus Rüter, Odysseeinterpretationen, in: Hypomn. 19 (1969) 87–93.
3. Siehe Reinhardt, Ilias 383 f., 458.
4. Siehe Hölscher, Untersuchungen 27–29, 67 f. Desgl. S. Besslich, Schweigen – Verschweigen – Übergehen (1966) 60 ff.; Kl. Rüter, Odysseeinterpr. 101 ff.
5. Reinhardt, Ilias 478 f.; dort auch zum Folgenden.
6. Hölscher, Untersuchungen 45–50.

VII. Kapitel

1. W. Schadewaldt, Die Heimkehr des Odysseus, in: Taschenbuch für junge Menschen (1946) 193.
2. Das Beste darüber bei: Fr. Klingner, Die vier ersten Bücher der Odyssee (1944) 42–55.
3. Erich Auerbach, Mimesis (1946, ^{3}1964) 5–27. Gut dazu A. Köhnken, Die Narbe des Odysseus, in: Ant. u. Abendl. 22 (1976) 101 ff. Vgl. Strauss-Clay (s. Anm. III 1) 57 f.

VIII. Kapitel

1. Schol.Od. 3.135. Anders eingeschätzt von Strauss-Clay (s. Anm. III 1) 46 ff.
2. K. Reinhardt, Aischylos als Regisseur und Theologe (1949) 84 ff.
3. ‹Nostoi›: eigentlich ‹Heimfahrten›, schließt also auch die ein, die nicht heimkehrten.
4. Homeri Opera V, hrsg. von Allen (1912) 108 (aus der Chrestomathie des Proklos).
5. Vergeblich bestritten von E. Bethe, Homer II (1922) 270.
6. Selbst hier fußt der späte Epiker auf der Odyssee, 9.197 (den Ortsnamen nach dem Priester erfindend).
7. E. Bethe, Homer II, 262–270, 374–379.

8. Neoptolemos hatte in der ‹Iliupersis›, dem nachhomerischen Epos des Arktinos, Priamos am Zeusaltar erschlagen.
9. Pindar, Nemee 7.
10. E. Bethe, Homer II 34 f.; übernommen von R. Merkelbach, Untersuchungen zur Odyssee (1951, ^{2}1969) 51.

IX. Kapitel

1. Reinhardt, Abenteuer 67 (= 57).
2. Das potentiell Endlose wird in der Abenteuererzählung des Odysseus vor den Phäaken (Buch 9 bis 12) zu einem eigenen Motiv der epischen Situation: siehe unten S. 105 f.
3. M. Wyssenherre, Bruneczwigk [s. Anm. IV 6] Str. 66–67.
4. Amélie Bosquet [s. Anm. IV 1], La Normandie romanesque 35 f.: nach den Cronicques de Normandie (1487), Kap. 58. Die Motive sind in dieser Geschichte insofern verschoben, als sie von dem Helden der Hauptgeschichte zum Teil auf eine andere Person übertragen werden: Richard trifft auf dem Sinai in der Kirche der Hl. Katharina einen seit sieben Jahren (die ‹Frist›) von den Sarazenen (die die Funktion des ‹Wilden Heeres› übernehmen) gefangenen Ritter, dem er (was sonst der ‹Totengeist› oder der ‹Heilige› tut) mitteilt, daß seine Frau ihn für tot halte und in drei Tagen wieder heiraten werde; worauf der Ritter ihm die Hälfte eines Rings als Lebenszeichen für seine Frau mitgibt (den eigentlich der Heimkehrende selber als Erkennungszeichen vorzuweisen hat). – Siehe auch Anm. 25.
5. Caesarius von Heisterbach [s. Anm. IV 8].
6. Des edlen Möringers Wallfahrt [s. Anm. IV 5].
7. Karls Heimkehr aus Ungerland, Grimm [s. Anm. IV 4] Nr. 439.
8. Das Nebelmännle [s. Anm. IV 7] 213.
9. I. Tolstoi [s. Anm. I 24] 264.
10. Wyssenherre [s. Anm. IV 6], Str. 50. Das folgende in Str. 66–71.
11. Der Teufel ist es wirklich in der Fassung (in 93 8-zeiligen Reimstrophen) bei Joh. Gust. Büsching, Volkssagen, Märchen und Legenden (1812), 1. Abt. Nr. 58, 258–266.
12. E. Meier, Dt. Volksmärchen [s. Anm. IV 7]. Es ist praktisch das Lästrygonenmärchen der Odyssee, siehe Kap. XI S. 145 f.
13. Friedrich Gottschalck, Deutsche Volksmärchen (1846) I 136.
14. A. Bosquet, Normandie [s. Anm. IV 1], 465 ff.
15. W. Crooke, Folk-Lore 19 (1908), 458.
16. «The Red Swan», zuerst mitgeteilt von Henry R. Schoolcraft, in: The Myth of Hiawatha and other Oral Legends ... of the North American Indians (Philadelphia/London 1856) 178; hier zitiert nach: Walter Krickeberg (Hrsg.), Indianermärchen aus Nordamerika (1924) 91, in: Die Märchen der Weltliteratur, hrsg. von: Friedrich von der Leyen.
17. Reinhardt, Abenteuer 96 ff (= 77 ff.).
18. Zuerst von Friedrich Welcker, Die Homerischen Phäaken und die Inseln der Seligen (1832), in: Kleine Schriften, 2. Teil, 1 ff.

19. Die unterirdischen Abwässerkanäle in Agrigent hießen Φαίακες: sicher nicht nach dem epischen Volk.
20. Radermacher, Erzählungen, S. 38 ff.
21. Zuerst bekannt gemacht durch Vladimir S. Golenischeff, in: Verhandlungen des Orientalistenkongresses in Berlin (1881); deutscher Text bei Adolf Erman, Die Literatur der Ägypter (1923), 56 ff.; ferner in: Altägyptische Erzählungen und Märchen, übers. von Günther Roeder (1927), 17 ff., in: Die Märchen der Weltliteratur; neu in: Altägyptische Märchen, bearb. von Emma Brunner-Trautmann (^{4}1976), 5 ff. (mit 253).
22. Sie wurden schon von Golenischeff bemerkt.
23. Radermacher, Erzählungen 51, 58. «Quelle» ist natürlich auch von Radermacher nur im Sinne des Typus gemeint, für dessen Ausbildung er z. B. auch die altbabylonische Überlieferung bedenkt, 43, Anm. 1.
24. Günter Lanczkowski, Die Geschichte des Schiffbrüchigen, in: Zeitschr. d. Dt.-Morg. Ges. 103 (1953) 360 ff.; dazu 105 (1955) 237 f.; Marie Térèse Derchain-Urtel, Die Schlange des ‹Schiffbrüchigen›, in: Studien zur altägyptischen Kultur 1 (1974) 84 ff – dort auch die genauere Überprüfung des Originaltextes; ferner Eberhard Otto, Die Geschichten des Sinuhe und des Schiffbrüchigen als ‹lehrhafte Stücke›, in: Zeitschr. f. ägypt. Sprache 93 (1966) 100 ff.
25. Bosquet [siehe Anm. IV 1] 32. Le roman de Richart, in dem Neudruck vom Anfang des 16. Jh.s, geht offenbar auf dieselbe hochmittelalterliche Tradition zurück wie die Prosaversion der Chroniken, siehe Bosquet 16, 36 f.
26. Die Ägyptologen betonen den hochgedanklichen, mythisch-religiösen und didaktischen Charakter des Texts (siehe Eb. Otto, Geschichten [s. Anm. 24]). Das ändert wohl nichts daran, daß in dem lehrhaft überformten Stück eine ältere einfache Geschichte steckt, die man einen Märchenmythos nennen darf.
27. Die Erzählungen aus den Tausend und ein Nächten, übertr. von Enno Littmann (1923), Anhang VI, 747.
28. E. Littmann, Erzählungen VI 706–710.
29. Littmann, IV 181 ff, 194 ff.
30. Die «indische» Lokalisierung scheint bereits der vor-arabischen persischen Überlieferung anzugehören, s. Littmann, VI 709.
31. A. Heubeck, siehe u. Kap. XI 152 ff. mit Anm. 44.
32. Littmann, im Nachwort zu Bd. VI (1928) 748, sehr zurückhaltend; in: Tausendundeine Nacht in der arabischen Literatur (1923) 22 f. (zum «Polyphemabenteuer» Sindbads): «Eine direkte Beziehung zur Odyssee wird nicht vorliegen; von einer arabischen Übersetzung des Homer ist uns nichts bekannt.» Neuerlich bestätigt durch Jörg Kraemer, Arabische Homerverse, in: Ztschr. d. Dt.-Morg. Ges. 106 (1956) 259–316: in der klassischen Zeit gab es keine zusammenhängende Übersetzung auch nur von Teilen der homerischen Epen. (Die Nachprüfung des Forschungsstands verdanke ich Hinrich Biesterfeldt.)
33. So die abweichende Übersetzung von Marie Th. Derchain-Urtel [s. Anm. 24] 99.
34. Littmann, IV 204 ff.
35. Littmann, VI 711.
36. ‹Reinfrit von Braunschweig›, ein umfangreiches Reimgedicht (um 1300), mitgeteilt und in Teilen zitiert von K. Gödeke, in: Archiv d. Hist. Ver. f. Niedersachsen, N. F. Jg. 1849, 179–281. Siehe v. a. S. 234–269.

37. Ich halte es kaum für möglich, diese und zahlreiche andere Motive jener mittelalterlichen Erzählungen von den jüngeren, uns allein überlieferten Fassungen von Tausendundeiner Nacht abzuleiten. Die Motive der Sindbadgeschichte reichen in der Herzog-Ernst-Sage wenigstens ins 12. Jhdt. zurück und halten sich in einer lateinischen Prosafassung wie in dem Bänkelsängerlied vom Anfang des 14. Jhdt. in der konstanten Reihenfolge, in der sie auch in der Heinrichsage erzählt werden (Schiffbruch am Magnetberg, unterirdischer Strom, Floßbau, die Burg der «Snebelichten», die fremde Prinzessin [aus «Indien»], Hochzeit und Heimkehr): siehe: Karl Bartsch, Herzog Ernst (1869, Nachdruck 1969). Die Zusammenhänge mit 1001 Nacht (ebd. CXLVIII, CLX, CLXVI) scheinen seither nicht eigens untersucht zu sein. – Wahrscheinlich rührt selbst in der Herzog-Richard-Sage (in beiden Fassungen: Bosquet, Normandie [s. Anm. IV, 1] 32 f., 34 f.) das Geschenk des Geisterfürsten: die bunte Wunderdecke, auf der er sitzt, und die Richard in allen Fährnissen schützen wird, aus 1001 Nacht her: in der Calcuttaer Fassung ist das Geschenk des «Königs von Indien» an Sindbad eine wundersame bunte Decke aus Schlangenhaut «mit der Eigenschaft, daß jeder, der auf ihr sitzt, niemals krank wird» (Littmann, IV 192 Anm. 1). Dabei erscheint das Motiv in der Richardsage deutlich noch in dem ursprünglicheren, märchenhafteren Zusammenhang. Dies alles könnte auf eine mittelalterliche Stufe der Sindbaderzählung weisen.
38. Jakob und Wilhelm Grimm, Kinder- und Hausmärchen, Nr. 92.
39. Littmann, IV 203. Es geschieht auch noch in den mittelalterlichen Reflexen der Sindbadgeschichte in der Herzog-Ernst Sage [siehe Anm. 36 u. 37] in der Fassung des Bänkelsängerlieds, Strophe 27–36 und 65–67.
40. Nach W. R. Paton, Book VIII of the Odyssey, in: Classical Review 26 (1912) 215 f., neuerlich William J. Woodhouse, The Composition of Homer's Odyssey (1969) 54 ff.
41. Der Anschluß an Goethes morphologische Begriffe schon bei Propp, Vorwort.
42. Über die Bedeutung der Frauen in der Odyssee: Jacoby 171 f.
43. Bosquet [s. Anm. IV 1].
44. Max Kommerells Formulierung zum Helena-Akt des Faust II.

X. Kapitel

1. Kirchhoff 279–286.
2. W. Schadewaldt, Kleiderdinge, in: Hermes 87 (1959) 13–26.
3. Schadewaldt, ebd. 16. Es geht um die Übersetzung des Versanfangs 7.239: οὐ δὴ φῄς... Die Erklärung würde eine lange Untersuchung erfordern (Denniston, Greek Particles 223, nicht ganz ausreichend). Nur soviel: Die Unterscheidung ist rein grammatisch nicht zu treffen, sondern allein vom Satzton her, wie bei οὔκουν/οὐκοῦν, je nachdem, ob ‹nicht› betont ist oder ‹abundant›, d. h. ob eine Verneinung suggeriert wird oder die Bestätigung («Du sagst doch nicht... oder?»). Die begleitenden Partikeln können für die Unterscheidung Hinweise geben (s. Liddell-Scott, Greek-English Lexicon (1968), s. v. οὐ, II 12). Desgl. das Tempus (φῄς/φῇς, schon im Altertum umstritten, Schol.Od. 7.239). Zu beherzigen ist, daß φημί bei Homer nicht ‹sagen, aussprechen› heißt, sondern ‹meinen,

denken›, ‹sagen wollen›, s. Il. 16.61, hier also nicht auf eine ausdrückliche Behauptung des Odysseus geht.

4. Schadewaldt, ebd. 18, Anm. 1.
5. Ich bekenne gern, daß Schadewaldts Entgegnung auf meinen Aufsatz ‹Das Schweigen der Arete› (Hermes 88 (1960) 257 ff), in: Die Odyssee als Dichtung (Dialog Schule/Wissenschaft Bd. VI ‹fortwirkende Antike› 51 f) mich genötigt hat, meine Auffassung zu überdenken und zweideutige Formulierungen zu vermeiden. – Bernard Fenik, Studies in the Odyssey (Hermes Einzelschr. 30 (1974) 126 ff., entgeht, bei guten Beobachtungen, nicht manchen falschen Tönen.
6. Es ist keineswegs so, daß Arete die ‹matriarchalische› Instanz der Entscheidung zufiele. Obschon in ihrer Stellung sich eine von der späteren noch sehr verschiedene Gesellschaft spiegelt: Odysseus nennt an erster Stelle «deinen Gemahl», danach sie selber bei ihrer religiösen Verantwortung («zu deinen Knien») sowie die anwesenden Fürsten, und seine Bitte richtet er an alle. Die Verschiebung der Antwort von Arete auf den König bedeutet also hinsichtlich der ‹Kompetenzen› keinen Widerspruch. Was aber von der Königin erwartet wurde, wird auf viel später aufgespart (s. u. S. 133 f.).
7. Siehe Hölscher, Untersuchungen 25 f.
8. Von der Mühll, RE IV 216; Schadewaldt, Kleiderdinge [s. Anm. 2] 17.
9. Siehe Reinhardt, Ilias 416–421.
10. Littmann, IV 188.
11. Schadewaldt, Neue Kriterien 16.
12. Schadewaldt, Kleiderdinge [s. Anm. 2] 25.
13. Dem gleichen Vers im 7. Buch (237) dürfte die Priorität zukommen: «ich selber», d. h. «meinerseits», nämlich nachdem anderes von andern gesprochen wurde. (Zum emphatischen Gebrauch von αὐτός beim Personalpronomen s. Chantraine, Gramm. Homér. II § 229.) Allein schon dies schließt aus, daß Arete hiermit auf Odysseus' Bittrede geantwortet hätte.
14. Meuli 38.
15. Siehe Hölscher, Untersuchungen 27–29, 67–72. (Zu 7.238 schon bemerkt von Meuli 38.) Neuerlich S. Besslich, Schweigen – Verschweigen – Übergehen (1966), ferner Kl. Rüter, Odysseeinterpretationen, in: Hypomn. 19 (1969) 101.
16. Schadewaldt, Die Odyssee als Dichtung [s. Anm. 5] 51 f., hat sie später suppliert, indem er Aretes beifällige Rede nach Odysseus' Unterweltserzählung im 11. Buch (11.335–338, s. u. S. 134) nach 7.297 versetzt. Aber warum hätte der Bearbeiter sie nicht dort stehen lassen? Vg. Anm. 18.
17. «Auf den Herd» übersetzt Schadewaldt, Kleiderdinge 15 u. 18 Anm. 1, sichtlich um Odysseus schon hier aufstehen zu lassen (denn vor Arete kniend konnte er schwerlich seine lange Erzählung, die Schadewaldt hier folgen läßt, vorbringen). Aber «auf dem Herde» sitzt auch Arete nicht (6.305), sondern «am Herde, im Scheine des Feuers». Und wie dürfte Odysseus nach seiner Bittrede sich selber erheben, um auf dem Herd (an Aretes Seite!) Platz zu nehmen?
18. Das wird schon durch αὖτε ausgeschlossen: «Gast wiederum (andererseits) ist er…», sie spricht also ein schon bestehendes Verhältnis aus.

XI. Kapitel

1. Ein Zeugnis liefert die Brücke aus Polygonalwerk an der Fahrstraße von Nauplia nach Palaia Epidauros. Weiteres im Companion 541; vgl. J. Wiesner, Fahren und Reiten, in: Archaeol. Homer. Kap. F (1968) 25, 33, 44.
2. Wenn es nicht das zyprische Tamassos ist, was Strabon, VI 225 f abweist. Temese/Tempsa läge auf der Route nach Ischia/Pithekoussai, dem griechischen Handelsplatz seit dem frühen 8. Jahrhundert.
3. Siehe: U. Hölscher, Anfängliches Fragen (1968) 40 ff.
4. H. Fränkel, Die Zeitauffassung in der archaischen griechischen Literatur (1931), (= Wege und Formen frühgriech. Denkens, [3]1968, 1 ff).
5. Thras. Georgiades, Der griechische Rhythmus (1949).
6. West, Hesiod, Theogony, bezieht «Davor» V. 746 (unter Tilgung von 734–745) auf V. 732, d. h. Atlas vor dem Tor des Titanengefängnisses. Die Tilgung überzeugt nicht: V. 748 «dort wo Nacht und Tag über die Schwelle gehen» verlangt den Bezug auf «das Haus der Nacht», V. 744. Auch im Sinne der ‹erzählerischen Mythologie› (s. das Folgende) ist ‹Atlas vor dem Haus der Nacht› die einzig sinnvolle Aussage.
7. West, Hesiod, bleibt trotz richtigen Bemerkungen im modernen Denken befangen (s. zu V. 335, 622, 742). Von «Confusion» spricht Michael C. Stokes, Hesiodic and Milesian Cosmogonies, in: Phronesis 7 (1962) 15 ff.
8. L. Radermacher, Jenseits (1903) 85 ff. Das S. 37 zum Beweis der ‹Vermischung› zitierte isländische Märchen (Märchen der Weltliteratur: Isl. M. (1923), Nr. 24) ‹Die Riesin im Steinboot› beweist das Gegenteil: eine junge Königin wird auf hoher See übers Meer hin zur Finsternis entführt, bis sie bei dem Herrn der «Unterwelt» landet, die sich senkrecht unter ihrem eigenen Schloß befindet. Von einem Eindringen ‹binnenländischer› Vorstellungen auf Island kann schwerlich die Rede sein.
9. Jean Piaget, La représentation du monde chez l'enfant (1937); dt.: Der Aufbau der Wirklichkeit beim Kinde (1974); La représentation de l'espace chez l'enfant (1948); dt.: Die Entwicklung des räumlichen Denkens beim Kinde (1971).
10. Lesky, RE Suppl. XI 113.
11. A. Lesky, Aia, in: Wiener Stud. 63 (1948) 24.
12. **Οὐ δεῖ ζητεῖν τὰ τοιαῦτα, ἀνεύθυνα τὰ τῶν μύθων**, Schol.Od. 10.20, wahrscheinlich nach Eratosthenes.
13. Norske Folke-Eventyr, fortalte af P. Chr. Asbjørnsen og J. Moe (1841, [7]1904): ‹Østenfor sol og vestenfor månen›. Vgl. ‹Geh nach Ich-weiß-nicht-wo›, Afanasjew Nr. 212, I 490.
14. Herodot IV 168–199; vgl. F. Jacoby, 176.
15. Herodot IV 177; siehe Page, Folktales 3 ff.
16. Reinhardt, Abenteuer 91 ff.
17. Meuli 56; Lesky, RE Suppl. XI 115.
18. Schol.Od. 10.86.
19. Herodot IV 33 beschreibt den Handelsweg der ‹Hyperboreer› über Skythien, von wo aus die wohlverpackten Waren von einer Landschaft zur anderen in die Adrialänder und nach Dodona transportiert worden seien, von dort über den Malischen Meerbusen nach Euböa, dann über Tenos nach Delos. Siehe J.

Boardman, The Greeks Overseas – Their Early Colonies and Trades (1964 erw. [3]1980), dt.: Kolonien und Handel der Griechen (1981) 275 ff.
20. Reinhardt, Abenteuer 65 ff.
21. Page, Folktales 36: jedes Tor sei fern, wenn man aus gehöriger Entfernung schaut. Er schließt auf eine obsolete Bedeutung ‹schöntorig›.
22. Vgl. Radermacher, Erzählungen 17; ders. Zur Hadesmythologie, in: Rhein. Mus. 60 (1905) 592 f; H. G. Evelyn White, The Myth of the Nostoi, in: Cl. Rev. 24 (1910) 204.
23. E. Meier, Dt. Volksmärchen aus Schwaben, Nr. 61 [s. Anm. IV 7].
24. H. P. v. Kamptz, Die Homerischen Personennamen (1982); vgl. Alpers, Lex. d. frühgr. Epos, s. v.
25. Vgl. bei Hesych die Glossen λαμια, λαμβαι, λαμος, erklärt als χάσματα; Schol. Horaz ep. I 13.10 ‹lamas› als ‹Schlünde›, ingluvies, voragines.
26. Siehe Kapitel XIII, S. 173.
27. Ilias 1.423, 23.205.
28. Strabon I Kap. 28.
29. Tragicorum Graec. fragm., hrsg. von A. Nauck ([2]1889) Nr. 192; Trag. Graec. fragm., hrsg. von St. Radt (1985) Nr. 192.
30. Ilias 5.6, 7.422, 8.485, 18.489.
31. Stesichoros fr. 185, Page 100.
32. Ebd., aus Athenaios XI 470 c, nach Pherekydes.
33. Robert, Heldensage 468; A. Lesky, ‹Aia› 32 f. (Stünde dann nicht das Schiff im Osten?)
34. Siehe Anm. 32.
35. Lesky, Aia [s. Anm. 11] 35.
36. Mimnermos fr. 11 a (West II).
37. Ebd., fr. 12.8.
38. Hesiod, Theogonie 292.
39. Dazu siehe Kapitel XIII 176.
40. Hesiod, Theogonie 791.
41. Kallinos, fr. 4 u. 5 (West II). Dazu Strabon XIII 4.8, XIV 1.40.
42. Wyssenherre [s. Anm. IV 6] Str. 42 bis 68; zitiert Str. 47.
43. Siehe Kapitel IX, 113 ff.
44. A. Heubeck, Κιμμέριοι, in: Hermes 91 (1963) 490 ff. Widerspruch von C. Nylander, in: Hermes 93 (1965) 131 f.
45. Schon von Kallinos [s. Anm. 41].
46. Darüber Kapitel XIII 177 f., 180.
47. Mimnermos, fr. 11 u. 11 a (West II).
48. So nach Kirchhoff und anderen, Lesky, RE Suppl. XI 110.

XII. Kapitel

1. Ähnlich 12.380 ff, 445 ff, 20.285 ff. Dazu Nestors Erinnerung an die Helden der Vorzeit, 1.262 ff.
2. Siehe Einführung, S. 19 Anm. 6.
3. Hygini Fabulae, hrsg. von H. I. Rose ([2]1963) Nr. 171 u. 174.

4. Siehe W. Schadewaldt, Iliasstudien (1938) 139f. Vgl. Kakridis, Researches 22–30. Widersprechen würde ich nur seiner Annahme einer epischen Zwischenquelle: sein Fehlschluß rührt daher, daß er in die steigende Reihe der Bittenden nicht Patroklos, als den letzten, einreiht, s. Reinhardt, Ilias 213ff.
5. Apollodor Bibl. II §§ 105, 134–136, Schol.B Il. 20.146. Vgl. A. Lesky, Herakles und das Ketos, in: Anz. Österr. Ak. Wiss., Ph.-hist. Kl., 1967, 1. – Die Sage folgt dem Märchenmuster, das z.B. in dem russischen Märchen ‹Die beiden Soldatensöhne› vorliegt (Afanasjew Nr. 155, I 304ff.). Der sehr ähnliche Perseus-Andromeda-Mythos bewahrt gegenüber der Heraklesgeschichte das Ursprünglichere, sofern der Held die Königstochter heiratet (davon die Deszendenz in Tiryns), während Herakles Hesione dem Telamon gibt und selber nur der Rosse wegen kommt.
6. Sophokles, Trach. 259–283; s. W. Burkert, Die Leistung eines Kreophylos, in: Mus. Helv. 29 (1972) 80ff.
7. Abbildungen bei Ric. O. Romera, Die Einnahme von Oichalia, in: Madr. Mitt. 18 (1977) 130ff. Gelage: Korinthischer Kolonettenkrater (Louvre), um 600: Taf. 35 (a); sf. Amphora des Sappho-Malers (Madrid), 510–500: Taf. 33. Auf deren Rückseite: Bogenschuß und Mord; desgl. Schale des Epiktet (Palermo), 510–500, und Euphronios-Schale (New York), um 490: Taf. 35 (b u. c).
8. In ähnlicher Weise war auch Herakles' Kampf mit Augias von Hekataios als großer Heereszug mit Hilfsvölkern erzählt, Strabon VIII 3.9 (341 Cas.).
9. Schon Friedländer, Heldensage 318–329.
10. Joh. Kakridis, Probleme der griechischen Heldensage, in: Poetica 5 (1972) 162; vorbereitet durch Friedländer, Heldensage, passim.

XIII. Kapitel

1. Kirchhoff 288ff; Friedländer, Heldensage 301f; Meuli 85ff; V. d. Mühll, RE Suppl. VII 721; A. Lesky, RE Suppl. XI 109.
2. Meuli 53ff.; Lesky 112.
3. Kirchhoff, Exkurs III, bes. 299–314.
4. Meuli 58f.
5. Siehe Reinhardt, Abenteuer 68ff (= 58ff.).
6. Page, Odyssey 2; nach Kirchhoff 288; Friedländer, Heldensage 302.
7. Kirchhoff 288f.; Wilamowitz, Hom. Unt. 166; Meuli 54, 89f.; Lesky, 111.
8. Apollonios 1.957.
9. Apollonios 1.987ff.
10. Lesky, 111.
11. Il. 2.824ff., 4.91, vgl. Wilamowitz, Hom. Unt. 166.
12. Schol. Apoll. 1.955 (a).
13. Die Beschreibung ist nicht völlig durchsichtig: ein Ausgang bleibt für die Argo 1.1014, und die erlegten Riesenleiber liegen «an der Enge des Hafens» 1.1006. Der Name Χυτὸς λιμήν 1.987 bedeutet natürlich «aufgeschüttet», nicht «zugeschüttet» (gegen Robert, Heldensage 834), also einen Kunsthafen, dessen Molen aus gewaltigen Steinblöcken bestanden. So auch Schol. ad l. und Etym. gen. (bei Wendel).

14. Schol.Apoll. 1.961, 1065, passim.
15. Auch für Polydeukes' Ringkampf mit Amykos kannten die Kommentatoren offenbar keine andere Quelle als die lokale Überlieferung bei Deiochos, Schol. Apoll. 2.98.
16. In der Chronik des Deiochos waren es die Pelasger gewesen, Schol. 1.987 (a).
17. Die künstliche Entfernung der übrigen Argonauten zeigt an, daß der Kampf mit den Riesen ursprünglich eine Einzeltat des Herakles gewesen ist. Herakles als Argonaut zuerst bei Pindar, Pythie IV 172; beim Kampf um das Vlies auf einer Vase vom Anfang des 4. Jh.s, siehe Radermacher Abb. 8.
18. Hesych, s. v.: ὑπὸ Ἀρμενίων κρήνη. Literatur bei Alpers, Lex. d. frühgr. Epos, s. v. Ἀρτακίη.
19. Ἀρτακοί, ein thrakischer Stamm bei Steph. Byz. 127.23, ebd. Ἀφροδίτη Ἀρτακήνη. Ἥρα Ἀρτακήνη auf thrakischer Inschrift (Dumont, Inscr. de la Thrace 33). «Patria Artacia» auf Inschrift in Sofia (Kalinka, Denkm. in Bulg. 428). Vgl. J. Tischler, Kleinasiat. Hydronomie (1977) 34; dazu Rez. R. Schmitt, in: Beitr. z. Namensf., N. F. 13 (1978) 114. – Klaus Strunk hat mich, mit Vorsicht, auf hethit. ‹artahhi› hingewiesen, welches nach A. Kammenhuber «der Versorgung mit Frischwasser diente»: Friedrich/Kammenhuber, Hethit. Wörterb. (^{2}1980) 348.
20. F. W. Hasluck, Cyzicus (1910) 145 f, über das Völkergemisch dieses Landstrichs: «pelasgische» Dolionen, «thrakische» Mysier, Phryger und Bithynier.
21. Apollonios 1.20–228, mit Schol. Proleg. C; Apollodor Bibl. I 9, 16.7–9 (§ 111–113); Hygin, Fabulae, hrsg. von H. I. Rose (^{2}1963) Nr. 14.
22. Hellenistische Dichtung (1924) II 243.
23. Radermacher, Mythos und Sage 208–213.
24. Radermacher, ebd. 213–217, 224. Zum Märchentyp s. Meuli, 15 f, 87 f; vgl. Bolte/Polivka, Anm. z. d. Kinder- u. Hausmärchen d. Br. Grimm II 69.
25. Radermacher, l. c. 217–224.
26. Den Phasis, der bei Kolchis ins Schwarze Meer mündet und in den armenischen Bergen entspringt, dachte man sich in Verbindung mit dem äußeren Ringstrom Okeanos.
27. Radermacher, l. c. 174. Schon Erwin Rohde, Der griechische Roman (1876, Neudruck 1960) 184, hatte in dem Argonautenzug wie auch in der Heimfahrt des Odysseus eine alte volkstümliche Gattung ethnographischer Dichtung fassen wollen.
28. Fragmenta Hes. 241 (M./W.).
29. Schol.Apoll. IV 257 ff (b).
30. Ebenda. Übrigens hatte er auch Sophokles auf seiner Seite: ebd. 282 ff (b) (S. 281 W.).
31. Radermacher, l. c. 220.
32. Früheste Bezeugung in dem späten Anhang zu Hesiods Theogonie V. 1013, vgl. West, Hesiod, Theogony 398.
33. Offenbar nach einer Schilderung in Aeschylus' ‹Befreiung des Prometheus›, Schol.Apoll. 4.282 ff (b).
34. Apollonios 3.309 ff.
35. Apollonios 2.549–606.
36. Apollonios 4.924–955; von Robert, Heldensage 825, völlig mißverstanden.
37. Nach Robert 826 auch Radermacher, Mythos und Sage 218. Von ‹umfahren› ist

weder in der Odyssee noch in den Argonautica die Rede, παρέρχεται (12.62) heißt ‹dran vorbeikommen, entgehen›, vgl. Apoll. 4.860, 963, διὲκ πέτρας und 944/47.

38. Meuli, 16; Friedländer, Heldensage, 302 Anm. 2.
39. Timaios, in Schol.Apoll. 4.786.
40. Radermacher, l.c. 194–196, 210.
41. Apollonios 4.1562.
42. Friedländer, Heldensage 311 f; Wilamowitz, Hell. Dichtung II 238 Anm. 1.
43. Fr. 150–153 (M./W.). Vgl. fr.157 (= fr.254).
44. Das älteste literarische Zeugnis stand in den Großen Eöen (kaum vor 600): Phineus' Blendung wegen seiner Wegweisung für Phrixos (fr.254 M./W.). Die Künstlichkeit der Begründung ist evident: welcher Gott hätte ihn für solchen Dienst so strafen müssen? Die Vulgatversion der älteren ‹Frauenkataloge› war die bei Sophokles, Antigone 972 (dazu Schol.Od. 12.69): Blendung durch Zeus, weil er um der neuen Gattin willen seine Kinder beseitigt hatte. Die Wahl zwischen Blendung und Tod führte zur Verdopplung der Strafe mit dem Kot der Harpyien, endlich zur Befreiung durch die Boreaden. Zu den Großen Eöen (fr.253 ff.) gehört sicher auch fr.241 (mit der Argonautenfahrt durch Phasis und Okeanos), das Merkelbach zögernd in die Frauenkataloge aufnahm. Es wäre das einzige, das dort überhaupt die Argonautenfahrt bezeugte.
45. Mata Vojatzi, Frühe Argonautenbilder, in: Beitr. z. Archäol., hrsg. von R. Hampe/T. Hölscher/E. Simon 14 (1982) 71 ff, Taf. 6–10.
46. Wilamowitz, Hell. Dichtung II 232 f: «Sicher ist nicht einmal, daß die Boreaden auf der Argo zu Phineus kamen.»
47. Pindar, Pythie IV 171–183.
48. Apollonios 4.892–910.
49. Schol.Apoll. 1.31 ff (a), vgl. 23 ff (a): Orpheus' Teilnahme auf Chirons Rat. Daß dieser Rat sich auf das Sirenenabenteuer bezogen hätte, war ein Zetema der Apollonios-Erklärer, beweist also nichts für die Argonautendichtung vor Apollonios.
50. Karl Schefold, Frühgriechische Sagenbilder (1964), Taf. 63 a; Vojatzi, Argonautenbilder [s. Anm. 45], Taf. 2; besprochen auf S. 40–48.
51. So Meuli 94. Vgl. Radermacher, Mythos und Sage 223; V. d. Mühll, RE Suppl. VII 728.
52. Ibykos, fr.306 (Page).
53. W. Burkert, Gr. Religion 440 ff.
54. Otto Kern, Orphicorum fragmenta, Nr.49 (119).
55. M. Vojatzi, Argonautenbilder [s. Anm. 45] 47.
56. Scholia vet. in Pindari carm., hrsg. von A. B. Drachmann, II, Hypothesis a zu den Pythien; vgl. Hypothesis d.
57. Pausanias X 7, 2. Pherekydes behauptete, daß er, nicht Orpheus, auf der Argo mitgefahren sei, Schol.Apoll. 23 ff (a).
58. Spuren der Namensbeischrift, siehe Vojatzi, Argonautenbilder [s. Anm. 45].
59. Ἆθλα ἐπὶ Πελίᾳ, Stesichoros fr.1 u. 2 = Nr. 178, 179 (Page).
60. Kastor auf dem Amphiaraoskrater um 560 (Schefold, Götter- u. Heldens. d. Gr. [1978] 233, 182; dazu Vojatzi 101). Polydeukes auf der Kypseloslade (Schefold, Frühgr. Sagenb. [1964] 68; dazu Vojatzi 102). Peleus auf der Hydria in München, um 550 (Schefold, ebd. Tafel IV).

61. Apollonios 1.195.
62. Peleus und Atalante, att. sf. Lebes, Schefold, Frühgr. Sagenb. Taf. 65; Vojatzi: Taf. 14. Vgl. die chalkidische Hydria in München [s. Anm. 60].
63. Dieser Ringkampf mit Atalante scheint dem Ringkampf des Peleus mit der Meeresgöttin Thetis nachgebildet – was wiederum für den literarischen Charakter der ‹Athla› spricht.
64. Für eine epische Gestaltung der Sage vor Homer hat man auf die Rolle der Hera als Schutzgöttin Jasons (Od. 12.72) hingewiesen. Aber die war sie schon in dem ‹Jason-Märchen›, das Apollonios 3.66–74 überliefert: wie Hera in der Gestalt einer alten Frau von Jason durch das Hochwasser des Gebirgsflusses getragen wird. Es ist ein ‹analytisches› Vorurteil, das Wirken der Götter für ein Stilmittel erst der späteren Epik zu halten. Zu den Schutzgöttern siehe Kap. XIX 269.
65. Friedländer, Heldensage 300 ff; Joh. Kakridis [s. Anm. XII 10).
66. Gegen so späte Lokalisierung der Jasonsage würde ‹Hellespontos› als Name der Dardanellen sprechen, wenn er ‹Meer der Helle› bedeutete. Aber welche berühmte Figur müßte das sein, daß nach ihr wie selbstverständlich das Meer hieß. In der Geschichte vom Goldenen Widder ist sie funktionslos und verdankt ihr Dasein offenbar der Etymologie; siehe RE VIII 1, Sp. 159 ff ‹Helle› und Friedländer, ebd. 182 ff ‹Hellespontos›. Die Herleitung bleibt dunkel. Im Epos meint ‹Hellespontos› niemals die Meerenge (auch Il. 2.845 nicht, siehe 4.520), sondern das offene Meer vor der Troas, vgl. Strabo VII fr.58. Sollte es nicht doch das ‹Griechische› Meer sein? Über das die anatolischen Griechen zum Mutterland blickten? Nominativ-Komposita sind selten, aber nicht unmöglich, siehe Ἱεράπολις. (Wäre an Ἑλλη(ν)ς zu denken, wie μάκαρς (Alkman)? Eine Frage an die Indogermanisten.)
67. R. M. Cook, Ionia and Greece, 800–600 B. C., in: Journ. Hell. Stud. 66 (1946) 89 ff; ‹Pontos Euxeinos›, RE Suppl. IX, Sp. 1046 ff; E. Bengtson, Griech. Geschichte, Hdb. Alt.wiss. (1977) 88. – Auch die neueren Ausgrabungen in Milet ergeben, daß die Stadt, auf dem Grunde des mykenischen Milet, und nach einem durch schwache Reste bezeugten submykenischen und protogeometrischen Intervall, erst im 7. Jahrhundert einen neuen Aufschwung nahm. Siehe G. Kleiner, Alt-Milet (1966).

XIV. Kapitel

1. Siehe Ernst A. Schmidt, Bukolische Leidenschaft oder Über antike Hirtenpoesie (1987) 21 f., 57 ff., 71 ff.
2. Vgl. Dorothea Lohmeyer, Faust und die Welt – Der zweite Teil der Dichtung (1975) 93 f.
3. J. u. W. Grimm, Kinder- und Hausmärchen, Nr. 91.
4. Afanasjew Nr. 139 ‹Iwan Sutschenko und Belyj Poljanin› (I 236 ff). Iwan wird von dem ‹Roten Fuchs› blitzschnell aus der Unterwelt nach Hause getragen, tritt dort bei einem Goldschmied als Geselle ein – letzte Station vor dem Ritt zum ‹Hochzeitsschmaus›, den die Zarentochter soeben mit dem ungeliebten Poljanin feiert. Vgl. Propp, Funktion XXIII.
5. Die Bautechnik wird jetzt bezeugt durch die Ausgrabungen von Lefkandi (um

1000 v. Chr.) [s. o. Einführung, Anm. 5]: M. Popham u. a., The Hero of Lefkandi, in: Antiquity 56 (1982) 171.

6. Reinhardt, Abenteuer 73 ff ‹Landschaft› (= 62 ff).
7. Siehe die Kritik bei Hans Schwabl, Religiöse Aspekte der Odyssee, in: Wiener Stud. 12 (1978) 21 Anm. 34.
8. Grundlegend war Hermann Fränkel, Die Zeitauffassung in d. arch. griech. Lit. [s. Anm. XI 4], doch für Homer fast nur an der Ilias exemplifizierend. Zum Unterschied der beiden Epen: Hölscher, Untersuchungen (1939) 56; doch geht die Zeitanschauung der Odyssee über die Form der Gleichzeitigkeit wohl noch hinaus.
9. So 17.190, nicht wie meist übersetzt: «größtenteils verstrichen».
10. Die scharfsinnige Analyse der Szene durch Hermann Rohdich, Der Hund Argos, in: Ant. u. Abendl. 26 (1980) 33 ff. zielt auf eine kulturkritische Hintergrundbefragung der Herrschaftsmentalität, verschiebt aber damit die Intentionen des Texts.
11. Vgl. Companion 398–421. Karte bei W. Dörpfeld, Alt-Ithaka (1911) II Tafel 2.
12. W. Burkert, Die orientalische Epoche 17.
13. Sehr merkwürdig sind die 13 in der Nymphengrotte an dem ‹Polis›-Hafen im NW von Ithaka ausgegrabenen bronzenen Dreifüße (einer 1874, die übrigen zwölf 1931, siehe: Companion 418). 13 Dreifüße sind es, die der Odysseedichter Odysseus von Alkinoos und den zwölf Phäakenfürsten (8.390, 13.13) als Gastgeschenke empfangen und in der (anderen) Nymphenhöhle über dem Phorkyshafen (bei Vathy) vorläufig bergen läßt. Die aufgefundenen sind ca. 1 m hohe, vorzügliche Werkstücke hochgeometrischer Arbeit (9. u. 8. Jhdt.) und bezeugen den kulturellen Zustand der Inselstadt. Begleitende Funde in der Grotte, die später auch dem Odysseus geweiht war, reichen bis ins 12. oder 13. Jahrhundert zurück; s. Brit. Sch. Athens, 35 (1934/5) 45 ff., 39 (1938/9) 1 ff., Antiquity 10 (1936) 358 ff.
14. Aristoteles, Poetik, Kap. 9, 1451b5.
15. Honoré de Balzac, La Comédie Humaine (1842/1845) I 3 ff: Études de moeurs, Avant-Propos. Hippolyte Taine, Histoire de la littérature anglaise I (1864, ^{12}1905). Auch Émile Zola in dem späteren Vorwort zur Thérèse Raquin. Von Neueren: H.-J. Müller, Der Roman des Realismus – Naturalismus (1977) 22 ff; B. Hillebrand, Zur Romantheorie in Deutschland, in: Hdb. des dt. Romans, hrsg. von H. Koopmann, 47. Für freundliche Hinweise danke ich Arnold Rothe. – Eine eigene Studie zu dem literarischen Milieu-Begriff fand ich nicht; das hierfür Förderlichste bei Erich Auerbach, Mimesis (1946, ^{3}1964).
16. Nach der autorisierten Übersetzung von Ernst Hardt (1925).
17. Hesiod, Erga V. 202–212.
18. Parry, 46 f, 151 f.
19. Archilochos, fr. 114 (West I).
20. Hesiod, Erga V. 633–640.
21. W. Burkert, Oriental. Epoche, 15–25; James D. Muhly, Homer and the Phoenicians, in: Berytos 19 (1970) 19–64.
22. Siehe Einführung, S. 18.
23. Hesiod, Erga, V. 589.
24. Archilochos, fr. 8 bis 13 (West I).

25. Hesekiel, Kap. 27.13.
26. Thukydides, I 4–8.

XV. Kapitel

1. ἴσκε, zu ἔοικα, eigtl. ‹gleichen›, daher ‹gleichmachen, gleichhgalten, vergleichen, nachbilden, einbilden›. ‹Sagte, ist alexandrinisches Mißverständnis. (Gegen H. Neitzel, Homer-Rezeption 95.; siehe Schwyzer, Griech. Gramm. I 708.)
2. Vergleichbares bei E. Bielefeld, Schmuck, Archaeol. Homer. C' (1968) 7; Beispiele ebd. 49–51, ferner R. Hampe, Frühe griech. Sagenbilder in Böotien (1936) Taf. 8, 10 u. 13; Hanna Philipp, Bronzeschmuck aus Olympia, in: Olympische Forschungen 13.198. Das Besondere der Odysseus-Fibel ist die Doppelnadel, die sich an phrygischen Fibeln der Zeit findet: R. C. Young, Proc. Am. Phil. Soc. 102 (1963) 359 ff, Abb. 13 ff. Der Verfasserin verdanke ich wichtige Literaturhinweise.
3. 14.204, 19.183, 24.306; als eine vierte Person in der namenlosen Selbstvorstellung 13.269 ff. Auch hier tritt das reale Detail der Herkunft in den Dienst der Lüge. – Von der Einheit der Geschichte weicht allein die letzte ab; dafür variiert sie ihrerseits die vorletzte Variante des 19. Buchs (24.271 f = 19.194 f, 24.309 f = 19.222 f).
4. Vgl. Reinhardt, Abenteuer 72 (= 61).
5. Max Horkheimer und Theodor W. Adorno, Die Dialektik der Aufklärung (1944, ^{2}1969) 67–79.
6. Herodot II 152. Die IV 152 erwähnte Reise des Samiers Kolaios soll auch bereits Ägypten zum Ziel gehabt haben. Doch ist dies wohl eine durchsichtige Erfindung, um das samische Schiff, das tatsächlich nach Tartessos fuhr, vor der libyschen Küste den Kolonisten von Thera begegnen zu lassen. – Ein einzelner griechischer Söldnerführer, ‹Iamani›, unter dem König von Asdod, war schon 711 vor den Assyrern nach Ägypten geflohen, vgl. Cambr. Anc. Hist. III 3, 16.
7. J. Boardman, The Greeks Overseas (1980) 112; dt.: Kolonien und Handel der Griechen (1981) 131 f. Dazu kommt jetzt Lefkandi (siehe Einführung, S. 18).
8. Ad. Ermann, Die Literatur der Ägypter (1923) 225–237.
9. Anders W. Burkert, Das hunderttorige Theben und die Datierung der Ilias, in: Wiener Stud. 89 (1976) 5 ff; nach ihm wäre die Kunde von Thebens Reichtum erst nach der Zerstörung durch die Assyrer im Jahr 667 v. Chr. nach Griechenland gedrungen (was die Datierung der Ilias frühestens in die Mitte des 7. Jahrhunderts nach sich zöge).
10. Siehe Kap. XI 142 f.
11. Plotin wird von der ψευδὴς οὐσία sprechen, V 8.9.
12. Dies wäre gegen Wilfried Stroh's These geltend zu machen, der die Gewichtung der beiden Aussagen umkehrt: Hesiods lügende Musen, in: Stud. z. ant. Epos, hrsg. von: H. Görgemanns/E. A. Schmidt (1967) 85 ff, S. 100. Auch ist die Frage der Priorität nicht mit dem Hinweis auf die Formeltechnik beiseite zu tun (Anm. 50). Im übrigen verdanke ich dem Aufsatz manches für das Folgende.
13. ἐπισταμένως κατέπαυσε, Theog. 87, nach ἐπισταμένως κατέλεξας, Od. 11.368. Auf den Spuren der Phäakenbücher bewegt er sich in der ganzen Passage

Theog. 80–93, der die Preisung der Redekunst durch Odysseus 8.170–173 zugrunde liegt. (Die Priorität der Odyssee läßt sich aus der jeweiligen Folge der Verse erweisen.)

14. Solon, fr.39 (West). Nietzsche, Zarathustra II, ‹Auf den glückseligen Inseln› und ‹Von den Dichtern›.
15. Diels, I 21, fr.11.
16. U. Hölscher, Heraklit zwischen Tradition und Aufklärung, in: Ant. u. Abendl. 31 (1985) 9–13.
17. Diels, I 21, test.23.
18. Ebd. fr.80.
19. Vgl. W. Rössler, Die Entdeckung der Fiktionalität in der Antike, in: Poetica 12 (1980) 283–319, hier 288. Der Aufsatz behandelt gleichfalls die Geschichte des Problems von Homer bis Aristoteles.
20. Pindar, Nemee 7.17–27.
21. Pindar, Pythie 8.34, ἐμᾷ ποτανὸν ἀμφὶ μαχανᾷ.
22. Diels, I 21, fr.1.22.
23. Ebd. I 8, test.2.
24. Ebd. II 82, fr.23.
25. Vgl. Aleida Assmann, Die Legitimität der Fiktion (1980) 130ff. Danach kommt die positive Wertung in der Neuzeit charakteristischer Weise aus dem Umkreis des Neuplatonismus.
26. Diels, II 90, 3 § 10.
27. Zuerst belegt bei Herodot II 53.
28. Pindar, Nemee 5.29.
29. Aristoteles, Poetik 9, 1451b27ff.
30. Platon, Staat X 596a–599a. Vgl. Rössler, Fiktionalität [s. Anm. 19].
31. Aristoteles, Poetik 9.
32. μῦθος ἢ λόγος (als synonym), Platon, Gesetze IX 872d.
33. Aristoteles, Poetik 1,1447b13ff.
34. Ebd. 9,1451b1.
35. Ebd. 1,1447b11.
36. Den Hinweis auf Borchardt, Prosa II 63, verdanke ich Ernst A. Schmidt.
37. Th. Hägg, The Novel in Antiquity (1983), dt.: Eros und Tyche – Der Roman in der antiken Welt, übers. von Kai Brodersen (1987), Kap. VIII. Ferner: Bruno Hildebrand, Zur Romantheorie in Deutschland, in: Hdb. d. dt. Romans, hrsg. von H. Koopmann (1983) 31–53, hier: 32.
38. C.W. Müller, Der griech. Roman, in: Neues Hdb. d. Lit.wiss. II, hrsg. von E. Vogt (1981) 378.
39. Vgl. Nik. Holzberg, Der antike Roman (1986) 36 u. 43; auch zum Folgenden.
40. Hägg [s. Anm. 37], Kap. III; Holzberg 40–43.
41. Hierzu Aleida Assmann, Vortrag in München, publ. demnächst.
42. Siehe Volker Klotz, Weltordnung im Märchen, in: N. Rundschau 81 (1970) 73ff.
43. Der Roman des Chariton, Text und Übers. von F. Zimmermann (1960). Übers. von H.M. Wehrhahn, in: Im Reiche des Eros I, hrsg. von B. Kytzler (1973).
44. ἱκέτις, wie Od. 8.546 Odysseus als ἱκέτης.
45. Siehe Hägg 110f.

46. Allgemeines Lexikon der Künste und Wissenschaften, zit. nach E. Weber (Hrsg.), Texte zur Romantheorie I (1976) 635.
47. Nämlich eben den von Chariton zitierten Vers 23.296. Siehe das Scholion z. St.
48. Hägg 94 f, nach K. Weitzmann, Illustrations in Book and Codex (1947).
49. Kurz und treffend: Hägg 110.
50. Daß Lukian selber der Verfasser des (gekürzt überlieferten) ‹Lukios oder der Esel› ist, hat Niklas Holzberg sehr wahrscheinlich gemacht: Apuleius und der Verf. d. griech. Eselsromans, in: Würb. Jb., N.F. 10 (1984) 161 ff.
51. Bei Diodor II 55–60. Die Zeit dieses Iambulos wird auf ca. 100 v. Chr. geschätzt.
52. F. Stanzel, Typische Formen des Romans (^{3}1967) 25–39.
53. Lukian, Wahre Geschichte, am Anfang des 1. Buchs.
54. Photios, Bibl., Codex 166, II 7, hrsg. mit franz. Übers. von R. Henry, dt. von H. Maehler, in: B. Kytzler (Hrsg.), Im Reiche des Eros II 686 ff.

XVI. Kapitel

1. Goethe, Über epische und dramatische Dichtung, von 1797 (1828).
2. Gründlich widerlegt von W. Mattes, Odysseus bei den Phaiaken (1958).
3. Alkaios, in: Poetarum Lesbiorum Fragmenta, hrsg. von Lobel/Page (1955, ^{2}1963), fr. 357.
4. Das Problem begleitet die Homerforschung seit Adolf Kirchhoff. Eine eindringliche neue Behandlung vor dem Hintergrund der früheren Positionen bei Erbse, Beiträge 3–41, dem ich manche Anregung verdanke.
5. W. Büchner, Die Waffenbergung in der Od., in: Hermes 67 (1932) 438 ff., der aus der jeweiligen Situationsbezogenheit die Widersprüche rechtfertigt. Zustimmend Erbse 33.
6. Erbse, Beiträge 36.
7. Erbse, ebd. 101 f.

XVII. Kapitel

1. φανῆναι, wie 16.410, also nicht in dem Sinn von «sich zeigen zu wollen». (Schon diese Wortnuance verschiebt die Absicht und Gesinnung Penelopes.)
2. 18.167 ὁμιλεῖν: Vulgata und Schol. Vind. ἐπαινεῖν, das sich besser mit πάντα verträgt. So dürfte eher ὁμιλεῖν aus 16.271 (vgl. 2.21, 288, 381) eingedrungen sein.
3. Dikaiarch, im Schol.Od. 1.332.
4. K. L. Kayser, Homer. Abhandlungen, hrsg. von H. Usener (1881) II 41: «Ipsa regina ad artes prope meretricias descendit.»
5. Schon Aristophanes Byz. verwarf 18.282 (dazu R. Pfeiffer, Gesch. d. Klass. Phil. I (1970, ^{2}1978) 221 Anm. 51). Verschiedenste Athetesen durch Kirchhoff, Von der Mühll, Merkelbach, Schadewaldt.
6. Schol. 18.160, 269, 272. Unter den Neueren Wilamowitz, Hom. Unt. 34; Fr. Focke, Die Odyssee (1943) 313 f.; Reinhardt, Parisurteil 16 (= 20).
7. Jacoby 182: «während ihr Herz anders gesinnt ist».

8. Penelopes Rede von der «kommenden Hochzeitsnacht» ernstgenommen von Jacoby 182 und A. Thornton, People and Themes in Homer's Odyssey (1970) passim. Auch M. Van der Valk, Mnemosyne IV Bd. 20^2 (1967) 183 (doch mit abwegiger Begründung).
9. R. Merkelbach, Unters. z. Od. (^{2}1969) 1–14.
10. Siehe Kap. X, S. 130 zu dem Gespräch während des Schweigens der Arete, auch dort von Schadewaldt ignoriert.

XVIII. Kapitel

1. ἐπεὶ καὶ πασὶν ἑορτή: καί in der epischen Sprache oft nicht nur hervorhebend, sondern wie τε appellierend, auf Bekanntes hinweisend (s. Anm. XIX 3 und Kap. XXI 290 mit Anm. 12).
2. Siehe M. Leumann, Homerische Wörter (1950) 212 Anm. 4. (Seine Wiedergabe: «in ebendiesem Jahr, an (einem) Monatswechsel» ist aber irreführend; es heißt «*zum* Monatswechsel» – siehe τοῦ μὲν – τοῦ δὲ.) Der Vergleich mit κιλλίβας ‹Dreifußständer›, ὀκρίβας ‹Tribüne›, ἀλίβας ‹Leiche›, κορύβας läßt an fremde Herkunft denken (Wilamowitz, Heimkehr 43 Anm. 2), doch in -βας ließe sich auch βαίνω erkennen (Frisk, Chantraine). Im Vorderglied, wie in Λυκαβηττός, steckt aber sicher nicht der Völkername der Lykier, also auch in Ἀπόλλων Λύκειος nicht; viel eher das indogermanische Wurzelwort *luk-, ‹Glanz, Licht›, lat. lux (was eine gleiche Herkunft des Lykier-Namens nicht ausschlösse). Zwischen ‹Lichtgang› und ‹zum Licht gehend› oder dergleichen die ‹Lichtzeit› betreffendem wird man die Bedeutung suchen müssen. Viele Literaturhinweise und sprachgeschichtliche Belehrungen verdanke ich Klaus Strunk. Ich selber neige hiernach – da das indogerman. *luk- im Griechischen offenbar nicht fortgelebt hat – zu der Annahme einer Herkunft aus einer indogermanischen Sprache Kleinasiens.
3. Platon, Gesetze VI 767c.
4. A. E. Samuel, Greek and Roman Calendars (1972) 11.
5. Hesiod, Erga 504. Dazu Samuel 67 gegen Nilsson [s. nächste Anm.].
6. M. P. Nilsson, Die Entst. u. relig. Bed. d. griech. Kalenders (^{2}1962) (Scripta Minora Regiae Soc. Human. Litter. Lundensis 1960–1961) 44 ff.
7. Pausanias I 9,1.
8. Nilsson 13–17.
9. Samuel 99.
10. ἀθέσφατος von der Länge der Nacht auch 11.373.
11. Burkert, Gr. Religion 390–395.
12. Burkert, ebd. 227.
13. Zum Folgenden siehe: Burkert 346–354.
14. W. Burkert, Kekropidensage und Arrhephoria – Vom Initiationsritus zum Panathenäenfest, in: Hermes 94 (1966) 1–25.
15. Burkert, Gr. Religion 392, 394.
16. Ingeborg Scheibler hat in einer aufschlußreichen Untersuchung der attischen Bauchamphoren (vom Ende des 7. Jh.s bis ins 5. Jh.) aus ihrer Bildthematik die Beziehung dieser Gattung zur Ephebie und zum Apaturienfest als der Aufnahme

der Jungen in die Geschlechterverbände (Phratrien) nachgewiesen: Bild u. Gefäß – Zur ikonograph. u. funktionalen Bed. d. att. Bildfeldamphoren, in: Jb. Dt. Arch. Inst. 102 (1987) 57–118.

17. οἱ γενειάσαντες, vgl. Od. 18.269 γενειήσαντα: s. Ἐφηβία, RE V 2, Sp. 2737 ff.

18. E. Buschor, Frühgriech. Jünglinge (1950) 5 ff.

19. W. Burkert, Kekropidensage [s. Anm. 14] 6. Siehe T. Raubitschek, Dedications from the Athenian Akropolis (1946); Lambert Schneider, Zur sozialen Bedeutung der archaischen Korenstatuen, in: Hamb. Beitr. z. Arch., Beiheft 2 (1975).

20. Buschor 7.

21. Vgl. H. Schwabl, Religiöse Aspekte der Odyssee, in: Wiener Stud. 91 (1978) 24, Anm. 39. κουρίδιος, ‹mannbar›, vgl. Hesiod, Theog. 347, von den Nymphen, die «durch Apollon» ἄνδρας κουρίζουσιν. κουροτρόφος, sonst von Göttinnen, von Apollon Schol.Od. 19.86.

22. Aristoteles, fr.489 (Rose).

23. Homer. Apollonhymnus (III) 117. Die Auffassung der antiken Erklärer war kontrovers, Schol.Od. 6.163.

XIX. Kapitel

1. Die wachsende Verschuldung eindringlich analysiert von Erbse, Beiträge 113–142. Doch die zeitliche Fixierung ihrer Heimsuchung des Anwesens auf die allerletzte Zeit (erst als Reaktion auf Penelopes List und Betrug) scheint mir zu eng.

2. Im späteren attischen Strafrecht gab es eine Verfolgung einer nicht gelungenen Tötungsabsicht offenbar nur, wenn der Betreffende zu Schaden gekommen war. Vom archaischen Blutrecht ist äußerst wenig bekannt; aber selbst die unabsichtliche Tötung ist erst von Drakon berücksichtigt worden. Vorher waren die Rechtsansprüche rein objektiv und pragmatisch. Siehe J. H. Lipsius, Das Attische Recht und Rechtsverfahren (1905) 123, 600 ff, bes. 605. Neueres im Kleinen Pauly: Mord III 1424 f., Strafrecht V 386; D. MacDowell, Athenian Homicide Law (1963).

3. Er scheint zu sagen: «auch selber», καὶ αὐτοί. Doch darauf wird man keine Theorie bauen dürfen, die die Selbstverantwortung des Menschen einschränkte. καί hier eher im appellierenden Sinn wie 20.156, siehe Anm. XVIII 1.

4. Das bedeutet nicht, daß er sich von Schuld freispricht: gerade hier bietet er eine Buße an. – Verwirrung stiftet bereits das Wort αἴτιος, ‹schuld›, worin ‹Schuld› nur insofern liegen kann, als es die Ursache bezeichnet. Mit der göttlichen ‹Ursache› weist Agamemnon auf die übermächtige Gewalt seiner Verblendung: die Gemütsbewegung wird als äußere Macht erfahren. Aber niemals entlastet die göttliche Verursachung den Menschen von der Haftung: «*Weil* ich verblendet war *und* Zeus aus mir den Verstand nahm, will *ich* es wiedergutmachen» (Il. 19.137 f.). Auch wir sagen noch: ihn hat der Zorn gepackt; aber auch der Teufel dient nie zur Exkulpation. – Vgl. Schwabl, Selbständigkeit.

5. Werner Jaeger, in: Solons Eunomie, Sitz.ber. Preuß. Ak. Wiss. (1926) 74. Die analytische Scheidung des Texts nach diesem Gesichtspunkt stößt auf unüber-

windliche Schwierigkeiten. Gerade die Figur «nicht ich bin schuld, sondern die Gottheit» begegnet in Partien, die man dem ‹jüngeren› Dichter zuschreibt: 1.348, 11.559. Überhaupt ist in diesen Vorstellungen die Nähe der Odyssee zur Ilias größer als gemeinhin angenommen. Siehe Schwabl, Selbständigkeit.

6. K. v. Fritz, Rez. von ‹La Notion du divin depuis Homère...›, Fond. Hardt, Enretiens 1 (1954), in: Gnomon 27 (1955) 315–323, hier: 318.
7. Erbse, Beiträge 125.
8. 2.303 ff., 16.418 ff., 17.388–395.
9. 2.178–207, 15.16–19, 16.442–448, 18.349–404, 22.45–59.
10. 20.288–298.
11. 2.15–22.
12. 2.242–256.
13. 24.102–119.
14. 20.321–337.
15. ‹Der Gott und die Bajadere›.
16. 16.351–357, 394–406, 18.119–157.
17. 21.144–166.
18. Vgl. Anm. XXI 10.
19. Reinhardt, Tradition und Geist im homerischen Epos 9; Parisurteil 32.
20. Die Rechtfertigungsversuche bei dem Scholiasten zu 22.325 (dazu der Codex ineditus Vindobonensis 133 zu V. 321).
21. Schol. Sophokles Antigone V. 620 (Trag. Gr. Fragm., hrsg. von Kannicht/Snell, fr.455).
22. Siehe Schwabl, Selbständigkeit 54.

XX. Kapitel

1. M. Wyssenherre, Bruneczwigk [s. Anm. IV 6] Str. 78–90.
2. Hölscher, Untersuchungen 65 f.
3. Il. 23.698, Od. 10.374.
4. Wyssenherre, s. o., Str. 71–76.
5. Il. 2.6, 23.65, 22.199.
6. Stesichoros, fr.219 (Page) V. 1: von Agamemnon (dem «Pleistheniden», Schol.Il. 1.7, 2.249) zu verstehen; also nicht (V. 2) «daraufhin erschien der Pleisthenide» Orest.
7. Über Penelopes Traum vorzüglich H. Schwabl, Zu den Träumen bei Homer und Herodot, in: ΑΡΕΤΗΣ ΜΝΗΜΗ, Gedenkschrift für Konst. Vourveris (1983) 17 ff..
8. 2.161 ff., 15.172 ff., 531 ff.
9. Siehe Kap. XXII S. 314 f.
10. Propp, Funktionen XXIV bis XXVII.
11. G. Germain, La Genèse de l'Odyssée (1954) 14–26.
12. Madrider schwarzfigurige Amphora [s. Anm. XII 7].
13. Dazu Reinhardt, Ilias 376, 462.

XXI. Kapitel

1. H. Fränkel, Dichtung und Philosophie des frühen Griechentums (1951, [3]1969) 94–103, mit 19. Siehe dazu die Einschränkungen des Fränkel'schen Urteils durch H. Schwabl, Selbständigkeit 62 ff.
2. Zur Diskussion des Scholions Od. 23.296 und den vermeintlichen «Schlußvers der Odyssee», Erbse, Beiträge 166–177; neuerlich C. Moulton, The End of the Odyssey, in: Greek, Roman and Byz. Stud. 15 (1974) 153 ff.
3. Aristoteles, Poetik 1455b17–23.
4. Siehe Hölscher, Untersuchungen 67–74.
5. 4.104 ff, 8.73, 14.37.
6. Tagebücher, 13. Juli 1807, WA III 3,239.
7. Schadewaldts wichtige Beobachtung erläutert in: Neue Kriterien 16. Siehe dazu Kap. X 130 und XVII 247 f.
8. Zu dem Analytiker-Problem, ob Odysseus hier verwandelt oder nur verkleidet gedacht war, siehe U. Hölscher, Erkennungsszene 164 Anm. 17.
9. Die Passage 23.117–172 in den analytischen Rekonstruktionen allgemein getilgt: Kirchhoff, Schwartz, Wilamowitz (Heimkehr), Von der Mühll (RE), Merkelbach, Page, zuletzt Schadewaldt. Widerspruch von Hölscher, Besslich, Erbse.
10. Zum Gebrauch von ἀτιμάζειν: Der altgewordene Peleus (11.496) wird nicht «in ganz Griechenland verachtet» oder «beschimpft», man «achtet seiner nicht». Nausikaa wird nicht insinuiert, die jungen Phäaken zu «schmähen», sondern zu «verschmähen» (6.283). Eumaios verwahrt sich nicht dagegen, den Gast zu «beleidigen», sondern ihn «nicht zu ehren» (14.57). Natürlich liegt der Übergang zur «Kränkung» nahe, so 21.99. Vgl. Kap. XIX 266.
11. H.-J. Newiger, Rez. von: El. Brunius-Nilsson, Δαιμόνιε, ... in: Gnomon 31 (1959) 104 ff.
12. Zu dem epischen καὶ αὐτός siehe Anm. XVIII 1.
13. So tatsächlich Fr. Focke, Die Odyssee (1943) 369, der hier seinen «Strategem»-Dichter ‹T› wiederzuerkennen glaubt. Zustimmend Schadewaldt, Neue Krit. 19 Anm. 16.
14. Wilamowitz, Heimkehr 75; Von der Mühll, 760 f.
15. Von der Mühll, ebd. 760, Schadewaldt, ebd. 330.
16. Kritisch vermerkt von G. S. Kirk, The Songs of Homer (1962) 249: «serves no purpose for the audience of the poem as a whole».

XXII. Kapitel

1. Herodot I 29–33 mit 86.
2. Oedipus auf Kolonos, V. 1214–27. Die mir bekannten, offenbar an Philipper 4 orientierten Übersetzungen und Kommentare übersehen, daß νικᾶν im Sinn von ‹besser sein als ...› den Genitiv verlangt – den Akkusativ führt es als ‹inneres Objekt›, s. Liddell/Scott, Greek-English Lexicon –, ferner daß τὸν ἅπαντα nie ‹jeden› oder ‹alle› heißen kann, sondern nur ‹im ganzen›.
3. Solon, fr.27 (West II); das folg.: fr.20.4.
4. Ebd. fr.11.

5. Archilochos, fr.128 (West I); vgl. fr.13.
6. Ebd. fr.128.7.
7. U. v. Wilamowitz, Aischylos Orestie, II (1896) 21–23.
8. Man beachte, daß hier die alte Auffassung von einer bösen ‹Götterfügung›, μοῖρα θεῶν, gerade in dem Teil steht, den man gemeinhin einem jüngeren Dichter zuschreibt.
9. Vgl. H. Hommel, Aigisthos [s. nächste Anm.] 240.
10. Grundlegend Fr. Klingner, Über die vier ersten Bücher der Odyssee, Sitz.ber. Sächs. Ak. Wiss. Leipzig, Phil.-hist. Kl., 96 (1944) 1–55. Zum speziellen Thema H. Hommel, Aigisthos und die Freier, Studium Generale 8 (1955) 238–245.
11. Siehe A. Heubeck, Der Odysseedichter und die Ilias (1954).
12. Reinhardt, Abenteuer 66 (= 57).
13. Die Interpretation von Hermann Rohdich, Elpenor, Ant. u. Abendl. 31 (1985) 108ff, hebt die neue, odysseische Perspektive scharf hervor.
14. H. Fränkel, Dicht. u. Phil. 98.
15. Schadewaldts Übersetzung: «das Geschick wie das Mißgeschick» trifft nicht das Besondere des singulären ἀμμορίη. (Auch das Epigramm des Krinagoras auf das 146 v. Chr. zerstörte Korinth meint den ‹Verlust für Hellas›.)
16. Schwabl 60.
17. Archilochos, fr.131 (West), vgl. o. S. 299; Parmenides, Diels I 28, fr.16; Empedokles, Diels I 31, fr.108.
18. Archilochos, fr.128.6f (West).

VORARBEITEN DES VERFASSERS

Untersuchungen zur Form der Odyssee – Szenenwechsel und gleichzeitige Handlungen, Hermes Einzelschriften, 6 (1939).

Das Schweigen der Arete, Hermes 88 (1960) 257–266.

Die Atridensage in der Odyssee, Festschrift für Richard Alewyn, hrsg. von H. Singer u. B. v. Wiese (1967) 1–16.

Penelope vor den Freiern, Lebende Antike, Symposion für Rudolf Sühnel, hrsg. von H. Meller u. H.-J. Zimmermann (1967) 27–33.

Die Erkennungsszene im 23. Buch der Odyssee, Griechisch in der Schule, hrsg. von E. Römisch (1972) 156–165.

The Transformation from Folk-tale to Epic, Homer – Tradition and Invention, Cincinnati Classical Studies, N. S. II, hrsg. von B. Fenik (1978) 51–67.

Über die Kanonizität Homers, Kanon und Zensur – Archäologie der literarischen Kommunikation II, hrsg. von Al. und Jan Assmann (1987) 237–245.

BEGRIFFS- UND NAMENREGISTER

STELLENREGISTER

Diese Liste enthält auch Stellen und Passagen, die lediglich besprochen, aber nicht zitiert sind.

ILIAS

ODYSSEE

HESIOD

Für Stellen aus weiteren Autoren siehe das Namenregister.